中国旅游客源国/地区概况

（第8版）

王兴斌　主编

北京·旅游教育出版社

责任编辑：郭珍宏

图书在版编目（CIP）数据

中国旅游客源国：地区概况 / 王兴斌主编 .—北京：旅游教育出版社，95.10(2024.8)
ISBN 978-7-5637-0612-9

Ⅰ.①中… Ⅱ.①王… Ⅲ.①旅游客源—中国—地区—概况 Ⅳ.①F592

中国版本图书馆CIP数据核字（95）第20618号

全国高等院校旅游专业规划教材
中国旅游客源国 / 地区概况
（第 8 版）
王兴斌 主编

出版单位	旅游教育出版社
地　　址	北京市朝阳区定福庄南里 1 号
邮　　编	100024
发行电话	（010）65778403　65728372　65767462（传真）
本社网址	www.tepcb.com
E - mail	tepfx@163.com
排版单位	北京旅教文化传播有限公司
印刷单位	北京市泰锐印刷有限责任公司
经销单位	新华书店
开　　本	720 毫米 × 960 毫米　1/16
印　　张	20.25
字　　数	323 千字
版　　次	2019 年 6 月第 8 版
印　　次	2024 年 8 月第 8 次印刷
定　　价	42.00 元

（图书如有装订差错请与发行部联系）

目 录

第一章

世界旅游业

第一节　世界旅游业现状

旅游业作为国民经济的一个重要产业，作为世界经济的一个组成部分；旅游活动作为一种有组织、大规模的社会性活动；作为世界经济文化交流的一个重要领域；作为人类文明生活方式的一个组成部分，是随着近代世界市场经济的发展和世界政治经济文化体系的形成而产生并发展起来的。

近代旅游业发端于19世纪中叶的西欧和北美。伴随着火车和轮船的出现，19世纪六七十年代，西欧和北美出现了专门组织国内和跨国旅游的旅行社。从19世纪后期起，旅游活动的主体从少数的贵族、僧侣、商贾、学者、政要和探险家、科学家扩大到以观光游览和商务考察为主要目的的富裕市民，旅游的范围从国内向跨国、跨洲扩展。

20世纪前半叶，世界经济在战争危机和革命风暴的冲击下起伏不定，世界旅游业时兴时废、时断时续，发展缓慢。20世纪后半叶以后，世界的主题从战争与革命转向和平与发展。科技革命日新月异，人类文明突飞猛进，经济文化迅速发展，国际交往日益频繁，人们的物质和文化生活水平不断提高，世界旅游业也随之取得了空前的发展，进入了一个全新的阶段。

——旅游活动具有广泛的群众性。2018年，全球国内旅游达108.2亿人次，全球国内旅游收入达3.76万亿美元。旅游消费已从少数权贵豪富的特权享受，进入寻常百姓的家庭，成为现代生活方式的一个组成部分。

——国际旅游业发展速度快、增幅大。从1950年至2018年，国际旅游人数从2520万人次增加到13.23亿人次，国际旅游收入从1950年的21亿美元增加到2018年的1.59万亿美元，增长速度高于世界经济增长速度。

——旅游活动遍及全球。它已从西欧、北美扩展到全世界，旅游者的足迹遍及欧洲、美洲、亚洲、大洋洲、非洲以至南极洲。

——旅游的内容和方式日趋多样化。观光、度假、商务、会展、文化、研学、康养体育、探险、探亲、婚庆等各类旅游产品和项目层出不穷，观光游览与各种社会活动密切结合，具有越来越丰富的社会文化内涵，并从生活性的服务业发展为生活性服务与生产性服务相结合的现代服务业。

——旅游业已成为当今世界经济的第一大产业，也是从业人员最多的产业，成为许多国家国民经济的重要产业和创汇渠道。根据联合国世界旅游组织2017年调查报告，全球旅游业收入已占到全球国内生产总值的10%、全球贸易的7%、全球就业人口的1/10、全球出口的7%、全球服务贸易的30%。

——旅游业的国内管理和国际协调走向制度化、规范化。许多国家设立了专门或复合的旅游管理机构，世界性和区域性的国际旅游组织纷纷成立，国内管理和国际协调日臻完善。世界旅游组织（UNWTO）是联合国下属的国际官方旅游机构，拥有156个成员国，6个准成员国和逾400个代表私营部门、教育机构、旅游协会和地方旅游局的下属成员。联合国世界旅游组织（UNWTO）拥有156个成员国、6个准成员国和逾400个代表私营部门、教育机构、旅游协会和地方旅游局的下属成员。非官方的国际旅游研究机构有：世界旅行旅游理事会（WTTC）、亚太旅游协会（PATA）等。近年来又成立了世界旅游联盟（WTA）和世界旅游城市联合会（WTCF）。

总之，20世纪后半叶，世界科技革命的突破和政治经济文化的巨变引发了一场“旅游革命”，同时这场“旅游革命”又对“世界经济、环境和生活产生了深邃的影响”。① 在新世纪中，随着现代科学技术和经济文化的突飞猛进，人类正进入以数字革命为特点的时代，旅游业经历了从传统服务业向现代服务业的重大变革。

——旅游资源依托。传统旅游业主要依托自然生态资源和历史文化资源，现代旅游业更注重挖掘当代各种社会资源（工业、农业、文化、科技、教育、康体、节事、现代科技成就、军事工程等），依托整个现代城乡社会环境，同时出现了由文化为主题、科技为支撑的综合性主题公园等新颖资源。

——旅游产品特征。传统旅游业主要提供观光、度假和康体健身等休闲娱乐产品，通常被认为是生活性服务产品。现代旅游业进一步扩展到公务、商务、会议、展览、人才培训和企业推广等产品，具有生活性服务与生产性服务的双重属性。

——客源市场范围。传统旅游业的市场幅度较窄小，主要在国内和周边邻近地区，而现代旅游业扩展到全球。传统旅游业的市场群体有限，主要是官宦、富

---

① 1989年4月各国议会大会《海牙会议宣言》《共同的声音——世界旅游宣言》，北京旅游教育出版社，2003：235。

商和名流等社会阶层。现代旅游业的消费群体已扩展到以中产阶级为主体的社会众多阶层，包括收入较低的群体。

——旅游科技支撑。传统旅游业主要依托近代以蒸汽机发明使用为标志的第一次产业革命成果（火车、汽车、轮船等），以电气发明使用为标志的第二次产业革命的成果（电话、传真等），现代旅游业是在以数字电子为标志的第三次产业革命成果的基础上，广泛地吸收、利用现代科技的各方面成果，从而使旅游产品的制作、营销、服务和管理等各个领域发生革命性的变革。

——旅游产业组织。传统旅游企业一般在国内或洲内从事经营活动，由客运、旅行社、旅馆、餐饮店、商店、康乐机构和等不同类型的企业各自承担相应的旅游服务环节，形成招徕、组织、客运、观光、住宿、餐饮、康乐、购物等旅游服务链。现代旅游业逐步形成了跨行业、跨国家、跨洲界的国际性旅游集团，形成了由批发、代理、零售组成的全球性旅游产销体系。

——旅游产业队伍。传统旅游业主要是劳动密集型产业，就业门槛相对较低。现代旅游业以高新科技为支撑，以创意产业与知识经济为依托，拥有一支优秀的企业家队伍、高素质的管理团队，具有各种技术专长的专家群体以及训练有素的员工队伍。

——旅游产业形态。传统旅游业主要由客运、景区、住宿、餐饮等行业组成，配套的有通信、购物、娱乐、康疗等行业，产业构成较为简单。现代旅游业以行、游、住、食、购、娱和信息为核心，是由旅游服务行业和与该行业直接、间接相关的一、二、三产业共同构成的旅游产业群，是由众多行业链与行业群组成的产业集合体。

——旅游社会功能。传统旅游业主要看重其经济功能，现代旅游业在经济功能的基础上，强调其文化功能、社会功能和生态功能，是促进公共外交、民间交往和文化传播的重要渠道，对传播国家形象、促进国家软实力提升具有广泛的作用。

——旅游与自然环境的关系。传统旅游业依托良好的生态环境和优美的自然风光，侧重对自然生态环境的利用开发，是对自然生态环境的“索取”。现代旅游业在依托生态环境和自然风光的同时，更注重对自然生态环境的保护、培育和优化，已成为资源节约型、环境友好型产业。

——全球国际化、区域一体化。第二次世界大战以前，旅游业的国际联系与协调主要在市场经济由旅游企业自发进行，各国政府间少有官方联系。20世纪中后期以后，国际协调逐步加强，旅游经济的全球国际化、区域一体化程度越来越高，出现了众多全球性和区域性的政府、行业和专业性的国际旅游组织，形成了旅游管理与服务的国际化规则、标准与惯例。

第二节　世界旅游区

按照世界旅游组织的统计标准，全球分为五个旅游区：非洲、美洲、亚洲及太平洋、欧洲和中东。

一、非洲地区

非洲全称阿非利加洲（Africa），总面积3030万平方公里，约占世界陆地总面积的20.2%。人口9.7亿，约占世界人口的15%①。在地理上一般分为北非、东非、西非、中非和南非5个地区。世界旅游组织把非洲地区分为北非和撒哈拉以南非洲两大部分，同时又把撒哈拉以南非洲进一步划分为西/中非、东非和南非等地区。非洲居民主要为黑种人（约占全洲人口的2/3）和白种人。一般认为非洲语言总数在800种以上，分属苏丹语系、班图语系、闪米特—含米特语系、马来—波利尼西亚语系。北部居民多信奉伊斯兰教，其他地区居民分别信奉原始宗教、基督教新教和天主教。非洲的历史悠久，文化独特。15世纪以后，长期遭受西方殖民主义的侵略。非洲现有56个国家和地区，都属于发展中国家，全洲约2/3以上人口为农业人口。

截至2013年6月，非洲共有世界自然文化遗产91处。主要旅游产品有：非洲历史旅游（远古人类寻祖之旅、中世纪文化遗产之旅、近代非洲历史风云之旅）、非洲民俗采风旅游、生态探险旅游、自然奇观旅游、海滨海岛度假旅游。

近年来，许多非洲国家重视旅游开发，利用本地特有的自然风光和民俗风情，大力开展各种专项旅游活动，吸引世界各地游客。非洲的旅游业起步晚、基础差，正在加速发展。1960年，非洲接待国际旅游者75万人次，占世界总数的1.1%；国际旅游收入1.78亿美元，占世界总额的2.6%。2017年接待国际旅游者0.63亿人次，占世界份额5%；国际旅游0.37万亿美元，占世界份额3%。世界旅游组织预测，到2030年非洲将接待国际旅游者将达到1.34亿人次，占世界市场份额7.4%。非洲的旅游业具有十分广阔的发展前景。

非洲地区各国政府旅游管理机构。

1.单设旅游部的国家

埃及共和国旅游部，安哥拉饭店与旅游部，厄立特里亚旅游部，莫桑比克旅游部，塞内加尔手工业和旅游部，塞舌尔旅游部，肯尼亚旅游部，几内亚比绍旅游部，科特迪瓦旅游部，安哥拉饭店与旅游部，坦桑尼亚旅游管理委员会。

---

① 世界国家地理地图.中国大百科全书出版社，2010：379，388.

2. 旅游与文化等部门结合的国家

埃塞俄比亚文化和旅游部，冈比亚旅游和文化部，贝宁文化、扫盲、手工业和旅游部，赤道几内亚信息、文化和旅游部，尼日利亚旅游、文化指导部，利比里亚新闻、文化与旅游部，喀麦隆旅游和娱乐部，布基纳法索文化和旅游部，塞拉利昂旅游与文化部，刚果（布）旅游和环境部，吉布提青年、体育、娱乐与旅游部，赤道几内亚信息、文化和旅游部，加纳旅游与宗教关系部。

3. 旅游部与工商等部门结合的国家

阿尔及利亚旅游和手工业部，摩洛哥旅游和手工业部，突尼斯贸易与旅游部，利比亚旅游和传统工业总局。佛得角旅游、工业和能源部。布隆迪共和国商业、工业、邮政与旅游部，加蓬促进投资、公共工程、交通、住房、旅游和领土整治部，乍得旅游和手工业部，几内亚旅馆业、旅游业与手工业部，毛里塔尼亚商业、手工艺和旅游部，马里手工业和旅游部，圣多美和普林西比工业、商业和旅游部，卢旺达商业、工业、投资、旅游和合作社部，中非旅游和手工业发展部，利比亚旅游和传统工业总局，塞内加尔手工业和旅游部，乌干达旅游、贸易与工业部。

4. 旅游部与交通等部门结合的国家

毛里求斯旅游和对外交通部一副，科摩罗邮政、电信、新信息技术推广、通信兼交通和旅游部，马达加斯加旅游、交通和气象部。

5. 旅游部与生态环境等部门结合的国家

博茨瓦纳环境、野生动物与旅游部，多哥环境、旅游与森林资源部，莱索托旅游、环境和文化部，马拉维旅游、野生动物和文化部，津巴布韦环境与旅游部，南苏丹野生动植物保护和旅游部，马拉维旅游、野生动物和文化部，斯威士兰旅游和环境事务部，赞比亚旅游、环境和自然资源部，纳米比亚环境和旅游部，刚果（金）环境、自然保护与旅游部，苏丹旅游与野生动物部。

二、美洲地区

美洲全称亚美利加洲（America），陆地面积4219.8万平方公里，约占世界陆地总面积的28.2%。人口9.08亿，约占世界总人口的13%[①]。在地理上习惯分为北美洲和南美洲。居民大都是英、法等欧洲国家移民的后裔，其次是印第安人、黑人和混血人种。北美洲主要通用英语和法语，南美洲巴西的官方语言为葡萄牙语，法属圭亚那为法语，圭亚那为英语，苏里南为荷兰语，其他国家均使用西班牙语。本土的印第安人使用印第安语。居民主要信奉天主教和基督教新教。

全美洲包括35个独立国家和15个地区。通常把全美洲分为北美地区、拉丁

① 世界国家地理地图．中国大百科全书出版社，2010：542，632.

美洲和加勒比地区两部分。北美地区主要指美国和加拿大两国以及格陵兰岛等。拉丁美洲和加勒比地区包括北美的墨西哥、中美洲地峡各国、加勒比地区和南美大陆及其毗邻岛屿。第二次世界大战前，本地区20个独立国家均为拉丁语系国家，通称拉丁美洲。

美洲的经济发展非常不平衡。北美是世界经济最发达的地区之一，由美国、加拿大和墨西哥组成的北美自由贸易区实力强大。拉丁美洲为发展中地区，20世纪70年代以来，拉丁美洲经济发展较快，巴西、墨西哥、阿根廷、委内瑞拉、智利、哥伦比亚和秘鲁等国，已建立起相对完整的工业体系或工业基础，为新兴经济体国家。

截至2012年7月7日，美洲有世界自然文化遗产163项（其中4项为两国共有）。主要旅游产品有：现代都市与时尚文化之游、印第安文化之旅（玛雅文化和印加文化）、美洲开拓历史之旅、自然观光与生态之旅和热带海岛海洋及邮轮之旅。

美洲地区是世界重要的旅游地区之一。1960年，美洲接待国际旅游者1670.5万人次，占世界总数的24.1%；国际旅游收入24.52亿美元，占世界总额的35.7%。2017年，接待国际旅游者2.87亿人次，占世界份额的16%；国际旅游收入3.9万亿美元，占世界份额的24%。世界旅游组织预计，2030美洲接待国际旅游者将达到2.48亿人次，占世界市场份额的13.7%。

美洲地区各国政府旅游管理机构。

（1）单设旅游主管部门的国家

巴西、墨西哥、厄瓜多尔、阿根廷、巴巴多斯、巴拿马、巴拉圭、多米尼加、格林纳达（由外交部长兼任旅游部长）、古巴、海地、危地马拉、哥斯达黎加、特立尼达和多巴哥、委内瑞拉玻利瓦尔、牙买加、洪都拉斯、萨尔瓦多、尼加拉瓜。

（2）旅游与商贸部门结合的国家

美国商务部旅游发展局，加拿大小企业和旅游国务部，智利经济部内设国家旅游服务局，玻利维亚对外贸易和投资部（下设旅游副部长），安圭拉财政、经贸投资和旅游部，百慕大商业发展和旅游部，哥伦比亚贸易、工业和旅游部，秘鲁外贸与旅游部，牙买加工业和旅游部，开曼群岛财政、旅游和发展部（由总理兼任该部部长），圭亚那财政、经贸、投资和旅游部，圣多美和普林西比工业、商业和旅游部，荷属圣马丁旅游、经济事务、运输和通信部。

（3）旅游部与航空等部门结合的国家

阿鲁巴旅游、劳工和运输部，安提瓜和巴布达旅游、民航和文化部，伯利兹旅游、民航、文化部，巴哈马旅游和航空部/旅游局（下设旅游促进基金会），格林纳达旅游、民航、文化部，圣基茨和尼维斯旅游和国际运输部，圣卢西亚旅游和民航部，苏里南运输、通信和旅游部。

（4）旅游部与体育部门结合的国家

乌拉圭东岸旅游和体育部。

（5）旅游与司法部门结合的国家

多米尼克旅游与法律事务部。

三、亚洲及太平洋地区

亚洲全称亚细亚洲（Asia），面积4400万平方公里，占世界陆地总面积的29.4%，为世界第一大洲。人口约40.5亿，约占世界总人口的57%，为世界人口最稠密的大洲[①]。居民多属黄种人，即亚细亚人种或蒙古人种，约占全洲人口的3/5以上；其次为白种人。亚洲是世界众多宗教的发源地，流行有佛教、伊斯兰教、基督教、印度教、犹太教、锡克教、道教、神道教等。现有49个国家和地区，在地理上习惯分为东北亚、东南亚、南亚、西亚、中亚和北亚。亚洲是世界文明古国中国、印度和古巴比伦的所在地，也是世界三大宗教佛教、伊斯兰教和基督教的发源地。

大洋洲（Oceania），意即大洋中的陆地，1812年由丹麦地理学家马尔特·布龙命名。陆地总面积约为897万平方公里，约占世界陆地总面积的6%，是世界上面积最小的洲。人口约3200万，约占世界总人口的0.5%[②]。欧洲移民的后裔占70%以上，当地土著居民约占20%。绝大部分居民通用英语并信奉天主教，少数居民信奉其他宗教。大洋洲共有26个国家和地区，其中14个独立国家。

亚太地区按经济发展水平，主要有三类国家：一是经济发达国家，如日本、澳大利亚和新西兰；二是新兴工业国家，如新加坡、韩国等；三是发展中国家。近半个世纪来亚太地区一直是经济发展强劲的地区。

亚太地区各国经济的多样性和互补性，使该地区的经济合作具有巨大潜力，区域性经济合作一直在逐步推进。亚太经济合作组织（APEC）成立于1989年，宗旨是保持经济的增长和发展；促进成员间经济的相互依存；加强开放的多边贸易体制；减少区域贸易和投资壁垒，维护本地区人民的共同利益，现有21个成员。

东南亚国家联盟是本地区的一个区域性政治经济合作组织，其成员现有泰国、印度尼西亚、马来西亚、新加坡、菲律宾、文莱、越南、老挝、缅甸和柬埔寨。2009年3月，东盟14届峰会重申，2015年按期建立以安全、经济和社会文化共同体为支柱的东盟共同体。2010年1月1日起，中国—东盟自由贸易区全面

---

① 世界国家地理地图．中国大百科全书出版社，2010：18.

② 世界分国地图册．星球地图出版社，2005：16、207.

启动。

亚太地区旅游业的区域合作与区域经济合作同步发展。亚太经济合作组织成立的10个专业工作组中，成立旅游工作组。东南亚国家联盟设有贸易和旅游委员会，下设东盟旅游协会，亚太地区的旅游组织还有太平洋亚洲旅游协会、东亚旅游协会和亚太旅游健康协会等。

截至2013年6月，亚洲有世界自然文化遗产185项，大洋洲有世界自然或文化遗产28项。主要旅游产品有：历史文化之旅旅游、社会人文旅游、历史名城与现代都市旅游、自然奇观与生态旅游、海洋和滨海度假旅游。

半个多世纪以来，亚太地区旅游业的发展速度高于世界平均值，居世界之首。1960年，接待国际游客68万人次，占世界总数的1.0%；国际旅游收入1.95亿美元，占世界总额的2.8%。2002年以后，亚太地区接待国际旅游人数与收入超过美洲，居世界第二位，成为世界第二大旅游经济区。2017年，接待国际游客3.23亿人次，占全球总额24%，旅游收入3.89万亿美元，占全球总额30.3%。据世界旅游组织预测，2030年，东亚太地区接待国际旅游人数将达到5.35亿人次，占世界市场份额的29.6%。

亚太地区国家政府旅游管理机构。

（1）单设国家旅游部（局）的国家

朝鲜国家旅游总局，菲律宾旅游部，柬埔寨旅游部，缅甸饭店与旅游部，印度旅游部，斯里兰卡旅游部和不丹旅游委员会，阿曼旅游部，卡塔尔国家旅游局，乌兹别克全国旅游机构，土耳其旅游部，以色列旅游部。新西兰旅游部，汤加旅游部，萨摩亚旅游部。

（2）旅游与文化等部门结合的国家

中国文化和旅游部，韩国文化体育观光部，马来西亚旅游与文化部，泰国旅游与体育部，老挝新闻文化与旅游部，印度尼西亚旅游与创意经济国务部，马尔代夫旅游、艺术与文化部，阿富汗信息、文化和旅游部，伊朗文化遗产、手工业和旅游组织（由副总统任部长），巴基斯坦文化旅游部，吉尔吉斯文化旅游部，巴林文化部下设旅游局，约旦旅游与文物部，巴勒斯坦旅游和文物部，巴布亚新几内亚旅游、艺术与文化部，所罗门群岛文化和旅游部。

（3）旅游与工商部等部门结合的国家

新加坡贸易和工业部下设旅游局，格鲁吉亚经济与可持续发展部，文莱产业和首要资源部下设国家旅游局，澳大利亚联邦资源、能源和旅游部，东帝汶民主共和国旅游、商业和工业部。图瓦卢外交、劳工、贸易、旅游和环境部。瓦努阿图旅游与贸易部（由副总理兼任部长），库克群岛教育、海洋资源、旅游、珍珠管理和国家人力资源发展部。

（4）旅游交通等部门结合的国家

日本国土运输省下设观光厅，尼泊尔文化、旅游和民航部，孟加拉国民航与旅游部，基里巴斯共和国通信、交通和旅游部，斐济群岛共和国公共企业、工业、旅游、民航、贸易和通信部由 1 名部长兼任，钮埃民航、旅游、环境和体育部由总统兼任部长。

（5）旅游与环境保护等部门相结合的国家

蒙古环境、绿色发展与旅游部，帕劳自然资源、环境和旅游部，密克罗尼西亚资源发展部。

四、欧洲地区

欧洲全称欧罗巴洲（Europe）。全洲面积 1016 万平方公里，占世界陆地总面积的 6.8%。人口 7.36 亿，约占世界总人口的 10.5%[①]，绝大部分属欧罗巴人（为白种人）。居民多信天主教、基督教新教和东正教等。天主教主要流行于西南部拉丁语系地区，基督教新教主要流行于西北部地区，东正教主要流行于欧洲东部地区。在地理上习惯分为南欧、西欧、中欧、北欧和东欧。世界旅游组织把欧洲分为北欧、西欧、中 / 东欧和南欧 / 地中海 4 个分区。南欧 / 地中海分区还包括土耳其和以色列两国。

欧洲现有 46 个独立国家和地区，半个多世纪以来，欧洲政治经济一体化的进程逐步推进。1993 年 11 月，《欧洲联盟条约》生效，从 1994 年 1 月 1 日起，欧盟成员国之间实现商品、劳务、资本和人员的自由流通，从 2002 年 1 月 1 日起，欧洲统一货币欧元（ECU）开始流通。欧洲联盟现有成员国 28 个，2017 年欧盟人口 5.1 亿，面积 438 万平方公里，国内生产总值 17.1 万亿美元，人均国内生产总值 3.35 万欧元。欧盟总部设在比利时首都布鲁塞尔，盟旗为蓝底上 12 颗金色五星构成的圆环，盟歌为贝多芬第九交响曲中《欢乐颂》的主旋律，庆典日为“舒曼日”5 月 9 日，实行主席轮值制。欧盟是当今世界上经济实力最强、一体化程度最高的国家联合体。

多年来，欧盟从财政、信息和法律上支持和推动欧洲旅游业的合作和发展。2004 年欧盟成立了旅游可持续发展组织，《欧洲共同体旅游发展规划》把旅游业放在国民经济优先发展的地位上，并对欧洲旅游业的发展目标、对外关系、地区政策、企业政策、合作政策和旅游开发基金等做了统一的规定。

欧洲是希腊罗马古典文明、日耳曼文化和斯拉夫文化的发源地，古代希腊罗马文明，近代文艺复兴运动、民主革命和工业革命，现代科技革命、城乡一体化和区域政治经济一体化，多样性的地质地貌、气候天象和动物植物形成的自然生

---

① 世界国家地理地图 . 中国大百科全书出版社，2010：175.

态环境，为欧洲旅游发展开拓了广阔的天地。欧洲旅游产品富于经典性、独特性和普适性。截至2013年6月，欧洲共计有459项世界自然文化遗产。主要旅游产品有：文化旅游（文明探源之旅、基督教文化之旅、文化艺术之旅）、历史名城与时尚都市旅游、休闲度假旅游（城镇乡村、滨海、湖泊、山地度假、滑雪度假）和自然观光与生态旅游。

欧洲是近代旅游业的发源地，也是当代世界旅游业最发达的地区，历来居世界各大洲之首。近30年来，作为新兴市场的中欧、东欧由于社会制度的转型，旅游发展的潜力逐渐得到释放，增长势头强劲，成为欧洲旅游新的增长点。1960年，欧洲接待国际旅游者5035.1万人次，占世界总数的72.6%；国际旅游收入39.18亿美元，占世界总额的56.8%。2017年，接待国际旅游者6.7亿人次，占世界份额51%；旅游外汇收入5.19万亿美元，占世界份额39%。据世界旅游组织预测，2030年，欧洲等地区接待国际旅游者将达到7.44亿人次，占世界市场份额的41.1%，继续在世界上保持领先地位。

欧洲地区国家政府旅游管理机构。

（1）单设国家旅游部（局）的国家

白俄罗斯国家旅游机构，克罗地亚旅游部，塞尔维亚国家旅游局，摩纳哥旅游和会议管理局，蒙迪内哥罗旅游部，爱沙尼亚旅游局，塞浦路斯国家旅游组织。

（2）旅游与文化等部门结合的国家

英国文化、传媒和体育部，俄罗斯联邦体育、旅游和青年部，比利时文化部，希腊文化与旅游部（据世界旅游组织网站为国家旅游组织），意大利地区事务、旅游与体育部，哈萨克斯坦体育与旅游部，摩尔多瓦文化和旅游部，格鲁吉亚体育和旅游部，土库曼斯坦国家旅游与体育委员会，阿塞拜疆文化旅游部，塔吉克斯坦青年、体育和旅游委员会，亚美尼亚贸易与经济发展部，阿尔巴尼亚旅游、文化、青年和体育部，波兰体育与旅游部，马耳他旅游、文化和环境部，斯洛伐克文化和旅游部（据世界旅游组织网站，为运输、建设和区域发展部），摩尔多瓦文化和旅游部，乌克兰文化和旅游部，圣马力诺旅游、体育、经济计划和公用事业国企关系部（世界旅游组织网站为旅游、体育、通信、运输和经济合作部）。

（3）旅游部与工商等部门结合的国家

德意志经济与技术部，法国经济、工业和就业部，西班牙工业、商业和旅游部，奥地利经济与劳工部，瑞士经济部，芬兰贸易与工业部，挪威贸易与旅游部，丹麦商业和经济增长部，冰岛工业、能源和旅游部，卢森堡旅游、中小企业部，安道尔旅游、贸易与产业部，直布罗陀旅游、贸易和港口部，荷兰经济事务部，葡萄牙经济部，罗马尼亚区中小企业、商业环境和旅游特派部，捷克地方发展部，匈牙利国家经济部，保加利亚经济、能源与旅游部，立陶宛经济部，马其顿经济部，斯洛文尼亚经济发展和技术部，拉脱维亚经济部。

（4）旅游部与交通等部门结合的国家

爱尔兰交通、旅游和体育部。

（5）旅游部与环境等部门结合的国家

黑山可持续发展和旅游部，波斯尼亚和黑塞哥维那（波黑）联邦环境和旅游部。

（6）旅游设在外交部内的国家

瑞典王国外交部下设旅游局。

五、中东地区

中东地区地处欧、亚、非三大洲交会处，包括西亚的伊朗、巴勒斯坦、以色列、叙利亚、伊拉克、约旦、黎巴嫩、也门、沙特阿拉伯、阿拉伯联合酋长国、阿曼、科威特、卡塔尔、巴林、土耳其、塞浦路斯和北非的埃及等国家，人口2.28亿，约占全球人口的3%。绝大多数为阿拉伯人，通用阿拉伯语，大多数居民信仰伊斯兰教。除以色列为犹太人，信仰犹太教外，其余国家多为阿拉伯人，信奉伊斯兰教。中东地区大多数国家的国民经济以原油开采和炼油为主。中东是世界上最大的石油输出地。沙特阿拉伯、科威特、阿联酋、卡塔尔、巴林和阿曼等国是石油输出高收入国家。

中东地区是基督教、伊斯兰教和犹太教的发源地和圣地，具有独特的民俗风情、众多的宗教文化古迹，以及海滨、沙漠、死海等奇特的自然景观，是一块传统与时尚并存、富庶与贫瘠交织的神奇土地。毗连三大洲的地理区位、东西方多元文化的交会和跌宕起伏的历史进程，形成了中东的特殊区情，造就了中东旅游的独特品质。截至2013年6月，中东地区有世界自然文化遗产74处。主要旅游产品有：伊斯兰文化之旅、历史遗产之旅、滨海度假和时尚休闲度假之旅（迪拜、“波斯湾花园”阿布扎比、沙迦和“沙漠中的首都”科威特市）。

中东地区旅游业发展的关键因素是实现地区和平和社会稳定，实现和平发展。1960年，中东地区接待国际旅游者63万人次，占世界总数0.9%；国际旅游收入0.89亿美元，占世界总额的1.3%。2017年，接待国际旅游者0.58亿人次，占世界份额4%；旅游外汇收入1.16万亿美元，占世界份额5%。世界旅游组织预计，2030中东地区接待国际旅游者将达到1.49亿人次，占世界市场份额的8.2%。

中东国家的旅游管理体制：单独设立旅游部或国家旅游局的有埃及旅游部、阿曼旅游部和卡塔尔国家旅游局；旅游与文化文物部门结合的有巴林文化部下设旅游局，约旦旅游与文物部，巴勒斯坦旅游和文物部；旅游与手工业相结合的有利比亚旅游和传统工业总局。

第三节 世界旅游发展趋势与前景

一、世界旅游将继续持续、稳健发展

世界旅游是世界经济国际交流的晴雨表，其发展态势首先受到世界经济形势的制约。同时，世界政局与国际关系对世界旅游的发展产生重大影响，国际冲突、恐怖活动或战争，不管局部性还是全局性，都会对世界旅游产生直接影响。严重的技术性灾难、自然灾害或疾病流行也会对世界旅游起伏产生快速影响。旅游业是一个十分敏感但又十分坚韧的产业，人们休闲度假的刚性需求与国际商务文教科技交流的社会需求是推动旅游发展的根本动力，在发展进程中虽有波折但会迅速复苏、强劲反弹。

当今世界和平与发展的主题没有改变，世界旅游仍会以略高于世界经济的发展速度持续发展。世界旅游组织 2017 年 1 月发布的《2030 年全球旅游展望研究报告》预测，今后 20 年间国际旅游将会以年均 3.3% 的增长率发展。2010 年至 2030 年期间，全球国际游客人数将从 9.35 亿人次增长到 2020 年的 16 亿人次、2030 年的 18 亿人次。

二、全球旅游区域重心持续东移、南下

旅游业是国民经济的组成部分，国际旅游业是世界经济的组成部分。旅游业的发展水平、旅游客源市场的成熟程度，总体上取决于社会经济的发展水平。世界旅游客源市场的格局从根本上说是由世界经济格局决定的。

亚太地区接待的国际入境游客人数预计将在今后 20 年增加 3.31 亿人次，由 2010 年的 2.04 亿人次增加至 2030 年的 5.35 亿人次。中东和非洲地区的入境游客接待量有望在此期间实现翻番，分别从 0.61 亿和 0.50 亿人次增加至 1.49 亿和 1.34 亿人次。而欧洲和美洲地区增长相对较慢，分别由 4.75 亿人次增加至 7.44 亿人次，由 1.5 亿人次增加至 2.48 亿人次。亚太、中东和非洲地区在全球旅游市场中的比重呈上升趋势，将分别由 2010 年的 24.3%、3.8% 和 5.2%，提高到 2030 年的 29.6%、8.2% 和 7.4%；欧洲和美洲地区的比重将呈下降趋势，分别从 50.5% 和 16.2% 下降至 41.1% 和 13.7%。

从全球范围来看，国际旅游人数和世界人口比例将由 2010 年的 14∶100 上升至 2030 年的 22∶100，但地区之间存在较大差异。欧洲地区的出境旅游人数比例最高，将由 2010 年的 57∶100 上升至 2030 年的 89∶100。亚太地区将由 3∶100 提升到 6∶100。美洲和中东地区的比例将分别由 17∶100 上升到 24∶100 和 25∶100。

从国际旅游人数和地区人口比例的角度衡量国际旅游的发展水平，欧洲仍居前列，美洲和中东地区居中位，亚太地区居后位，非洲地区居末位。

三、新兴经济体国家接待入境游客的发展速度高于发达经济体国家

多年来，新兴经济体国家出境旅游迅速增长、出境旅游消费强劲，有力地拉动了国际旅游消费的增长。新兴国家的国际旅游发展潜力巨大，是推动世界旅游的强劲增长点。2000 年发达国家经济体国家接待国际游客 4.30 亿人次，占世界总额的 63%；新兴经济体国家接待国际游客 2.50 亿人次，占世界总额的 37%。2017 年发达国家经济体国家接待国际游客 7.26 亿人次，占世界总额的 55%；新兴经济体国家接待国际游客 5.97 亿人次，占世界总额的 45%。2030 年，发达国家经济体国家接待国际游客 7.7 亿人次，占世界总额的 43%；新兴经济体国家接待国际游客 10.4 亿人次，占世界总额的 57%。

四、区域旅游一体化加速推进

区域旅游一体化是相关国家或地区建成统一的旅游目的地、共同的旅游市场和完整的旅游经济区，其本质是在成员国或地区之间建立统一的市场规则与秩序，实现旅游资本、信息、企业、服务、旅游者和从业人员等要素，按照市场规律优化配置、自由流动，促进区域旅游经济的协同发展。区域旅游一体化以世界经济全球化、区域经济一体化、区域法制同构化为基础，同时也是推进区域一体化的重要动力与标志。

区域旅游一体化以建设统一的旅游目的地为目标，共同编制旅游发展规划、统一服务标准、统筹市场营销、共享旅游信息资源、开展旅游人力培训等；互相给予国民出入境便利或免签、开放航线等优惠条件，同时对区域旅游一体化外的国民实行出入境、免签购物和其他优惠政策。

欧洲地区将以欧盟为主体继续推进区域旅游一体化，并达到新的高度。亚太地区在《亚太经合组织推动实现亚太自贸区北京路线图》框架下全面、系统地推进亚太自贸区进程，鼓励各经济体采取更加便利的移民政策，基于利益共享和互利，切实促进区域内包括商务、旅游、科研、学生、劳务人员的流动，扩展亚太经合组织成员国际旅游规模。北美洲地区在美、加、墨自由贸易区的基础上推进区域旅游一体化，美洲地区经济区域集团化的趋势十分突出。中东和非洲地区的区城旅游合作将进一步加强。“金砖五国”在世界旅游平台上的作用将逐步显现，一带一路旅游得到长足进展。

五、旅游需求更加多样化、个性化

科技革命的发展、社会经济文化的普及、弹性工作制的推广、退休年龄的提

前、人口的老龄化、就业妇女的增多、晚婚趋势的发展、移民和出境限制的放松等，使更多的人将有更多的时间、财力和兴趣参加旅游的发展和人口结构的变化，使旅游者的数量增加、素质提高。人们工作时间的缩短、带薪假活动增多。以探亲、就医、宗教等目的的出行增长速度将明显超过休闲与商务出行。

旅游经营服务方式不断创新。旅游需求的变化必然导致旅游供给和经营管理方式的革新。传统的团队式、全包价式的接待方式将发生变化，逐步向自由组合、自主选择、灵活多样的形式发展。数字信息系统将应用于旅游经营管理和旅游服务的各个环节之中。旅游线路的选定，交通票证的预购，客房、餐饮和文体娱乐活动的预订和销售将逐步普及数字化运行。世界各大旅行商、饭店集团、航空和其他交通部门将实行数字化、网络化经营。旅行商兼营行、住、食、购、娱、游等多种业务；旅游业与文化、工业、农业、商贸和交通等产业广泛融合，旅游产业的综合性将达到更高的水平。

表 1–1　1950—2010 年世界各地区接待国际游客人数和旅游外汇收入

地区	接待游客数（亿人次）							旅游外汇收入（亿美元）						
	1950	1960	1970	1980	1990	2000	2010	1950	1960	1970	1980	1990	2000	2010
全球	0.253	0.69	1.658	2.78	4.41	6.806	9.39	21.0	69	179	1065	2732	4792	9280
非洲	0.005	0.08	0.024	0.073	0.152	0.282	0.50	0.1	2	5	34	64	106	304
美洲	0.075	0.167	0.423	0.623	0.928	1.282	1.50	11.0	25.0	48	247	693	1310	1810
亚太	0.002	0.009	0.062	0.236	0.577	1.149	2.04	0.4	2	12	113	467	904	2552
欧洲	0.168	0.504	1.13	1.775	2.653	3.841	4.75	9.0	39	110	637	1456	2316	4093
中东	0.002	0.006	0.019	0.075	0.10	0.252	0.60	0.3	1	4	35	51	156	517

资料来源：根据世界旅游组织（WTO）历年公布数据编制。

表 1–2　1950—2010 年世界各地区接待国际游客人数和旅游外汇收入份额

地区	接待国际游客数份额（%）							国际旅游外汇收入份额（%）						
	1950	1960	1970	1980	1990	2000	2010	1950	1960	1970	1980	1990	2000	2010
全球	100.0	100.0	100.0	100.0	100.0	100.0	100.0	100.0	100.0	100.0	100.0	100.0	100.0	100.0
非洲	2.0	1.1	1.5	2.6	3.3	4.1	5.2	4.8	2.9	2.8	3.2	2.0	2.2	5.3
美洲	29.6	24.1	23.0	21.6	20.6	18.8	16.2	52.4	36.2	26.8	23.2	26.6	27.3	15.9
亚太	0.08	1.3	3.6	8.2	12.3	16.9	24.3	1.9	2.9	6.7	10.6	15.7	18.9	21.8
欧洲	66.4	72.5	70.5	65.5	62.1	56.5	50.5	42.9	56.5	62.0	59.8	53.7	48.3	50.6
中东	0.08	1.0	1.4	2.1	1.7	3.7	3.8	1.4	1.5	2.2	3.3	2.0	3.2	6.4

资料来源：根据世界旅游组织（WTO）历年公布数据编制。

表 1–3 2017 年全球各地区国际旅游接待人次与收入

地区	国际旅游人数		国际旅游收入	
	亿人次	份额（%）	万亿美元	份额（%）
欧洲	6.70	51	5.19	36
亚太地区	3.23	24	3.92	27
美洲	2.09	16	3.90	27
非洲	0.63	5	0.37	3
中东	0.58	4	0.98	5
合计	13.23	100.0	14.36	100.0

资料来源：世界旅游组织《旅游亮点》（2018 年版）。

表 1–4 2010 年、2020 年、2030 年世界各地区接待国际游客人数和旅游外汇收入份额

地区	2010 年（实际）		2020 年（预测）		2030 年（预测）	
	亿人次	份额（%）	亿人次	份额（%）	亿人次	份额（%）
全球	9.35	100.0	13.60	100.0	18.09	100.0
非洲	0.50	5.2	0.85	5.3	1.34	7.4
美洲	1.50	16.2	1.99	15.9	2.48	13.7
亚太	2.04	24.3	3.55	21.7	5.35	29.6
欧洲	4.75	50.5	6.20	50.6	7.44	41.1
中东	0.61	3.8	1.01	6.5	1.49	8.2

资料来源：世界旅游组织《旅游亮点》（2016 年版）。

表 1–5 2017 世界前 10 位入境旅游人数、国际旅游收入与支出的国家 / 地区

位序	入境旅游人次		入境旅游收入		出境旅游支出	
	国家 / 地区	万人次	国家 / 地区	亿美元	国家 / 地区	亿美元
1	法国	8690	美国	2107	中国 *	2577
2	西班牙	8080	西班牙	680	美国	1350
3	美国	7590	法国	607	德国	891
4	中国 *	6070	泰国	575	英国	714
5	意大利	5830	英国	512	法国	414
6	墨西哥	3930	意大利	442	澳大利亚	342
7	英国	3770	澳大利亚	417	加拿大	318
8	土耳其	3760	德国	398	俄罗斯	311
9	德国	3750	墨西哥 / 中国	356	韩国	306
10	泰国	3540	日本	347	意大利	277

资料来源：根据世界旅游组织《旅游亮点》（2018 年版）编制。

* 中国：指中国大陆的入境旅游收入，包括香港、澳门与台湾地区入境游客的人数。

表 1–6　1980 年、1995 年、2020 年发达经济体国家与新兴经济体国家接待国际游客人次与份额

地区	1980 年		1990 年		2010 年		2020 年	
	亿人次	份额（%）	亿人次	份额（%）	亿人次	份额（%）	亿人次	份额（%）
全球	2.77	100.0	5.28	100.0	9.48	100.0	13.6	100
发达国家	1.94	70.0	3.34	63.3	5.06	53.0	6.43	54.7
新兴国家	0.83	30.0	1.93	36.5	4.42	47.0	7.17	45.3

资料来源：世界旅游组织《旅游亮点》（2016 年版）。

表 1–7　2020—2030 年发达经济体国家与新兴经济体国家接待国际游客人次与份额

地区	2010 年（实际）		2020 年（预测）		2030 年（预测）		年均增长率（预测）		
	亿人次	份额（%）	亿人次	份额（%）	亿人次	份额（%）	2010~2030 年（%）	2010~2020 年（%）	2020~2030 年（%）
全球	9.35	100.0	13.60	100.0	18.09	100.0	3.3	3.8	2.9
发达国家	4.98	53	6.43	47.3	7.72	42.7	2.2	2.6	1.8
新兴国家	4.42	47	7.17	52.7	10.37	57.3	4.4	4.9	3.6

资料来源：世界旅游组织《旅游亮点》（2018 年版）。

【学习提要】

本章是全课程的总纲。了解世界旅游的全局是认识中国出入境的发展环境和发展前景的前提。

教学重点

1. 世界旅游业的发展趋势。
2. 世界旅游市场格局。

思考与讨论

世界旅游格局与世界经济格局之间有什么关系？

第二章

中国旅游业

第一节　中国（大陆）旅游业历史与现状

一、中国旅游业发展简史

中国是一个历史悠久、幅员辽阔、文化灿烂、风光多姿的文明古国。中国人历来有旅行游览的传统。在中国五千年的文明史上，凡是成就杰出、彪炳史册的政治家、军事家、思想家、文学家、科学家，许多都是足行万里的旅行家。在自然经济占统治地位的封建社会中，虽有旅行游览活动，但不存在旅游业。

中国旅游业的出现是在西方产生旅游业半个多世纪之后的事情。20 世纪初，英国的通济隆洋行、美国的运通公司和日本的国际观光公社，在上海、天津和广州等沿海城市建立了分公司，经营中国的国际旅游。1923 年 8 月，上海商业储蓄银行设立了“旅游部”，开始经营国内旅游业务，主要范围在沪、宁、杭三角区。1927 年 6 月该部改名“中国旅行社”。其总社设在上海，全国有 22 个分社、9 个支社、7 家旅馆，并在马来西亚、印度、越南、缅甸、菲律宾、美国、新加坡和中国香港等国家和地区设有办事处。“中国旅行社”开创了中国人自办旅行社的先河。

中华人民共和国成立后，中国旅游业的历史揭开了新的一页，1949 年 12 月后，福建、广东先后成立华侨服务社，免费或低费为华侨出入境提供服务。1954 年 4 月，中国国际旅行社成立。1957 年 3 月中国华侨服务旅行社成立（1974 年与中国旅行社合署办公）。1964 年中国旅行游览事业管理局成立。国内旅游逐步展开，党、政府和工会经常组织各行各业的劳动模范、先进工作者参观访问、休假疗养。在当时的国际环境和政治经济体制下，旅游活动和管理属于外事接待、政治活动、统战工作或福利工作的一部分，并未形成一个经济部门或产业。文化大革命十年动乱之时，正值世界旅游业迅速发展之期，当时的中国旅游业遭到严重干扰和破坏，中国旅游事业与世界旅游业由此拉大了距离。

二、中国旅游业的历史性转变

1978年年底，党的十一届三中全会以后，随着改革开放的深入，中国的旅游业经历了历史性转变。邓小平在1979年初指出："旅游事业大有文章可做，要突出地搞，加快地搞。""旅游这个行业，要变成综合性行业。"

——在旅游业的性质上，从政治接待活动转变为经济产业，旅游业成为由行、游、住、食、购、娱六个要素组成，并关联到一、二、三产业的新兴综合性产业。2018年全国旅游业对GDP的综合贡献为9.94万亿元，占GDP总量的11.04%。旅游直接就业2826万人，旅游直接和间接就业7991万人，占全国就业总人口的10.29%。旅游业已成为国民经济的战略性支柱产业。

——在接待对象上，入境旅游、国内旅游、出境旅游三大市场共同发展。2018年，国内（大陆）旅游人数55.39亿人次，国内旅游收入5.13万亿元；入境旅游人数14 120万人次，其中外国人3054万人次；入境旅游收入达1271亿美元。中国（大陆）公民出境旅游14 972万人次。

——在产业规模上，从少数几家旅行社、高档宾馆、餐馆，发展为由饭店业、旅行社、交通客运、商品、娱乐、教育、宣传出版等构成的综合性的产业，旅游业与城建、农业、工业、商业、建筑、交通、外事、金融、信息、电信、国土、海洋、文化、文物、教育、出版、科技、环保、卫生、海关、公安等各行业各部门相配合，成为第三产业中的重点产业之一。2018年，我国已经形成超过2万家旅游景区、3万家旅行服务商、30万家旅游住宿机构、180万家乡村旅游接待户的宏大产业规模。旅游产品向观光游览、度假休闲与专项旅游产品方面拓展，一个规模巨大、结构优化，具有竞争力的现代化旅游产业体系基本形成。

——在旅游文化体系上，文化与旅游进一步融合，旅游的文化内涵逐渐加深，旅游活动的文化信息量日渐扩大，旅游从业人员的数量不断增长。由旅游教育、科研、创意、咨询、宣传、出版、文娱组成的旅游文化体系迅速发育成长，并成为旅游产业和旅游生产力中不可缺少的一部分。2017年年底，旅游院校（系）总数2641所，招生为27.39万人。

——在旅游经济的所有制构成上，从单一的国有制转向国有、集体、民营、个体、股份、中外合资（或合作）和外商独资并存的多种所有制结构。

——在管理体制上，从政企合一的指令性计划管理向政企分开的市场经济型管理转变。旅游企业从外事接待单位、行政机构的附属单位向自主经营的旅游企业转变。《旅游法》等一系列旅游法规相继出台，旅游业在市场经济基础上逐步形成了政府引导、行业自律和企业自主经营的体制机制。

——在国际联系上，从过去的封闭走向全面开放。1983年10月，我国正式加入世界旅游组织。原国家旅游局在美国、加拿大、英国、法国、德国、瑞士、意大利、俄罗斯、澳大利亚、日本、新加坡、以色列、尼泊尔、印度和匈牙利等国设立了旅游办事处。我国参加了世界各种旅游博览会、交易会。近年来，由中国发起成立了世界旅游联盟和世界旅游城市联盟。

——中国旅游的国际地位日益提高。中国接待过夜入境旅游者人数在世界上的排位，1980 年为第 18 位，2004 年后上升至第 3、4 位；旅游外汇收入 1980 年排名第 34 位，2015 年后上升为第 1、2 位。中国已成为世界旅游的重要目的地和客源国。由世界经济论坛发布的“全球旅游和旅行竞争力”排名中，中国（大陆）由 2013 年第 45 位上升到 2017 年的 15 名。

中国旅游业在改革开放中崛起，40 多年的发展已经树立起世界旅游大国的鲜明形象，成为推动世界旅游发展的极富活力的重要力量。旅游业在政治建设、文化建设、经济建设、社会建设、生态建设和国际交往中发挥着积极作用，旅游业已成为我国国民经济的战略性产业，成为全面建设小康社会和和平发展的重要组成部分。

第二节　中国（大陆）入境客源市场

一、中国（大陆）入境旅游发展简况

中华人民共和国成立初期到 20 世纪 60 年代初，实行“一边倒”的外交方针。这个时期接待的外国客人绝大部分来自苏联、东欧国家和朝鲜、越南和蒙古等“社会主义阵营”的国家。西方国家来华人士主要是共产党及其领导下的工会、青年和妇女组织及其他左翼人士，还有一些外国友好人士。1954 年 4 月成立的中国国际旅行社总社及其在上海、杭州、南京、满洲里等地的 14 个分社主要承担这方面的接待任务。在此期间，华侨和港澳同胞回大陆探亲访友、参加家乡建设，华侨服务旅行社（后为中国旅行社总社）主要承担接待海外华侨的任务。由共青团中央主办的中国青年旅行社重点接待外国青年客人。

20 世纪 60 年代，随着国际关系的大变动和中国对外关系的大调整，苏联“大家庭”和支持苏共的政党及团体与中国的交往中断。文化大革命期间，海外华侨的接待工作基本停止。20 世纪 60 年代中期至 70 年代初，除接待少量第三世界友好进步人士外，中国国际旅游接待工作基本瘫痪。

20 世纪 70 年代后，随着中国恢复在联合国的合法席位和中美、中日关系逐步走向正常化，中国国际旅游接待的对象也面向西方各界人士，并对自费旅游者实行收费，旅游收支略有盈余。此后开始与西方国家的旅游组织发生联系，自费和散客旅游者逐步增多。1978 年年底中国共产党十一届三中全会以后，国际旅游

业进入大发展的阶段。特别是20世纪80年代末90年代初，中苏（俄）关系正常化，中国的入境市场走向全方位、多元化。香港、澳门、台湾地区和华侨旅游者，是大陆人民的骨肉同胞，不同于外国旅游者。作为入境旅游者，港、澳同胞和华侨游客一直是中国入境客源市场的主体。1988年后，随着海峡两岸关系的发展，台湾同胞成为入境客源市场的又一重要组成部分。

二、中国（大陆）入境客源市场现状

中国（大陆）入境客源市场分为两大部分，一部分是中国香港、澳门和台湾同胞及海外侨胞，另一部分是外国人（包括已加入外国国籍的海外华人）。大陆、台湾、香港、澳门四地一个国家、两种社会制度，这是中国近现代曲折的历史留给中国的社会现实。香港、澳门回归祖国后，实行“港人治港”“澳人治澳”“高度自治”“一国两制”的方针，香港、澳门特别行政区享有充分自主管理本地区事务的权力，同时香港、澳门和台湾还是单独的关税区，各自发行货币。两岸四地都属一个中国，但四地民众彼此来往（包括旅游）都要办理某种证件和手续，游客要兑换成相应的货币进行消费。因此，两岸四地同胞之间的旅游仍称之为“入境旅游”“出境旅游”。近些年来，越来越多的国际旅游机构和企业把管辖大陆、港澳台事务的驻华机构称为“大中华区”办事处，“中华旅游”的概念已经形成。大陆（内地）、香港、澳门、台湾四个地区之间的相互旅游不是国际旅游，而是中华旅游市场内部的国内旅游。

香港、澳门和台湾同胞一直是入境客源市场的主体，在入境游客中，约占8/10，外国人约占2/10。2018年入境旅游人数14 120万人次，其中外国人3054万人次，香港同胞7937万人次，澳门同胞2515万人次，台湾同胞614万人次。入境过夜旅游人数6290万人次，其中外国人2364万人次，香港同胞2820万人次，澳门同胞553万人次，台湾同胞553万人次。

表2–1　1980年、1990年、2000年、2010年、2018年入境旅游市场人数及构成

年份	总计	港澳台同胞		外国人	
	人次（万）	人次（万）	份额（%）	人次（万）	份额（%）
1980	570.3	517.3	90.7	52.9	9.3
1990	2746.2	2571.5	93.0	174.7	7.0
2000	8344.4	7328.4	87.8	1016.0	12.2
2010	13376.2	10763.5	80.5	2612.7	19.5
2018	14120	11066	78.4	3054	21.6

资料来源：根据原国家旅游局历年统计资料编制，下同。

国际客源市场指外国游客，以亚洲为主体，欧洲和北美为两翼。亚洲客源市场约占我国外国人客源市场的 3/5 左右，是国际客源市场的主体。欧洲市场约占 1/5 左右，北美市场约占 1/10 左右。

2018 年入境外国游客 4795 万人次，亚洲占 76.3%，美洲占 7.9%，欧洲占 12.5%，大洋洲占 1.9%，非洲占 1.4%。前 17 位国家如下：缅甸、越南、韩国、日本、美国、俄罗斯、蒙古、马来西亚、菲律宾、新加坡、印度、加拿大、泰国、澳大利亚、印度尼西亚、德国、英国（其中缅甸、越南、俄罗斯、蒙古、印度含边民）。

世界旅游组织的统计体系中，接待游客人数与外汇收入都是指“国际旅游到达者”（International Tourist Arrivals）、“国际旅游收入”（International Tourism Receipts）。在大陆入境游客统计中含港澳台同胞到大陆的旅游人数，他们不是国际旅游者，而是一国两制下四地区之间的旅游。他们的旅游花费也列为“旅游外汇收入”，但不是国际旅游收入。

表 2–2　1979 年、1990 年、2000 年、2017 年各大洲来华旅游外国人数

地区	1979年		1990年		2000年		2017年	
	人次（万）	份额（%）	人次（万）	份额（%）	人次（万）	份额（%）	人次（万）	份额（%）
亚洲	17.85	49.3	91.52	52.4	622.47	61.3	3201.8	74.6
欧洲	9.07	25.0	44.63	25.5	236.73	23.3	586.3	13.7
美洲	8.12	22.4	30.35	17.4	121.71	12.0	354.0	8.2
大洋洲	0.89	2.5	6.35	3.6	28.24	2.8	89.1	2.1
非洲	0.31	0.8	1.26	0.7	6.57	0.6	62.8	1.5
其他	—	—	0.63	0.4	0.32	—	0.22	0.0
总计	36.24	100.0	174.74	100.0	1016.04	100.0	4294.3	100.0

资料来源：根据国家旅游局历年统计资料编制。

表 2–3　1979 年、1990 年、2000 年、2017 年中国前 10 位客源国

位次	1979 年	1990 年	2000 年	2017 年
1	日本	日本	日本	缅甸
2	美国	美国	韩国	越南
3	菲律宾	俄罗斯	俄罗斯	韩国
4	英国	英国	美国	日本
5	法国	菲律宾	马来西亚	俄罗斯

续表

位次	1979年	1990年	2000年	2017年
6	新加坡	新加坡	新加坡	美国
7	德国	泰国	蒙古	蒙古
8	泰国	德国	菲律宾	马来西亚
9	加拿大	法国	英国	菲律宾
10	澳大利亚	澳大利亚	泰国	新加坡

资料来源：根据国家旅游局历年公布数据编制。

据《中国入境旅游发展年度报告2018》，超90%的游客是首次来访，主要的旅游目的是游览/观光（25.7%）、休闲/度假（25.5%）、了解中国特色文化（21.2%）、探亲访友（11.8%）。主要的游览项目是文物古迹（52.5%）、文化艺术（48.0%）、山水风光（43.5%）、美食烹调（38.5%）等。

25~44岁的游客为入境旅游市场的主力，超过入境游客总数的70%。大学本科、大学专科、硕士及以上学历的入境游客人数比例最高，合计超过入境游客总数的85%。

旅游伴侣主要为：和家人一起出游（27%）、和好友结伴出游（27%）、网络结伴旅游（14%）、自助游组织出游（12%）等。旅游时长的选择以8~15天（39.7%）、4~7天（38.8%）居多。

入境游客主要为中高收入人群，个人月收入在3001~5000美元、5001~8000美元的人群，两者占游客总数的一半以上。入境游客人均消费呈现中间大，两头小特征。超过80%的入境游客消费集中在1001~5000美元，消费超过5000美元有8.1%。入境游客更倾向于选择中等价位酒店（二星、三星酒店及同级酒店）（49%）、经济型酒店（36%）、豪华酒店（12%）。

三、中国（大陆）入境客源市场发展前景

中国（大陆）的入境客源市场将向横广方向和纵深层次拓展，地区更加广泛，规模更加宏大，群体更加多样，需求更加多元。

入境客源市场将在“一体两翼”格局的基础上，进一步扩展到世界五大洲更多的国家和地区，趋向全方位、多元化。

在亚太地区经济进一步发展和该地区区域经济合作进一步深化的基础上，这一主体客源市场将达到一个新的水平。随着中国香港、澳门与内地的联系更趋密切，海峡两岸关系的进一步发展，港澳台同胞赴大陆探亲、观光、度假、商务和会议旅游的势头会更加强劲。

在东北亚地区，日本的经济实力仍名列世界前茅，日本的国民收入、储蓄能

力和消费水平仍居亚洲前列，出境旅游已经成为国民生活中不可缺少的组成部分。日本旅华客源地将覆盖该国更多的地区，仍将是中国的一大客源国。随着中韩两国经贸、文化交流的增长，交通条件的改善，中韩之间旅游的双向交流将进一步扩大。随着国内转型的深入，俄罗斯、蒙古的旅华游客数量将继续稳步增长，消费将逐步提高，从边境贸易发展为到内地进行商贸与观光度假。

随着中国—东盟自由贸易区的建立，中国与东南亚各国的外交、经贸和文化关系进一步加强，旅游合作将进一步扩大，东南亚作为我国的一个传统市场必将得到更大的发展。随着改革开放的深入和国民经济的发展，越南将成为中国在东南亚地区的又一新兴客源市场。

近年来中蒙俄三国加大了合作开发“茶叶之路”旅游线路的力度。从17世纪起，“茶叶之路”始于福建武夷山产茶区，途经湖南、河北、蒙古和俄罗斯的莫斯科直至圣彼得堡，横跨亚欧大陆、绵延万里的运茶之道，曾繁荣活跃了近3个世纪，是一条中国连接蒙古、俄罗斯乃至欧洲腹地的重要古商道。目前，中、蒙、俄三国正在联手打造“茶叶之路”国际旅游品牌。

在南亚地区，具有13亿人口的印度是一个很有潜力的客源市场。印度的中产阶级正在迅速崛起，印度出境旅游一直稳步增长。中印两国是近邻，印度市场有望成为我国入境市场的一大新兴市场。

在大洋洲地区，澳大利亚和新西兰的国民经济呈基本稳步增长趋势，商务和观光度假等出境旅游将以较快速度增长。

在欧洲市场上，由于中国与欧洲各国经济合作的扩大和中国旅游产品的更新升级，中国与中东欧国家“15+1”的旅游合作不断加强，中东欧各国来华旅游者会有较大幅度增长，消费的质量和水平也将有所提高。旅华客源市场将逐步覆盖整个欧洲。

在美洲地区，美国仍将是中国的一个重点客源市场，来华旅游者将扩展到美国的其他地区，客源层次将由目前的中下层居多向高中层拓展。加拿大市场亦会有较大的增长。南美洲是一个有待开发的处女地。随着我国与南美洲经贸文化交流的开展、新航线的开通，南美将会成为中国的一个新兴客源地。

中东和非洲历来是中国入境客源市场中的薄弱环节。将陆续开拓这个富有潜力的国际客源市场。南非国民经济持续发展，出境旅游在20世纪90年代迅猛发展。随着两国外交和经贸关系的发展，南非在21世纪必将成为中国的又一新兴海外客源市场。

“一带一路”贯穿亚欧非大陆，一头是活跃的东亚经济圈，另一头是发达的欧洲经济圈，中间经东南亚、南亚、中亚和西亚到达北非、中东欧，共65个国家有32亿人口，涵盖了从低收入国家到高收入国家、发展中国家到发达国家，经济发展潜力巨大、客源市场广大。随着一带一路倡议的推进、经贸文化交流的频繁，中国与相关国家间的相互旅游会不断发展，成为我国的新的旅游客源地和目的地。

中国将针对不同客源市场的特点，制订切实可行的营销计划和促销措施，巩固传统市场，发掘潜在市场，开发新兴市场；提升观光传统产品，开发度假产品，推出特种专项产品；扩大入境旅游市场规模，改善入境游客的消费结构，延长逗留时间，提高人均消费水平，把入境旅游推向新水平。

第三节　中国（大陆）出境旅游市场

一、出境旅游发展简况

中国大陆公民出境旅游由港澳台旅游和出国旅游两部分组成。2002年7月1日起开始实施《中国公民出境旅游管理办法》。20世纪90年代，出境旅游目的地主要是东南亚、东北亚和大洋洲地区。进入21世纪后，出境旅游目的地逐步扩展到南亚、欧洲、美洲、非洲地区。出国旅游中包括边境游，是边境地区的居民到相邻国家的边境城市的短期旅游活动，也包括经批准的旅行社组织和接待我国公民，从指定的边境口岸出入境，在双方政府商定的区域和期限内进行的旅游活动。边境旅游往往是与边境贸易双边交往相联系，并与观光游览相结合。

出境旅游大体上从亚太地区向欧洲、中东、非洲和美洲递次推进。近20年来，出境旅游一直呈快速发展的势头，1992年出境旅游298.9万人次，2017年出境旅游人数13 050.7万人次，2018年为14 972万人次。

二、出境旅游的方针与政策

我国实行出境旅游目的地“ADS协议”制度（Approved Destination Status，中文的意思是“官方确认的目的地地位”）。中国与外国分别签订关于对方作为中国公民出境为中国公民出境旅游目的地的协议，双方分别确定经营中国公民出境旅游的旅行社，经营这一业务的旅行社要在对方确认的旅行社范围内寻找合作伙伴。经过近20多年的发展，多数有条件、有一致意愿的国家和地区已经与我国签订了《旅游合作备忘录》，成为我国公民出境旅游目的地。至2018年年底，中国大陆居民出境旅游目的地共有130个地区和国家。

亚洲：中国香港、澳门（1983），泰国（1988），新加坡、马来西亚（1990），菲律宾（1992），韩国（1998），日本、越南、柬埔寨、缅甸、文莱（2000），尼泊尔、印度尼西亚、土耳其（2002），印度、马尔代夫、斯里兰卡、巴基斯坦（2003），塞浦路斯、约旦（2004），老挝（2005），蒙古（2006），孟加拉国、叙利亚、阿曼（2007），中国台湾、以色列（2008），阿拉伯联合酋长国（2009），朝鲜、乌兹别克斯坦、黎巴嫩（2010），伊朗（2011），哈萨克斯坦（2016）。

大洋洲：澳大利亚、新西兰（1999），北马里亚纳群岛联邦、斐济、瓦努阿图（2005），汤加（2006），法属波利尼西亚（2008），巴布亚新几内亚（2009），密克罗尼西亚（2011），萨摩亚（2012），法属新喀里多尼亚（2017）。

欧洲：马耳他（2002），德国、克罗地亚、匈牙利（2003），希腊、法国、荷兰、比利时、卢森堡、葡萄牙、西班牙、意大利、奥地利、芬兰、瑞典、捷克、爱沙尼亚、拉脱维亚、立陶宛、波兰、斯洛文尼亚、斯洛伐克、丹麦、冰岛、爱尔兰、挪威、罗马尼亚、瑞士、列支敦士登（2004），英国、俄罗斯（2005），安道尔、保加利亚、摩纳哥（2007），黑山（2009），塞尔维亚（2010），乌克兰（2014），马其顿（2016）、亚美尼亚（2016）、阿尔巴尼亚（2018）。

非洲：埃及（2002），南非（2003），埃塞俄比亚、津巴布韦、坦桑尼亚、毛里求斯、突尼斯、塞舌尔、肯尼亚、赞比亚（2004），乌干达、摩洛哥、纳米比亚（2007），佛得角、加纳、马里（2009），马达加斯加、喀麦隆（2012），卢旺达（2013），肯尼亚（2014），塞内加尔（2016）、苏丹（2017）。

美洲：古巴（2003），智利、牙买加、巴西、墨西哥、秘鲁、安提瓜和巴布达、巴巴多斯（2005），格林纳达、巴哈马（2006），阿根廷、委内瑞拉（2007），美国、哥斯达黎加（2008），圭亚那、厄瓜多尔、多米尼克（2009），加拿大（2010），哥斯达黎加（2015）、圣多美和普林西比（2017）、巴拿马（2018）。

目前大陆的出境旅游往往只包括个人自费的出境（出国）旅行游览和度假等休闲性的活动，不包括公务、商务、会议、展览、奖励、考察、业务培训、社团交流、公共关系、出国留学和海外就业等事务性旅游活动。按照中国政府与各国签订的 ADS 协议，境外目的地政府需要指定资质优良的本地旅行社作为 ADS 地接旅行社，给予中国公民 ADS 签证不是 FIT 签证（个人签证），持其签证者只能随团旅游，整团进出，从事这一业务的必须是双方正式确认公布的企业，旅游活动必须遵循既定的路线进行等。

三、出境旅游现状

大陆公民出境旅游目的地有两大部分：香港、澳门、台湾地区和外国。其中去香港、澳门和台湾地区的一直占六七成，去外国的国际旅游者不足四成。近年来去外国的游客增长迅速，占一半左右。2017 年出境游客 13 050.1 万人次，出境旅游花费 1152.9 亿美元。2018 年出境游客 14 972 万人次，其中去香港 5103.8 万人次，去澳门 2526.1 万人次，去台湾 269.6 万人次，合计 7899.5 万人次；去外国旅游的 7072 万人次。

大陆居民出境旅游市场总体呈亚洲为主体、欧美为两翼的格局。2017 年去亚太（含港澳台地区）的游客占 89%，去欧洲的占 4.0%，去美洲的占 2.8%，去大洋洲的占 1.4%，去非洲的占 0.5%，去其他地区的占 1.9%。2017 年内地居民出境前往国家、地区居前十三位的分别是：中国香港、中国澳门、泰国、日本、越南、韩国、美国、中国台湾、马来西亚、新加坡、印度尼西亚、俄罗斯和澳大利亚。

出境旅游的目的，以观光休闲为主，其次为商务会展、探亲访友、文体 / 教育 / 科技交流、健康医疗等。出境自由行的国家越来越多，自由行游客的比例越来越大。2017 年出境游客中，大学和大专以上的占七成，中高以上收入的占六成，家人一起出游的占六成，好友结伴的占三成，参加旅行社组织的占七成，入住中等价位酒店的占五成、经济型酒店的占三成，单次花费在 1 万元以上的占六成、五千至 1 万元的占三成。40 年来，出境旅游中因公出游的比例不断下降，因私出境游客的增长速度远高于因公出境游客。

四、发展出境旅游的意义与前景

发展出境旅游有利于进一步提升中国旅游的国际地位，提高在国际旅游界的话语权；扩大国民视野，提高国民的国际活动素质，增进人文交流和各国人民之间的友谊；提升我国文化软实力、推进人文领域交流与合件，改善中国的国际形象。出境市场推动中国企业加快了“走出去”的步伐，积极向外输出资本、旅游品牌、管理技术与人才。出境旅游业务向合资与外资企业的逐步开放，吸引更多商业机构进入这一产业。

出境旅游目的地将进一步扩大。截至 2018 年 8 月，与我国建交的 178 个国家中，与我国签署 ADS 旅游目的地协议的有 130 个国家和地区，将会有更多的国家和地区将成为我国公民自费旅游目的地。出境旅游目的地以亚洲为主体、欧美为两翼的总体格局将会继续保持，赴欧洲、美洲、非洲和大洋洲的游客将会不断增长。在亚洲，将从东亚向南亚扩展；在欧洲，将从西欧向东欧扩展；在美洲，将从北美向中南美洲扩展；在非洲，将从北非向中、南非洲扩展，旅游出游将会遍及世界更多的国家和地区。一带一路遍及亚、非、欧，带动出境旅游的深广发展。

出境旅游手续将更加方便，旅游环境将继续完善。越来越多的国家将会采取多种政策与方式，如免签入境、落地签证、一次签证多次进出、缩短签证时间、放低签证条件等，降低现有签证门槛，使大陆居民出境旅游越来越便捷。截至 2018 年年底，持普通护照的中国公民可免签或落地签前往的国家和地区达 72 个，其中与 14 个国家实现全面互免签证。越来越多的国家启用电子旅游签证申请和签发系统。

出境旅游从观光游览为主向休闲度假、购物、娱乐及探亲、求学、商务等多样化发展，如观看与参与节事活动、邮轮旅游、考察体验、定制出游等深度旅游。团队包价游、自由行、个性化定制、“机票 + 酒店”半包价等出境旅游方式更加多样化。

出境旅游的管理方式将逐步改进，ADS 协议将会在适宜时间做调整，其中对必须采取团队旅游的方式将会适时调整。经批准的特许经营中国公民自费出国旅游业务的旅行社将会不断增加。外资旅行社和中外合资旅行社经营中国公民自费出境旅游业务将进一步放开。同时出境旅游的发展将带动旅游企业的“出境”，推动更多的服务企业首先到出境旅游的热点地区布点，开展跨国经营。中国公民出境旅游的交通、住宿、餐饮、休闲度假等服务，其中一部分将由中国在境外经营的企业提供，实现部分境外消费的外汇回流。

出境旅游者的旅游经历将逐步丰富，旅游素质将不断提高，游客消费将更加理性，从观光游览向文化体验和休闲度假扩展，大陆内部出境旅游的客源产出地将逐步从东部地区为主向中西部扩展，拓展到全国范围。

高速增长的中国大陆出境市场对世界旅游业持续发展具有重大作用，进一步改变世界旅游格局，引领亚太国家与地区旅游业的提升，进一步促进世界旅游重心继续向亚太地区转移。

第四节 中国香港特别行政区

一、地理、简史与人文

1. 自然地理

香港地处中国的东南端，由香港岛、大屿山、九龙半岛以及新界（包括 263 个离岛）组成，南临南中国海，与深圳特区毗邻。管辖总面积 2755.03 平方公里，其中陆地面积 1104.32 平方公里，水域面积 1650.64 平方公里。基本为山地性半岛和海岛，九龙半岛的大雾山海拔 958 米，为香港最高峰。河流大多集中在新界，最长的是深圳河。地处亚热带季风区，属四季分明的亚热带气候。

2. 简史

公元前 700 年，土生土长的渔民在水上聚居，公元前 50 年，香港被纳入中国版图。“香港”之名始于南宋末年（1279 年），当时香港岛上一处小港湾因转运香木而得名“香港村”。1842 年英国强迫清政府签订《南京条约》割占香港。1860 年，英国又通过签订中英《北京条约》侵占界限街以南的九龙半岛领土，将其并归香港界内。1898 年又签订《展拓香港界址专条》，强行“租借”深圳河以南、界限街以北的地区及附近岛屿（即“新界”）。1941 年 12 月至 1945 年 8 月，香港曾被日本占领。日本投降后，英国重新占领香港。1997 年 7 月 1 日举行香港政权交接仪式，中华人民共和国香港特别行政区成立，中国对香港恢复行使主权。1990 年 4 月通过《香港特别行政区基本法》。

3. 区旗与区徽

区旗：一面中间配有五星花蕊的紫荆花红旗。红旗代表祖国，白色紫荆花代表香港。花蕊上的五星象征香港同胞热爱祖国，花、旗分别采用白、红不同颜色，象征“一国两制”。

区徽：圆形，周围写有中文“中华人民共和国香港特别行政区”和英文“香港”，中间图案也是红底白色五星花蕊，寓意与区旗相同。紫荆花花色有紫、玫瑰红、白和黄色，四季开花，为香港市花。

4. 人口、语言和宗教

2018 年，人口 748.25 万（其中常住居民 724.94 万，流动居民 23.31 万），华裔占 95% 以上，大部分原籍广东，是世界上人口最稠密的地区之一。中、英文同为香港的正式文字。宗教自由是香港居民的基本权利，佛教、道教、孔教、天主教、基督教、回教、印度教、锡克教和犹太教等各有信众。

5. 法定节日

元旦：1 月 1 日。

春节：农历正月初一至初三。

清明节：4 月 5 日。

劳动节：5 月 1 日。

端午节：农历五月初五。

香港特别行政区成立纪念日：7 月 1 日。

中秋节：中秋节翌日放假。

重阳节：农历九月初九。

国庆日：10 月 1 日。

冬节或圣诞节：由雇主选择。

6. 带薪假期

凡雇员按连续性合约受雇满 3 个月，便可享有假日薪酬。按工作年限不同，有 7~12 天假期。雇主不得以任何形式的款项代替应雇员的法定假日。雇主如违反这项规定，可被检控，一经定罪，可被罚款港币五万元。如法定假日适逢雇员的休息日，雇主应于休息日翌日补假。

二、政治体制与对外事务

1. 政治体制

中国政府在香港实行“一国两制”“港人治港”“高度自治”的基本方针。“一国两制”就是在中国统一的国家内，内地实行社会主义制度，香港保持原有的资本主义制度和生活方式，50年不变。“港人治港”就是由香港人自主管理香港，中央不派官员到特区政府任职。“高度自治”就是除外交、国防事务由中央政府管理外，香港特别行政区享有充分自主管理本地区事务的权力，包括行政管理权、立法权、独立的司法权和终审权。

香港实行民主政治体制，最主要的机构是行政长官、政府、立法会和终审法院。立法会负责制定法律、控制公共开支，以及监察行政机关的表现。立法会全部60位议员通过选举产生，议员任期为4年。全港18个区议会共有民选议员400位、当然议员27位、委任议员102位。

协助行政长官决策的机构是行政会议，以及独立工作、对行政长官负责的廉政公署、审计署。特区政府下设政务司、财政司、律政司和各局、处、署。在法律规定的条件和程序下，行政长官对立法机关有解散权；立法机关有权弹劾行政长官；行政机关对立法机关负责；行政长官、行政机关和立法机关既互相制衡，又互相配合。

香港司法制度按普通法法制的基本原则运作。司法机关完全独立，绝对不受制于行政和立法机关。无论纠纷是涉及个人、法人团体还是政府，法庭都独立做出裁决。

香港特别行政区行政长官在当地通过选举或协商产生，由中央政府任命，任期5年，可连任一次。

2. 对外事务

香港特别行政区政府派代表以中国代表团成员身份参加以国家为单位的国际组织会议，并以“中国香港”名义单独组团出席其他政府间国际、区域组织或非政府组织会议，或作为单独会员的国际组织会议。截至2011年6月20日，驻港外国代表机构有59个总领事馆、61个领事馆及5个官方认可的代表机构。作为单独的关税地区，香港可以“中国香港”的名义参加世界贸易组织，以及其他有关的国际组织和国际贸易协定。

香港实行宽松和开放的出入境政策。165个国家和地区的游客可免签赴港7~180天。目前有169个国家和地区给予香港居民护照免签证或落地签证待遇。

三、地区经济

1. 经济概况

香港实行自由经济体制。在工商业方面，政府奉行确立已久的“尽量扶助、减少干预”政策，支持工商业发展，被公认为全球最自由开放的经济体和最具发展活力、营商环境最好的地区之一。世界重要的金融、服务业及航运中心，并且以廉洁社会、优良治安、自由的经济体系以及完备的法制而闻名于世，为全球最安全、富裕、繁荣和生活高水平的城市，素有“东方之珠”的美誉。

香港依法保护私有财产权，保持财政独立，财政收入全部用于自身需要，不上缴中央政府，中央政府不在香港征税；实行独立的税收制度和低税政策，自行立法规定税种、税率、税收宽免和其他税务事项；自行制定货币金融政策，保障金融企业和金融市场的自由经营，不实行外汇管制，港币自由兑换；继续开放外汇、黄金、证券和期货市场，保障资金的流动和进出自由，保障货物、无形财产和资本的流动自由。

2018年，香港地区生产总值2.85万亿港元（约合3629.7亿美元），人均生产总值38.2万港元（约4.9万美元），居全球排名第17位。

2. 经济结构

金融服务、贸易及物流、旅游和工商业支援及专业服务是香港经济的四个主要行业。文化及创意产业、医疗产业、教育产业、创新科技产业、检测及认证产业，以及环保产业是香港经济的六项优势产业。服务业占香港本地生产总值的90%，就业总人口中有近90%的人数从事服务业。2012年，农业、工业、服务业增加值的比重为0.1∶7.1∶92.9。

3. 交通运输

国际和区域航空中心，全球第五大客运机场，全球各大航空公司都有航班飞往香港。每周有大约4000班定期客运航班及700班货运航班从香港飞往全球约150个城市。国际和亚太地区的航运中心，有80多条海上航线，往返世界500个港口，集装箱运输居世界领先地位。

4. 著名财团和工商团体

英资财团长有香港上海汇丰银行财团、怡和财团、太古财团、嘉道理财团、英之杰财团和渣打银行。中资集团主要有中银集团、华润集团、招商局集团、中旅集团、中信集团、光大集团等。20世纪80年代以后，中资在香港的力量迅速增长，地位日益重要。

主要工商团体有：香港中华总商会、香港中华厂商联合会、香港总商会、香港工业总会、香港中华企业协会。

5. 香港货币制度

通行货币为港币（HK$），纸币由香港上海汇丰银行、中国银行和渣打银行发行。香港的货币政策目标是维持港元稳定。鉴于香港是一个高度外向型的经济体系，自1983年10月开始实行联系汇率制度以来，港元的市场价格基本上围绕7.80港元兑1美元的价格上下浮动。

四、文化科教与宗教政策

1. 教育

香港特别行政区自行制定有关教育、文化和科学技术等方面的政策。各类院校均可保留其自主性并享有学术自由，可继续从香港以外招聘教职员和选用教材；学生享有选择院校和在香港以外求学的自由。学制分为幼稚园（3年）、小学（6年）、中学（5~7年）、大学（3~5年），实行12年免费基础教育。中学分为英文中学、中文中学、工业学校和职业先修学校。在前三类学校修业期满者，经会考升读高等学校。职业先修学校则为直接就业打下基础。在中学教育与大学教育之间有专上教育，由专上学院实施，学制4年，不授学位。香港有12所颁授学位的高等教育院校，除中文系学科外，全用英语授课。主要有香港城市大学、香港浸会大学、岭南大学、香港中文大学、香港教育学院、香港理工大学、香港科技大学和香港大学。

2. 科学研究

科学研究主要由高校承担。重要科研机构有香港大学的亚洲研究中心、计算机应用和研究中心、语文研究所、城市规划和城市研究中心；香港中文大学的中国文化研究所、理工研究所、社会研究所。理工研究所下属的中药研究中心是一个著名的跨学科研究机构，社会研究所下设香港研究中心和当代亚洲研究中心。香港大学和香港中文大学都设有研究院，开设数十门学术及专业课程。

3. 文化艺术

香港拥有大批文学家、艺术家、歌星、影星和著名的记者报人。主要的文艺团体有香港作家联谊会、香港青年作者协会、香港儿童文艺协会、华南电影工作者联谊会、香港电影协会、香港电影文化中心、火鸟电影会等。产量最多的是粤戏片、武侠片、喜剧片。著名的电影制片公司有长城电影制片公司、凤凰影业公司、邵氏兄弟（香港）有限公司等。香港文艺活动场所和机构主要有香港大会堂、香港艺术馆、香港艺术中心、香港文化中心等。专业文艺团体有香港管弦乐团、香港中乐团、香港话剧团、香港中英剧团、香港舞蹈团、城市当代舞蹈团、香港合唱团及一所演艺学院。

4. 新闻出版

香港有数百家中文和英文报刊，主要报纸有:《大公报》《文汇报》《中报》《东方日报》《电视日报》《成报》《华侨日报》《明报》《信报》等。具有代表性的出版社有商务印书馆香港分馆、中华书局香港分局、三联书店香港分店、万里书店有限公司，此外有香港出版社、新雅文化事业有限公司、万源图书公司、学林书店、中流出版社和香港青年出版社等，还有多家音像出版机构。

拥有最先进的电信科技，不少国际通讯社、行销全球的报章和海外广播公司，在香港设立亚太区总部或办事处。《金融时报》《亚洲华尔街日报》《今日美国》国际版、《国际先驱论坛报》和《日本经济新闻》都在香港刊印。

5. 宗教自由政策

特区政府不限制宗教信仰自由，不干预宗教组织的内部事务，宗教组织和教徒可与其他地方的宗教组织和教徒保持和发展关系；宗教组织可按原有办法兴办宗教院校、其他学校、医院和福利机构。教育、科学、技术、文化、艺术、体育、医疗卫生等方面的民间团体和组织可同世界各国、各地区及国际的有关团体和组织保持和发展关系，并可根据需要冠用“中国香港”的名义参与有关活动。

五、民俗风情

1. 饮食习俗

工作人员一般吃工作餐，大公司、工厂及一些雇主实行免费包餐。晚餐一般是在家中，比较丰盛和讲究。多数家庭恪守粤式传统饮食方式。节假日期间，大多举家或相约亲友去食肆就餐。一般应酬宴请在晚餐。

2. 婚姻规章

男女任何一方年龄在16岁以下，不发注册结婚证书。结婚证书分正副本，均应由证婚牧师、结婚当事人及见证人两人或两人以上署名。结婚地点可在由港内发给执照的任何教堂，也可在登记署。在登记署结婚前，结婚人须向证婚人即登记官宣誓并书立誓词，也可在其他公开场合举行婚礼。

3. 娱乐习俗

港人的休闲娱乐内容、形式纷繁多样。全港有21个郊野公园，占全港土地40%，每年郊野公园游人都在1000万人次左右。民间盛行“打麻雀”（打麻将的习称）。博彩娱乐有赛马、“六合彩”等方式。每年9月至次年6月是赛马季节，每周两次，分别在跑马地马场和沙田马场举行，由马会经营，盈利捐助慈善事业。

4. 小费

几乎所有服务性行业，旅馆、酒店、餐馆、茶楼……都收“贴士”（tip，小费）。一般为10%的服务费。

六、旅游业

（一）旅游概况

香港旅游业起步于20世纪50年代，1953年访港旅客4.34万人，1969年访港旅客76万余人。70年代后迅速发展，1978年访港旅客205.5万人次，1997年1040.6万人次，2011年4192.0万人次。香港是亚太地区的重要旅游集散地和著名的世界旅游目的地。

以“亚洲国际都会”为品牌定位，突显香港动感澎湃、时尚多元与中西荟萃的国际都会特色，体现在城市建筑、景点、购物、美食、宗教、节庆、传统与时尚的文艺表演、登山远足等项目之中。香港4个传统节庆（长洲太平清醮、大澳龙舟游涌、大坑舞火龙及香港潮人盂兰胜会），被列入联合国教科文组织《世界非物质文化遗产名录》。

香港是国际会展之都，2008 年 11 月成立香港会议及展览拓展部。主要会展场地有亚洲国际博览馆、香港会议展览中心与国际展贸中心。每年有 300 多场会议和展览在港举行。

香港多次被评为全球十大旅游胜地、全球最佳商务城市、亚太最佳 MICE（会议展览）城市、全球最喜爱的商务旅游城市。2017 年世界经济论坛《旅游与旅行竞争力报告》中，香港名列第 11 位。

（二）旅游景点与活动

在“亚洲国际都会”的城市品牌定位下，推出五大系列旅游产品（节日盛事、文娱艺术、古今文化、绿野仙踪、邮轮之旅）与十大著名景点（星光大道、太平山道、女人街、前广九铁路钟楼、迪士尼乐园、海洋公园、尖沙咀海滨花园、庙街夜市、会议展览中心和金紫荆广场、宝莲禅寺和天坛大佛），展示中外文化交汇、古今人文传承与人文生态互补的都会特色。香港曾经的国际旅游宣传口号是“Every Moment is a Different World”。目前，旅游宣传口号是“Best of all，its in Hong Kong（尽享，最香港）”。

亚洲区域邮轮中心，启德和尖沙咀为两个国际邮轮码头。

（三）旅游客源市场

按香港的统计方法，访港游客由两部分游客组成：外国游客与中国大陆、澳门和台湾游客。香港方面把本地居民去内地、澳门、台湾和外国旅游称为“出港旅游”，把内地、澳门、台湾居民和外国游客来香港旅游称为“访港旅游”。

1. 访港旅游

2018 年访港游客 6514.8 万人次，其中内地游客 5103.8 万人次，澳门游客 109.5 万人次，台湾游客 192.5 万人次，美洲游客 187.3 万人次，欧洲游客 193.8 万人次，非洲和中东游客 29.4 万人次，大洋洲游客 70.4 万人次，北亚游客 270.9 万人次，东南、南亚游客 357.2 万人次。

2018 年访港游客 6514.8 万人次，其中过夜游客 2788.5 万人次，不过夜游客 3726.3 万人次，游客在香港总消费 2697 亿港元，约合 392 亿美元。入境游客中，内地、澳门和台湾游客 5576.8 万人次，外国游客 936 万人次。前十位国家和地区为中国内地、中国台湾、韩国、日本、美国、中国澳门、新加坡、澳大利亚、泰国等。

2. 出港旅游

2018 年香港居民出境游客 9221 万人次，其中赴内地 7937 万人次，赴澳门 633 万人次，赴台湾 169 万人次，合计 8741 万人次，占出境游客总数 94.8%。香港居民赴外国游客 480 万人次，占香港出境游客总数 5.2%。

（四）旅游产业与企业

1. *旅游产业*

旅游业是四大支柱产业之一、第三大创汇产业，在香港社会经济发展中有着十分重要的地位，对抵消香港对外贸易逆差、平衡国际收支发挥了巨大作用。旅游业促进了市政建设、交通环卫、内外贸易、地产建筑、财政金融、文化娱乐等行业的发展。据世界旅行旅游理事会测算，2016 年旅游业的直接贡献占国民生产总值的 4.6%、间接贡献占国民生产总值的 16.8%。据香港政府数据，2009 年旅游业占地区生产总值 4.4%，旅游就业 21.8 万人，占就业人数的 6.2%；旅游服务收入 1276 亿港元，占香港服务总收入（6700 亿港元）的 19%；同年旅游支出 1276 亿港元，占香港服务总支出（3441 亿港元）的 36%。2011 年旅游外汇收入 272 亿美元，旅游外汇支出 191 亿美元，旅游贸易顺差 81 亿美元。

2. *旅游企业*

拥有世界第一流的酒店设施和服务。2018 年有各类酒店 291 家、宾馆 1205 家，共有客房 92 177 间，酒店平均客房入住率 90%。在国际有关机构组织的“世界十大最佳服务酒店”评选中，香港酒店每次都榜上有名。文华、半岛、丽晶等大酒店经常入选“十佳”，香格里拉、富豪机场、海景假日等大酒店也曾获得国际奖项。2013 年有注册旅行社 1738 多家，其中一半同时经营岛内旅游与出境旅游，持证导游 6770 名、外游领队 19 120 名。

以“美食天堂”吸引各地游人，约有中西餐馆食肆 20 000 余家，菜式无所不有，铜锣湾的“食街”是美食所在地的典型代表。香港有“购物天堂”之称，著名的购物场所有九龙新世界中心、沙田区新城市广场、西区、湾仔、中环街市、港岛赤柱街市和港澳码头夜市及中区三条横街等。

（五）旅游管理

2005 年香港特区政府《施政报告》确定，“背靠内地，面向世界，建设一个提供优质服务的国际都会”，实行“市场主导、政府推动”的新政策范式。

香港旅游事务署隶属香港特区政府商务及经济发展局工商及旅游科，主要职责是制定旅游业发展政策和策略，并统筹与业界的联系，加强协调旅游业的发展。由旅游事务专员掌管，下设的旅行代理商注册处是《旅行代理商条例》的执行机构，负责审批旅行代理商的牌照和续牌申请，审阅 1500 多家旅行代理商的财务报表及管理旅游业赔偿基金等。

2001 年 4 月，香港旅游发展局由香港旅游协会（1957 年成立）改组成立，由政府拨付运作资金，代表政府行使职能，其中心任务是采取国际化、专业化的运作方式在全世界推广香港，并就香港旅游设施的种类及质量定期向政府和其他有关机构提出建议。旅发局共有 20 位成员，由特区政府委任，广泛代表旅游业内不同的界别，包括客运商、旅馆营运人、持牌旅行代理商、旅游经营商、零售商及餐厅营运人等。

旅发局办事处在世界各地设有16个办事处（美洲的洛杉矶、纽约、多伦多，欧洲的伦敦、巴黎、法兰克福，大洋洲的悉尼，北亚的东京、大阪、首尔，东南亚的新加坡，北京、上海、广州、成都以及台北，并设有6个代办处（泰国曼谷、印度新德里、菲律宾马尼拉、印度尼西亚雅加达、俄罗斯莫斯科、中东迪拜）。

旅游业议会核心业务是对旅行社业进行日常规管。根据《旅行代理商条例》的规定，任何从事外游业务的公司必须先成为香港旅游业议会会员才可以申领旅行代理商牌照。旅游业议会和旅游事务署下设的旅行代理商注册处共同承担规范和监管外游和入境旅行社，维持旅游业的高专业水平，保障游客和旅游业者的双重利益。

香港3个旅游机构分工明确，在各自职能领域相对独立地开展工作。另一方面，3个旅游机构高层人员相互交叉任职，旅发局副主席一职由旅游事务专员担任、旅议会主席也是旅发局成员之一；旅游业策略小组主席是旅游事务专员，委员包括旅议会主席、旅发局总干事等业内人士，有利于业内人士畅通信息，便于形成工作合力。

除上述三个部门之外，香港还有一个由政府、旅发局和业界代表组成的非常设性机构旅游业策略小组，从策略部署的角度，研究并向政府提出促进旅游业发展的建议。

香港实行“市场主导、政府推动”的旅游发展方针，政府在经济发展中始终秉承积极不干预政策，强调维持自由市场机制运作，只有在市场失效的情况下，不排除必要的合理政府干预，为最大限度发挥市场机制作用留出足够的空间。

《旅行商代理条例》是规范旅行社业的专门单行法律，对旅游业议会在管理旅游业中的地位、性质、作用及功能进行了明确的定位。旅游业议会制定和出台了《导游作业守则》《会员作业守则》《外游领队作业守则》，作为日常管理的依据和办法。

七、香港与祖国内地的经贸旅游关系

2019年2月，《粤港澳大湾区发展规划纲要》确定，香港将巩固和提升国际金融、航运、贸易中心和国际航空枢纽地位，强化全球离岸人民币业务枢纽地位、国际资产管理中心及风险管理中心功能，推动专业服务和创新及科技事业发展，建设亚太区国际法律及解决争议服务中心，打造更具竞争力的国际大都会。

（一）经贸关系

在经济上，内地与香港一直存在着互补互利关系，经济关系越来越密切。内地为香港提供工业原料、民生资源（水源、食品）、能源和劳力资源，并且是香港的重要商品市场。2004年1月1日全面实施《内地与香港关于建立更紧密经贸关系的安排》（CEPA）是内地与香港签订的首项自由贸易协议。

2012年6月29日，中央政府与香港特别行政区政府签署《内地与香港关于建立更紧密经贸关系的安排》补充协议。到2015年内地对香港基本实现服务贸易自由化，香港的服务提供者和专业人员在2015年基本上享有国民待遇。推动内地与香港企业联合“走出去”，共同开拓国际投资和基础设施建设市场。内地是香港的最大贸易伙伴。香港有90%的转口商品是来自内地或以内地为目的地。内地企业是香港最大的直接投资者之一。

（二）旅游关系

1. 香港同胞赴内地旅游

改革开放以后，香港一直是内地最大的入境客源产出地，内地是香港市民的第一旅游目的地。1997年香港回归祖国后，赴内地游客加速增长。香港同胞赴内地旅游人数从1997年的3977万人次增长至2011年的7936万人次，翻了一番。2018香港来内地游客7937万人次，占内地入境游客总数的56.2%。

2. 内地同胞赴港旅游

1983年，香港是中国第一批开放内地居民出游的目的地。1997年香港回归之后，扩大了内地居民赴港旅游的范围与数量，内地成为香港最大、最稳定的客源市场。2003年7月，大陆逐步开放内地居民赴港自由行。截至2014年，内地已经有49个城市实施了赴港自由行政策。2018年内地赴香港游客5103.8万人次，占香港入境游客总数的78.3%。

3. 区域旅游合作

到2012年7月，内地批准成立27家港资旅行社。香港在内地投资酒店、景区、旅行社171亿美元，设立旅游企业2904家。内地与香港将加大相互开展旅游推广力度，推进内地与香港旅游海外联合推广工作，开发“一程多站”旅游线路；共同维护旅游市场健康有序发展，加大旅游市场监管力度，规范旅游市场秩序、提升旅游服务质量，推进企业诚信经营；持续深化旅游投资领域的合作，鼓励各类资本在旅游装备制造业、旅游饭店、旅游景区、旅游保险、会展旅游、医疗保健旅游等领域开展投资合作；推动旅游信息化发展合作，开展“智能旅游”合作，推动两地旅游业加快由传统服务业向现代服务业的转变；深化旅游教育和人才培养合作，建立多种形式的人才交流与培养机制，推动旅游科研院校、旅游培训机构合作。广深港高铁的开通、粤港澳大桥的运行为内地与香港的双向旅游提供了更便捷的通道。《粤港澳区域旅游规划》规定粤港澳地区共同打造国际知名的旅游休闲目的地。

第二节　中国澳门特别行政区

一、地理、简史和人文

1. 自然地理

澳门特别行政区位于中国大陆东南沿海，地处珠江三角洲的西岸，毗邻广东省，与香港相距 42 海里，距离广州 145 公里，与珠海市和中山市相邻。

澳门地区由澳门半岛以及氹仔和路环两个离岛组成，面积 30.8 平方公里。另外澳门大学新校区面积为 1.0 平方公里。嘉乐庇总督大桥、友谊大桥和西湾大桥把澳门半岛和氹仔岛连接起来，而路凼填海区把氹仔和路环两个离岛连为一体。地形以丘陵为主，平地多为填海新地。地处亚热带季风区，温暖湿润、雨量充沛。每年 5—10 月为台风季节。

2. 简史

澳门自古是中国领土的一部分。16 世纪初属广东香山县（今中山市）管辖，是一个小渔村。随着明末对外贸易的发展，东南亚、南洋各国商船陆续来到澳门经商易货。16 世纪中叶，第一批葡萄牙人抵达澳门时，询问居民当地的名称，居民误以为指庙宇，答称“妈阁”。葡萄牙人以其音而译成“MACAU”，由此成为澳门葡文名称的由来。1845 年，葡萄牙单方面宣布澳门为“自由港”，逐步强占整个澳门地区，并任命总督统治。葡萄牙政府于 1887 年与清政府签订《中葡会议草约》，塞进“葡国永驻澳门及属澳之地”等词句。1951 年，葡萄牙政府宣布澳门为葡萄牙的一个“海外省”。1979 年中葡建交时，葡方承认澳门为它治理下的中国领土。中葡两国政府于 1987 年 4 月 13 日正式签署关于澳门问题的联合声明。1999 年 12 月 20 日，澳门特别行政区成立，中国对澳门恢复行使主权。

3. 区旗与区徽

区旗：形状、颜色两面相同，旗上五星、莲花、大桥、海水图案两面相对。旗面为绿色，呈长方形，其长与宽为三与二之比。旗面中间绘有由三个花瓣组成的白色莲花。位于莲花上方的金黄色五角星一大四小，中置大五角星，左右各有两颗小五角星，莲花下方是白色大桥和绿白相间并由近向远渐变的海水。

区徽：圆形，徽面由绿色环形窄边，文字区外圈，绿色内圆及五星、莲花、大桥和海水这一组图案所组成，周围写有“中华人民共和国澳门特别行政区”和葡文“澳门”。

区旗与区徽上的“五星”象征国家的统一；莲花为澳门民众喜爱，在“五星”照耀下含苞欲放，寓意兴旺发达；莲花上的三个花瓣象征三个岛屿，大海与海水表示澳门是滨海城市。

4. 人口、民族、语言和宗教

人口63.31万（2017年），另有外来人口17.94万。中文和葡文同是官方语言，以中文为日常用语的居住人口约94%，普遍使用粤语。宗教信仰自由，有10余万人信仰佛教和道教，近3万人信仰天主教，3000多人信仰基督教。教徒较少的有伊斯兰教和巴哈伊教。

5. 法定节日

元旦：1月1日。

春节：农历除夕与正月初一、初二、初三四天。

清明节：一天。

复活节：4月17日。

国际劳动节：5月1日。

端午节：又称“龙船节”，农历五月初五。

澳门市日：6月24日。

海岛市日：7月13日。

中秋节：农历八月十五。

重阳节：农历九月初九。

国庆日：10月1日。

追思节：11月2日。

澳门特别行政区成立纪念日：12月20日。

圣诞节：12月25日起放假3天。

1988年4月《就业政策及劳工权利纲要法·澳门劳动关系》规定，“在每一平常年，工作者有权享受6个工作日的有薪假期，倘若工作关系的时间少于12个月但多过3个月时，系按工作关系的时间比例计算，每月或不足1月享受半日”。

二、政治体制与对外联系

1. 政治体制

《中华人民共和国澳门特别行政区基本法》规定，“澳人治澳，高度自治”是国家对澳门的基本方针。“澳人治澳”是指由澳门人自主管理澳门。特别行政区的行政机关和立法机关由澳门当地人组成。“高度自治”是指澳门特别行政区享有行政管理权、立法权、独立的司法权和终审权，中央政府不干预属于澳门特别行政区自治范围内的事务，与澳门特别行政区有关的外交事务和防务由中央人民政府负责管理。

澳门特别行政区政府的首长是行政长官，下设司、局、厅、处，政府的主要官员由在澳门连续居住满 15 年的澳门永久性居民中的中国公民担任。行政长官在本地通过选举或协商产生，由中央人民政府任命，任期为 5 年，可连任一次。

立法会由澳门永久性居民组成，大多数议员由选举产生。法院独立行使审判权，只服从法律，不受任何干预。检察院独立行使法律赋予的检察职能，不受任何干涉。审计署独立工作，不受干预。

2. 对外联系

澳门特别行政区是一个区域性的非主权实体，与世界各国、各地区建立了广泛和密切的关系。根据《基本法》的规定，澳门可在经济、贸易、金融、航运、通信、旅游、文化、科技、体育等适当领域以“中国澳门”的名义，单独地与世界各国、各地区及有关国际组织保持和发展关系，签订和履行有关协议。目前，澳门特区参加的政府间国际组织共 25 个，其中以“中国澳门”名义单独参加的有 13 个，包括世界贸易组织、联合国教育科学及文化组织、国际海事组织、世界旅游组织等；以中国代表团成员身份参加的有 12 个，包括国际刑警组织、国际劳工组织、万国邮政联盟、国际电信联盟、国际民用航空组织等。目前适用于澳门的国际公约为 300 项。截至 2018 年，给予澳门特别行政区护照免签证或落地签证待遇的国家和地区 144 个。

澳门与欧盟在 1992 年签订的贸易和合作协议，双方可在工业、投资、科学及技术、能源、信息、培训等多领域内进行合作，在欧盟总部布鲁塞尔设立澳门特别行政区驻欧盟经济贸易办事处。澳门特区护照持有人在 13 个已签署《申根公约》的欧盟成员国、英国和爱尔兰、挪威及冰岛享有 90 天免签证逗留待遇。由于历史渊源，澳门除了与葡萄牙有着密切的联系外，与葡语国家共同体的其他成员也有着传统和特殊的关系，是唯一能够在四大洲与葡语国家存在着特别关系的中国城市。

三、地区经济

1. 经济简况

2019 年 2 月，《粤港澳大湾区发展规划纲要》确定，巩固和提升香港国际金融、航运、贸易三大中心地位，强化全球离岸人民币业务枢纽地位和国际资产管理中心功能，推动专业服务和创新及科技事业发展，建设亚太区国际法律及解决争议服务中心。

澳门是微型海岛经济，虽然经济规模不大，但具有开放和灵活的特点，在区域性经济中占有独特的地位，是亚太区内极具经济活力的一员。澳门是中国两个国际贸易自由港之一，货物、资金、外汇、人员进出自由。澳门特别行政区政府成立后，把维护和完善自由市场经济制度作为经济施政的主线，营造受国际社会认同、自由开放、公平竞争和法治严明的市场环境，推动经济呈多样化综合发展。

2018年澳门生产总值为4300亿澳门元（约合537.5亿美元），人均7.9万美元，在世界名列前茅，为世界高收入地区行列。1847年，澳门当局颁布法令宣布赌博合法。2001年后开放博彩业。近十年来，博彩业在澳门产业结构中的比重一直维持在30%左右，特区成立后治安稳定，博彩业稳定增长。2017年博彩毛收入26 663.07亿澳门元，博彩税总收入998.45亿澳门元，占澳门国民生产总值的66%，博彩税收占公共财政收入的79%。

货币名称：是澳门币（PATACA）。在澳门售卖的商品和所提供的服务收费一律以澳门币计算，但也可使用港币或其他流通货币。兑换率按市场浮动率厘定。100美元兑换808.6澳门元，100人民币兑换128.6澳门元（2018年）。

2014年1月，美国传统基金发布《全球经济自由度指数》报告，澳门首次获评为亚太地区第7位，而在全球179个经济体中排名第29位。

2. 经济结构

旅游博彩业、出口加工业（以纺织和服装为主）、金融保险业和房地产建筑业是澳门经济的四大支柱。第一产业以渔业为主，农副产品主要靠大陆供给。第二产业中，工业以轻纺工业为主，属出口导向型，主要行业有制衣和针织，其次是新兴的电子、玩具等。澳门、珠海双方同意选址澳门西北区的青洲，填海造地，兴建跨境工业区。以旅游博彩服务出口为主体的服务业是地区经济的主体。截至2017年澳门拥有博彩娱乐场40家、赌台6419张、角子机15 322部。2016年，农业、工业、服务业增加值的比重为0.0∶6.6∶93.4。

实行自由港和自由经济政策，是高度外向的经济，对外贸易是其重要支柱。澳门与100多个国家和地区有贸易关系，主要贸易伙伴包括有中国内地、美国、欧盟和中国香港等。

今后的经济发展方向是以休闲旅游为中心，经济适度多元发展，大力发展旅游、会展、金融等现代服务业，努力把澳门建设成为世界旅游休闲中心。

澳门主要工商团体有澳门中华商会、澳门出入口商会、澳门中小企业协进会。

3. 交通运输

拥有完善的海陆空交通网。位于氹仔的澳门国际机场开拓了通往中国内地和亚洲十多个不同城市的航线，2017年抵澳航班27415班次、离澳航班27427班次。澳门与香港之间有直升机往来，航程16分钟。澳门与香港、深圳之间24小时有喷射式航船往返，航程1小时。澳门与深圳之间每天有游船往返，航程1小时20分钟。2000年3月启用的莲花大桥，连接湾仔岛和珠海横琴岛，并与广珠高速公路接驳，澳门至广州车程为两个半小时。2018 年 10 月粤港澳大桥开通。

四、文化科教

1. 教育科研

有 163 所大中小学和幼儿园，其中高等学校 10 所，多为私立学校，私立学校以中文或英文教学，官办学校以葡文或中葡两种文字教学。教会学校超过半数。澳门大学（原名东亚大学）内设本科学院、预科学院、理工学院和澳门研究所，研究院和公开学院也在校内。研究院招收在职兼读人员，设工商管理、文学院和社会科学院，学生大多来自香港。

澳门研究所是研究澳门问题的专门机构，下设经济、政治行政、法律、教育、语言、历史文化、哲学宗教、环境科学等研究室，并设有顾问咨询服务中心，为社会提供顾问咨询。澳门主要学术团体有澳门社会科学学会，该会下设政经、史地、文化 3 个分会。

3. 文学艺术

政府设有澳门文化学会，是实施政府的文化政策、协调澳门文化工作及支持、推动澳门文化艺术活动的组织。该会建有艺术中心和语言中心（与教育团体合办）。作家组织有澳门笔会。著名的文艺团体有澳门乐团、中央乐团、云龙舞剧团、澳门摄影学会、沙龙影艺会等。著名的剧院、展览场馆有清平戏院、岗顶剧院、澳门市政厅画廊、澳门展览中心、澳门国际展览中心等，每年举办澳门国际音乐节、澳门艺术节。

4. 新闻媒体

出版中文、葡文及英文报刊，分日报和周报两种。文化局编制的《文化杂志》季刊，有中文、葡英两个版本;《澳门杂志》有中文、葡文及英文版本，由新闻局出版。澳门的电台和电视台，分别以不同频道用中文和葡文广播目。

五、民俗风情

1. 生活习俗

居民中华人占绝大多数，因此保存着华人（主要是汉人）的民俗风情。其姓氏称谓、婚丧礼仪、宗教信仰、节令时尚等基本与广东相似。在澳门的 1 万多土生葡人保留着欧洲生活方式，信奉天主教，喜好夜生活，与华人友好相处。许多人会粤语，与华人通婚，有华人亲友。

2. 建筑风格

建筑中西结合、华洋共存。古建筑多就地取材，多为花岗岩建筑物。中式住宅多为平房式庭院，前有门廊，次为天阶，中有客厅，后有神位。西式住宅多为楼房，有走廊，四面开窗，门楣多呈圆拱形，红墙粉。政府机构建筑以红白两色装饰外墙和门窗廊柱为多。罗马式教堂和中式庙宇杂间其中，展现着古风陈迹，兼有中西风味。

3. 美食

在澳门可以品尝各种中西美食，澳门土生菜式汇聚葡萄牙、非洲、东南亚和中国烹调特色于一身，而成为独一无二的澳门美食，以生窝、三蛇、水鱼等野味独具一格。

4. 节事活动

文化和体育节事活动四季不断、丰富多彩。1~3 月：元旦、农历新年、苦难耶稣圣像出游、澳门艺术节、复活节。4~6 月：北帝诞、澳门高尔夫球公开赛、娘妈诞、花地玛圣母像巡游、国际博物馆日、佛诞节（浴佛节、醉龙节、谭公诞）、澳门国际龙舟邀请赛、端午节、高尔夫球锦标赛、关帝诞。7~9 月：澳门国际烟花比赛会演。10~12 月：国庆日、澳门国际音乐节、澳门格兰治大赛车、澳门国际马拉松、半马拉松及迷你马拉松、冬至、圣诞节。

六、旅游业

（一）旅游发展简况

澳门旅游业始于 20 世纪 50 年代，兴盛于 20 世纪 60 年代。1960 年接待入境游客超过 50 万人次，1965 年超过 100 万人次，1973 年超过 200 万人次，1979 年突破 300 万人次，1982 年又突破 400 万人次，1988 年达 554 万人次，1989 年突破 600 万人次大关（616.5 万人次）。自 1992 年起，旅游业的收入已经超过工业产值。特区政府成立后，旅游业发展更为迅速。

旅游业兴旺发达的主要因素是自由进出的国际自由港与开放的博彩娱乐项目，外国游客可经香港便捷地进入澳门。近年来，提出发展以中西文化积淀为主体的文化、会展和商务旅游，建设文化娱乐之都。城市定位是世界旅游休闲中心，旅游业将继续朝多元化方向发展，整合独特的文化资源优势，加强区域合作，拓展联线旅游项目，加强构建澳门成为优质的文化旅游城市。

（二）旅游景点

澳门旅游的最大特点是中西文化交融的城市面貌、中西风俗包容共存的人文环境以及独有的博彩娱乐。

2005 年，澳门历史城区被列入世界文化遗产名录。该遗产以澳门旧城区为核心，通过相邻的广场和街道连为一体，是中国境内现存最古老、规模最大、保存最完整、最集中的中西特色建筑共存的历史城区，是 400 多年来中西文化交流、多元共存的结晶。

近年整合全市旅游资源，依托公交网络推出七条自由行游览线，串联人文与自然、历史与时尚景物，全方位地体验澳门：古今艺文、荟萃新城，中葡交汇、文化体验，创意展现、活化艺城，历史足迹、尽在城区，氹仔嘉模、葡韵风情，花地玛堂、缘聚濠江，路环乡情、思古寻幽。

娱乐场所有葡京赌场、跑狗场、回力球场、赛马车场、黑沙湾浴场、竹湾海滩和水上皇宫等；公园广场有白鸽窠公园、卢廉若公园和铜马广场（葡京广场）等；购物场所有新马路购物区、澳门食街和澳门女人街等。博物馆有大赛车博物馆、葡萄酒博物馆、海事博物馆、澳门艺术博物馆等；还有中西结合、华洋共处的街市景观等。

以“缤纷世界，澳门就是与别不同”为主题，以“感受澳门，动容时刻”作为宣传主题及口号，利用“看、尝、触、意、听”五种感观，向游客展现不一样的澳门。

（三）旅游客源市场

1. *访澳旅游*

按照澳门的统计方法，入境游客由两部分游客组成：国际游客与大中华游客，“大中华游客”包括来自中国大陆、香港、台湾和海外华侨游客。

2017 年澳门入境过夜游客 1725.5 万人次，入境旅游收入 355.7 亿美元。2018 年入境旅客人数 3580.4 万人次，其中“大中华”（内地、香港和台湾）旅客 3265 万人次，占 91.2%；国际旅客 315.4 万人次，占 8.8%；过夜旅客 1456.57 万人次，占整体旅客的 46.2%，平均逗留 1.0 晚。入境旅客目的以度假、博彩、探访亲友、商务公干和参加国际或区域性会议为主，休闲度假的占游客总数的 71%，商务活动与会议的占 11%，探亲访友的占 8%。中国内地、香港和台湾是澳门的最主要的三大客源地。访澳外国游依次为韩国、日本、菲律宾、美国、马来西亚、新加坡和印度尼西亚。

2. *出澳旅游*

澳门居民出境旅游逐年增加。历年出境旅游人数为：1997 年 869.8 万人次，2006 年 2442.9 万人次，2014 年 2370.45 万人次。2018 年出境 2775.66 万人次，其中前往内地、香港、台湾的共 2624.1 万人次，其中通过旅行社服务外出的居民 139.1 万人次，其中前往中国内地的居民有 75.7 万人次，占 54.4%；往香港 20.3 万人次；往台湾地区 13.1 万人次；前往韩国 8.3 万人次、泰国 4.8 万人次。目前 144 个国家和地区对澳门居民实行免签入境或落地签证。

（四）旅游产业与企业

1. *旅游产业*

旅游业是澳门最重要的经济支柱。特区政府实行以博彩旅游业为龙头，以服务业为主体（酒店业、客运业、旅行社、餐饮和娱乐业），其他行业协调发展的经济政策，巩固澳门在区域经济中的独特地位。据世界旅行旅游理事会测算，2016 年旅游业的直接贡献占国民生产总值的 27.3%、间接贡献占国民生产总值的57.2%。据澳门政府统计数据，2017年，澳门旅游业创造的GDP总占比达到14.2%。

2. 旅游企业

2017年年底，共有酒店111家，其中五星级33家、四星级17家、三星级16家、二星级12家、公寓33家，客房共37117间，客房入住率86.9%，人均住宿1.4晚；公寓32家、客房618间，客房入住率62.9%，人均住宿1.5晚。豪华级五星酒店有新葡京酒店、澳门皇冠、置地广场酒店、永利酒店、澳门美商梅金殿和金沙、威尼斯人酒店等。

2014年年底，持有效准照的旅行社210家。澳门旅行商分为三类：在澳门承办前往外地游览观光活动的机构为"旅游社"；承办本地区游览观光活动的机构为"旅行社"；承办澳门本地和外地游览观光活动的机构为"旅游暨旅行社"。澳门旅行社有私营的，也有内地国有的中资旅行社，如中国旅行社有限公司、广东（澳门）旅游有限公司。"旅游暨旅行社"大多为中资旅行社。共有持证导游1798人，能以粤语、普通话、英语、日语、韩语、泰语、法语、西班牙语、俄语、福建话及潮州话接待旅客。

（五）旅游管理

1999年12月20日以前，在澳门总督直接管辖的教育文化及旅游司下设的旅游司和旅游基金会等机构，负责管理全澳旅游业和宣传推广事宜。澳门特别行政区政府成立后设立旅游局，为一级政府部门。旅游局在纽约、加利福尼亚、温哥华、东京、新加坡、曼谷、马尼拉、新德里、伦敦、巴黎、里斯本、马德里、法兰克福、布鲁塞尔、悉尼、奥克兰和北京、中国香港、中国台北等城市设有办事处。近年来，澳门又在葡萄牙、美国加州、加拿大温哥华和多伦多、巴西圣保罗和里约热内卢、澳大利亚及中国香港等国家或地区设立"澳门之家"，通过合作形式，在这些国家或地区推广澳门旅游。

半官方的旅游咨询组织旅游业咨询会，由经济事务政务司、旅游司长、保安队代表、市政厅代表、海岛市政厅代表及旅游业和酒店业商人代表组成。旅游行业组织有澳门旅行社协会、旅游商会、澳门酒店业协会、澳门旅业商会、澳门饮食业商会、澳门旅游业协会、旅游零售服务业商会等。建立会展业发展委员会，协助澳门特区政府制定会展业的发展策略、措施和政策。

1976年加入亚太地区旅游协会和东亚旅游协会，1981年成为世界旅游组织的正式成员。欧盟与澳门旅游学院合作设立的"澳门—欧洲旅游研究中心"，向本地及外来的学员提供多方面的高等旅游课程。

不断简化入境手续，对持有葡萄牙及英国、美国、日本、德国、土耳其、巴西等63个国家护照的人士给予30天至6个月免签证入境待遇。澳门政府规定，18岁以下的游客及21岁以下的本地人士不得进入博彩场所。

澳门特别行政区政府提出，“在巩固旅游业发展的同时，要适当调控博彩业发展的速度和规模，促进博彩业适度、有序和规范发展，加快健全博彩业相关的法律法规，要有效发挥博彩业带动其他产业发展的主导作用”。澳门旅游业正在打造以观光旅游产品、休闲度假旅游产品和会议会展旅游产品为核心的多元化旅游产品体系，推进澳门旅游产业的转型升级，建成世界旅游休闲中心。

七、澳门与祖国内地的关系

《粤港澳大湾区发展规划纲要》确定，澳门将建设世界旅游休闲中心、中国与葡语国家商贸合作服务平台，打造以中华文化为主流、多元文化共存的交流合作基地。

（一）经贸关系

澳门与内地的经济关系极为密切。内地商品在澳门总进口值中约占1/3，内地向澳门出口副食品、基本衣着及制衣业、纺织业原料。其中大米和肉、蛋、菜占澳门市场的90%左右。香港—广州—澳门公路与珠海—澳门铁路的建设促进了澳门与内地的联系。

为了改变澳门经济对博彩业的过度依赖，中央大力支持澳门产业转型，加快旅游业多元化发展。2004年1月1日起全面实施《内地与澳门关于建立更紧密经贸关系安排协议》，在一国之内两个单独关税区建立类似自由贸易伙伴关系，内容主要包括货物贸易、服务贸易，以及贸易投资便利化三大领域。在货物贸易方面，自2006年1月1日起，除内地明令禁止或特殊产品外，内地准予零关税进口。在服务贸易方面，内地同意放宽对澳门43个服务行业的市场准入条件。

2009年5月，两地进一步签署了《CEPA协议·补充协议六》，从而进一步深化了包括投资旅游设施、旅行社设立、经营旅游业务、个人游、导游考试、出境游领队证、一程多站等9个方面多项内容的旅游合作。从2009年10月1日起，内地进一步深化开放法律、建筑、医疗、房地产、人员提供与安排、印刷、会展、公用事业、电信、视听、分销、银行、证券、旅游、文娱、海运、航空运输和个体工商户等领域的市场准入条件，并新增开放研究和开发服务领域，自此服务贸易开放领域达41个。

（二）旅游关系

1. 澳门同胞赴内地旅游

改革开放后，大陆是澳门居民外出的最主要的目的地。1996年赴内地旅客790.65万人次。1999年澳门回归祖国后，赴内地旅客大幅增长，2002年突破2000万人次，2018年2515万人次，其中过夜游客553万人次。

2. 内地同胞赴澳门旅游

1983年澳门是第一批内地居民出境旅游目的地。1998年内地赴澳游客72.01

万人次，1999年澳门回归后，赴澳旅游快速增加，2005年突破1000万人次。自2003年起澳门的入境旅客来源产生结构性变化，内地超越香港成为澳门的第一大客源地。2003年7月起，内地居民可以申请办理以“个人游”方式到港澳旅游，内地访澳旅客数量持续大幅上升，成为澳门现时最重要和最具潜力的庞大客源市场。2018年2526.1万人次，其中过夜游客1331.5万人次，一日游游客1194.6万人次，占澳门赴内地旅客总数的79.6%。

3. 区域旅游合作

2015年6月双方签署了《关于建立促进澳门世界旅游休闲中心建设联合工作委员会的协议》。2009年1月《珠江三角洲地区改革发展规划纲要（2008—2020年）》提出，在粤港澳区城旅游中，澳门建成世界旅游休闲中心。粤港澳正在大力推进旅游一体化进程，开展“一程多站”线路运营，整合粤港澳三地的优秀旅游文化资源，向海内外开发和推广精品旅游线路。

第三节　中国台湾地区

一、地理、简史和人文

1. 自然地理

台湾地区包括台湾本岛及兰屿、绿岛、钓鱼岛等21个附属岛屿，澎湖列岛64个岛屿，其中台湾本岛面积为35873平方公里。目前所称的台湾地区还包括台湾当局控制的福建省金门、马祖等岛屿，总面积为36188平方公里。

台湾本岛多山，高山和丘陵面积占2/3，平原多在西部沿海地区，河流全在西部，河流水势湍急，多险滩瀑布，水力资源丰富。台湾处于环太平洋地震带上，地震十分频繁。北回归线穿过台湾腰部，北部属亚热带气候，南部属热带气候，终年气候宜人，冬无严寒、夏无酷暑，降雨时间集中在夏季。每年6—10月南太平洋的强烈台风侵袭台湾。

2. 简史

台湾历来是中国领土的一部分。在远古时代，台湾和大陆本来是连在一起的，后来由于地壳运动，相连接的部分陆地沉为海峡，台湾遂成为海岛。台湾的史前文化属于中原文化系统。在中国古代称为“岛夷”，汉和三国时称“东鯷”“夷洲”，隋、唐以后称“流求”，明万历年间正式在公文上使用“台湾”名称。1642年荷兰侵占台湾，1662年郑成功收复台湾。1685年清政府正式将台湾定为台湾省。1895年清政府被迫与日本签订丧权辱国的《马关条约》，将台湾、澎湖列岛割让给日本。1945年8月15日，日本投降，台湾及澎湖列岛已正式重入中国版图。

3. 人口、民族、语言和宗教

人口 2358.8 万（2018 年）。若依据移居岛上时间的先后，可以分为四大族群，分别为：台湾原住民族、鹤佬人、客家人和 1949 年从大陆去的“外省人”。近年来由于与东南亚人民通婚（大部分是台湾男性和东南亚女性通婚）日益增加，有所谓的第五大族群的出现。汉族本省人（包括鹤佬人约 73%、客家人约 12%）85%，“外省人”13%，原住民 2% 。原住民是先于汉族生活在台湾的民族，经过长期的历史发展，已演化为两部分：一部分定居平原年代，风俗和语言受汉族影响较大，现已和汉族难区别，被称为平埔族；另一部分居住山区，还保持本民族的风俗和语言，被称为“山地山胞”，称为高山族。高山族按语言和风俗的不同分为 9 个分支：泰雅人、赛夏人、布农族、曹族、鲁凯人、排湾人、卑南人、阿美人、雅类族。其中阿美人数最多，约 15.4 万人。

台湾无规定官方语言，但实际上的官方语言为“国语”，使用中文繁体字；此外还流行闽南语、客家话。民众大多懂英语。台湾宗教众多，有佛教、道教、基督教、天主教、回教、理教、天理教、轩辕教、巴哈伊教、天帝教、天德教、儒教等。被台湾当局承认的宗教超过 15 个，其中佛教、道教、儒教信徒占 93%，基督宗教信徒占 4.5%，其他占 2.5%。

4. 公共假日

新年假期：12 月 29 日至新年 1 月 1 日共 4 天。

农历新年：农历正月初一，共 9 天。

和平纪念日：2 月 28 日。

革命先烈纪念日：3 月 29 日，纪念 1911 年 4 月 27 日黄花岗起义 72 烈士。

儿童节：4 月 4 日至 7 日共 4 天。

民族扫墓节（清明节）：4 月 5 日。

端午节：农历五月初五。

中秋节：9 月 19 日至 22 日共 4 天，农历八月十五。

孔子诞辰纪念日：9 月 28 日。台湾每个县市都有一座孔庙。每年 9 月 28 日举行祭孔大典。这一天又是教师节。

双十节：10 月 10 日（纪念 1911 年武昌起义）。

5. 带薪假期

从 1998 年起实行隔周双休日制度，并将带薪假期作为“开展终身教育，建立学习化社会的一项策略”。2002 年 12 月修订的《劳动基准法》规定，雇员有相应的法律依据享有休假的权利，雇主有依法使雇员享受休假待遇。工作 1~3 年有 7 天假期，工作 3~5 年有 10 天假期，工作 5~10 年有 15 天假期，工作 10 年以上每年增加 1 天，最多 30 天。

二、政治体制

1949 年国民党去台后，5 月 19 日颁布了戒严令，宣布台湾地区处于战时动员状况，封闭全省，限制出入境，实行军事管制。1986 年 3 月，蒋经国实行“政治革新”，调整内外政策，包括解除戒严、开放党禁报禁、实行地方自治法制化、推动党务革新。

目前基本沿用 1946 年 12 月在南京制定的《中华民国宪法》，采用行政、立法、司法、考试、监察五权分立，相互制衡形式。

目前有台北市、高雄市和新北市等 3 个“院辖市”，基隆、台中、台南、新竹、嘉义等 5 个“省辖市”，还有宜兰等 15 个县。

主要政党有国民党、民主进步党（1986 年 9 月成立，简称“民进党”）、新党（1993 年成立，由脱离国民党的人士组成）、亲民党（2000 年成立，由脱离国民党的人士组成）等。2000 年前一直由国民党执政，2000—2008 年由民进党执政，2008 年国民党重新执政，2016 年民进党再次执政。

三、地区经济

1. 经济简况

日本占领台湾时期，实行“工业日本、农业台湾”的殖民主义经济政策。1949 年以后，已从一个农业社会变为现代工商社会。2018 年，台湾地区生产总值约 59.2 亿美元，人均地区生产总值 2.4 万美元。20 世纪 90 年代以来台湾外汇储备一直居世界前列。

货币名称：“新台币”（New Taiwan Dollar，简称 NTD），100 元人民币≈ 460 新台币，100 美元≈ 307.9 新台币（2019 年）。

2. 经济结构

20 世纪 80 年代经济从制造业为主向高科技产业、金融业、服务业转型。现代农业生产发达，建立了以信息电子产业为支柱的技术与资本密集型现代工业体系，信息产业取得迅速发展，成为第一大出口产业。服务业已成为最大的产业部门。2013 年农业、工业、服务业增加值的比例为 1.7∶30.0∶68.3。劳动力结构的比例为 5.0∶36.2∶58.9。

20 世纪 70 年代以后，工业产品的输出占首位，工业产品由轻工业到重工业、高科技产品。对外贸易自 1976 年起一直维持顺差，主要出口地区为美国、中国香港、中国内地、日本。主要进口地区为日本、美国和中国内地。

3. 交通运输

交通运输发达。全岛已建成民用机场 18 个。台北桃园国际机场为北部空中门户，高雄国际机场为南部空中门户，花莲机场为东部最大航空站，还有台北松山机场。中华航空公司为台湾最大的航空公司。西线铁路纵贯南北，由基隆经台北、桃园、新竹、苗栗、台中、彰化、云林、嘉义、台南至高雄；东线包括北回铁路、台东线和南回铁路，并与东线连接形成环岛线路。台北市建有地下铁道。公路网遍及全省，分为高速公路、环岛公路、横贯公路、纵贯公路、滨海公路、联络公路6个系统。海运占台湾进出口货物运输的90%左右。现有港口基隆港、高雄港、台中港、花莲港、苏澳港。

四、文化科教

1. 教育

教育制度分为正规教育和技术职业教育两大体系，其中正规教育分为“国民教育”、高级中等教育和高等教育两个阶段，技术职业教育包括初等技术职业教育和高等技术职业教育两个阶段。“国民教育”包括小学6年、中学（即初级中学）3年，由政府财政拨款。高级中等教育（15~17岁）分为高级中学3年和高级职业学校3年两种。高等教育分为专科学校、独立学院、大学以及院校研究所。初等教育入学率为99.3%，中等教育的入学率为84.6%，高等教育入学率为25.6%。

2. 科学技术

科技研究体系主要由科技行政部门以及公营企业所属的研究机构、专门的财团法人研究机构、各大学及民间企业所属的研究机构组成。基础研究主要由“中央研究院”及各高等院校承担，应用科技研究主要由工业技术研究院及各科技行政部门所属的研究机构承担，军事科技由“中山科学研究院”负责，科技成果的商品化和市场化则由企业承担。“中央研究院”是台湾学术研究的最高机构。1980年在新竹建立了第一个科学工业园区，推动了信息、半导体通信等高科技产业的发展，半导体集成电路生产技术达到世界先进水平。

3. 文化艺术

台湾文化是中华文化的重要组成部分。由于曲折的历史进程与长期的族群流变，形成了儒家的传统文化、闽粤文化、原住民文化与近代日本文化、西方海洋文化、现代欧美文化交织，形成了以中国传统文化为主体的文化多元现象。

文坛上大体存在着乡土文学、现代派文学和流行文学三大文学流派。“乡土文学”的奠基人赖和（1894—1943年）被人誉为“台湾乡土文学奶母”。20世纪50年代著名的台湾乡土作家钟理，其代表作是《原乡人》。现代派文学是在20世纪60年代，由夏济安创办《文学杂志》后形成的，著名作家有聂华苓、於梨华、余光中、白先勇和三文兴等。於梨华的《又见棕榈，又见棕榈》长篇小说轰动台湾。“流行文学”指通俗易懂，情节引人入胜，琼瑶的通俗言情小说在台湾和大陆有不少青年读者。高甲戏、四平戏、布袋戏、歌仔戏等，随着福建移民流传到台湾，仍盛行于台湾各地。京剧也是台湾民众喜爱的传统舞台艺术。

4. 新闻媒体

1986年10月当局宣布开放“报禁”后，台湾新闻媒体走向多元化。电视以在台湾电视公司（简称“台视”）、中国电视公司（简称“中视”）和中华电视台（简称“华视”）三家为主。20世纪90年代后出现有公营、私营和党派经营的众多种电视台和电台。各县市的文化中心以及民间文化团体十分活跃，为保存和发展民间文化起了重要作用。

五、民俗风情

台湾民俗与大陆民俗大体相同。台湾人的祖先几百年前从福建、广东沿海等省份迁到台湾，把这一带的生活习惯、风俗带入台湾，因此台湾的生活习惯、信仰、婚丧、祭祀、节庆，与闽、粤两省几乎完全相同。但由于历史演进，时代变迁，风俗习惯也有改变。

1. 姓氏

台湾居民的姓氏与大陆有很多共同的地方。据20世纪80年代一次调查，姓氏总数为1000多个，居前10位的姓氏是：陈、林、黄、张、李、王、吴、蔡、刘、杨，占台湾人口总数的52%，与闽、粤两省情况相似。

2. 民间节庆

台湾地区的民间节庆与大陆完全一致，均以农历纪时。主要有春节、灯节（元宵节）、清时节、端午节、中秋节、重阳节，节日期间全民休假。

3. 祭典活动

台湾宗教活动盛行，民间有浓厚的崇奉神明的习俗。山有山神、河有河神，各神生日又不同，因此寺庙众多，祭典活动不断，约有300多种，自然崇拜是天人合一的神，有天神，如日、月、星、辰、风伯、雨师等，地神如土地公、社稷神、山岳河海等。台湾民众多是福建漳州、泉州人的后裔，因此很多供奉的神是把泉州、漳州等地的神作为自己的保护神，有玉皇大帝、太上老君、三官大帝、玄天上帝、张天师、哪吒太子、关公、岳飞、黄帝、孔子等。

主要的祭典活动有：“中元节普渡”，农历七月十五；“妈祖祭典”，农历三月二十三妈祖诞辰；学甲慈济宫上白礁祭典，农历三月二十一至二十五；城隍爷（俗称土地神）出巡，农历五月十三；郑成功祭典，农历四月二十九，是郑成功在台南鹿耳门登陆的日子，郑氏宗亲会及民间都举行隆重的祭典活动。

4. 服饰餐饮与住宅

服饰：城市居民男士正装多穿西服、妇女多穿旗袍。农村仍穿短衣短裤，常戴斗笠或裹头巾。妇女首饰，多用金银制作，佩戴金项链。

饮食：每逢岁时节日，必食米丸之类，取团圆吉利之意。端午食粽子，新年食年糕。节庆日制作红馒头图吉利，白馒头多用丧祭。口味清淡，喜食生鱼片、豆瓣酱汤，烹调喜放糖。

传统民宅：房屋造型大体分中、西、日式三种。中式为平房，承继闽南漳州、泉州一带造型，三合院、四合院式，屋顶多采用硬山式与悬山式。西式多为楼房。日式则在平房内铺以"榻榻米"。

5. 婚丧寿庆

婚嫁：同姓不婚。婚嫁有大娶（明媒正娶）、小娶（招婿或半招嫁）之分，一般大娶十分隆重，小娶比较简单，不大宴宾客。目前自由恋爱增多，盛行新式婚礼。

丧葬：丧葬习俗也沿袭大陆，丧葬处置有临终、入殓、居丧、出殡等程序。过去多用土葬，今多用火葬。有些地方还有下葬后 20 年捡拾遗骨重葬的习俗。

寿庆：喜过生日，男女成人后，每逢诞辰，都由家人准备素面、香烛等，举行简单的庆祝仪式。一般 50 岁称寿，60 岁为下寿，70 岁为中寿，80 岁为上寿，90 岁为耆寿，百岁为期颐。每逢寿期，由子孙发起庆祝，邀宴亲朋，颇为隆重。

6. 禁忌

禁以甜果（年糕）赠人，年糕是过年祭拜神明祖宗时的必备之物。若有人以甜果送人，被送者即使接受，也要象征性地付钱，表示是买的。

禁以鸭子赠人做"月肉"（妇女在生娩一个月内吃的肉）。台湾有"死鸭硬嘴闭""七月半鸭仔，不知死期"等俗语。以鸭送人，使人感到不祥兆头。

禁以手巾赠人。按台湾民间习俗，丧事办完主人以手巾送给吊丧者，其意是让吊丧者与死者断绝往来。所以有"送巾，断根"之说。

禁以扇子赠人。台湾有"送扇，无期见"的俗语。恋爱中的青年男女赠送扇子，表示冷淡的意思。

禁以刀剪赠人。民间有"一刀两断""一剪两断"之说。

禁以雨伞赠人。台语"伞"与"散"同音，若把雨伞送人，犹如与对方有"散"之意。

禁以镜子送人。镜子容易打破，破镜难圆；还容易有一种错觉，让人照照镜子，看看自己丑陋的形象。

禁以钟送人。"钟"与"终"同音，"送钟"会让人联想"送终"的意思。

7. 高山族习俗

高山族往往以手织麻布、兽皮做服装，服饰上多有精美刺绣的几何图案，并用贝壳、兽牙、鹿角做装饰品。认为阔额是美，都把额毛拔掉。妇女喜欢将眉毛修整成蛾眉。

有拔牙的习俗，认为犬齿露在外面丑，一般孩子进入青春期就把前齿、犬齿拔掉。有些少数民族还保有黥面风俗，有的族群喜欢文身。

能歌善舞，不分男女老幼，每逢村落中有庆典或高兴的事，都聚集在一起载歌载舞。

婚前男女交际较自由，婚后严格遵守一夫一妻制。婚礼仪式，由男方准备藤椅轿和槟榔到女方家娶新娘。

人死后到尸体僵硬，用布块包裹。埋葬方式有室内与室外之分。室内埋葬多采用蹲葬方式。在屋内挖五六尺深、三四尺宽的洞穴，把尸体立着放入，然后盖上土踏平。

祭祀活动繁多，诸如求雨、驱虫、狩猎、迁居等都要举行祭礼。雅兰族以捕鱼为生，每年6月他们就新造独木舟下水祭典，祭毕驾船驶向大海捕鱼。卑南人猎首祭，是当一年一度长达4天的大狩猎结束后，妇女、孩子准备丰盛菜肴出村迎接，载歌载舞到天明。

六、旅游业

（一）发展简况

1956—1978年，以入境为导向、创汇为目的。1956年设立了台湾观光协会，1957年制订了《发展台湾省观光事业三年计划》，整修风景区，改善旅游设施，兴建观光旅馆，训练导游人员等。1960年11月1日至1965年7月31日，对外国游客72小时免签。接待入境游客从1956年的1.5万人次猛增到1978年的127万人次。

1978年12月30日，由内政、“国防”管理机构共同公布“国民申请出国观光规则”，从1979年起开放台湾居民出岛旅游。从1982年起出入境旅游收支呈现逆差状况，1989年访台游客200.4万人次，旅游外汇收入22.89亿美元，列世界第24位；同年出境旅游210.78万人次，旅游外汇支出约50亿美元，逆差达26亿美元，从入境创汇型转变为客源输出型。与此同时，台湾岛内旅游蓬勃发展，呈现出境、入境与岛内旅游共同发展的态势。

2018年入境游客1106.67万人次，出境游客1664.47万人次。

（二）旅游区划分与景点

北部旅游区：以台北市为中心，包括基隆、新竹2市和台北、宜兰、桃园、新竹4县，是台湾经济最发达的地区，以现代都市风光为特色。台北市以繁华时尚、文化发达和商业购物为特色，基隆市以港口著称，新竹市以科技之城闻名。北部旅游区的自然景观主要有阳明山公园、北部滨海风景带及北横山水风景带。

中部旅游区：以台中市为中心，包括苗栗、台中、彰化、云林和南投5县，以东西横贯公路为主轴，集平原、湖潭、温泉、瀑布、峡谷、山岳于一身，被誉为“宝岛彩虹”，是台湾地形变化最典型的地区，主要景区有玉山公园、雪霸公园、日月潭和鹿港古迹区。

南部旅游区：以高雄市和台南市为中心，包括嘉义市和嘉义、台南、高雄、屏东和澎湖5县，是仅次于台北旅游区的人口稠密、经济发达、交通便捷地区。该区以热带滨海风光为特色，风景名胜荟萃。著名景观有垦丁公园、阿里山、旗山、虎头埤、小琉球、澎湖列岛等，人文景点有台南孔庙、纪念郑成功的延平郡王祠，荷兰殖民者建的普罗民庶城，清末修筑的赤崁楼，20世纪初开凿的台南运河，展现了近代台湾的历史风云。

东部旅游区：以花莲市和台东市为中心，包括花莲、台东2县，中央山脉和海岸山脉为主体、人口稀少，以原始的生态环境、自然风光与高山族风情为特色，著名景观有太鲁阁公园、东海岸风光带、兰屿和绿岛离岛风景区、八仙洞古人类遗址和高山族阿美生态文化村。

离岛旅游区：澎湖、金门与连江三个县市位于离岛地区，以海岛风光和历史风物为特色。原为军事基地的金门开放观光后成为热门的旅游地区，金门战地观光独特，“三宝”（钢刀、贡糖、高粱酒）既实用又有怀旧意义。澎湖碧海蓝天与柔白细沙相辉映，有各式各样新潮有趣的水上游乐设施。

（三）旅游景点

台湾观光管理机构把旅游景点分为：国家公园、国家/市/县风景特定区、自然人文生态景观区、森林游乐区、休闲农业区和农场、观光地区、博物馆、宗教场所和其他9大类。还有观光小城、集知性与休闲一体观光工厂等。到2008年10月，具有合法标章的旅游景区共890处。1953年6月，台湾评选出八大名胜，即日月潭、玉山积雪、阿里云海、大屯春色、安平夕照、清水断崖、鲁阁幽峡、澎湖渔火，至今仍是台湾的代表性景观。

旅游产品主要为城市休闲、自然风光和人文体验3大类。以台北、台中、高雄都会区为主的城市之旅，以日月潭、阿里山、垦丁为代表的自然之旅，体验民俗节庆与传统文化的人文之旅。台湾处于环太平洋火山带上、多断，分布着众多温泉，建有多个休闲养生地，北投“温泉之乡”最为著名。

近年来，旅游实行“多元布局、放眼全球”的策略，以浪漫、文化、乐活、购物、美食、生态为六大主题。台湾旅游形象宣传主题口号是“亚洲精华，心动台湾”[也称“亚洲观光之心（星）”]，英文为The Herrt of Asia。2017年全球旅游和旅行竞争力排名第30位。

（四）旅游客源市场

1. 入境旅游

按台湾统计体系，入境游客由两部分游客组成：外籍游客与华侨游客，“华侨游客”包括来自中国大陆、香港、澳门和海外华侨游客。

2017年入境旅客共1073.96万人次，在台湾花费123.3亿美元。2018年访台旅客1106.67万人次，其中中国大陆269.56万人次，港澳165.37万人次。外籍游客共684.58万人次，其中东南亚243.01万人次，日本196.92万人次，韩国101.94万人次，印度3.84万人次，美国58.03万人次，加拿大12.85万人次。以地区分，亚洲地区948.58万人次、占85.7%；美洲73.25万人次、占6.6%；欧洲35.01万人次、占3.1%；大洋洲12.17万人次、占1%；非洲1.2万人次、占0.01%。2017年入境旅游收入123.33亿美元。

2. 出境旅游

2018年出境旅游1664.47万人次，其中赴大陆417.2万人次，占25.1%；赴香港、澳门230.2万人次；占13.8%，赴外国1016.6万人次，占61.1%。按地区分，赴亚洲1515.3万人次，赴美洲71.0万人次，赴欧洲53.8万人次，赴大洋洲22.4万人次，赴非洲1.7万人次，赴其他地区0.3万人次。

2017年出台旅游1565.46万人次，人均出游0.66次，人均停留7.97夜，人均花费1569美元，出境旅游总支出245.66亿美元。

目前，台湾对164个国家和地区居民实行入境免签证，有149个国家和地区对台湾居民入境免签证。

3. 岛内旅游

2017年岛内旅游：18344.9万人次，人均旅游9.04次，人均停留1.49夜，游人占总人口的91.0%（总人口岛内出游率），假日中旅游占69.4%，旅游满意率97.58%。岛内旅游总支出131.9亿美元，人均天花费48.25美元，人均花费71.9美元。观光休憩度假旅游的占80.7%，探亲访友的占18.1%，商务会议的占1%。1日游的占69.5%，2日游的占19.6%，3日游的占8.1%，4日游以上的占2.8%，平均为1.49天。个人游的占87.1%，参加旅游团的占12.9%。岛内旅游目的地接待游客人次，北部地区占36.3%，中部地区占31.8%，南部地区占30.8%，东部地区占5%，金门、澎湖等离岛的占1%。

（五）旅游产业与企业

1. 旅游产业

旅游业对台湾经济发展起了重大推动作用。1956—1982年，台湾旅游业赚取的外汇累计69亿美元，约等于1980年以前全部外国输台资本124亿美元的一半。旅游业的发展带动和促进了台湾其他行业的发展，如饮食、建筑、手工业、消费品工业、邮电事业及运输业等。

2015年台湾入境游客1043.98万人次，出境游客1318.29万人次，国内旅游17 852.4万人次。入境旅游对经济贡献246.87亿元新台币，出境旅游对经济贡献474.42亿元新台币，岛内旅游对经济贡献1108.02亿元新台币，共计4413.75亿元新台币，占国内生产总值（167 114.28亿元新台币）的2.64%。全岛旅游业从业人员 42 万，占就业总人数 6.4%。

2. 旅游企业

台湾观光旅馆分为国际观光旅馆（相当于大陆的四星级和五星级饭店）、一般观光旅馆（类似于大陆的二、三星级饭店）和民宿（家庭旅馆）3 种类型。2017 年，国际观光旅馆 126 家，客房 29 374 间；一般观光旅馆 3966 家，客房 175 882 间；民宿 9174 家，客房 38 851 间。由台湾观光协会进行“国际观光旅馆”“一般观光旅馆”星级旅馆评鉴和“好客民宿”认证。

旅行社分为综合旅行社、甲种旅行社与乙种旅行社三种。综合旅行业以包办旅游方式，自行或委托甲种旅行业代理招揽游客出岛观光，自行组团安排游客出岛观光旅游，提供食宿等有关服务，并代理外国旅行业办理联络、推广、报价等业务。甲种旅行业自行组团安排游客出岛观光旅游，提供食宿等有关服务，代理综合旅行业若干招揽和签约事宜。乙种旅行业只经营岛内旅游业务。2017 年台湾旅行社合计 3935 家，其中综合旅行社总公司 616 家，甲种旅行社总公司 3053 家，乙种旅行社总公司 266 家。2017 年各语种团队领队 73153 名，导游 44291 名。

2001 年设有观光、餐饮和旅馆等相关学科的大专院校 32 所、高中职校 67 所，设有观光管理、旅馆管理、旅运管理、餐旅管理、中西餐厨艺、休闲事业管理、海洋休闲观光、家政及食品加工等系科。旅游在职人员培训由观光局负责，餐饮人员培训由劳动委员会负责。

（六）旅游管理

1956 年 12 月在台湾省交通处内设立“台湾省观光事业委员会”，1971 年 6 月改组为“交通部观光局”。现“交通部”下设“路政司观光科”和“观光局”两个部门，其主要职责是制定与旅游有关的政策、法令及监督其实施，制订旅游开发整体规划和各大风景区规划，安排旅游建设投资和管理，旅游市场调研及旅游统计工作，对旅馆和旅行社实施宏观管理，派遣驻海外旅游宣传推广机构等。各县（市）政府设置有观光局，负责地方观光建设、行销推广业务。

1956 年 11 月，设立台湾观光协会，为台湾省观光事业委员会指导下的非营利性财团法人，其会员有航空、旅馆、旅行商、餐馆、百货公司等，主要任务是协助“观光局”和业界向岛内外推广旅游，并作为政府与业界的桥梁。台湾观光协会先后加入太平洋亚洲旅游协会、东亚观光协会和美洲旅行代理商协会，并在东京、大阪、法兰克福、纽约、洛杉矶、芝加哥、新加坡、悉尼、首尔和北京、上海、香港设置旅游办事处。台湾观光协会的活动经费部分由“观光局”补助，其余来自会员的会费。

2012 年，台湾成立了跨部门的旅游综合协调机构“行政院观光发展推动委员会”，由观光局协调，各政府机构代表、业者代表与学者代表组成，协调、推动旅游业发展。根据《观光条例》规定，风景特定区、观光地区、旅馆、旅行业、游乐业等直接归旅游主管部门管理，文博类景点由文化部门管理，国家公园由内政部营建署管理，森林游乐区由林业部门管理，休闲农场由农业部门管理，大学实验林由教育部门管理，水库及国营事业单位所属观光游憩区由经济部门管理。观光局对其他由相关部门管理的景区进行督导。

民间观光社团有旅馆事业协会、旅行商同业公会、旅游事业协会、旅游事业管理学会、观光导游协会、旅游学会、旅游业工会和经理人协会等；各县、市还设有观光旅馆商业同业公会、旅行商业同业公会、观光协会等。旅游品质保障方面，成立了民间自治性质的旅行业品质保障协会，要求加入的会员（旅行社）必须缴纳法定保证金数额的1/10作为品质保证金，各会员缴纳的保证金集中后形成共保基金。

从20世纪60年代以来，台湾地方政府先后制定了一系列旅游事业发展和管理的法规与标准，主要有:《发展观光条例》《风景特定区管理规则》《观光旅馆业管理规则》《观光旅馆等级区分评鉴标准表》《旅行业管理规则》《导游人员管理规则》，与旅游相关的法律有《农林保育法系相关法规》和《国家公园法及相关法规》《文化资产保存法》《野生动物保育法》《森林法》等。在《民法典》中设有旅游部分。这些法规形成了旅游管理、规划建设、促进和民事四方面内容的旅游“法规”体系。1969年7月《发展观光条例》第一条规定：发展观光事业是“为弘扬中华文化、敦睦国际友谊，增进国民身心健康，加速经济繁荣”。

台湾提出，以“创新永续，打造在地幸福产业”“多元开拓，创造观光附加价值”“安全安心，落实旅游社会责任”为目标，持续透过“开拓多元市场、活络国民旅游、辅导产业转型、发展智慧观光及推广体验观光”等5大策略，积极打造台湾观光品牌，形塑台湾成为“友善、智慧、体验光”之亚洲重要旅游目的地。

七、台湾与大陆的关系

（一）对台政策

1949年12月31日，中共中央发表《告前线战士和全国同胞书》，提出“一定要解放台湾”。1979年1月中美建交，1979年月全国人大常委会发表《告台湾同胞书》，提出台湾地区与大陆实现和平统一的大针，停止对金门炮击。1981年9月30日，人大常委会委员长叶剑英提出实现和平统一的九条方针，将“和平统一”“一国两制”作为新时期对台湾政策的基本方针，坚持一个中国、两制并存，以和平方式实现国家统一，反对外国势力干涉中国统一和搞“台湾独立”的图谋。

（二）海协会、海基会与“九二共识”

1978年年底，长达三十多年的两岸隔绝状态被打破，1991年11月台湾方面成立了得到官方授权的与大陆联系与协商的民间性中介机构“海峡交流基金会”（简称“海基会”）。1991 年 12 月，大陆方面成立海峡两岸关系协会（“海协会”），其宗旨是促进海峡两岸交往，发展两岸关系，实现祖国和平统一。

1992 年 11 月 16 日，大陆海协会正式致函台湾海基会，“海峡两岸都坚持一个中国的原则，努力谋求国家的统一。但在海峡两岸事务性商谈中，不涉及‘一个中国’的政治含义。本此精神，对两岸公证书使用（或其他商谈事务）加以妥善解决。”12 月 3 日，海基会回函海协会，对达成共识未表示异议。至此，大陆海协会与台湾海基会就解决两会事务性商谈中如何表明坚持一个中国原则的态度问题所达成的、以口头方式表达的“海峡两岸均坚持一个中国原则”的共识，被称为“九二共识”。在“一个中国”的原则下，两岸对该原则的内涵有各自的表述，也被称为“九二共识、一中各表”。

（三）两岸经贸关系

2010年6月，海协会和台湾海基会签署了“两岸经济合作框架协议”（ECFA）和《海峡两岸知识产权保护合作协议》两项协议。《框架协议》确定了两岸经济关系正常化、制度化、自由化目标，规定大陆逐步降低并最终在两年内分三步取消产自台湾的 539 项产品的关税和非关税壁垒，台湾对原产于大陆的 267 项产品实施降税。这两项协议明确了两岸经济往来自由化目标，构建了两岸经济合作机制化平台，标志着两岸经济合作进入新的阶段。目前大陆是台湾最大贸易伙伴、第一大出口市场和最大顺差来源地，大陆已成为台湾经济发展的腹地。

（四）海峡两岸旅游关系

1. 台湾同胞赴大陆旅游

1987 年 10 月，台湾当局宣布除现役军人和现职公职人员外，凡在大陆有血亲、姻亲、三亲等以内的亲属者，可赴大陆探亲。之后逐步放宽赴大陆旅游限制，由早期的探亲访友，向观光休闲、商务会展、科技交流和求学修学等多方向发展。2018 年台湾同胞来大陆旅游人数 614 万人次，其中过夜游客 553 万人次，在大陆花费 163 亿美元。

2. 大陆同胞赴台湾旅游

2005 年 5 月 3 日，大陆宣布将开放大陆居民赴台旅游。2006 年 4 月，国家旅游局、公安部、国务院台湾事务办公室联合发布《大陆居民赴台湾地区旅游管理办法》。2006 年 8 月，大陆方面成立“海峡两岸旅游交流协会”（简称“海旅会”），10 月，台湾方面成立“财团法人台湾海峡两岸观光旅游协会”（简称“台旅会”），分别由双方政府旅游管理部门官员组成，就海峡两岸双向旅游交流进行协商。2010 年 5 月，“台旅会”北京办事处与“海旅会”台北办事处先后成立，两个办事处都具有公权力背景。

2008 年 5 月，国民党在台湾重新执政，6 月，台湾海基会与大陆海协会签署

《大陆居民赴台旅游协议》，规定大陆居民赴台旅游以组团方式实施，采取团进团出形式，团体活动，整团往返。7月4日，大陆游客赴台团队游正式启动。

2012年大陆赴台旅客258.6万人次，2013年287.5万人次，2014年398.72万人次，2015年414.38万人次，2016年351.1万人次，2017年大陆赴台旅客273.3万人次，2018年大陆赴台旅客269.56万人次，大陆旅客占当年台湾入境旅游总人数的24.3%，仍为第一大入境客源市场。自2011年6月以来，大陆开放赴台个人游，2014年个人游117.9万人次，占大陆赴台游总量37%。

自2015年7月1日起，内地居民往来台湾通行证有效期为10年，台湾居民来往内地通行证也分为5年有效和3个月一次有效两种，同时公安机关取消台胞签注政策，台胞持有效台湾居民来往内地通行证即可经开放口岸来往内地并在内地停居留，无须办理签注。

两岸旅游已成为两岸交往的主渠道，成为两岸民间友好往来的主要载体。两岸旅游的交流、合作与发展，具有巨大的发展潜力和广阔的前景，并对两岸关系的和平发展做出积极贡献。

【学习提要】

本章是全课程的核心。了解中国出入境旅游市场的格局与特点，了解内地（大陆）、香港、澳门、台湾四地旅游交流与合作的现状与前景。

教学重点

1. 中国出入境客源市场的格局与特点。

2. 香港、澳门和台湾游旅游产品、市场和旅游管理有什么特点，对内地（大陆）有什么借鉴意义？

3. 港澳台旅游业的现状与大陆旅游业的关系。

思考与讨论

“一国两制”下如何进一步发展内地（大陆）、香港、澳门、台湾四地之间的旅游交流与合作？

第三章

亚洲地区

第一节　日本

一、地理、简史和人文

1. 自然地理

日本国（Japan）位于日本海和太平洋之间，与中国是一衣带水的邻邦。领土由北海道、本州、四国、九州 4 个大岛和伊豆、冲绳、小笠原等约 4000 个岛屿组成，呈弧形延伸，总面积 377 835 万平方公里。日本位于环太平洋火山、地震带上，被称为“火山、地震之国”，全国约有大小温泉近 2 万处，是世界最大的温泉国。日本属温带海洋性季风气候，多台风。

2. 简史

公元 3 世纪出现了邪马台国，3 世纪中叶后“大和国”兴起。6 世纪末，派遣隋使、遣唐使及大批留学生和高僧，向中国学习文字、制度、佛教、儒学、工艺技术等，进行了“大化改革”，建立起了以土地国有制为基础、以天皇为绝对君主的中央集权制国家。

1868 年 1 月，明治天皇废除了幕府制度，从“明治维新”开始，日本进入了近代资本主义时期，输入欧美文化。19 世纪末 20 世纪初，日本发动一系列战争，侵占中国领土台湾和澎湖列岛，吞并朝鲜。20 世纪 20 年代到 30 年代初，发动侵华战争，1945 年 8 月 15 日宣布无条件投降。

3. 国名、国旗、国徽与年号

国名：“日本”，意思是“日出之国”“太阳升起的地方”，中国旅游客源国/地区概况（第 7 版）第二章亚洲和太平洋地区取自圣德太子呈递给中国隋朝的国书中提到的“日出处天子”。在明治宪法中称“大日本帝国”，现行宪法中称“日本国”。

国旗：白色布地中央有一个象征太阳的红色圆轮，称为“日之丸旗”。

国徽：圆形，绘有16瓣黄色的菊花瓣图案。

国歌:《君之代》。

国花：樱花。

国鸟：绿雉。

自7世纪开始起用年号，并一直由天皇确定。1989—2019年年号为“平成”，意指“国内国外、天下地上实现和平”。2019年5月1日，新天皇德仁即位，改年号为“令和”，取自日本《万叶集》中的梅花歌，意味着美好与和平。现在的正式公函中，在使用年号的同时也用公历。

4. 人口、民族、语言与宗教

人口12650万（2018年），是世界上人口密度较大的国家之一。主要民族为大和族，北海道地区约有2.4万阿伊努族人。通用日语，北海道地区有少量人会阿伊努语。宪法保证信仰自由，实行政教分离，主要宗教为神道教和佛教。

5. 法定节日

一年有14个法定节日。节日当天全国放假。当节日和星期天相重时，采取调休制。

元旦：1月1日，庆贺一年的开始。

成人节：1月15日，庆贺并勉励成年（满20岁）。

建国纪念日：2月11日，国庆节，树立爱国心。

春分节：3月20日，赞颂自然，爱护生物。

环境日：4月29日，日语为“绿之日”，感谢大自然的恩惠。

宪法纪念日：5月3日，纪念1947年5月3日日本国宪法颁布。

儿童节：5月5日，尊重儿童人格，期望儿童幸福。

海洋日：7月20日，感谢海洋的恩惠。

敬老节：9月15日，尊敬老人、祝愿长寿。

秋分节：9月2日，庆祝入秋，祭奠祖先。

体育节：10月10日，纪念第十八届奥运会在东京开幕。

文化节：11月3日，对文化杰出人士授予文化勋章。

劳动感谢节：11月23日，庆祝五谷丰收，尊重劳动。

天皇诞辰日：12月23日，明仁天皇生日。

6. 带薪假期

1998年修改后的《劳动标准法》规定，公务员年度带薪休假20天，公司员工10~20天带薪休假，连续工作6个月以上的10天带薪休假，6年6个月工龄以上的20天带薪休假。

二、政治体制与对外政策

1946年11月3日公布了《日本国宪法》，由绝对天皇制国家变为以天皇为国家象征的议会内阁制国家。宪法宣布“永远放弃把利用国家权力发动战争、武力威胁或行使武力作为解决国际争端的手段，为达此目的，日本不保持陆、海、空军及其他战争力量，不承认国家的交战权”。国会是国家的最高权力机关，是国家唯一的立法机关。内阁为最高行政机关，对国会负责。

战后实行“政党政治”。目前主要政党有自由民主党、民主党、公明党、共产党、社会民主党等。自由民主党是第一大党、长期的主要执政党。社会团体有日本劳动组合总联合会和全日本农民协会联合会等。经济团体联合会，协调各经济团体间的关系，向政府、国会提出财界对重大问题的建议和要求，被称作“财界中心”。

日本外交政策的基本取向是以日美同盟为基轴，以亚洲为战略依托，重视发展大国关系，主推“俯瞰地球仪外交”和“战略性外交”，积极参与地区及全球事务，谋求政治大国地位。截至2012年3月，日本驻外大使馆有134个。

三、国民经济

世界第三经济大国，2017年国内生产总值（GDP）约531.4万亿日元（约合4.7万亿美元），人均国内生产总值3.7万美元。截至2018年11月底，外汇储备达12 583亿美元。

货币名称：日元。1美元≈113日元（2018年）。

第三产业占主导地位，传统的工业、制造业占较重要的地位，高新技术和现代农业发达。2012年工业产值在国内生产总值中约占25%，农业产值约占1.2%，服务业占73%。

外贸在日本国民经济中占重要地位。与日本有贸易关系的国家（地区）约200个，主要贸易对象为中国大陆、美国、韩国、澳大利亚、中国台湾等国家和地区。

日本较大的航空公司有日本航空公司和全日本航空公司。主要机场有成田、羽田、大阪、福冈、长崎、名古屋等。成田机场客运量居世界第6位，货运量居世界第1位。

1964年10月，开通了特快列车——东海道新干线。1992年3月新一代新干线“希望”号最高时速270公里，从东京到大阪两个半小时。

1988年通车的世界最长的隧道——青函隧道将本州和北海道连接了起来，通过横跨濑户内海的巨型濑户大桥可由本州到达四国。新的公路运输业务“宅急便”，当天或第二天可把货物送到日本国内的任何地方。

港口总数为1084个，主要港口为千叶、名古屋、横滨等。

日本的企业分为国营、公营、私营三种。卷烟等专卖事业、国有林业等，属国营企业；地铁、市营电车、市营公共汽车等，均属公营；其余的是私营。在公司中，股份公司（株式会社）的组织形式最多。目前日本著名的汽车公司有丰田、日产、东洋和三菱；著名的电子企业有索尼、松下、三洋、东芝等。

四、文化科教与媒体

1. 教育与科技

学校的教育分为学前教育、初等教育、中等教育、高等教育四个阶段，学制为小学6年、初中3年、高中3年、大学4年，其中小学到初中为9年义务教育。大学有国立大学、公立大学和私立大学。著名的国立综合大学有东京大学、京都大学等，著名的私立大学有早稻田大学、庆应义塾大学等。重视社会教育，函授、夜校、广播、电视教育等较普遍。每年的科研经费约占GDP的3.7%，位居发达国家榜首。

1980年，日本政府提出“科技立国”战略，并制定了“推进创造性科学技术制度”和“研究下一代产业基础技术制度”，为21世纪的划时代新技术革命做准备。每年的科研经费约占国内生产总值的3.1%，位居发达国家榜首。

2. 文学艺术

日本的文学艺术在古代曾受到中国的影响，虽然近代又传入了西方的文化，但仍保持了日本独特的民族性。

独特的文学形式。“和歌”产生于平安时代，含短歌、长歌、旋头歌，是由“5·7·5·7·7”共31个音组成的诗歌。“俳句”产生于江户时代，是由“5·7·5”共17音组成的世界最短的诗歌。“川柳”产生于江户时代，是由“5·7·5”共17音组成的带有讽刺、诙谐意味的短诗。

《源氏物语》产生于公元10世纪初的平安时代，是世界上最早的写实小说，达到了日本古典现实主义文学的高峰。

1968年，川端康成以《雪国》《古都》《千羽鹤》三部代表作荣获了诺贝尔文学奖。1994年，大江健三郎又获得了诺贝尔文学奖，主要作品有《无声的呼唤》《个人的体验》等。

独特的艺术形式。“大和绘”出现于奈良、平安时代，是富有日本民族风格的绘画。“浮世绘”出现于江户时代，为庶民的绘画及版画。“能剧”起源于14世纪的古典歌舞剧。“歌舞伎”出现于16世纪末，是反映宫廷及武士生活的历史剧目。“文乐”是形成于16世纪的木偶戏。

“书道”即书法，自古代随汉字由中国传入日本。

“茶道”即品茶之道，起源于15世纪，以专为茶道制作的具有观赏价值的茶具，以品位极高的茶叶，并以主人的进茶方法及客人品茶的行为而被称道，是日本人接待宾客的一种特殊礼仪。

“花道”亦称“插花”“生花”，起源于15世纪。即把剪下的树枝和花草经过艺术加工后插入花瓶等器皿中的方法和技术。古代随佛教从中国传入日本，江户时代被命名为花道。

3. 电影

日本是世界电影产量最多的国家之一。20世纪80年代今村昌平导演的《犹山节考》、三村晴彦的《越过天城》以及中日合拍的《一盘没有下完的棋》等在国际上获奖。

日本著名的影剧院有“国立剧场”“东京帝国剧场”“东宝剧场”“歌舞伎座”等。

4. 体育

传统体育运动有柔道、空手道、剑道、相扑等。其中相扑被称为“国技”，每年在东京及其他城市举行6次为期15天的相扑大赛。另一个被称作“国技”的是棒球。

1964年，东京成为亚洲第一个举办奥林匹克运动会的城市。

5. 新闻媒体

全国性报纸5家（读卖新闻、朝日新闻、每日新闻、日本经济新闻、产经新闻）。有影响的杂志有《中央公论》《东洋经济》《经济学家》《文艺春秋》等。共同通讯社是日本最大的通讯社，简称共同社。时事通讯社是第二大通讯社，简称时事社。半官方性质的日本广播协会与公共电视台（NHK）是日本最大的电台与电视台。

五、民俗风情

1. 姓氏

日本人的姓氏大多数由两个汉字组成，如“伊藤”“山田”等；但也有三个字或一个字的，如“阿部川”“佐久间”“林”“森”，等等。日本是世界上姓氏最多的国家，数目可达12万个左右。现在较多的姓氏是“佐藤”“铃木”“高桥”“田中”“渡边”，等等。一般子承父姓，妻从夫姓。

日本人的名字常带有长幼标志。如古代常称长子为“太郎”，次子“次郎”，三子“三郎”；长女“大子”，次女“中子”，三女“三子”，等等。名字的字数一般也是1~3个汉字，如“茂”“由美”“龙之介”，等等。现代女性名字中多有“子”，如“幸子”“梅子”等。除此之外，也有不用汉字只用日语字母的。

2. 民间节日

元旦（1月1日），庆新年。举家去神社、寺庙参拜。

节分（立春前一天），庆祝漫长冬天结束。

樱花节（3 月 15 日—4 月 15 日），迎接春天的到来。

端午节（农历五月初五），也是男孩子的节日。

七夕（农历七月初七），牛郎星一年一度在这天晚上渡过天河同织女星相会。

盂兰盆节（关东于 7 月，关西于 8 月），供奉祭品于先祖灵位前，祝福亡灵。

赏月（农历八月十五）。

彼岸（春分或秋分前后各 3 天，共 7 天），到祖先墓地扫墓。

七 · 五 · 三节（11 月 15 日），父母带着 3 岁、5 岁、7 岁的孩子（男孩 3 岁和 5 岁；女孩 3 岁和 7 岁）去神社参拜，祈求孩子幸福成长。

圣诞节（12 月 25 日）。

除夕：12 月 31 日，迎接新的一年。

黄金周：从 4 月 29 日环境日开始，5 月 3 日宪法纪念日到 5 月 5 日儿童节，加上其间周六、周日，形成一周左右的连续休假，大多数家庭旅游休闲，机关、银行、商店停业，称为“黄金周”。

3. 服饰、餐饮与居室

和服是日本民族的传统服装，妇女大都在新年、成人节、大学毕业典礼、结婚典礼等场合穿和服。男性穿和服多限于居家休息不拘礼节的时候。

日本人以米饭为主食，副食多吃鱼，喝酱汤。传统饭菜有生鱼片、寿司、天妇罗（油炸菜、虾、鱼等）、鸡素烧（日式火锅）和各样的鱼饼、海菜制品等。

每逢节日或生日，日本人多吃红豆饭以示吉利。日本人很少吃动物“下水”。肉铺里不会摆出猪蹄、鸡爪，宴会里也不会出现猪心、猪肝等。

日本式住房是木质结构，房间里垫得高高的“榻榻米”（草垫），还有纸拉门、壁龛（摆设装饰品处）、木板套窗等。日式房间不用床、不用椅子，人们直接或垫上坐垫坐在“榻榻米”上。现代日本人住房既有日本风格，又有西洋风格的“和洋折中”式。

4. 婚丧礼仪

日本的婚礼有：接纳礼，传统的订婚仪式，男女两家互赠钱物。结婚仪式根据所信仰宗教或根据自己的喜好：神前结婚仪式在神社举行，基督教结婚仪式在教堂举行，佛前结婚仪式在寺院举行。婚宴有日本式、中国式、西洋式三种。流行蜜月旅行。

丧事仪式有：彻夜守灵，葬礼分佛教式、神式、基督教式三种。服丧期间不参加喜庆活动。亲属过世后第一个新年不参加庆祝活动。

5. 社交礼仪

见面礼。脱帽鞠躬，很少握手。但如女性或长辈主动伸出手时，男性或晚辈即可迎握，但不要用力握或久握。与人说话不要凝视对方。常用见面礼貌语有：“您好”“对不起”“打搅您了”“请多关照”等。

禁忌。日本人忌讳“4”和“9”，因为日语中“4”和“9”的发音和“死”“苦”相同。因此，赠送礼品、上菜、选择喜庆日子均避开这两个数字。受西方影响，不少人也避开“13”，更忌讳星期五是13日。

花类中忌讳荷花，因为在佛教中，荷花常出现于丧事中。探视病人时，忌用仙客来、山茶花为礼，忌绿色，认为绿色不吉利。

睡觉时忌讳头朝北，因为释迦牟尼的卧姿头朝北。忌用“残疾”之类词语，应称他们为“眼睛不自由的人”“腿不自由的人”“耳朵不自由的人”，等等。

赠送结婚礼品时忌送易破碎物品，“破碎”意味着良缘破裂。交谈时忌问青年妇女年龄及婚配情况。在公共场所忌大声喧哗、大笑，妇女往往用手掩口微笑。日本人习惯于死后在枕边放一满碗米饭，把筷子垂直插在其中，因此吃饭时忌将筷子垂直插在米饭中。

六、旅游业

1. 旅游城市和景点

首都东京：位于本州中部，包括关东地区南部和伊豆、小笠原诸岛。面积2162平方公里，人口1339万（2015年）。东京的前身是江户，1453年建城，1868年迁都于此，改名为东京。东京文物古迹众多，有浅草神社、明治神宫等诸多神社。皇城是德川时代将军的居所江户城的遗迹。高333米的东京塔与樱花、富士山共同成为日本的象征。

京都：从8世纪末起为皇宫所在地，有“千年古都”之称。有清水寺、三十三间堂、金阁寺、银阁寺、平安神宫、二条城、桂离宫等众多寺院及历史古迹，其建筑、庭园富有日本特色。岚山以樱花和红叶而著名，有周恩来纪念诗碑，刻有廖承志手书的1919年周恩来写下的《雨中岚山》诗。

奈良：日本三大古都之一，710—794年的日本首都，1950年被定为国际文化城，是神社、佛像、雕刻、绘画等国家重要文物所在地。著名寺院有东大寺、兴福寺、法隆寺等，还有公元759年唐僧鉴真大师兴建的唐招提寺。

长崎：1571年开港，一座充满异国情趣的港口城市。1945年原子弹爆炸的中心地，建有长崎和平公园及长崎原子弹中心陈列馆。主要名胜古迹有兴福寺、浦上天主教堂、大浦天主教堂等。

根据日本《自然公园法》设有国立公园28所，国定公园（国家指定，由公园所在都道府县管理）54所，都道府县立自然公园300所。根据《海中公园法》，在国立或国定公园内设有海中公园130所。

日光国立公园：位于关东地区，园内有著名的日光连山、华严瀑布、东昭宫、轮王寺、中禅寺湖等，为典型的日本式风景。

上信越高原国立公园：跨越群马、新潟、长野三县，有日本最高的活火山，是火山性高原结构山地。

富士箱根伊豆国立公园：园内有世界首屈一指的锥状火山富士山和美丽的富士五湖。

秋吉台国定公园：位于山口县，在这里能够看到日本最大的钟乳洞窟。

冲绳海岸国定公园：亚热带海岸，内设冲绳海岸海中公园，能够观赏各种热带鱼。

主要名山有：

富士山：海拔3776米，为日本最高峰，世界著名火山，被誉为“圣岳”。最后一次喷发是在江户时代。

阿苏山：海拔1592米，九州中部的活火山。有世界最大的火山口，口内有阿苏五岳——高岳、中岳、根子岳、乌帽子岳、杵岛岳。

主要博物馆有：

国家重点文物11 731件（含国宝1036件），其中美术工艺品（含绘画、雕刻、工艺品、书籍、考古资料、历史资料）9647件（含国宝829件），建筑物2084处（含国宝207处）。日本有遗迹、名胜、天然纪念物2479件，博物馆（含动物园、植物园、水族馆等）共799座（1993年）。

东京国立博物馆：日本最大的博物馆，收藏国家重要文物593件。

和平纪念资料馆：陈列有关广岛原子弹爆炸时的各种资料。

世界自然文化遗产16处。据日本交通公社调查，旅游资源分为4级：特A级具有世界性感召力、能够代表国家的资源，A级为值得国民一生中值得一去的，B级能够代表地方特色的，C级为县内及周边居民利用的资源，C级以上共有9300处。日本旅游以历史名城和现代都市为主导，开展都市观光购物美食、历史和民族文化、自然观光与温泉养生度假旅游。

2010年伊始，以全新的对外宣传标语“Japan Endless Discovery”，取代原有的“Yokoso！ JAPAN”。新的宣传标语寓意为“日本：精彩无限”，宣传标识采用国旗红色和白色，并配有樱花图案。

2017年日本在全球旅游和旅行竞争力排位中名列第4位。

2. 旅游客源市场

五大传统入境客源市场是韩国、中国大陆、中国台湾、中国香港和美国，占日本入境旅游游客的70%以上，其余重要市场有亚洲的泰国、新加坡、马来西亚、印度尼西亚、菲律宾和越南，大洋洲的澳大利亚，北美的加拿大，欧洲的英国、法国、德国和俄罗斯。历年入境游客中，来自亚洲的占70%以上、欧洲和美洲的各占10%左右。2017年外国游客2869.1万人次，旅游外汇收入340.54亿美元。2017年接待外国游客人数与全国人口之比为23∶100。

1963年前日本出境旅行仅限于公务商务，1964年开放出境观光休闲旅游。

2017 年出境旅游 1788.93 万人次，与全国人口之比为 14.5∶100。

出境旅游以观光休闲为主要目的，海外休学旅游稳定增长。主要出境目的地为：美国、中国大陆、韩国、中国台湾、夏威夷（美国）、中国香港、泰国、越南、新加坡、中国澳门、马来西亚、菲律宾、澳大利亚和英国。客源地集中东京、横滨为主的首都圈占 65% 以上，中部地区占 10%，西部地区占 20% 左右。2018 年，190 个国家和地区对日本居民实行免签入境或落地签证。

2012 年国内旅游住宿 4.25 亿人次，国内旅游与全国人口之比为 335∶100。国内旅游中以“自然观光名胜游览”与“福利旅游”为主。最受欢迎的目的地依次为北海道、长野、神奈木、东京、静冈、千叶、京都、枥木、冲绳、兵库等，一半以上集中在东部关东地区。团体旅行的比重逐年减少，“夫妇旅行”“独身旅行”比重逐年增加。旅行目的居首位的是温泉养生，其次是观赏自然景观。

3. *旅游产业*

2016 年旅游业对国内生产总值的直接贡献为 2.4%，综合贡献为 7.4%。2011 年提供了 441 万人就业岗位，为就业总人数的 6.9%。从 1972 年以后，出境旅游者的人数超过了入境旅游者人数，从一个国际旅游收支的顺差国成为逆差国。2011 年国际旅游收入 109.7 亿美元、支出 272 亿美元，旅游贸易逆差达 162 亿美元。

酒店分为日式旅馆（和式榻榻米房间及和式服务）与西式两大类。2010 年，全国有西式酒店 9629 家，客房 80.2 万间；日式旅馆 46 906 家，客房 76.4 万间。日式旅馆一般客集规模较小（平均 16 间客房），注重传统文化习俗，多有温泉浴。还有价格低廉的“国民旅馆”，富有家庭气氛的“民宿”以及青年招待所等。东京帝国饭店是西式酒店的代表，有 120 年历史。

旅行社分三种类型：第一类旅行社既可以开展国内外旅游业务组织，也可以进行产品分销，约占旅行社总数的 7%；第二类旅行社没有海外旅游业务组织的权限，相当于我国的国内旅行社；第三类旅行社和旅行代理商从事旅游产品的分销，相当于零售商。2011 年，日本登记在册的第一类旅行社 738 家，第二类旅行社 2785 家，第三类旅行社 5837 家，总计 9360 家，还有旅游代理商 880 家。日本的旅行社行业十分集中，交通公社、近畿旅游公司、日本旅行和阪急观光、乐天旅行等 10 家公司的市场份额约占全国旅游市场的 70% 以上。日本交通公社创立于 1912 年，已从旅行商向饭店餐饮、物流运输、广告娱乐、金融保险、房地产等领域延伸。

全国各种体育设施 292 117 处，滑雪场 734 处，高尔夫球场 1687 处，海水浴场 1379 处，游艇基地 380 处，射箭场 56 处，野外体育活动场 267 处，滑冰场 265 处，疗养地 343 处，徒步旅行路线 1879 处，自行车旅行路线 592 处。观光用渔场 1637 处，观光用牧场 239 处，观光用林场 1626 处。各地的青年之家、少年自然之家、儿童乐园、市民园艺农场、游乐场和野营地等均有各种体育娱乐设施。

2017年各大铁路公司开始运营新型观光列车，这种以观光为目的的特别列车，将更加重视乘客的观光体验。

4. 旅游管理

日本近代旅游业始于1871年，以接待欧美及亚洲使节团为主。1883年成立外国人接待所“鹿鸣馆”，1883年成立接待外国人观光客机构“喜宾会”。1912年3月12日成立日本观光局。1963年，日本制定了《观光基本法》，确定了旅游政策的基本目标。2003年确立并实施“观光立国”战略，将此作为国家战略体系的重要组成部分。2006年12月，国会通过《推进观光立国基本法》，次年6月颁布了《推进观光立国基本计划》。2009年专门成立了由所有中央部门副大臣组成的“观光立国推进总部”，由国土交通大臣担任部长，扩大入境旅游发展的政府职能覆盖范围。

1997年前，观光部（相当于司级）设于运输省内。1998年后，运输省与建设省合并为国土交通省，观光部升为观光厅（相当于副部级），其职责是制定旅游政策法规，指导旅游规划、资源开发和设施建设，负责旅行社、饭店审批、注册、监督和检查，对外宣传、联络与国际合作，旅游调研与统计。

国家观光局的前身是日本观光公社，负责旅游调查、统计与信息发布，专门负责对外旅游宣传推广。

根据《地方自治法》，都、道、府、县的地方旅游行政管理和旅游资源的开发建设等，由地方政府中的商工局（下设观光课）负责；地方办的国内旅行社、小旅馆等则须向地方政府旅游行政管理部门提出申请，领取执照。

旅游咨询机构有：

观光政策审议会：根据观光基本法，1963年设于总理府，1984年由运输省接管，负责调查、审议观光政策。

自然环境保全审议会：根据自然环境保全法，1973年设于环境厅，负责调查、审议有关自然环境保护的重要事宜。

文物保护审议会：根据文物保护法，于1968年设于文部省，负责调查、审议文物的保存及利用等重要事项。

历史风土审议会：根据保存古都历史风土的有关特别措施法，1966年设于总理府，负责调查、审议历史风土的保存等重要问题。

目前在世界主要客源国共设有旅游办事处13个，委托性代理机构6个。

主要旅游社团有国际观光振兴会、日本观光协会、国立公园协会、观光资源保护财团、日本自然保护协会、日本饭店协会、国际观光饭店联盟、日本旅行业协会、全国旅行业协会，等等。

5. 旅游法规、政策

日本旅游业的第一个法律《旅行斡旋业法》制定于1952年。随着旅游业的迅速发展，1971 年对其进行了大幅度修改，并改名为《旅行业法》，同年 11 月 10 日开始施行。1982 年对《旅行业法》又进行了大幅度修改。根据这个法律，还有如下一些政府令和规则:《旅行业法施行令》(政府令)、《旅行业法施行规则》(运输省令)、《旅行业者营业保证金规则》《旅行业协会偿还业务保证金规则》和《旅行业公正竞争规定》。还制定了《观光基本法》(1963 年 6 月)、《国际观光振兴会法》(1964 年 3 月)、《旅馆业法》及《地区传统艺能活动的观光及有关特定地区工商业振兴的法律》(1992 年 6 月)，等等。农林水产省设置绿色旅游研究会，出台相关政策，修订完善了《市民农园促进法》《农村休闲法》《促进农、山、渔村地区发展逗留型旅游活动的相关基础建设之法律》等，大力发展村民家庭旅馆、观光农业、农村休假旅游、“一村一品”等活动。

2006 年 12 月，《推进观光立国基本法》提出：建设具有较强竞争力和吸引力的旅游胜地，培养振兴旅游、增强旅游产业国际竞争力的人才，振兴国际旅游，完善旅游环境，促进旅游产业的持续发展。2008 年 4 月日本颁布《观光圈整备法》，提出努力扩大经济效益高的过夜旅游，搞活地方经济，达到过夜旅游的消费约占国内旅游消费的 2/3；旅游业与其他行业相互配合，政府与民间形成一体，全民推进旅游业；促进地区之间相互协作，形成观光圈，克服单一景点的局限性；努力提高深度旅游吸引力，对深度旅游的重点地区进行整合，实现深度旅游天数达到 2 夜 3 天以上的目标。

在振兴国际旅游方面，推进“访日促进活动”计划，完善外国游客的接待计划；在公共交通方面增设外语标志，加强信息提供，任命观光宣传大使和日本欢迎您大使；积极支持招揽活动，完善软件设施，招揽和举办国际会议；加强对外宣传，简化入境手续，提高接待质量，加强国际交流，参与世界旅游组织举办的旅游活动。截至 2013 年 7 月，日本对 66 个国家和地区实行免签政策。

七、中日关系

1. 外交关系

1972 年 9 月，《中日联合声明》发表，宣告两国结束不正常状态，并建立大使级外交关系。此后，两国友好关系不断发展。1973 年 1 月，两国互设大使馆。1978 年 8 月，两国在北京签署了《中日和平友好条约》。1983 年两国领导人确认“和平友好、平等互利、相互信赖、长期稳定”为中日关系四原则。1984 年正式成立“中日友好 21 世纪委员会”。

2. 经贸关系

1972 年两国恢复邦交后，经贸关系进入了新阶段。两国经济合作进一步发展，相互交往不断加深。自 1992 年以来，截至 2003 年，日本连续 11 年为中国第一大贸易伙伴；2004 年被欧盟、美国超过，退居第三，仍是中国主要贸易伙伴。

中国已经超过美国成为日本最大的出口市场，日本是中国第二大外资来源地。

3. 旅游关系

从1979至2004年，日本一直是中国第一客源市场国家。2017年旅华游268万人次，2018年268.9万人次为中国第四客源国。日本来华旅游以观光休闲为主，商务旅行、经济考察与学术交流的人数增长较快，来华修学旅游的人数也有明显增加。

2000年后，两国政府达成协议，日本成为中国公民出境旅游目的地国家。2009年7月1日起开始实行中国公民赴日个人旅游，2011年“个人旅行”的游客首次超过团体旅行。2017年中国大陆赴日游客约241万人次。观光、休闲度假者占78%，商务旅游者占8%，其他的占约10.4%。团体旅游者的比重占31.1%，自助旅游的占56.9%。2016年访日的中国内地游客637.3万人次，在访日外国人总数中占比超过25%，居首位。2017年访日的中国内地游客735.6万人，花费166百亿日元（约合147亿美元），约占日本旅游外汇收入的40%。

我国文化和旅游部在日本东京和大阪设有办事处。

第二节　韩国

一、地理、简史和人文

1. 自然地理

大韩民国地形以丘陵和平原为主，著名的山峰有汉拿山、雪岳山和智异山，较大的河流有汉江、洛东江等。西南部的平原是韩国主要农业区。半岛南面的济州岛是韩国最大的岛屿。属温带季风气候，四季分明。6、7、8月为雨季，冬季干燥寒冷，秋季为最佳旅游季节。

2. 简史

1世纪朝鲜半岛上形成高句丽、百济和新罗三国，史称“三韩”。7世纪，新罗统一朝鲜。新罗王朝向中国唐朝学习制度和文化，并尊佛教为国教。10世纪，高丽取代新罗，大力仿效唐朝体制，佛教文化更为盛行。14世纪末，李氏王朝取代高丽，改国号为朝鲜，以儒学立国，经济文化进入封建社会的鼎盛时期。1897年李氏王朝结束，改国名为大韩帝国。1910年起沦为日本殖民地，直到1945年8月14日日本投降。此时，美、苏军队以北纬38°为界，分别进驻南北朝鲜。1948年8月15日，南部宣布成立大韩民国；同年9月19日，北部宣布成立朝鲜民主主义人民共和国。

3. 国旗、国花与首都

国旗为太极旗，1883年李氏王朝时正式定为国旗。1948年又被确定为韩国国旗。国旗的最初绘制是受到中国太极图和《易经》的启示而设计出来的。

国花为无穷花，属木槿类，象征高丽民族的坚韧和充满朝气。

国树是松树。

国鸟为鹊。

国兽为虎。

首都首尔（Seoul，原名汉城），人口约1000万（2018年）。

4. 人口、民族、语言与宗教

人口约5100万（2017年），为单一的高丽民族。

语言通用韩国语。文字为1446年朝鲜王朝第四代君主世宗时代创制，为24个字母（10个母音、14个子音）的音标文字，根据子音及母音的2~4个的不同组合，变化出各种音字。文字中采用大量汉字（繁体字）。

50%左右的人口信奉基督教、佛教等宗教。1989年韩国有231所儒学校。每年春秋两季都要在首尔文庙举行祭孔大典。此外，还有少量天道教、大宗教和伊斯兰教信徒。

二、政治体制与对外政策

1987年10月27日全民投票通过的新宪法规定，韩国实行三权分立原则，立法权属于国会，行政权属于以总统为首的政府，司法权属于独立的法院。韩国实行总统内阁制，总统享有作为国家元首和武装力量总司令的权力，任期5年，不得连任。

主要政党：共同民主党为现执政党，自由韩国党为最大反对党，还有正未来党、民主和平党、正义党等。

朝鲜战争停战后，半岛长期处于政治对立、军事对峙、经济隔绝的冷战状态。金大中、卢武铉政府奉行对朝和解合作政策，对朝鲜提出“互不使用武力、不搞吸收统一、加强南北交流与合作”的三原则政策。2000年6月和2007年10月先后发表《南北共同宣言》和《南北关系发展与和平繁荣宣言》。2018年朝韩关系取得积极进展。1991年9月17日，韩国与朝鲜民主主义人民共和国同时加入联合国。近年来韩国外交基本形成了以韩美同盟为基轴、加强美、日、中、俄四大国外交、积极参与地区与国际事务的多层次、全方位外交的格局。与190个国家建立了外交关系，驻外外交机构163个。

三、国民经济

新兴的工业国，1996年加入经济合作与发展组织（OECD），同年成为世界贸易组织（WTO）创始国之一。2017年，国民生产总值1.5万亿美元，人均国民收入2.9万美元。

货币名称：韩元（Korean Woh）。1 元 =100 分。纸币分 500 元、1000 元和 10 000 元三种。硬币为 1 元、5 元、10 元、100 元及 500 元五种。韩国实行浮动汇率制，1 美元≈ 1120 韩元（2018 年）。

产业以制造业和服务业为主，造船、汽车、电子、钢铁、纺织等产业产量均进入世界前 10 名。IT 技术水平和产值均名列世界前茅。工矿业产值占 GDP 的 30%，农业人口约占总人口的 6.8%。农业产值占 GDP 的 2.6%。

对外贸易发达，进出口总额占国民生产总值的 50%。和世界上 180 多个国家和地区有经贸关系，其中中国、日本、美国是韩国三大主要贸易伙伴国。

陆、海、空交通运输均较发达。全国已建成铁路网和高速公路网。铁路总长约 3900 公里。2004 年 3 月，首尔—釜山高速铁路开通，全长 412 公里，最高时速 300 公里。公路总长约 10.7 万公里，其中高速公路约 4200 公里。水运以海运为主。主要港口有：釜山、浦项、仁川、群山、木浦、济州、丽水等。开通国内航线 21 条，国际航线 350 条，现有 8 个国际机场：仁川、金浦、济州、金海、清州、大邱、襄阳、务安。

大企业集团在韩国经济中占有十分重要的地位，目前主要大企业集团有三星、现代汽车、SK、LG 和 KT 等，大企业集团创造的价值在国民经济中所占比重超过 60%。主要经济团体有大韩商工会议所，是韩国最大的民间经济团体，韩国贸易协会有会员企业 8.6 万余家；全国经济人联合会，由 65 个制造、贸易、金融、建设等各行业团体及韩国具有代表性的 380 余家大企业组成；中小企业中央会，由中小企业组成。这些民间工商团体，向会员企业提供各种贸易咨询和信息服务，促进与世界各国的贸易合作，培训人员。

四、文化科教

1949 年 12 月颁布《教育法》，1968 年 12 月颁布《国民教育宪章》。学制为小学 6 年，初中 3 年，高中 3 年，大学 4 年。1953 年起实行小学六年制义务教育，从 1993 年起普及初中三年义务教育。高等教育机构 80% 为私立，著名大学有首尔大学（国立综合大学，韩国许多政界、经济界人士毕业于该校）、延世大学（基督教私立综合大学）、高丽大学（私立综合大学）、梨花女大等。

韩国的文学艺术吸取了古代的儒学、佛教与近代的西方文化，形成了具有本国特色的文化传统。其艺术表演以恬静柔和、朴实无华的风格著称。

戏剧：假面剧（又称面谱剧），常在元旦、释迦牟尼诞辰和端午节演出；歌剧（又称唱剧），代表剧目有《春香传》与《赤壁歌》等；还有木偶剧、曲艺、新派剧等。

舞蹈：传统音乐宫廷舞、民俗舞（乡土舞）、假面舞和仪式舞，扇子、花冠、鼓为不可缺少的道具，最著名的是“太鼓舞”和“杖鼓舞”。

音乐：传统音乐有宫廷音乐和民间音乐两大类。宫廷音乐分雅乐（儒教祭祀音乐）、唐乐（宫中宴庆音乐）和乡乐（地方特色音乐）。民间音乐又称俗乐，多以农村乡音为主。

韩国艺术文化团体总联合会是各类文艺团体（音乐、舞蹈、作家、美术、摄影、戏剧、演艺、电影、建筑家协会等）的联合组织。

首尔的著名剧场有国立中央剧场、世宗文化会馆、国立国乐院等。政府办的电影制片公司是韩国电影振兴公司；最大的私人电影制片公司是东亚兴行株式会社。

《朝鲜日报》《中央日报》《东亚日报》和《韩国日报》为全国性韩文日报。

“联合通信”是最大的综合性通信社，号称“全球韩联社、中枢韩媒体”。韩国广播公司（KBS）为政府控股广播公司，拥有全国性广播网，目前用韩、英、汉、法、日等11种语言播音。电视主要以数字信号播放，因特网普及率较高。

五、民俗风情

1. 姓名

据李朝末期的文字记载，韩国人的姓氏共有496个。1960年国情调查时为411个，是世界上姓氏最少的民族之一。韩国人的姓氏是父传子、子传孙；女性结婚后不改姓。金、李、朴、崔、郑被誉为五大姓，约占全国人口的60%，其次是赵、姜、张、韩、严、吴、林、申、安等姓。

韩国人姓在前、名在后。姓一般是单音的，如金、李、朴等，也有双音的姓，如鲜于。名字一般按韩语的音节起1个或2个字。兄弟之间，名字中的一个字大都相同。女子的名字多以顺、玉、姬、子、员、玉等字结尾。

2. 节日与假期

法定节假日

元旦：1月1日，放假2天。

独立运动纪念日：纪念1919年3月1日反抗日本帝国主义起义。

植树节：4月5日，全民植树绿化日。

革命纪念日：5月16日，纪念1961年5月16日朴正熙发动军事政变，召开重建国家最高会议。

显忠日：6月6日，政府公祭“国殇日”，悼念战死军人。

制宪节：7月7日，纪念1948年制定大韩民国宪法。

光复节：8月15日，纪念1945年8月15日摆脱日本帝国主义统治，取得独立。

建军节：10月1日，举行阅兵大典。

开天节：10月3日，传说中古朝鲜的建国日。

文字节：10月9日，纪念创建韩国文字。

圣诞节：12月25日。

民间节日

春节：正月初一，拜年、领压岁钱，放假一天。

上元节：正月十五。

佛诞日：阴历四月初八，庆祝佛祖诞辰，放假一天。

端午节：五月初五。

中秋节：又称“秋夕”，八月十五。放假三天。

重阳节：九月初九。

冬至节：食赤豆粥、糯米糕。

带薪假期：法律规定职工享有带薪休假20天，很多企业在夏季放4天假，职工人均为25天。2003年开始实行每周5天工作制。2014年国民休假为114天。

3. 服饰、餐饮与居室

民族女装有裙、袄和长袍，色彩鲜艳。男装有裤子、袄、坎肩和长袍。衣服必须上下同一色系，多用白色衣料缝制。

特色风味菜有泡菜、烤肉、火锅、汤饭（排骨汤饭、牛肉汤饭、鳕鱼汤饭等）、面食（鸡汤面、冷面等）、生鱼片、生牛肉和什锦饭等。传统的酒有浊酒（用大米或糯米酿成）、药酒和烧酒。饮酒时喜欢相互敬酒，酒兴之际好唱歌。

居室。传统的住房是平房，有单排房、双排房、直角房和四合房，其特点是整面屋地都是一座火炕，灶口烧火，烤热炕面，暖和全屋。现代楼房以热水管道埋在炕下取暖。

4. 婚丧寿庆礼仪

婚俗。传统婚俗、现代婚礼与宗教婚礼并存。儒家传统影响在韩国比较流行，一旦确定婚姻关系后，不轻易解除婚约，再婚或寡妇再嫁也较难。原配夫妇结婚60周年时举行“回婚礼”，两位老人要穿结婚时穿的婚服，子孙们向老人敬酒祝贺。一般同姓不能结婚，尤其是籍贯相同的同姓绝对禁止结婚，政府也不给予户籍。

生日礼俗。婴儿百日、婴儿周岁时，摆宴庆贺。人到60岁称花甲，子女们要为父母大摆寿宴。子孙们依次向寿星行跪拜大礼、敬酒。

丧葬。包括初终、发丧、入殓、朝夕奠、吊丧、发引和堆坟等活动。坟上植短草，坟前放一块做祭桌用的平板石，并立墓碑。每逢寒食（清明）和中秋节，亲人要扫墓、祭奠。

5. 文体休闲

射箭、摔跤、拔河、秋千、跳板、风筝、棋类（象棋、围棋、花斗、掷四）、假面游戏、耍狮子、农乐舞等，是韩国民间十分流行的娱乐活动。

6. 社交礼仪

珍视国旗、国歌和国花，每日傍晚5时，全国均播放国歌，向国旗行礼，即便是外国人若在街道行走亦须停步致意。

注重礼节。长幼之间、上下级之间、同辈之间的用语有严格区别。尊敬长者、孝顺父母、尊重老师是全社会的风俗。韩国人上下班时必互致问候。隆重场合或接待贵宾时见面低头行礼。对师长和有身份的人，递接物品时要用双手并躬身。到韩国人家中做客最好带一些鲜花等小礼品。

韩国人若持有或抽外国烟均会被罚款。禁忌“4”字，在韩语中与“死”同音。喜欢单数，不喜欢双数。指人时不能伸一个手指指人；要伸出手，掌心向上。招呼人过来手心要向下。客人进门脱鞋，鞋尖要朝内。

六、旅游业

1. 旅游城市和景点

韩国旅游以现代化的城乡基础设施与服务设施为依托，推出历史与宗教文化、山水观光、民族风情、影视娱乐、美食购物、康体美容和海岛度假等多种旅游产品。2012 年，推出全新自由行品牌“走啊哟，韩国”，要求为自由行游客提供切实的帮助和实惠。韩国的旅游宣传口号为“真彩韩国：炫动之旅，想所未及。”

首尔：朝鲜半岛古老的城市之一，历史上有不少朝代在此建都，有“皇宫之城”之称。市中心一带有景福宫、德寿宫、昌庆宫、昌德宫等历代宫殿和 1398 年建成的南大门崇礼门。首尔也是一个十分现代化的城市。在首尔西南 45 公里的仁川，为首尔的卫星城和出海港，有良好的海滨浴场。首尔西北 66 公里黄海中的江华岛上有传灯寺，是朝鲜半岛最古老的寺院。

釜山：韩国第二大城市和最大的国际海港，重要的金融、贸易城市。有全国最大的海滨浴场海云台、东莱温泉，韩国唯一的禅宗寺庙梵鱼寺，安置释迦牟尼舍利子的通度寺。

庆州：新罗时代最著名的城市，该时期的寺院、王陵、纪念物、王宫、天文台等遗迹遍布全市。全市为国立公园，被联合国教科文组织评定为“世界文化都市”。

世界自然文化遗产 10 处。著名的山峰有雪岳山、智异山、汉拿山、五台山、伽山、俗离山、德裕山、月岳山、雉目岳山和鸡龙山（即“十大名山”）。著名的溪谷有雪岳山的千佛洞溪谷、土旺山溪谷和海印寺溪谷。著名的瀑布有雪岳山的大胜瀑布、济州岛的正房瀑布和天帝瀑布。著名的温泉有儒城温泉、东莱温泉、海云台温泉、温阳温泉和水安堡温泉等，建有完善的疗养、游览设施。著名的湖泊有火山湖白鹿潭。著名的滨海和海岛游览地有瑞山海岸、济州岛。

1984 年年底，《韩国日报》评选的“韩国八景”是：雪岳山的四季、城山（济州岛东部）的日出、智异山的云海、闲丽水道的岛景、红岛的晚霞、周王山的奇岩、内藏山的红叶和佛影的溪流。

著名的寺院有海印寺、松广寺和通度寺（三大寺庙），还有佛国寺、洛山寺、法注寺、华严寺、神兴寺和月精寺等。著名的博物馆有中央博物馆、庆州博物馆、扶馀博物馆、光州博物馆、公州博物馆、仁川博物馆、釜山博物馆、民俗博物馆、梨花女子大学博物馆及高丽大学博物馆等。

建有15个国家公园、20个道立公园、17个大众公园和19个游园地。新建的人文和文娱体育场所有15个书院、39个博物馆、4个美术馆、73种乡土文化祭、20多个狩猎场、3个赛马场、20个高尔夫球场和57个钓鱼场。

2017年韩国在全球旅游和旅行竞争力排位中名列第19位。

2. 旅游客源市场

1978年接待国际游客首次突破100万大关。2013年接待入境游客1217.6万人次，旅游外汇收入142.7亿美元。2017年接待入境游客1333.58万人次，其中亚洲1077.4万人次，美洲111.7万人次，欧洲93.6万人次，中东15.8万人次，大洋洲1.9万人次，非洲0.3万人次，其他2.2万人次。主要客源地为中国416.9万人次，日本231.1万人次，美国86.9万人次，中国香港57.8万人次，泰国49.9万人次，菲律宾44.9万人次，越南32.5万人次，马来西亚30.8万人次，印度尼西亚23.1万人次，加拿大17.6万人次，新加坡21.6万人次，印度12.3万人次。接待国际游客人数与全国人口之比为27∶100。2018年，189个国家和地区对韩国公民实行免签入境或落地签证。韩国对174个国家和地区公民实行免签入境。

1990年出国游客人数156.09万人次，旅游外汇支出31.65亿美元；2013年1484.6万人次，177.8亿美元。2017年2649.65万人次，出国旅游支出270.73亿美元，出国游客与全国人口之比为53∶100。出境旅游大部分游客选择近距离目的地，主要是中国大陆、日本、中国香港、泰国、菲律宾、越南等。出境旅游以观光游览和娱乐休闲为主，其次是商务活动。

3. 旅游产业

2016年旅游业对国内生产总值的直接贡献为1.8%，综合贡献为5.1%。韩国从2000年开始，从国际旅游顺差转为逆差。2017年旅游外汇收入133.2亿美元，旅游外汇支出270.7亿美元，旅游贸易逆差137.2亿美元。

1991年韩国有综合旅行社259家，经营接待外国人来韩旅游和安排韩国人出境旅游两种业务；专业旅行社759家，专营韩国人出国旅游业务。较有名的是韩进、瑞进、大韩、乐天、亚洲观光等旅行社。首尔、庆州、釜山和济州等城市均设有旅游咨询中心，为游客提供各种咨询和其他服务。

2009年全国饭店621家，客房67171间。全国有40多家饭店达到国际标准。根据设备和房间数，饭店划分为5级，在饭店的正门上以国花无穷花的数目为标志。特级为5朵，一级为4朵，二级为3朵，三级为2朵，四级为1朵。首尔的新罗饭店、乐天饭店、洲际饭店、朝鲜饭店、凯悦饭店、广场饭店、华克山庄饭店等被列入超豪华类别。

一般的韩式旅馆通常称为“庄”，收费比较低廉，按其设施一般分为HA、HB、YA和YB四种。还有一种青年旅舍，每间客房可设6~8人的床位设备良好，价格低廉。家庭旅馆的户主大都能说英语和日语，由中上层家庭开设，设备良好，主人待客热情周到。

4. 旅游管理

韩国的旅游业起步于20世纪50年代中期，1962年颁布《韩国观光公社法》，1967年2月颁布《韩国旅游事业振兴法》，成立旅游政策审议委员会，在交通部内设旅游局，成立半官方的旅游协会和观光公社，从事旅游调研与宣传推广。

1997年前，韩国的旅游行政管理机构旅游局归属交通部。1997年后成立韩国文化体育观光部，下设韩国旅游发展局，还设有韩国文化观光政策研究院。2008年将文化观光部与国政宣传处职能统合，成立文化体育观光部，该部在继承和发扬固有韩国文化传统的基础上，对外主要宣传“建设创意韩国”和“振兴精神文化”的理念，负责统筹协调旅游产业发展方向，制定旅游业发展政策，扩大旅游市场规模等相关任务。文化体育观光部还负责文化产业、艺术、体育、宗教、媒体、国政宣传公报管理等事务。

韩国旅游发展局原为韩国观光公社。1962年根据《韩国观光公社法》确定观光公社是特殊法人，由政府授权与设立的半官方组织，受文化、体育观光部指导，主要从事旅游调研、宣传和促销，协调旅游行业内部关系，并为旅游者提供旅游咨询服务，其活动经费主要由政府提供，部分促销经费来自政府授权经营的机场和港口免税店及博彩的经营收入。观光公社在日本、新加坡、菲律宾、美国、英国、法国、澳大利亚、中国内地及中国香港和中国台湾地区设有20个驻外旅游办事处。

20世纪80年代提出“旅游立国”的主张，宣布“整个国土旅游资源化，全体国民旅游员工化，旅游设施国际标准化”，主要措施有：因地制宜地开发并合理利用旅游资源，充分发挥各旅游区的各种条件，并使其不断完善；把各项经济产业看成是旅游资源，使经济发展与旅游观光有机结合。韩国现代工业发达，钢铁、汽车等工业区，出口工业“特区”，各类企业、农业设施及企业的展销会、展览会等都可以成为观光点，这是韩国旅游的一大特色；大力优化交通设施和条件，不断开辟通往亚洲、欧洲、大洋洲各国的新国际航线，并改善国内各旅游区点间的陆海空交通条件；扩大影响，加强宣传和促销。重视提高旅游从业人员的素质和服务质量，严格培训，定期考核。在管理方面，纪律严明，奖罚分明。

2002年初推出《济州国际自由都市特别法》，设立了济州国际自由都市开发中心，作为特别法人机构全权负责济州岛的开发。“国际自由都市”最大限度地保障劳动力、商品、资本的国际性流动与企业活动的便利性，实行放松控制及国家支援的特区，对直飞济州岛实行免签证政策。

七、中韩关系

1. 外交关系

1992年8月24日，中韩两国建交。2003年双方宣布建立中韩全面合作伙伴关系。2008年双方宣布建立中韩战略合作伙伴关系。中国在韩国釜山设有总领馆，在光州设有领事办公室。韩国在中国上海、青岛、广州、沈阳、成都、西安、武汉和香港设有总领馆。

2. 经贸文化关系

2015年6月两国签订建立自由贸易区协定。目前中国是韩国最大贸易伙伴、最大出口市场和进口来源国，韩国是中国第三大贸易伙伴国。中国是韩国最大的海外投资对象国，韩国是中国第五大外商直接投资来源国。

3. 旅游关系

1992年8月两国建立正式外交关系以来，来华游客增长迅猛，1993年为18.99万人次，2014年为418.17万人次，2017年为385.49万人次，2018年419.2万人次。目前中国已成为韩国出境游第一旅游目的地国家。

中国旅韩游客迅速增长，并从商务交流为主发展为观光休闲、文化交流等多方面。从1998年起，韩国成为中国公民旅游目的地国家。2000年中国旅韩游客为44.28万人次，2011年以后一直为中国出国旅游第一旅游目的地国家，2013年425.34万人次。2016年中国赴韩游客总人次896万人次，2017年470万人次，2018年478.9万人次。

近年来建立了中日韩旅游部长会议合作机制。2012年8月1日韩国法务部推出中国游客赴韩签证新政，进一步简化办理程序，自由行最长更可逗留90天，签证有效期也从1年延长到3年。中国在韩国首尔设有旅游办事处。韩国观光公社在北京设有旅游办事处。

第三节　朝鲜

一、地理、简史和人文

1. 自然地理

朝鲜民主主义人民共和国（Democratic People’s Republic of Korea）面积122 762平方公里，位于朝鲜半岛的北半部，北与中国和俄罗斯接壤，西临黄海，东靠日本海，南与韩国为界。以高原和山地为主，中朝边境的白头山主峰海拔

2749 米，是朝鲜半岛的最高峰。西部和南部有少量平原。属温带季风气候。

2. 简史

朝鲜半岛历史上有过高句丽、百济、新罗等封建国家。7 世纪建立了统一的新罗国，10 世纪改国名为“高丽”，意为“山高水丽”。14 世纪末，李氏王朝时始称“朝鲜”，意为“朝日鲜明”。1910 年沦为日本殖民地。1945 年 8 月，美、苏两国以北纬 38° 线为界，分别进驻半岛南北两部。1948 年 9 月 9 日，朝鲜民主主义人民共和国成立。1950 年朝鲜战争爆发，1953 年 7 月 27 日参战各方签订停战协定，以“三八线”附近一带的“军事分界线”为界。

3. 国旗、国徽、国歌、国花、国鸟

国旗呈横长方形，旗面中间是一条红色的宽带，上下各有一蓝边，在红色和蓝色之间是白色的细条。在红色宽条中的靠旗杆一侧有一白色圆圈，内有一红色五角星。红色宽条象征崇高的革命精神，白色指朝鲜是一个单一的民族，蓝色象征团结、和平，红五角星代表革命传统。

国徽呈椭圆形，由红色绶带束扎的稻穗构成椭圆形图案，顶间一颗光芒四射的红五角星，其下有革命圣地白头山。国徽中间为水坝、水电站、高压输电线架等图案，底部的红色饰带上用朝文写着“朝鲜民主主义人民共和国”。

国歌为《爱国歌》。

国花为木槿花和金达莱。

国鸟为苍鹰。

4. 人口、民族、语言与宗教

人口约 2400 万（2017 年），单一民族国家，通用朝鲜语。自古以来，朝鲜半岛通行汉字，文字与语言不一致，现已取消使用汉字。现在的文字形式是 1443 年创制的。宪法规定，“公民有宗教信仰的自由和反宗教宣传的自由”。少数人信奉佛教、基督教。

5. 节日

太阳节：4 月 15 日，金日成诞辰日。

光明星节：2 月 16 日，金正日诞辰日。

国庆节：9 月 9 日。

朝鲜劳动党建党纪念日：10 月 10 日。

祖国解放战争胜利纪念日：7 月 27 日。

二、政治体制和外交政策

宪法规定，朝鲜是朝鲜劳动党领导的社会主义国家，“主体思想”和“先军思想”是国家活动的指导方针，拥戴已故国家主席金日成为“永远的国家主席”；中央政府称内阁，国防委员会为“国家主权的最高军事领导和全面管理国防的机

关”，国防委员会第一委员长为朝鲜最高领导长官。

劳动党是执政党，目标是实现“全社会主体思想化，建设共产主义社会”。其他政党有朝鲜社会民主党、天道教青友党和祖国统一民主主义战线、祖国和平统一委员会等社会团体、组织。

朝鲜战争停战后，朝鲜半岛长期处于政治对立、军事对峙、经济隔绝的冷战状态。2000 年 6 月南北双方首脑高峰会议决定开展人员交流，2003 年朝鲜允许韩国人从陆路游览金刚山，2005 年达 30 万人次。2005 年南北双方合作开发开城工业区，2010 年 6 月朝韩中止合作。2018 年 9 月朝韩领导人峰会签署《平壤共同宣言》，双方合作领域涉及交通基础设施建设、旅游开发、医疗、文化交流等多个方面。一旦条件具备，朝韩将优先恢复运营开城工业园区和金刚山旅游项目，同时就成立西海经济共同特区和东海观光共同特区问题持续协商。曾宣布在自主、和平统一、民族大团结的三大原则下，北南各自保留现存思想和制度，联合组成联邦政府，以高丽民主联邦共和国的形式实现统一。

宣称奉行“自主、和平、友好”的外交政策，主张按照完全平等、自主、相互尊重、互不干涉内政和互利的原则发展对外关系。1975 年 5 月成为“七十七国集团”正式成员国，同年 8 月正式加入不结盟运动，1991 年 9 月加入联合国，2000 年 7 月加入东盟地区论坛。目前共与 164 个国家（含欧盟）建立了外交关系。

三、国民经济

1958 年，朝鲜宣布完成了城市、农村生产关系的社会主义改造，建立了社会主义经济制度。国民经济实行社会主义公有制和严格的计划经济体制。从 20 世纪 80 年代起，朝鲜开始引进外资，创办合资合营企业。重视发展冶金、电力、煤炭、铁路运输四大先行产业和采矿、机械、化工、轻工业，努力实现生产正常化、现代化。集中力量发展粮食生产，继续推行种子改良和二熟制，扩大土豆、大豆种植。粮食生产以水稻和玉米为主。2018 年 4 月，朝鲜领导人金正恩在第七届朝鲜劳动党中央委员会第三次全体会议上宣布：“让我们集中精力建设社会主义经济！”根据 9 月朝韩领导人峰会签署的《平壤共同宣言》，双方合作领域涉及交通基础设施建设、旅游开发、医疗、文化交流等多个方面。宣言提及，一旦条件具备，朝韩将优先恢复运营开城工业园区和金刚山旅游项目，同时就成立西海经济共同特区和东海观光共同特区问题持续协商。主要贸易伙伴为中国、韩国、俄罗斯等。

货币名称：朝鲜元。1 美元 =900 朝鲜元（2018 年）。

以铁路为主，总长 8800 多公里，电气化铁路总长度为 2000 多公里，有平壤至北京、莫斯科的国际列车。海运港口有清津、南浦、兴南、元山。平壤顺安机场是唯一的国际机场。定期国际航线有平壤—北京，平壤—沈阳等。

四、教育、文化和新闻媒体

实行12年义务教育制，学前教育1年、小学5年、初中3年、高中3年。大学生和专科学校的学生都享受国家发给的助学金。大专院校300多所，中专570多所。著名高等学府有金日成综合大学、金策工业综合大学、金亨稷师范大学和人民经济大学等。全国有知识分子170多万。

平壤建有人民剧院、话剧院、杂技院等。各领域的代表作有：革命歌剧《血海》《卖花姑娘》，话剧《回声》《将回忆今天》，电影《桔梗花》《民族与命运》，大型团体操《阿里郎》等。特色绘画有宝石画，流行油画，还有刺绣、雕刻等。

朝鲜劳动党中央委员会机关报为最高人民会议常任委员会和内阁机关报《民主朝鲜》，朝鲜劳动党中央委员会机关刊物为《勤劳者》杂志。朝鲜外文出版社用多种外文出版《今日朝鲜》杂志和《朝鲜》画报。国家通讯社为朝鲜中央通讯社。国家广播电台为朝鲜中央广播电台。电视台有朝鲜中央电视台、开城电视台和万寿台电视台。

五、民俗风情

1. 姓氏

根据李氏王朝末期的文献记载，朝鲜民族的姓氏共有496个。父姓世代相传，女性婚后不改姓。金、李、朴、崔、郑为“五大姓”，约占全体朝鲜人一半以上，其次是赵、姜、张、韩、严、吴、林、申、安等姓。姓在前，名在后，名字一般为两个音节，兄弟间名字中大都有一字相同以示辈分。朝鲜民族女子起名多用顺、玉、姬、子等字或这些字的组合。

2. 民间节日

春节：正月初一，拜年、领压岁钱，放假一天。

上元节：正月十五。

佛诞日：阴历四月初八，庆祝佛祖诞辰，放假一天。

端午节：五月初五。

中秋节：又称“秋夕”，八月十五。放假三天。

重阳节：九月初九。

冬至节：食赤豆粥、糯米糕。

3. 服饰饮食

传统的民族服装以白色或浅色为主。妇女的长裙上及胸部，下至脚跟，宽舒自由。鞋如船形，鞋尖向上翘起。男子穿短衣肥裤，外罩坎肩，农民喜戴漏斗形竹帽。

特色风味菜有泡菜、烤肉、火锅、生鱼片、生牛肉（在新鲜的牛肉上涂以蛋黄、配以梨和苹果丝）等。主食类则有各种米饭（排骨汤饭、牛肉汤饭、鳕鱼汤饭等）和面食（冷面、鸡汤面等）。传统的酒有用糯米酿成的镯酒、药酒和烧酒。席间敬酒是请客吃饭的一种礼节，客人应欣然接受。

4. 舞蹈体育

舞蹈有传统的宫廷舞、民俗舞等，扇子舞有独舞、中舞和群舞之别，最著名的有"太鼓舞"和"杖鼓舞"。妇女喜欢压跷板、荡秋千；男子喜欢摔跤和打球。象棋和围棋在民间也很流行。传统武术有跆拳道。乒乓球、足球、举重等项目在国际比赛中多次得奖。

5. 社交礼仪

注重礼节、热情好客，素称"礼仪之邦""君子之国"。客人进门前必问"有人吗"，并在屋外脱鞋。主客双方都使用敬语。聚会时一般送客人某些礼物，客人应备礼物以便回敬。

六、旅游业

1. 旅游城市和景点

朝鲜分为平壤地区、北部、西部和东部等4大旅游区。现对外国游客开放的地区有平壤市、南浦市、开城市、妙香山、七宝山、九月山、元山、长白山南麓等地区。

平壤市：公元5世纪高句丽王朝在此建都，古称"西京"。江畔柳树成荫，别号"柳京"。大同江中的绫罗岛和平壤古城的北门有传统的"平壤八景"。新建筑有凯旋门、主体思想塔、友谊塔。东北方的妙香山、位于市中心的牡丹峰是朝鲜著名风景区，峰顶有高句丽时代的古建筑最胜台和乙密台。

开城市：朝鲜古都，又称"开京""松都"。位于朝鲜中西部，军事分界线北侧。市内有南大门、观音寺、故宫等古迹和历史博物馆。郊区的朴渊瀑布是风景区。开城板门店在军事分界线上，是"军事停战委员会"会议会址，1953年，朝、韩、中、美四方在此签订停战协定。

罗津（罗先—清津）市：东北部海滨城市，现为对外开放地区。

元山市：东南海岸最大港口，东北沿海的松涛园是良好海水浴场，葛麻半岛有松林茂密的"明砂十里"景观。

朝鲜旅游以独具特点的社会人文最具有吸引力，历史风貌、民族风情与自然风光相配合，朝鲜旅游宣传口号是："你可获得比预想的更多"。自然风光景点有"朝鲜第一山"之称金刚山、妙香山与牡丹峰、滨海海岛旅游胜地。

2015年4月22日朝鲜最高人民会议颁布法令，决定设立在白头山茂峰国际旅游特区，朝有关经济发展区和外国投资的法律适用该区，是金刚山后的第二个旅游特区。

2. 旅游客源市场

朝鲜旅游业起步于20世纪80年代。1986年接待外国游客8.5万人次，2002年为19.4万人次，2003年4.9万人次，2004年12.6万人次，2005年10.8万人次，2006年8.5万人次，2007年9.2万人次，2008年6.8万人次。目前赴朝游的外国客人数过10万人次，其中主要来自中国。

入境游客目前主要为中国大陆、中国台湾、英国、荷兰、日本、东南亚等国家和地区。朝鲜只有在举行阿里郎艺术表演的情况下才会接待韩国游客来平壤观看，通常情况下不批准韩国人来朝鲜旅游。旅游方式全部通过旅行社组织的团队进行。国内旅游主要以单位组织参观革命历史景点和观赏文艺演出为主，必须由旅行社组织。

目前朝鲜出境旅游目的地只有中国，其中部分人经过中国中转到其他国家或地区。

3. 旅游管理

1985年成立国家旅游总局，1986年9月加入世界旅游组织，1996年4月加入亚太旅游协会。国家旅游总局主管全国旅游业，负责旅游规划、建设、宣传和管理。

旅游活动全部由国有旅行社和饭店接待。旅行社有国家观光总局下属朝鲜国际旅行社、白头山旅行社、七宝山旅行社、妙香山旅行社、罗先国际旅行社和三角洲国际旅行社等8家旅行社，还有金日成社会主义青年联盟下属的青少年国际旅行社和体育省下属的金杯旅行社。1987年7月，与旅美朝侨合办金刚山观光会社。一级饭店120余家，床位数大约为5000张。专门接待国际游客的饭店大多集中在平壤，著名的有平壤高丽饭店、羊角岛国际饭店、西山饭店、两江饭店。

旅游商品主要是朝鲜民俗服饰、工艺、玩具、朝鲜图画、高丽参等。购物一般在定点的友谊商店、旅游纪念品商店以及下榻的酒店内。

七、中朝关系

1. 外交经贸

1949年10月6日，朝鲜与中国建立外交关系。1950年6月25日，朝鲜战争爆发，中国人民志愿军于同年10月25日赴朝参战。1953年7月27日签订了朝鲜停战协定，1958年10月中国人民志愿军全部撤出朝鲜。两国本着“继承传统、面向未来、睦邻友好、加强合作”的精神，把中朝友好合作关系推向前进。多年来中国一直是朝鲜的主要贸易伙伴。

中朝双方就合作开发位于朝鲜境内的罗先经济贸易区和黄金坪、威化岛经济区，并成立中朝两个经济区开发合作联合指导委员会。罗先经济贸易区逐步建设成为朝鲜先进制造业基地、东北亚地区国际物流中心和区域旅游中心；黄金坪、威化岛经济区将重点发展信息产业、旅游文化创意产业、现代农业、服装加工业，逐步建设成为智力密集型的新兴经济区。

2. 旅游关系

朝鲜来华旅游从传统的边境贸易起步。2014年来华18.44万人次，其中商务/会议的3.39万人次、占18.4%，观光休闲的0.15万人次、占0.8%，探亲访友的0.01万人次，劳务的8.91万人次、占48.3%，其他5.97万人次、占32.3%，以劳务为目的的占主导地位。2017年来华22.95万人次（含边民），2018年251万人次。

1988年开通中国游客赴朝鲜旅游。赴朝旅游从辽宁丹东口岸、吉林延吉口岸至朝鲜边境的一日游起步，逐步延伸至平壤、开城、南浦的旅游线。2009年10月两国在平壤签署《旅游谅解备忘录》。根据中、俄、朝三方《环形跨国旅游线路合作协议》，2011年4月26日，中、俄、朝三方同时免签的环形跨国旅游项目正式运行，朝鲜首次决定允许中国游客开车越过中朝边境，到朝鲜罗先特别市自驾游览。自2011年5月起，朝鲜签证程序简化，中国公民因私护照可以享受免签待遇。2010年赴朝旅游13.53万人次，2011年19.39万人次，2012年23.74万人次。目前赴朝旅游主要是观光游览，目的地是平壤、开城和金刚山。

第四节　蒙古

一、地理、简史和人文

1. 自然地理

蒙古国（Mongolia）位于东亚，北邻俄罗斯，南邻中国，领土面积156.65万平方公里，是世界第二大内陆国家。境内多高原山地，西部和北部多山，东部为丘陵，南部是约占全国面积1/3的戈壁地带。主要山脉有阿尔泰山、杭爱山、肯特山等，主要河流有色楞格河、鄂尔浑河和克鲁伦河，主要湖泊有乌布苏诺、库苏古尔、希尔吉斯等。属典型的大陆性气候，夏热冬寒，干旱少雨。

2. 简史

前3世纪曾为匈奴帝国中心，4至10世纪为东突厥势力范围。在13世纪成吉思汗统一后建立蒙古汗国（中国境内称为元朝）。在清代，现蒙古国所在地区在中国版图之内，称为“外蒙古”或“喀尔喀蒙古”。1921年后成立君主立宪政府，1924年成立蒙古人民共和国。1992年2月蒙古人民共和国改称蒙古国。

3. 国旗、国徽与首都

国旗。从左到右由红、蓝、红三个相等垂直的长方形组成。靠左边的红色部分自上而下绘有火、太阳、月亮、三角形、长方形等黄色图案和符号。红色象征快乐和胜利，蓝色象征忠于祖国，黄色图案和符号象征民族自由和独立。

国徽呈圆形，圆面为蓝色，中间是一匹飞奔的骏马，马中间的图案与国旗上的相同，马之下是一个法轮。圆周由褐色和金黄色的花纹装饰，下方饰以白色的荷花花瓣，顶端是三颗宝石。

首都乌兰巴托市，人口130万（2013年），始建于17世纪中叶，原名“库伦”，蒙语意为“寺院”。1924年改为现名，意为“红色英雄”。

4. 人口、民族、语言与宗教

人口约318万人（2018年）。喀尔喀蒙古族约占全国人口的80%，还有哈萨克、杜尔伯特、巴雅特、布里亚特等15个少数民族。主要语言为喀尔喀蒙古语。居民主要信奉喇嘛教。

5. 法定节日

国庆节—那达慕：7月11日。1921年定为国庆日。1922年起，蒙古定期在每年7月11日举行全国性那达慕，成为国庆活动的一个主要组成部分。1997年6月13日易名为“国庆节—那达慕”。那达慕，蒙语意为“游戏”“娱乐”，原指蒙古民族历史悠久的“男子三竞技”（摔跤、赛马和射箭），现指一种按着古老的传统方式举行的集体娱乐活动，富有浓郁的民族特点。

白月：即蒙语中的“春节”，日期与我国藏历新年相同，是蒙古民间最隆重的全民节日。

敖包节：“敖包”是蒙语，指用人工堆积的石堆，上面悬挂彩旗。农历五月十三举行祭敖包仪式，焚香、诵经，礼仪结束后举行传统的赛马、射箭、摔跤比赛。

二、政治体制与对外政策

1992年1月通过的宪法规定：蒙古国是独立自主的共和国；以在本国建立人道的公民民主社会为崇高目标；在未颁布法律的情况下，禁止外国军事力量驻扎蒙古国境内和通过蒙古国领土；国家承认公有制和私有制的一切形式。国家大呼拉尔是国家最高权力机关，行使立法权，其成员由蒙古国公民以无记名投票的方式直接选出，任期四年。实行多党制，至2014年共有约20个政党。主要有民主党、人民革命党。

奉行“爱好和平、开放、独立、多支点的外交政策”，首要任务是发展同俄、中两大邻国友好关系，发展同美国、日本、欧盟、印度、韩国、土耳其等西方国家和联盟的关系。2012年与北约建立“全球伙伴关系”，加入欧安组织。截至2014年7月，蒙古已同173个国家建交。

三、国民经济

以畜牧业和采矿业为主，曾长期实行计划经济。1991年开始向市场经济过渡，私营经济成分在国家经济中占主导地位。2017年国内生产总值111.49亿美元，人均国内生产总值3500美元。

货币名称：图格里克（TUGRUG），1图格里克=100蒙戈（Mungo）。1美元=2666.3图格里克（2019年）。

畜牧业是传统经济部门，天然牧场占整个国土面积的83%以上，人均草原面积居世界之首，是世界最大的畜牧国家之一。目前工业已成为国民经济的重要部门，以轻工、食品、燃料动力和采矿业为主。工厂企业大部分集中在乌兰巴托、达尔汗、额尔登特3个直辖市。农业以种植业为主，基本上实现了机械化。农产品主要是小麦、圆白菜、马铃薯和饲料作物。2012年农业、工业、服务业增加值的比重为16.3∶31.9∶51.8。

交通运输以铁路和公路为主，南北有连接中、俄的铁路。空运与北京、莫斯科、伊尔库茨克、首尔、东京、大阪和法兰克福之间有定期航班。国际机场为乌兰巴托“成吉思汗”机场。国际列车有北京—乌兰巴托—莫斯科。

四、教育、文化和新闻媒体

实行国家普及免费普通教育制，全日制普通教育学校751所，63所专业培训中心，高校113所，其中，国立高校16所、私立高校92所，与50多个国家交换留学生。

主要文化单位有：国家民间歌舞团、国家话剧院、国家歌剧舞剧院、国家杂技院、国家音乐馆、国家木偶剧院和博格达汗宫博物馆、乔依金喇嘛庙博物馆、造型艺术博物馆、国家历史博物馆、国家自然历史博物馆、文化遗产中心、国家图书馆和国家艺术画廊等。

全国公开发行的报纸约126种、广播76家、电视台150家、网络媒体30多家。主要报刊有《日报》《世纪新闻报》《今日报》《真理报》《蒙古新闻报》等。除《真理报》是蒙古人民党机关报外，其余均是自由刊物。此外还有《索云博报》（军报）、《乌兰巴托时报》《人民权利报》等。蒙古通讯社系官方通讯社，与新华社、路透社、俄罗斯新闻社、塔斯社等有合作关系。公众电视台（原蒙古国家电视台）经常转播中国CCTV9、美国世界新闻网、日本NHK以及法国、德国和俄罗斯等国电视台节目。

五、民俗风情

蒙古民族历史上以游牧为生，其生活方式、民俗风情多与草原和放牧密切相关，住蒙古包（毡包），食羊肉、羊乳，饮茶，以驼、马为交通工具。

男女都穿镶边长袍，扎红、黄、绿彩色腰带，穿靴子。新婚妇女头戴珊瑚珠头饰。男子一般在腰间佩带蒙古刀。蒙古人能歌善舞，擅长以马头琴伴奏长调民歌。

性格豪放，热情好客。交换鼻烟壶和献哈达是接待客人的隆重礼仪。主人斟上奶茶请客人品尝。即使是素不相识者进入蒙古人家，也会受到主人的热情招待。

六、旅游业

1. 旅游城市与景点

乌兰巴托市：被博格多、桑根、青格尔泰等山峰环抱，其中博格多山被称为圣山，建于山麓的夏宫现设为故宫博物馆。乌兰巴托东部建有“十三世纪风情园”，可参观游牧部落、军营、萨满教堂、经书宫和工匠营等。

哈尔和林市：位于杭爱山北麓鄂尔浑河上游东岸，蒙古历史名城，被列为世界文化遗产。1206 年成吉思汗设计并建成。1264 年忽必烈迁都至大都（今中国北京）后逐渐衰落，1368 年毁于战乱。现留存宫殿、市街和土墙遗址。1586 年建成的额尔德尼召庙为全国首寺，该寺现为博物馆。

自然风光以辽阔的戈壁沙漠和高原草原著称。北部群山环绕中的库苏古尔湖，有“东方的蓝色珍珠”美誉。“圣山”博格多山的茂密森林中有成群的野生动物。世界自然遗产乌布苏湖盆地为蒙、俄两国共有。人文景观主要有世界人文景观遗产鄂尔浑峡谷，展现远古狩猎生活的楚鲁特岩画长廊。特勒吉国家公园为草原度假地。

以蒙古族的历史、文化与风俗为主题，开展世界独有的融草原生态与民族风情为一体的蒙古文化与生态旅游。目前开放的主要旅游点有哈尔和林古都、库苏古尔湖、特列尔吉旅游点、成吉思汗旅游点、南戈壁、东戈壁和阿尔泰狩猎区等。主要旅游线路为乔巴山狩猎—乌兰巴托苏赫巴特广场—甘丹寺—民族历史博物馆—博格运汗冬宫—皇家狩猎场—十三世纪成吉思汗风情园。蒙古国正在推动开通蒙古国库苏古尔湖到俄罗斯贝加尔湖的跨国旅游线路。

2017 年蒙古国在全球旅游和旅行竞争力排位中名列第 102 位。

2. 旅游客源市场

20 世纪 90 年代以后，旅游业发展很快，以接待外国游客为主。1999 年接待游客人数 13.88 万人次，旅游外汇收入 0.36 亿美元。2017 年 46.9 万人次，旅游外汇收入 3.96 亿美元，接待入境游客人数与全国人口之比为 15∶100。中国、俄罗斯、韩国、日本和美国是五大客源国。

2002 年出境 260 万人次，2017 年出境 244 万人次，其中旅游出境 10.4 万人次。

出境旅游的主要目的地是中国、俄罗斯、韩国、日本和美国。2017年出境人数与全国人口之比为76∶100。

3. 旅游产业

旅游业已成为蒙古国主要的经济产业之一、外汇收入的主要来源之一、服务贸易收入的主要来源。2016年旅游业的直接贡献占国民生产总值的204%、间接贡献占国民生产总值的9.4%。20世纪80年代成立蒙古旅游总公司，与外国旅游主管机构和旅行企业开展旅游交往。至1990年，蒙古的旅游公司已与世界上40多个国家的旅游组织和180多个运输公司建立了业务联系。

有5个旅游基地和700家旅游饭店。主要宾馆有乌兰巴托饭店、巴彦高勒饭店、成吉思汗饭店、大陆酒店等。从事旅游服务的公司约500多家。

4. 旅游管理

国家旅游业管理部门原为道路、交通与旅游部，2008年后改为环境绿色发展与旅游部。

七、中蒙关系

1. 外交关系

1949年10月6日中蒙建交。1960年签订中蒙友好互助条约，1962年签订中蒙边界条约。1994年签订中蒙友好合作关系条约。2010年两国宣布建立战略伙伴关系，2013年双方签署《中蒙战略伙伴关系中长期发展纲要》，2014年双方将两国关系提升为全面战略伙伴关系。据蒙方统计，中国为蒙古的第一大投资国。

2. 旅游关系

2016年两国签署《旅游合作协议》，2016年两国签署《旅游合作协议》，加大“茶叶之路”合作开发的旅游线路的力度。从17世纪起，“茶叶之路”始于福建武夷山产茶区，途经湖南、河北、内蒙古、蒙古高原、俄罗斯腹地莫斯科直至圣彼得堡，横跨亚欧大陆、绵延万里，曾繁荣活跃了近3个世纪，是一条中国连接俄罗斯乃至欧洲腹地的重要古商道。目前，中、蒙、俄三国正在联手打造“茶叶之路”国际旅游品牌。

20世纪90年代以来，中蒙旅游交流发展迅速，主要是边贸旅游和边境旅游。1992年来华人数11.19万人次，2017年为186.4万人次，2018年191.6万人次，是中国第七客源国。

中国赴蒙古旅游人次不断增加，1999年为47.7万人次，2013年为23.64万人次。目前，蒙古来华旅游以边境贸易为主，中国的内蒙古、新疆、宁夏和吉林等省区同蒙古国有关地区开展边境贸易。

第五节 新加坡

一、地理、简史和人文

1. 自然地理

新加坡共和国（The Republic of Singapore），位于马来半岛南端，总面积714.3平方公里（2013年），由新加坡岛及附近63个小岛组成，其中新加坡岛占全国面积的88.5%，海岸线长193公里。地势低平，为典型的热带海洋性气候。

一面临海、三面由海峡环抱，东临辽阔的南中国海，与北加里曼丹遥遥相对；西面是马六甲海峡；南面是新加坡海峡；北面是与马来西亚仅隔1.2公里的柔佛海峡，处于马六甲海峡的咽喉地带，扼守太平洋与印度洋通航的要道，成为国际大洋航线的枢纽。

2. 简史

新加坡古名称单马锡，后改称“信诃补罗”。梵文“信诃”的意思是狮子，“补罗”是城堡，意即“狮城”。国名“新加坡”由“信诃补罗”演变而来的。15世纪建立了马六甲王朝。自16世纪中叶起，成为柔佛王国管辖的一个地区，一直到19世纪初。

1824年，沦为英国殖民地，成为英国在东南亚的重要转口贸易商港和主要军事基地。1926年，新加坡与马六甲、槟榔屿合并为英国的“海峡殖民地”。1942年2月被日军占领，1945年8月英国恢复了对新加坡的统治。1958年6月，新加坡自治邦成立。1963年，新加坡作为一个州并入马来西亚。1965年8月9日，新加坡退出马来西亚，成立新加坡共和国。新加坡现是英联邦成员国。

3. 国旗、国徽、国花、标志物与首都

国旗为上红下白二色，红色左面饰以白色弯月和五个大小相同的五角星。

国徽：由盾徽、狮子、老虎等图案组成。红色的盾面上镶有白色的新月和五角星。红盾左侧一头狮子是新加坡的象征；右侧是一只老虎，象征新加坡与马来西亚之间历史上的联系。红盾下方为金色的棕榈枝叶，底部的蓝色饰带上用马来文写着：“前进吧，新加坡！”

国花：胡姬花，亦称卓锦、万代兰，象征新加坡人的气质和刻苦耐劳、果敢奋斗的精神。

标志物：嘴吐水柱的狮首鱼身雕像。传说古时苏门答腊一位王子遭遇风暴后登陆时岸上有一只狮子，遂称“狮城”。为表示敬重大海，改狮身为鱼身。

首都新加坡市又称星洲、叻埠，是东南亚最大的海港，也是仅次于荷兰鹿特

丹的世界第二大港口、国际贸易中心之一、世界海上交通中心之一。

4. 人口、民族、语言和宗教

总人口564万（2018年），公民和永久居民399万，华人占75%左右，其余为马来人、印度人和其他种族。

马来语为国语，英语、华语和泰米尔语为官方语言，英语为行政用语。

多宗教国家，有宗教信仰的居民占85.5%。华人多信奉佛教，马来人和巴基斯坦人多信奉伊斯兰教，印度人信奉印度教，还有人信奉基督教。

5. 法定节日

新加坡法定公共节日共计11天。

元旦：1月1日。

华人新年：同中国春节。

大宝森节：泰米尔新年，4月、5月间，印度族节日。

卫塞节：5月的月圆日。

劳动节：5月1日。

国庆节：8月9日。

开斋节：伊斯兰教历10月新月出现之时。

圣诞节：12月25日。

复活节：3月21日，月圆后的周日。

哈芝节：8月26日，新加坡伊斯兰教徒节日。

点灯节：10月、11月间，新加坡印度族人节日。

职工年带薪休假14天。

二、政治体制与对外政策

新加坡实行共和制政体，总统为国家元首，由选民选举产生，任期6年；总统委任议会中多数党的领袖为总理；总统和议会共同行使立法权。国会实行一院制。宪法规定，作为英联邦成员国，英国枢密院对新加坡最高法院的判决有最后裁决权，但总统有权决定是否上诉枢密院。

新加坡实行政党政治，现有25个政党注册，主要政党有：人民行动党，1954年成立。该党成立初期，主张反殖、反帝，“非共”“非暴力”，实行议会民主。自1959年以来，人民行动党在历届竞选中获胜，一直保持执政党地位。该党领导的全国职工总会，是最大的工会组织。1957年11月成立工人党，主张和平、非暴力的议会斗争。

立足东盟，致力维护东盟团结与合作，推动东盟在地区事务中发挥更大作用；面向亚洲，注重发展与亚洲国家特别是中、日、韩、印度等重要国家的合作关系；奉行“大国平衡”，主张在亚太建立美、中、日、俄战略平衡格局；突出经济外交，积极推进贸易投资自由化。加入“全面和进步跨太平洋伙伴协定”（CPTPP），共与175个国家建立外交关系。

三、国民经济

属外贸驱动型经济，以电子、石油化工、金融、航运、服务业为主，实行“市场开放”“港口开放”，积极与世界主要经济体商签自由贸易协定。世界著名转口港、交通中心、世界贸易中心、金融中心。2017年国内生产总值约3239亿美元，人均国内生产总值5.5万美元。

货币名称：新加坡元（Singapore Dollar，简写S$），1元=100分（Cent）。1美元≈1.3807新加坡元（2017年）。

目前已成为拥有包括炼油、石油化工、造船、冶金、电子电器、纺织等门类齐全的新兴工业化国家。2014年工业占国内生产总值的25%。用于农业生产的土地占国土总面积的1%左右，农业产值不到国内生产总值的0.1%，绝大部分粮食、蔬菜进口。服务业是经济增长的龙头和主体。

新加坡是世界重要的转口港及联系亚、欧、非、大洋洲的航空中心，世界重要的交通中心之一、世界最大燃油供应港口，有200多条航线连接世界600多个港口，进港船舶总吨位超过鹿特丹居世界第一位。新加坡航空公司及其子公司胜安航空公司樟宜机场连续多年被评为世界最佳机场，目前已开通至60个国家188个城市的航线。

著名财团与企业有：淡马锡控股公司（Temasek Holding Pte Ltd.）是世界上最著名的国有控股公司之一。成立于1974年，由财政部全资拥有，直接对财政部长负责。拥有政府关联企业1000余家，总资产近1300亿新元。近年来，淡马锡控股公司加速实行私营化，下属企业中已有10家大型集团上市。金融界有三大银行集团，即大华银行集团、华侨银行集团、华联银行集团。

四、文化科教和新闻媒体

在保留各民族传统文化的同时鼓励向统一民族文化演变，树立新加坡民族精神，开展“礼貌运动”“敬老运动”，注意把儒家文化伦理灌输到人们日常工作和生活中，宣传奉献精神和群体精神。

强调双语、体育、道德教育、创新和独立思考能力并重。双语政策要求学生除了学习英文，还要兼通母语。推行“资讯科技教育”，促使学生掌握电脑知识。学校绝大多数为公立，著名大学有新加坡国立大学、南洋理工大学、管理大学和科技大学四所大学。

艺术东西融合、兼有东方特点。戏曲有中国的京剧、粤剧、闽剧、潮剧、琼剧，也有话剧；音乐有中国的民乐，也有交响乐；舞蹈有中国的民间舞蹈、印度的神舞，也有西方的芭蕾舞。新加坡国家剧院有世界各国著名艺术团体演出。每双数年份举办艺术节。

英文报有《海峡时报》《商业时报》《新报》；华文报有《联合早报》《联合晚报》《新明日报》；马来文报有《每日新闻》；泰米尔文报有《泰米尔日报》。新加坡广播电台拥有并经营12个国内电台和3个国际电台，以马来语、英语、华语、泰米尔语广播。1999年经营电视和广播业的数家公司合并而成新加坡传媒集团，共经营6个电视频道，播送华语、英语、马来语、泰米尔语节目。另有私营的报业控股集团设立的优频道和电视通频道。

五、民俗风情

1. 餐饮

新加坡华人大部分来自广东省，所以新加坡人的饮食与中国广东人很接近，主食是米饭与包子，每日下午有吃点心的习惯。饮茶是新加坡人的普遍爱好。新春佳节，主客共饮“元宝茶”，寓有“财运亨通”之意。

2. 婚庆礼仪

新加坡各民族婚礼各不相同。华人婚礼新娘穿上代表喜庆的红色衣服。马来人在婚礼中，几乎邀请全村人前来参加，来宾离去时每人手上握一个煮熟的鸡蛋，表示多子多孙的意思。印度人婚礼在庙里以古老仪式举行，丈夫跪在新娘面前，悄悄在她的脚趾上套一枚戒指，婚礼的高潮是新娘戴上用茉莉花和兰花编成的花环，宾客向新人身上抛撒花束。

3. 社交礼仪

各民族保持传统礼仪，打招呼方式各不相同。见面通常握手，华人见面以鞠躬为礼。马来人行双手握礼。印度人妇女额头点檀香红点，男人扎白色腰带，见面时双手合十致意，平时进门脱鞋。

禁忌。不能用食指指人，双手不要随便叉腰；用餐时勿把筷子放在碗和盘上，也勿交叉摆放，应放在托架上。严禁随地弃物。与印度族和马来族人进餐时，勿用左手。印度人以牛为圣物，不吃牛肉。

六、旅游业

1. 旅游城市和景点

新加坡是城市型国家，整个城市就是旅游的目的地，被誉为“花园城市”，主要游览景点有圣淘沙名胜世界（新建有环球影城、海洋生物园等项目）、天福宫（即天后宫）、裕华园（仿照中国宋代庭院建筑风格和北京颐和园的造型布局设计建造）、星和园（日本式花园）、晚晴园（孙中山故居）、苏丹伊斯兰教堂、双林寺、龙山寺、野生动物园、植物园、水族馆、国家博物馆等。

多元文化的都市旅游是新加坡旅游的最重要的特点。都市旅游、购物美食、娱乐休闲、主题公园、邮轮度假和商务会展等熔于一炉。

曾经使用以下旅游宣传口号：新加坡：无限惊喜新加坡；新加坡：发现，发现，处处有发现；新加坡：说得完，玩不完；新加坡：三天还不够。“非常新加坡”是新加坡最新推出的品牌形象。2017 年新加坡在全球旅游和旅行竞争力排位中名列第 13 位。

2. 旅游客源市场

旅游业始于20世纪50年代，独立前的1964年，接待的国际游客仅9万人次，旅游创汇仅 3000 余万美元。独立以后，新政府大力发展旅游业。1974 年接待国际游客突破百万人次大关，1978年又突破200万人次大关。2013年1546.6万人次，创汇 189.53 亿美元。2017 年入境游客 1390.6 万人次，旅游外汇收入 197.07 亿美元。亚太地区是国际游客主要客源市场，约占 80%；欧洲地区约占 10%，美洲地区约占 5%。主要客源国是东盟国家、中国、澳大利亚、印度和日本。

亚洲的主要客源产出国之一。1996 年出境 330 万人次，旅游支出 32.24 亿美元；2011 年旅游支出 211 亿美元，居世界第 13 位。2017 年出境 988.9 万人次，出国旅游人数与本国人口比例为 175∶100。出境旅游目的地主要在亚太地区，前五位国家为马来西亚、印度尼西亚、泰国、中国大陆以及中国香港。

国内旅游十分普遍，2011 年全国旅游接待 5000 万人次，其中国内游客占 47%，共 2350 万人次，人均游览 5.2 次。

3. 旅游产业

旅游业成为仅次于工业和贸易的第三大经济行业和创汇行业。1981—1986 年间，新加坡旅游外汇收入占全国外汇收入的 15%。1996 年接待入境游客 660.8 万人次，创汇 94.1 亿美元，占国民生产总值的 10.7%。旅游业从业人员约占劳动力总数的 7%。从 2001 年后，转为国际旅游赤字。2011 年旅游外汇收入 176 亿美元，旅游外汇支出 211 亿美元，旅游贸易逆差 35 亿美元。

旅游服务设施完善。2017 年客房 2106.7 万间，酒店入住率 84.7%。大通旅游（新加坡）机构有限公司是新加坡四大旅行社之一，是一家全方位服务的批发和零售旅游公司。新加坡导游主要有两类，一类是旅游公司雇员，另一类是自由职业者。2011 年共有 2315 名持证导游。2011 年 7 月，新加坡职工总会成立了导游分会，以维护导游人员的利益，提高他们的福利待遇和职业技能。一些旅游公司为导游人员提供个人意外保险及合理的医药费。2010 年为了吸引更多的入境游客，破例允许在圣淘沙开设博场，发展博彩业。

新加坡每年接待会议客人 150 万人次，占入境客源市场的 20%。主要会议中心有新加坡博览中心、新达国际展览与会议中心、莱佛士会展中心等。新加坡设有会议展览局、会议展览协会、会议展览公司等会展组织。

4. 旅游管理

1964年成立旅游局，属于内阁贸易与工业部领导，其职责是执行旅游法规和政策，开展宣传促销，审批和颁发旅行社执照等。为保持新加坡在国际旅游中的竞争力，使旅游业继续成为该国经济增长的重要力量，确定三大重点发展领域：巩固亚洲主要会展中心的地位、提供丰富旅行体验和瞄准高端市场、发展保健和教育旅游。在悉尼、东京、伦敦、纽约、芝加哥、旧金山、法兰克福、巴黎等地设立了办事处，在奥克兰、苏黎世等地设有市场代表。

七、中新关系

新加坡与中国人民的往来有悠久的历史。早在公元10至11世纪，中国和新加坡就已经有了海上交通和贸易往来。200多年来，华人与当地居民共同开发建设新加坡。

1. 外交、经贸关系

1965年8月，新加坡共和国独立，宣布取消中国银行新加坡分行被无理关闭的禁令，支持恢复中国在联合国的合法权利。1976年5月，新加坡总理李光耀对中国进行正式访问。1990年10月，正式建交。新加坡在上海、厦门、广州、成都和中国香港设有总领事馆。

2008年10月，两国签订自由贸易区协议。目前新加坡是中国最大贸易伙伴，新加坡是中国第一大新增外资来源国、第二大投资目的地国，也是重要的人民币离岸中心。两国间主要的合作项目有苏州工业园区、无锡工业园、大连港集装箱码头、天津生态城等。

2. 旅游关系

20世纪80年代以来，新加坡来华旅游人数不断增加。1979年1.3万人次，2014年97.14万人次。2017年来华94.02万人次，2018年97.8万人次。中国是新加坡的第二大旅游目的地，仅次于马来西亚。

从1990年起，新加坡成为首批中国公民出境旅游目的地国家。中国市场访客量同比增长高达36%，1996年中国赴新加坡旅游8.38万人次，2016年286.4万人次，为新加坡第二位客源地。2017年中国赴新加坡322.7万人次，花费23亿美元，人均花费718.75美元。2018年中国赴新加坡370万人次。2019年1月28日起，新加坡给予符合条件的中国公民往返第三国过境新加坡96小时免签证入境待遇。

我国文化和旅游部在新加坡设有旅游办事处，新加坡旅游促进局在上海设有大中华区办事处。

第六节 泰国

一、地理、简史和人文

1. 自然地理

泰王国（The Kingdom of Thailand）位于东南亚半岛中部，面积为513115平方公里，海岸线长2600公里。东部是海拔100~200米的呵叻高原，中部广阔的平原是农业最发达的地区，南部是丘陵。湄南河是泰国境内最主要的河流，贯穿中部，全长1200公里。大部分地区属热带季风气候。

2. 简史

历史上称为暹罗。泰族于1257年建立速可台王朝，第二代国王拉玛堪亨创立暹罗文，并两次访华。16世纪，泰国遭受葡、荷、英、法等国入侵。1855年，拉玛四世与英国签订不平等条约，同意开放港口，并实行一系列改革，使泰国保持了形式上的独立，实际上是英、法殖民地之间的“缓冲国”。1939年5月暹罗改名为泰国，意为“自由之地”。1941年被日本占领，1945年恢复暹罗国名，1949年5月改称泰国。

3. 国旗、国徽与首都

国旗：红、白、蓝三色组成，上下两边为红色，中部为蓝色，红蓝之间为白色。红色代表民族和象征各族人民的力量与献身精神。白色象征宗教的纯洁。蓝色代表王室。

国徽：图案是一只大鹏鸟，鸟背上蹲坐着那莱王。传说中大鹏鸟是一种带有双翼的神灵，那莱王是传说中的守护神。

国花：睡莲。

国树：桂树。

首都曼谷，位于湄南河下游三角洲上，面积290平方公里，人口800万（2018年）。17世纪时，曼谷还是一个小渔村。1782年，曼谷王朝拉玛一世将首都由吞武里迁到此，兴建王宫与城池。曼谷原意为“天使之城”。

泰国人称自己的国家为“孟泰”。“孟”在泰语中表示“国家”，“泰”为“自由”之意，孟泰即“自由之国”。

4. 人口、民族、语言和宗教

全国人口6900万（2018年），有30多个民族，泰族占40%，佬族占35%，马来族占3.5%，高棉族占2%，华族占10%左右，还有苗、瑶、桂、汶、克伦、掸、塞芒、沙盖等山地民族。泰国政府规定，华侨在泰国生下的子女到第三代就算泰族人。官方语言为泰语，英语为通用语。佛教为国教，绝大多数居民信奉佛教。

5. 法定节日

元旦：1月1日。

却克里王朝纪念日：4月3日。

劳动节：5月1日。

加冕节：5月5日。

王后诞辰纪念日：8月12日。

朱拉隆功五世纪念日：10月23日。

泰王诞辰纪念日：12月5日。

国家立宪日：12月10日。

除夕：12月31日。

6. 带薪假期

泰国法律规定，雇佣关系在1年以上者有6天以上的带薪休假。20名职工以上的中型企业基本有保证，外资企业职工有2周至1个月的带薪休假。公务员有10天带薪休假。劳资双方可协商年度休假可否在年后使用。

二、政治体制与对外政策

自1932年以来实行君主立宪制，国王是国家元首。目前国王是拉玛九世普密蓬·阿杜德，1946年继位。实行两院制，上议院议员共260名，由总理提名、国王任命；下议院议员394名，由大选产生，总理是政府首脑。

奉行独立自主的外交政策。重视周边外交，积极发展睦邻友好关系，维持大国平衡。重视区域合作，积极推进东盟一体化和中国—东盟自贸区建设。泰国是东南亚国家联盟成员国和创始国之一，同时也是亚太经济合作组织、亚欧会议和世界贸易组织成员。

三、国民经济

原是个落后的农业国，在20世纪90年代经济突飞猛进，属外向型经济，是新兴工业国家和新兴市场经济体之一。1996年被列为中等收入国家。2017年国民生产总值4120亿美元，人均国民生产总值达5970美元。

货币名称：铢（Thai Baht），1铢=100萨当（Satang）。1美元≈31.6铢（2018年）。

正在由农业国向新兴工业国转化，主要发展出口导向型工业。锡的产量居世界第二位，世界第二大宝石出口国，世界天然橡胶最大出口国。著名的稻米生产国和出口国。盛产热带水果，有“水果王国”之称。海产丰富，世界第一产虾国。以旅游业为龙头的服务业迅速发展。2012年，农业、工业、服务业增加值的比重为12.3∶43.5∶44.2。航空业发达，全国共有37个机场，其中国际机场8个。曼谷廊曼国际机场是东南亚地区重要的空中交通枢纽。曼谷是泰国最大的深水港口。

著名财团与企业有：陈弼臣家族金融财团是泰国最大企业集团，拥有130家企业，盘谷银行是该集团的核心企业，也是目前东南亚最大的商业银行，在国内拥有350家分支机构，国外16家分行。该财团控制了国内40%的金融市场，出口贸易的40%靠盘谷银行提供资助，经营的大米贸易占国内市场的40%。另外，还有任班超家族、李木川家族、郑午楼家族为首的金融财团。上述财团大多由华人掌握。

四、文化科教和新闻媒体

实行12年制义务教育，小学6年、初中3年、高中3年。中等专科职业学校为3年制，大学一般为4年制，医科大学为5年制。著名高等院校有：朱拉隆功大学、法政大学、玛希敦大学、农业大学、清迈大学、孔敬大学、宋卡纳卡琳大学、诗纳卡琳威洛大学、易三仓大学和亚洲理工学院等。此外还有兰甘亨大学和素可泰大学等开放性大学。

泰国文学最早产生于13世纪末速可台王朝时期，基本是宗教文学与宫廷文学。曼谷王朝时期，国王拉玛二世创作的诗剧《伊瑙》和宫廷诗人编写的长篇叙事诗《昆冒与昆平》在泰国文学史上占有重要地位。20世纪20年代，泰国新文学兴起，其中西巫拉帕被称为泰国新文学的奠基人，代表作品是《男汉》《向前看》；克立·巴莫的长篇小说《四朝代》展现了泰国半个多世纪以来的历史变迁；多迈索和索朗卡娘是两位有较高声望的女作家，其代表作分别是《她的敌人》《妓女》。

泰国不同民族、不同地区流行不同的舞蹈。其中，中部流行的丰收舞反映劳动人民庆丰收时的欢乐景象；北部流行长甲舞、蜡烛舞。泰国古典舞蹈有“宫内”与“宫外”之别，宫内舞蹈强调舞姿的优美典雅与细腻韵味，具有严格的规范与程式，而宫外舞蹈则比较自由风趣。

新闻媒体由总理办公室、民众联络厅直接领导。媒体以私营为主，按市场规则运作。泰文媒体是主流媒体，英文、华文媒体居辅助地位。主要泰文报纸有《泰叻报》《民意报》《每日新闻》《国家报》《沙炎叻报》《经理报》等。主要华文报纸有《新中原报》《中华日报》《星暹日报》《亚洲日报》《京华中原日报》和《世界日报》等。主要英文报纸有《曼谷邮报》《民族报》等。广播电台有230多家，其中由民众联络厅掌管的有59家。广播电台为国家电台，设有国外部，用泰、英、法、中、马来、越、老、柬、缅、日等语言广播。无线电视台共6家，都设在曼谷，大部分电视节目通过卫星转播。

五、民俗风情

1.民间节日

宋干节：公历4月13日至15日。“宋干”是求雨的意思，举行“浴佛”庆典，人们手持鲜花用香水洒于佛身，互相泼水祝福，迎吉祈雨。

水灯节：泰历12月15日。当夜幕降临时，身穿节日盛装的男女老幼拥到江河两岸，漂放和观看水灯。

佛教节日有万佛节（阴历三月十五）、三宝节、守夏节。

生产性节日有春耕节等。

2. 佛教礼仪

泰国有“千佛之国”“黄袍佛国”之称。按古老习俗，男子成年后必须削发为僧出家一次，国王也不例外。许多家庭单有一间房屋放置佛像和祭坛，供早晚膜拜。购买佛饰时，不能说“购买”，只能说“求祖”。泰国多产象，又称“大象之邦”。白象被视为佛教圣物、佛的化身，只能由王室饲养。

3. 饮食

泰国人主食为大米，副食以鱼和蔬菜为主。最喜欢的食物是咖喱饭。常食鸡粥、甜包等；不吃海参、牛肉。喜爱辣和煎、炸、炒的菜肴，不爱红烧、甜味的菜肴，日常以鱼虾为小菜。泰国人就餐时，习惯屈膝围桌而跪坐，不用筷子，而是用手抓着吃。

4. 婚姻礼仪

农村中，男女青年到十五六岁就可自由选择对象。正式结婚后，男方要在姑娘家居住一段时间，然后才可以搬到自己的新房；如果家中仅有一个女儿，女婿就要永远成为岳父母家的成员。泰国克钦人严禁婚后不正当性关系，但对青年男女婚前性关系相当宽容。对已婚和未婚女子的服饰颜色，有严格规定：已婚女子穿有颜色的套装，未婚女子穿白色连衣裙装。

5. 礼节与禁忌

见面时行合掌礼，即双手合十于胸前，头稍稍低下，互致问候。泰国人也行握手礼，但只在政府官员与知识分子中流行，男女之间不准握手。

重视头部，不能随便摸人的脑袋，小孩子头也不能摸，否则就是对人的不恭。长辈在场时，晚辈必须坐在地下或跪坐，以免高于长辈头部。不能将物品从别人头部掠过。睡觉时不能头朝西，因为尸体头部朝西停放。忌用脚指东西、踢门，不能盘腿而坐，不能脚心对人。

与泰国人交谈绝不能讲对佛祖和国王不敬的话；递物品应用右手，因泰国人用右手吃饭，左手拿不洁之物；忌红色，因为写死人姓氏是用红颜色的墨，绝不用红笔签名。交谈时，忌讳双腿交叉，否则会被认为是对交谈者失礼。

六、旅游业

1. 旅游城市和景点

首都曼谷：曼谷语意为“天使之城”。1782年曼谷王迁都于此，市内有大小佛寺300多座，亦称“佛庙之都”。其中金碧辉煌的大王宫，距今已有200年之久，大王宫东北角的玉佛寺内供奉着一尊高66厘米的翠玉雕成的佛像，为镇国之宝。

清迈市：泰国第二大城市，也是佛教圣地，有寺庙100座。清迈盛产玫瑰，有“北方玫瑰”的雅称，是避暑胜地。

佛统：泰国最古老的名城，佛统金塔是泰国最高、最古老、最壮丽的佛塔。

帕塔亚：泰国的花城，国际度假胜地。城市依山傍海，气候宜人，处处鲜花。帕塔亚海滩为著名的海水浴场。

以具有悠久的历史和丰富多彩的名胜古迹、辽阔的海滩和绮丽的热带风光闻名于世，吸引各国游客。全国有3万多座古老的寺庙和宫殿，被称为“千佛之国”，为旅游业增添绚丽的色彩。近年来，泰国推出旅游宣传口号“神奇泰国”，大力开发泰式生活、自然之旅、历史文化、健康养生、泰国时尚、会奖展览和节庆之旅等7大特色旅游产品。世界文化遗产有大城古镇、素可泰古城、班清遗址；世界自然遗产有通艾－会－卡肯野生动物保护区和拣巴耶延山－考艾山森林。

2017年在全球旅游和旅行竞争力排位中名列第39位。

2. 旅游客源市场

旅游业开始于20世纪50年代末60年代初，每年接待外国游客仅8万人次。2013年2654.79万人次，旅游外汇收入420.80亿美元；2014年2477万人次，380亿美元；2017年3538.1万人次，574.77亿美元，接待国际游客人数与全国人口之比为51∶100。入境旅客中来自亚洲地区的占60%以上，欧洲地区占30%。主要客源国是中国、马来西亚、俄罗斯和日本。

2002年以来，出境旅游人数增长迅速，2007年近390万人次，2017年近900万人次。出境旅游的主要目的地是东南亚国家，占80%以上，其余为日本、韩国、中国台湾。2017年，出境旅游人次与全国人口之比为13∶100。

2007年国内旅游8400万人次，旅游消费约3700亿泰铢（约合112.1亿美元）。国内旅游中最受欢迎的是行善拜佛旅游。政府倡导促进平常日的国内旅游，以分流游客数量，避免集中在周末和长假期间，从而使旅游业能全年持续给游客提供服务。2007年，国内旅游人次与全国人口之比为126∶100。

3. 旅游产业

旅游业是国家三大经济支柱之一，第二大外汇收入来源，仅次于制造业。2016年旅游产业对国民生产总值的直接贡献为9.2%，间接贡献为20.6%，创造了600万的就业。泰国国际旅游收支一直呈顺差状态。2004年旅游外汇收入100.43亿美元，旅游支出45.14亿美元，国际旅游顺差55.29亿美元。

宾馆、饭店、餐饮、购物等配套设施齐全，饭店的设施、服务上乘，在国际上享有盛誉。目前有饭店约1878家。曼谷东方饭店以优质服务著称，多年被评为世界著名十大旅游饭店之首。在东南亚地区首个推行“绿色环保宾馆”，目前已有150多家宾馆被认定为“绿色环保宾馆”，在节约能源、污水处理等方面均达到了较高的环保标准。1992年1月，已登记的会员旅行社有610家。旅行社的导游都要经过专门培训，必须持有旅游部门颁发的证书。旅行社要缴纳保证金。政府对旅游餐馆、食品店和商店实行定点管理。

4. 旅游管理

总理府下设的旅游发展委员会。由各常务部长任委员会主席，成员有：内务部、交通部、外交部、国家环境委员会、国家经济和社会发展委员会、立法委员会、航空公司、旅游局和饭店协会等有关部门的代表。旅游与体育部下设旅游促进局，局内设有规划研究发展和工程管理处、执行处、推销处、国际关系和会议处、财务行政和综合服务处等职能部门，负责制定和监督执行旅游发展规划，促进和协调全国旅游业发展，推销和宣传马来西亚旅游商品。旅游促进局设有22个国内办事处。在吉隆坡、新加坡、万象、中国香港、悉尼、首尔、东京、大阪、福冈、法兰克福、伦敦、巴黎、罗马、芝加哥、洛杉矶和纽约等地设有海外旅游办事处。

泰国建立有旅游警察队伍，为游客提供服务，解决困难和问题。同时在积极建立旅游服务“志愿者”队伍，以向游客提供更好、更及时的服务。2007年颁布新的旅游法规，设立特别保护景区，游客人数受到严格控制，避免自然环境受到破坏，加强景区政府部门、居民和游客的环保意识，同时还可提高景区居民的生活质量和收入。

七、中泰关系

泰中两国人民交往历史悠久。历史上，元兵大举南侵，中国傣族大量南迁至今日的泰国。公元18世纪中叶，缅甸入侵暹罗，华人郑昭组织华人并号召暹罗军队奋起抵抗，战胜入侵者，统一全国，受到泰国人民的尊敬。19世纪中叶，华人大量移居泰国，从事锡矿的开采和橡胶园的种植，为泰国的经济开发、发展做出重大贡献。

1. 外交与经贸关系

1975年7月1日，中泰建交。2012年4月，两国建立全面战略合作伙伴关系。2013年10月，两国政府发表《中泰关系发展远景规划》。泰国是东盟成员国中第一个与中国建立战略性合作关系的国家。目前中国是泰国最大贸易伙伴，泰国是中国在东盟国家中第四大贸易伙伴。中国在泰清迈、宋卡、孔敬设有总领馆，在普吉设有领事办公室。泰国在广州、昆明、上海、香港、成都、厦门、西安、南宁、青岛设有总领馆。

2. 旅游关系

1979年泰国来华旅游0.97万人次，2017年77.57万人次，2018年83.3万人次。泰国来华旅游观光游览的最多，占 50% 以上；其次是文化交流与宗教活动。在各项影响泰国游客来中国旅游的因素中，悠久历史占的比例最高，其次是优美的自然风光。

1995 年中国去泰国旅游 38 万人次。从 1998 年起泰国成为中国公民出境旅游目的地国家，1998 年 56.76 万人次，2014 年 530 万人次，2015 年 793 万人次，2017 年 980 万人次，在泰国花费 5200 亿泰铢（约合 1047 亿元人民币），人均花费 10837 元人民币。2018 年 1035 万人次，为泰国第一客源国。赴泰游客以观光为主，休闲度假增长迅速。

第七节　马来西亚

一、地理、简史和人文

1. 自然地理

马来西亚（Malaysia）位于亚洲的东南部，介于太平洋、印度洋之间，是欧洲、亚洲、大洋洲、非洲的海上交通的交汇处，马六甲海峡是海上交通要道。总面积 33 万平方公里，以南中国海为界分为东马来西亚和西马来西亚两部分。西马来西亚除沿海为平原外，大部分为山地；东马来西亚的沙捞越地区和沙巴地区沿海为平原，内地多为森林覆盖的山地。属热带雨林气候，高温多雨。

2. 简史

1 世纪，马来半岛南部存在狼牙修、赤土、丹丹等邦国。15 世纪初，马六甲王国统一了马来半岛南部各邦，成为东南亚最强大的国家之一。16 世纪后，葡萄牙、荷兰、英国等西方列强相继入侵。1826 年英国将槟榔屿、马六甲、新加坡三个地区合并为“海峡殖民地”。太平洋战争爆发，日本先后占领了马来亚、沙捞越、沙巴。战争结束后，英国恢复统治，1948 年 2 月成立“马来亚联合邦”政府。1957 年 8 月 31 日，马来亚联合邦宣布独立，为英联邦成员。1963 年 9 月 16 日，马来亚联合邦同新加坡、沙捞越、沙巴合并组成马来西亚。1965 年 8 月 9 日，新加坡退出。

3. 国旗、国徽、国花与首都

国旗为红色、白色相间的 14 道横条。靠左上方为深蓝色长方形，上有一弯黄色新月和一颗 14 个尖角的星，14 代表马来西亚联邦 14 个州（因新加坡 1965 年 8 月退出，现为 13 个州），蓝色代表人民团结。

国徽为盾形，上面绘有一弯黄色新月和一颗 14 个尖角的黄色星，盾面上的图案和颜色象征马来西亚的组成及其行政区划。两侧是马来虎，金色饰带上书写着格言“团结就是力量”。

国花：朱槿。

首都吉隆坡，位于西马来西亚的海岸内侧的中部，赤道地带。吉隆坡人口167.4万（2011年），其中华人约占2/3。2005年后总理府及政府工作人员全部迁至吉隆坡以南35公里处普特拉贾亚办公。

4. 人口、民族、语言和宗教

人口3240万（2018年），其中马来人69.1%，华人23%，印度人6.9%，其他种族1.0%。大多分布在西马来西亚。马来语为国语，通用英语，华语使用较广泛。伊斯兰教为国教，其他宗教有佛教、印度教和基督教等。

5. 法定节日

全国各地大小节日约有上百个，政府规定的全国性节日有10个：

元旦：1月1日。

春节：农历正月初一。

劳动节：5月1日。

开斋节：伊斯兰教历9月。

现任最高元首诞辰：6月3日。

宰牲节：伊斯兰教历12月10日。

国庆节：又称独立日，8月31日。

屠妖节：10月底或11月初。

穆罕默德诞辰日：伊斯兰教历3月12日。

圣诞节：12月25日。

职工年带薪休假16天。

二、政治体制与外交政策

类似君主立宪制，国家最高权力机关是统治者会议，由原来马来亚9个州的苏丹和马六甲等4个州的州长组成，每5年选举一次正副国家元首，并对国家宪法和全国性的伊斯兰教问题有最后决定权。各州苏丹世袭，由长子继承。国家元首由统治者会议选举产生，任期5年，是伊斯兰教领袖兼武装部队统帅，拥有立法、司法、行政的最高权力，但实权掌握在内阁。国会实行两院制。内阁由国会中占多数的政党组成。

注册政党有40多个。巫统、马华公会和印度人国大党等政党组成国民阵线联合执政。2008年4月，反对党人民公正党、民主行动党和伊斯兰教党联合组成“人民联盟”。

奉行独立自主、中立、不结盟的外交政策。视东盟为外交政策基石，优先发展同东盟国家关系。重视发展同大国关系。系英联邦成员，与其他成员国交往较多。已同 131 个国家建交，在 83 个国家设有 105 个使领馆。

三、国民经济

原是个农业国，依赖初级产品出口。20 世纪 70 年代以来，不断调整产业结构，大力推行出口导向型经济，电子业、制造业、建筑业和服务业发展迅速。2017 年国内生产总值 4226 亿美元。人均国内生产总值 9660 美元。

货币名称：林吉特（Malaysian Ringgit，简称 M$），也称马元，1 林吉特 =100 分（Cents）。1 美元≈ 36.1 林吉特（2017 年）。

锡产量居世界第一，石油、天然气生产是主要创汇产品，重点发展电子、汽车、钢铁、石油化工和纺织品等。农业以经济作物为主，主要有橡胶、油棕、胡椒、可可、椰子等，其中橡胶、油棕产量均居世界前列，有“橡胶之国”的称号。渔业资源丰富。服务业得到迅速发展。2012 年农业、工业、服务业增加值的比重为 10.1∶40.8∶49.1。

公路和铁路主要干线贯穿马来半岛南北。民航主要由马来西亚航空公司和亚洲航空公司经营。全国共有机场 37 个，其中 5 个国际机场：吉隆坡、槟城、浮罗交怡、哥打基纳巴卢和古晋。近年来大力发展远洋运输和港口建设，主要航运公司为马来西亚国际船务公司，主要港口有巴生、槟城、关丹、新山、古晋和纳闽等。

著名财团与企业有森那美集团、郭氏家族集团、马联工业集团、吉隆坡甲洞集团、云顶集团、丰隆集团等几十家。其中森那美集团是马来西亚最大的种植园企业集团之一。以郭鹤年为首的郭氏家族集团，经营范围遍及种植业、制造业、采矿业、船务和酒店业等，该集团下属的香格里拉酒店集团，是亚太地区最大酒店集团之一。

四、文化、科教和新闻媒体

马来人、华人、印度人、巴基斯坦人等民族都有自己的文化。政府努力塑造以马来文化为基础的国家文化，推行国民教育政策，重视马来语的普及教育。华文教育比较普遍，有较完整的华文教育体系。有马来亚大学、国民大学等 9 所高等院校，私立学院 662 所。

15 世纪，伊斯兰教传入马来西亚，《先知穆罕默德传》《亚历山大天帝传》都是这时期的重要作品。19 世纪，以阿卜杜拉、蒙希为鼻祖的马来西亚新文学诞生。代表作有《阿卜杜拉传》《新加坡大火之诗》《加里拉和达美娜的故事》。中国古典文学对马来西亚文化也有较大影响，《三国演义》《水浒传》《西游记》等小说也在马来人中广为流传。马来西亚当代最著名作家萨农 · 艾哈迈德，从 1971 年起连续 5 年获得国家文学斗士奖，他的《满途荆棘》被译成英、俄、荷兰、丹麦等文种。

全国报纸约50家，用8种文字出版。主要报纸有马来文的《马来西亚使者报》《每日新闻》《祖国报》，英文的《新海峡时报》《星报》《马来邮报》，中文的《南洋商报》《星洲日报》等。广播电台由政府主办，电台用马来语、英语、华语、泰米尔语广播，拥有6个广播网。担负对外广播的是马来西亚之声电台，用马来语、阿拉伯语、英语、印尼语、华语、缅甸语、菲律宾语、泰语8种语言广播。第一电视台（TV1）和第二电视台（TV2）由政府主办，用马来语、英语、华语和泰米尔语播放。私营电视台有第三电视台（TV3）、城市电视和国民电视3家。

五、民俗风情

1. 姓名称呼

马来人名在前，姓在后。男的在姓与名中间用“宾”隔开，女的用“宾节”隔开，表示“某某的儿子（女儿）”。

2. 民间节日

大宝森节：1月下旬至2月初，印度教节日。

丰收节：5月，沙巴州节日。

巴兰水节：沙捞越节日，划舟赛。

花卉节：7月。

中秋节：农历八月十五。

犀鸟节：伊班人节日，无固定日期，祭鸟、斗鸡、赛龙舟。

3. 服饰饮食

马来人男子下装大都用单色布料做成纱笼，上装叫“巴汝”。遇到喜庆节日，男子上穿“巴汝”，下着西式长裤，腰部围一纱笼，头戴“宋谷”帽，足蹬皮鞋，就成为马来男子的礼服。女装上衣宽如袍，下着纱笼，纱笼手工编织各式金黄色图案，艳丽夺目。

马来人多数信奉伊斯兰教，以大米为主食，肉食主要食牛肉，喜辣味，咖喱牛肉风行全国，进餐用手抓取，一般用右手。禁止喝酒，常饮咖啡和茶。嗜好嚼槟榔，饮椰子酒和咀嚼烟草。

4. 婚庆礼仪

马来人的婚礼十分隆重，一般要举行两三天，实行“三礼”，即“饰发礼”“染手掌礼”“并坐礼”。

5. 社交礼仪

尊敬和服从父母，子女在父母面前入座必须端坐，如坐在席地上，男子必须盘膝，女子则应屈膝，将双腿伸向一旁斜坐。到他人家访问时，必须衣冠整齐，进门之前，须脱鞋。有宾客来访时，主人必须用马来糕、点心、菜、咖啡等招待客人，客人必须吃一点，喝一点，否则被视为对主人不敬。

马来人遵照《古兰经》的训诫，禁酒，禁赌，禁食猪肉。斋月期间，必须斋戒。忌用手触摸头部和背部（除阿訇）。对死者只哀痛伤心，不号啕大哭，认为哭声和眼泪对死者和生者都不吉利。

六、旅游业

1. 旅游城市和景点

全国划分为4个旅游度假区，即吉隆坡—马六甲旅游区、东部海岸旅游区、槟榔屿—兰卡维旅游区、沙巴—沙捞越旅游区。

首都吉隆坡：历史文化名城，市内有佛教和中国式建筑，还有黑风洞、吉冷瀑布等风景名胜和海上公园。

槟城：即乔治市，槟榔屿的首府，港口城市，主要景点有极乐寺、升旗山、蛇庙、植物园等，中式寺庙、印度教寺院和清真寺并存，与马六甲市共同列为世界文化遗产。

马六甲市：保留很多历史古迹，郑和下西洋路经此地修建的三保城、三保庙、三保井至今仍在，由荷兰人于1753年建造的教堂是该市标志性建筑之一。

马来西亚具有大自然奇观、迷人的热带雨林和海滩、多元的文化色彩以及美食佳肴、免税购物，它的宣传口号是“马来西亚，亚洲魅力所在”（Malaysia: Truly Asia）。主要旅游产品有：多元文化体验、历史寻踪、自然奇观探秘和现代娱乐休闲之旅。浮罗交怡岛、刁曼岛、热浪岛的滨海度假，云顶娱乐城的博彩休闲，吉隆坡的购物美食，提供多种休闲度假，基纳巴卢山为登山、狩猎旅行地。

使用过的旅游宣传口号有：“马来西亚：唯有马来西亚，迷人的马来西亚”，“马来西亚：亚洲的魅力所在”，“多民族和谐共荣的亚洲旅游天堂”。2017年马来西亚在全球旅游和旅行竞争力排位中名列第26位。

2. 旅游客源市场

20世纪60年代初创国际入境旅游业。1970年接待外国游客7.6万人次，2017年2594.8万人次，旅游外汇收入183.23亿美元，入境游客与本国人口之比为80∶100。大多数入境游客来自亚太地区。主要客源地为新加坡、泰国、印度尼西亚、中国大陆、日本、文莱、英国、中国台湾和澳大利亚。2012年入境游客中伊斯兰教徒544万人次，被评为“最适合伊斯兰教徒旅游的国家”。

超70%的马来西亚人有过海外旅游的经历，其中，有3次以上海外旅游经历的占1/4。出境游到访最多的是新加坡、泰国、中国大陆、中国香港、中国台湾等周边国家和地区。2018年，179个国家和地区对马来西亚国民实行免签入境或落地签证。

3. 旅游产业

旅游业是马来西亚第三大经济支柱，第二大外汇收入来源。旅游产业对国民生产总值的直接贡献为4.7%、综合贡献为13.7%。每6人中就有1人从事旅游业。国际旅游收支一直呈顺差状态。2016年有1200家饭店，150多家达到国际水平。客房出租率80%。旅行社700多家。

4. 旅游管理机构

政府旅游委员会由一位副总理任主席分管旅游。马来西亚旅游与文化部下设旅游促进局。该局设有规划研究发展和工程管理处、执行处、推销处、国际关系和会议处、财务行政和综合服务处等职能部门，负责制定和监督执行旅游发展规划，促进和协调全国旅游业发展，推销和宣传马来西亚旅游商品。负责旅游推广促销的是马来西亚推广委员会。马来西亚在伦敦、东京、纽约、洛杉矶、法兰克福、巴黎、米兰、悉尼、首尔、中国香港等国外18个城市设有旅游办事处。

七、中马关系

公元前2世纪，中国就有人到马来半岛及婆罗洲从事贸易活动。1至7世纪，马来半岛一些邦国曾40次遣使来中国访问，中国亦不断遣使回访。唐朝以后中马来往更频繁，明朝时与马六甲王国关系十分密切，郑和七下西洋期间，曾五次到达该国。鸦片战争后，中国东南沿海大批民众去马来半岛与北婆罗洲谋求生路，为当地经济做出了卓越贡献。

1. 外交、贸易关系

1974年5月，马来西亚与中国正式建立外交关系，2004年两国领导人就发展中马战略性合作达成共识，2013年两国建立全面战略伙伴关系。中国是马来西亚最大的贸易伙伴，马来西亚也已连续6年成为中国在东盟国家中最大的贸易伙伴。中国在马来西亚古晋设有总领馆，马来西亚在中国上海、广州、昆明和香港设有总领馆。

2. 旅游关系

1990年马来西亚取消对其公民的访华限制，来华旅游人数不断增加。1994年20.87万人次，2014年112.96万人次，2017年123.25万人次，2018年129.1万人次。目前来华游客以华人为主，集中分布在吉隆坡（约占旅华总人数的55%）、槟城（22%）和新山（20%）。来华旅游以选择“自由行”的最多。

从1990年起，马来西亚成为中国公民出境旅游目的地国家。1991年4万~5万人次，2006年53万人次。2011年8月16日起，中国公民个人前往马来西亚旅游，可凭有效的其他东南亚国家签证“中转旅行”，即游客只需要持有东南亚某一国签证，就可以自由在其他国家过境，但游客中转签证仅可在马来西亚停留5天。2014年中国赴马来西亚98.19万人次，2015年164万人次，2016年302万人次，是马来西亚第一大客源国。

第八节 菲律宾

一、地理、简史和人文

1. 自然地理

菲律宾共和国（The Republic of the Philippines）位于亚洲东南部，太平洋西部海面上，由7107个大小岛组成，面积为29.97万平方公里，海岸线约18 533公里。山地占全国总面积的3/4，沿海一带为窄小的平原。多火山，还有很多活火山，有“火山之国”之称。属于热带海洋性气候，高温多雨，湿度大。

2. 简史

前4000和前1500年左右，先后有两批蒙古利亚种人和印度尼西亚种人乘船来到菲律宾，现在的马来族就是他们的后裔。根据中国文献记载，公元10世纪前菲律宾叫麻逸国，后又在菲律宾南部出现苏禄国。1521年，麦哲伦率领西班牙远征船队到达该国，1565年，西班牙殖民者侵占了菲律宾，1898年6月12日，发表了《独立宣言》。在菲律宾宣布独立前，美国与西班牙签订《巴黎和约》，西班牙将菲律宾“转让”给美国，美国付给西班牙2000万美元。1942年菲律宾被日本占领，战后美国恢复对菲律宾的统治。1946年7月菲律宾宣告独立。

3. 国旗、国徽、国名、国树、国花与首都

国旗：靠旗杆一边旗地为白色三角形，三角形中间有黄色太阳，放射八道光线，三角形三个角各有一个黄色五角星，从三角形角尖至旗地右侧，分为上下两部分，上部为蓝色，下部为红色，形状、大小相等。

国徽：图案为一只大鹏鸟，鸟背上蹲坐着那莱王。传说中大鹏鸟是一种带有双翼的神灵，那莱王是传说中的守护神。

国名：1543年西班牙殖民者占领海岛时，以西班牙国王菲利普二世的名字命名为菲律宾。

国树是纳拉树。国花是茉莉花。

首都马尼拉市，位于吕宋岛西南岸的巴希河口，西临马尼拉湾，华人称它为小吕宋。面积628.58平方公里，人口1186万（2010年）。

4. 人口、民族、语言与宗教

人口1亿98万（2015年），马来族占全国人口的85%以上，包括他加禄人、伊洛戈人、邦班牙人、维萨亚人和比科尔人等；少数民族及移民后裔有华人、阿拉伯人、印度人、西班牙人和美国人；还有为数不多的原住民。

全国有70多种语言。国语是以他加禄语为基础的菲律宾语，英语为官方语

言。国民约85%信奉天主教，4.9%信奉伊斯兰教，少数人信奉独立教和基督教新教，华人多信奉佛教，原住民多信奉原始宗教。

5. 法定节日

新年：1月1日。

宪法日：1月第三个星期日。

圣周节：3~4月，天主教节日。

复活节：3~4月。

柯里矶多日：4月9日，纪念为国捐躯战士。

劳动节：5月1日。

圣母节：5月中旬。

国庆节：6月12日，纪念摆脱西班牙殖民统治、国家取得独立之日。

万圣节：11月1日。

伯尼法西奥日：11月25日，民族英雄纪念日。

圣诞节：12月25日。

黎刹纪念日：12月30日。

职工年带薪休假5天。

二、政治体制与对外政策

实行总统共和制，总统是国家元首、政府首脑、武装部队总司令，由选民直接选举产生，任期6年，不得连任。国会是最高立法机构，实行参、众两院制。政党有100多个，大多数为地方性小党，主要政党和团体有：自由党（现执政党）、基督教穆斯林民主力量党、民族主义人民联盟、摩洛民族解放阵线、摩洛伊斯兰解放阵线、菲律宾共产党。

奉行独立的外交政策，目标是确保国家安全、主权和领土完整；推动社会发展，保持菲律宾在全球的竞争力；保障菲律宾海外公民权益；提升菲律宾国际形象；与各国发展互利关系。迄今已同126个国家建交。

三、国民经济

独立前以农业为主。20世纪60年代后期采取开放政策，积极吸引外资，经济发展取得显著成效。2017年国民生产总值为3890亿美元，人均国内生产总值3593美元。

货币名称：比索（Philippine Peso，简称P），1美元=44比索（2014年）。

出口导向型经济。工业主要是制糖、椰油、卷烟、食品、锯木、造纸等初级产品加工工业。椰子、甘蔗、烟草、麻是四大传统经济作物，水产业发达。服务业发展迅速。2016年农业、工业、服务业增加值的比重为8.0∶32.9∶59.1。菲律宾是全球主要劳务输出国之一，在海外工作的劳工有1000多万。2016年菲海外劳工汇款达269亿美元，占GDP的7.3%。

海运交通发达，主要港口为马尼拉、宿务、怡朗、三宝颜等。机场163个，国内航线遍及40多个城市，与30多个国家签订了国际航运协定。主要机场有首都马尼拉的尼诺·阿基诺国际机场、宿务市的马克丹国际机场和达沃机场等。

著名财团与企业有：苏里安诺家族财团、阿亚拉家族财团、科胡昂戈家族财团、伊丽萨尔德家族财团等。

四、教育、文化和新闻媒体

中小学实行义务教育，鼓励私人办学，为私立学校提供长期低息贷款，并免征财产税。2006年小学入学率91%，中学入学率61%。高等教育主要由私人控制，有高等教育机构1599所，著名高等院校有菲律宾大学、阿特尼奥大学、东方大学、远东大学、圣托马斯大学等。

叙事诗《阿丽古荣》，史诗《呼得呼得和阿里姆》《拉姆安格的生活》，民间故事《麻雀与小虾》《安哥传》《世界的起源》等都是古代流传下来的优秀口头文学作品。西班牙殖民者入侵菲律宾后，著名诗人弗朗西斯科·巴尔塔萨尔在狱中写的《弗罗兰第和罗拉》，被誉为菲律宾近代文学的第一篇杰作，作者被誉为"菲律宾诗王"。著名诗人何塞·帕尔马的代表作《菲律宾诺斯》诗篇，被定为菲律宾国歌歌词。全国几十个民族各有独特的民族音乐和舞蹈。随着西班牙音乐舞蹈传入，民族音乐舞蹈与西班牙音乐舞蹈融为一体。重视发展本国民间艺术，1973年起，每年7月在马尼拉举办一次"菲律宾民间艺术节"。斗鸡是菲律宾极为流行的一种游戏。

主要英文报有《马尼拉公报》《菲律宾询问日报》《自由报》《马尼拉时报》《马尼拉纪事报》，菲文报《消息报》和《菲律宾快报》，华文报《世界日报》《商报》《菲华时报》《联合日报》《环球日报》。发行量最多、影响最大的是英文报。菲律宾通讯社为官方通讯社。广播局和人民电视台属官方性质，其余均为私人所有。

五、民俗风情

1. 民间节日

狂欢节：1月第三个星期日。

五月花节：5月，庆祝丰收。

血盟节：纪念中菲人民友好的节日。

民间艺术节：7月。

2. 服饰饮食

穆斯林男子穿紧身的短外衣和宽大的长裤，用一条"沙笼"作为腰带。到麦加朝圣过的教徒头上围一条白色头巾或戴一顶白帽子。妇女穿紧身的短袖背心，钉上两排金属纽扣，穿紧脚口的宽大裤子，或穿裙子。

主食是大米，喜吃椰汁煮饭。著名的菜肴有咖喱鸡肉、肉类炖蒜、虾子煮汤和烤乳猪。口味受西班牙的影响较大，爱用香辣调味品。流行嚼槟榔。

3. 社交礼仪

见面时一般是握手，男性间有时以拍肩膀表示亲热。家庭观念很强，与菲律宾人多谈家庭问题受欢迎。崇尚茉莉花，将其视为忠于祖国、忠于爱情和表达友谊的象征，常把花环挂到贵宾的脖子上。忌讳数字“13”和星期五。

六、旅游业

1. 旅游城市和景点

首都大马尼拉市：古城风貌与现代城市建筑并存的热带花园城市，市内有上马尼拉教堂、圣奥古斯丁教堂和圣地亚哥古堡等名胜古迹，市郊有百胜滩的急流、瀑布和达尔湖。

宿务市：新兴商业港口旅游城市，文化古迹众多，有“南菲律宾首都”和“南菲律宾皇后”的美称。

碧瑶市：群山环抱、树木成荫的旅游度假城，被称为菲律宾的“夏都”，为避暑胜地。有总统的夏宫，集佛教、天主教、道教于一堂的贝尔大教堂，土著民族的茅寮式建筑，还有海滨浴场和渔村风光等景点。

三宝颜市：历史文化名城，保存有近400年前的皮拉古堡，天主教堂、清真寺并存。

热带海岛风光、东西方文化融合的文化遗产与多样的民俗风情，构成了菲律宾五彩斑斓的旅游风光。世界自然遗产有地下河国家公园、马荣活火山国家公园和图巴塔哈礁海洋公园，世界文化遗产有2000年历史的巴纳韦水稻梯田和吕宋岛上500年前的巴洛克式基督教堂及维甘古城。2017年菲律宾在全球旅游和旅行竞争力排位中名列第79位。

2. 旅游客源市场

20世纪70年代以后重点发展入境旅游。1980年入境旅游者突破百万人次，创收外汇3.2亿美元；2017年622.1万人次，创收外汇69.86亿美元。2017年接待外国游客人数与本国人口之比为6∶100。国际游客中，亚洲和太平洋地区占60%以上，美洲占20%、欧洲占10%。主要客源国韩国，占总入境人数的22%。其次分别为中国、美国、日本以及澳大利亚、加拿大、英国、新加坡、马来西亚、中国香港和印度。

20世纪80年代每年出国旅游人数约80多万人次，2003年180.3万人次，旅游支出12.06亿美元。出国主要目的是劳务输出和观光度假，主要目的地为亚洲邻近国家。

提倡国内旅游，旅游部号召国内金融机构如政府养老基金会、政府保险系统和社会保险系统为国内旅游者提供贷款，并推出“现在旅游，以后付钱”计划，鼓励公民进行国内旅游。现每年国内旅游者约200万人次。

3. 旅游产业

2016年旅游业的直接贡献占国民生产总值的8.2%、间接贡献占国民生产总值的19.7%。2009年旅游就业725万人次，占全国就业人口的9.7%。国际旅游收支一直呈顺差状态，2003年入境旅游外汇收入15.45亿美元，出境旅游支出12.06亿美元，顺差3.39亿美元。

饭店采用星级制。目前有一星级饭店4个，二星级14个，三星级6个，四星级7个，五星级13个。2002年菲律宾共有客房2.14万间，床位4.28万张，客房出租率60.1%，人均住宿时间2.63天。

4. 旅游管理

1973年菲律宾成立旅游部，其首长为旅游秘书（部长级），下设财务管理司、行政管理服务司、国际旅游促进局、国内旅游促进局、旅游发展规划办公室、产业调研与发展办公室、旅游协调办公室、旅游信息办公室、旅游标准办公室、首都与地区办公室。旅游秘书直接领导旅游促进局、会议与观光公司、国家公园发展委员会、首都管理局，在全国15个区设立旅游办事处，驻外办事处有12个，其中驻美国3个，驻日本2个。

菲律宾大学于1977年建立亚洲旅游学院，设有4年旅游专业课程，培养旅游企业管理人才。导游人员必须经过专业培训，取得旅游部审批发放的执照后，方可从业。

七、中菲关系

菲律宾与中国人民的往来，有文字记载的开始于公元10世纪。公元1225年，中国商船抵达麻逸三屿及吕宋西南海岸。当时中菲贸易货船随季风往返。明初菲律宾苏禄国王来中国，后客死并下葬在山东省德州地区，现保存完好的苏禄王墓是中菲友好交往的历史见证。

1. 外交与经贸关系

1975年6月9日中菲两国正式建交。2005年两国确认建立致力于和平与发展的战略性合作关系。目前中国是菲律宾最大的贸易伙伴，也是第二大的游客来源国。中国在宿务设有总领馆，在拉瓦格开设领事馆。菲律宾在厦门、广州、上海、重庆、香港和澳门分别设有总领馆。

2. 旅游关系

2011年8月，中菲签署《旅游合作谅解备忘录执行计划》，2016年8月签署《中华人民共和国国家旅游局和菲律宾共和国旅游部旅游合作谅解备忘录执行计划（2017—2022）》，加强旅游安全与质量保障、旅游宣传推广、旅游培训、旅游投资等方面的合作。

来华旅游。从1979年开始，菲律宾每年来华旅游人数大多有增长。1981年旅华人数2.77万人次，2016年49.1万人次，2017年116.09万人次，其中服务员工占2/3，观光休闲占1/5，2018年120.3万人次。

赴菲旅游。从1992年起，菲律宾成为中国公民出境旅游目的地国家。1998年赴菲律宾游客4.4万人次，2013年44.65万人次，是菲律宾的第四大客源国。2016年赴菲律宾67.7万人次。2017年96.8万人次，为菲律宾第二大外国游客来源地，占菲律宾入境游客的18%。2017年6月，菲方向符合条件的中国公民给予签发“落地签证”，落地签停期为30天，可申请延期最长至6个月。

第九节 印度尼西亚

一、地理、简史和人文

1. 自然地理

印度尼西亚共和国（The Republic of Indonesia）位于亚洲东南部，太平洋西南角，地跨赤道，由太平洋与印度洋之间17508个大小岛屿组成，其中有人居住的有6000个岛屿，是世界上最大的群岛之国。陆地面积1904443平方公里，海洋面积3166163平方公里（不包括专属经济区）。各岛以山地和高原为主，仅沿海有平原，除加里曼丹岛外，各岛均有活火山，地震频繁。印度尼西亚横跨赤道，是典型的赤道海洋性气候，终年高温多雨。

2. 简史

大约前5世纪，原先在印度支那半岛的印度尼西亚民族沿马来半岛东下，逐渐散布到了印尼各岛屿上，1世纪前后，又有一部分印度人也移入该地。3—7世纪，建立了一些分散的王朝。7世纪，苏门答腊岛上建立了室利佛逝王朝。14世纪初，在东爪哇建立了印尼历史上最强大的封建帝国麻喏八歇，其版图包括现今印度尼西亚和马来半岛。15世纪后，遭到葡萄牙、西班牙和英国入侵。16世纪末至1942年，沦为荷兰的殖民地。1945年8月17日宣布独立，成立印度尼西亚共和国，苏加诺出任总统。

3. 国旗、国徽、国花、国名与首都

国旗：红白两个长方块构成，上红下白各占一半。红色象征勇敢、正义和繁荣昌盛；白色象征自由、公正、纯洁，表达人民反对侵略、爱好和平的美好愿望。

国徽：由一只金色的鹰、一面盾和鹰爪抓着的一条绶带组成。鹰象征创造

力。鹰两翼各有17根羽毛，尾羽8根，纪念印尼的独立日8月17日。鹰胸前的盾面由五部分组成：黑色小盾和金黄色的五角星代表宗教信仰，也象征印尼建国的“潘查希拉”五项基本原则；水牛头象征主权属于人民；榕树象征民族意识；棉桃和稻穗象征富足和公正；金色饰环象征人道主义和世代相传。盾面上的粗黑线代表赤道。鹰爪抓着的绶带上用印尼文写着“异中有同”。

国花：茉莉花。

国名由来：一说，来自希腊文，由Indos（水）和Nesos（岛）两字组成，意为“水中岛国”。另一说，16世纪末荷兰人称这些岛为“东印度”，后加上希语nesia（岛），合成印度尼西亚。

首都雅加达，位于爪哇岛西北岸，濒临雅加达湾，人口1027.7万（2018年）。

4. 人口、民族、语言和宗教

人口2.62亿（2018年），世界第四人口大国，65%人口居住在爪哇岛上。有100多个民族，其中爪哇族人占45%，巽他族占14%，马都拉族占7.5%，马来族占7.5%，其他占26%。民族语言共有200多种，官方语言为印尼语。约87%的人口信奉伊斯兰教，是世界上穆斯林人口最多的国家，6.1%的人口信奉基督教，3.6%信奉天主教，其余信奉印度教、佛教和原始拜物教等。

二、政治体制与对外政策

现行宪法是1945年8月17日印尼独立后颁布的，简称“四五宪法”。宪法规定建国五基（潘查希拉）——信仰真主、人道主义、民族主义、民主主义和社会主义为立国之本。实行总统制，总统为国家元首、行政首脑和武装部队最高统帅。2004年起总统和副总统由全民直选，每任5年，只能连任一次。总统任命内阁，内阁对总统负责。人民协商会议为国家最高权力机构，有权制定、修改宪法和国家总方针政策。人民代表大会是国家立法机构。内阁成员有总统、副总统和各部部长，部长由总统任免。

1999年1月新政党法规定开放党禁。主要大党有民主斗争党（系民族主义政党，印尼世俗政治力量代表，现国会第一大党），其他政党有专业集团党、大印尼运动党、民主党、国家使命党、建设团结党。

奉行独立自主、不结盟的外交政策。参与发起建立东南亚国家联盟，视之为“贯彻对外关系的基石之一”，务实参与地区合作。主张大国平衡，重视与美国、中国、日本、澳大利亚以及欧盟的关系。积极参与国际事务，重视不结盟运动和南南合作。到2003年，与135个国家建立外交关系。

三、国民经济

目前是东盟最大的经济体，农业和油气产业系传统支柱产业。2017年国内生产总值约为10152亿美元，人均国内生产总值约为3875美元。

货币名称：印度尼西亚卢比（Indonesian Rupiah，简写Rp），通称盾（1盾=100仙）。1美元=14250印尼盾（2019年5月）。

印尼锡、煤、镍、金、银等矿产产量居世界前列，是东方最大的石油生产国之一，是石油输出国组织（欧佩克）成员国。可可、棕榈油、橡胶和胡椒产量均居世界第2位，咖啡产量居世界第4位。2012年农业、工业、服务业增加值的比重为14.5∶46.8∶38.7。

交通运输以海运和空运为主，主要海港有雅加达、泗水的丹戎佩拉港和棉兰的勿拉湾港。民用机场196个，其中29个国际机场，167个国内机场，雅加达苏加诺—哈达国际机场为最大机场。主要航空公司有鹰记、狮航、室利佛逝、亚航等。

四、教育、文化和新闻媒体

实行九年制义务教育。著名大学有雅加达的印度尼西亚大学、日惹的加查马达大学、泗水的艾尔朗卡大学、万隆的万隆工学院、班查查兰大学、茂物的茂物农学院等。

在伊斯兰教传入之前，印尼古典文学在很长一段时间内受印度梵文文学的影响，后来逐渐发展成为具有爪哇民族特色的文学，其著名作品有思蒲·达尔玛扎的《玛拉达哈那》。13世纪末，伊斯兰教传入后，印度梵文文学影响渐弱。在伊斯兰文化影响下，出现新的文学体裁，即长篇叙事诗和传奇小说，同时兴起具有浓厚民族色彩的“哇拍”皮影戏。20世纪初，随着印尼民族解放运动兴起，印尼的现代文学诞生。

有各类报刊3000多种，主要印尼文报纸有《罗盘报》《印尼媒体报》，英文报纸有《雅加达邮报》《雅加达环球报》等，中文报纸有《国际日报》《星洲日报》等。官方主办的通讯社安塔拉通讯社，私营通讯社有印尼民族通讯社。官方电台为印尼共和国广播电台，私营电视台有鹰记电视台、美都电视台和教育电视台。

五、民俗风情

1. 节假日

法定节日

独立日、国庆日：8月17日。

民间节日

民族复兴节：5月20日，为纪念第一个国民教育组织至善社的成立举行庆典。

猴节：6月7日，加里曼丹岛北部山区的农民全家到山里去，请来乐队进山为猴子演奏乐曲，并将准备好的糖果、饼干等食物撒在猴子栖息的地方。

智慧节：二月下旬巴厘岛人专门赞颂知识降临于世的节日，各个学校都得歌颂神通广大的大梵天的妻子智慧女神萨拉斯瓦蒂，并举行巴厘古书祭祀仪式，教师们教育学生要热爱知识，勤奋学习。

加龙岸节：时间为2月初，为期10天。巴厘岛上人们通宵达旦尽情欢乐，并用准备好的糕点和牲畜祭神，祭拜米仓、土地及墓地；两天后，是甜加龙岸日，人们祈求宽恕、忏悔；三天后是古安宁节，迎接天神下凡。

职工年带薪休假12天。

2. 服饰饮食

印尼人一般着上衣和纱笼，并配有色调一致的披肩和腰带。妇女习惯戴金银首饰。主食是米饭，爱将牛、羊、鸡、鱼及其内脏，用炸、烤、煎、爆的方法烹调，再用咖喱、胡椒、虾酱等作调料。大多信奉伊斯兰教，猪肉很少见。在苏门答腊等地，有一种名叫“沙嗲”的风味小吃，类似我国新疆的烤羊肉串。习惯吃手抓饭，嚼槟榔。

3. 社交礼仪

见面时可以握手或点头。应邀做客，最好给主人送一束鲜花，用右手递接东西。人敬蛇如敬神，蛇是善良、智慧、本领、德行的象征。在巴厘岛，专门建造一个像庙宇的蛇舍，养着一条大蛇。蛇舍前设有香案，供人礼拜、祈祷之用。通行伊斯兰教的共同禁忌。

六、旅游业

1. 旅游城市和景点

首都雅加达：印尼和东南亚最大城市。新区为行政中心，旧区为商业中心，历史古迹众多，是主要旅游区。“美丽的印度尼西亚”缩影公园是各民族传统文化和多元宗教的博物馆，原为东印度公司的总部的历史博物馆。有清真寺200余所，教堂100余所，佛教寺庙及道教宫观数十所。离雅加达10公里的丹戎不碌，是世界著名的海滩和风景区。

泗水：东爪哇首府，人称“英雄城”，市内有多座英雄纪念碑和海滨浴场、大清真寺和享德里克古堡、达尔莫动物园等。

万隆：四周火山群峰环抱，地势较高，气候凉爽，空气清新，植物茂密，四季如春，市内有风景清幽的小西湖和著名的覆舟火山及隆降温泉，是著名的避暑胜地。1954年第一次亚非国际会议会址。

巴厘岛：以金色的海滩、火山、众多庙宇、奇特景色及传统的风土人情吸引游客，被誉称“舞之岛”。舞蹈扎根于岛民的宗教信仰中，盛大节日时总要举行声势浩大的庆祝舞会。

印尼旅游热带自然生态与社会人文资源并重，适宜开展观光游览、休闲度假、历史考察和人文体验。2017年全球旅游和旅行竞争力排名第42位。

2. 旅游客源市场

1999年入境旅游472.8万人次，旅游外汇收入43.52亿美元；2017年1296.8万人次、88.61亿美元。2017年接待入境游客与全国人口之比为5:100。2018年1—11月外国赴印尼游客1439万人次。入境客源产出地以亚太地区为主，约占80%，其次是欧洲及美洲。中国、新加坡、马来西亚、澳大利亚和日本为印尼前五大游客来源地。

2011出境旅游659万人次，出境游客与全国人口之比为2.8:100。主要目的地为新加坡、马来西亚、中国内地、中国香港，其次为泰国、澳大利亚、韩国和日本等。旅游者多为侨居印尼的移民和半居留公民，旅游目的多为参观旅游和探亲旅游。

政府鼓励国内旅游，对出境旅游加以限制，规定出境游客要付相当于109美元的出境费。2008年国内游客1979万人次。

3. 旅游产业

旅游业是印尼非油气行业中的第二大创汇行业。2016年旅游业的直接贡献占GDP的1.85%、间接贡献占GDP的6.2%。国际旅游收支一直呈顺差状态，2004年旅游外汇收入47.98亿美元，出境旅游支出35.07亿美元，国际旅游顺差12.91亿美元。

饭店分为星级饭店和无星级饭店两种，还有价格便宜的青年旅店、野营地等，有110个国家公园露营基地。2005年全国酒店客房2.63万间、床位4.29万张，客房出租率45.03%。印尼旅行社分为两类，一类从事旅游批发，另一类从事旅游零售。旅行社的导游人员（包括临时雇用的导游）必须持有有关部门审发的执照，1988年成立导游协会。重视旅游从业人员的教育和培训工作。截至1996年底，共建有60所饭店管理学院，31所训练员工服务技术的学院。

4. 旅游管理

旅游管理机构先为旅游、邮电和通信部，后改为文化和旅游国务部，下设旅游促进局。现为旅游与创意经济局，旅游促进局下设国际市场开发司、国内旅游司、旅游景点开发司、旅游设施开发司、旅游服务发展司、计划司、财务司、人力资源司和法规司。在东京、悉尼、法兰克福、洛杉矶、伦敦、新加坡等地设有18个旅游办事处。采取许多措施发展国际旅游。1996年入境口岸增加到23个，与印尼通航的外国航空公司达到36家，给予免签证待遇的国家已超过46个。

七、中印（尼）关系

中国与印尼很早就有交往。明代郑和下西洋多次经过印尼，保存至今的有三保公、三保庙、三保塔等，都是纪念三保太监郑和的标志性建筑。

1. 外交关系

1950年4月1日两国建交。2005年4月两国共同发表战略伙伴关系联合宣言，我国在印尼泗水、棉兰、登巴萨设有总领馆，印尼在香港、广州、上海设有总领馆。2005 年，两国相互免除持外交与公务护照人员签证，印尼政府宣布给予中国公民落地签证待遇。2006 年 7 月和 2008 年 10 月，印尼国会通过新《国籍法》和《消除种族歧视法》，华人从法律上获得了与其他民族平等的权利。

2. 旅游关系

1993 年 6 月，中国旅游协会与印尼旅行社协会签署《谅解备忘录》，双方一致同意加强联系、交流和合作，两国旅游者的旅游安排和饭店预订通过对方旅行社进行。1994 年来华旅游人数 12.04 万人次，2017 年访华游客 68.08 万人次，2018 年 70.9 万人次。来华旅客中，以华人为多。

从 2002 年起，印度尼西亚成为中国公民出境旅游目的地国家，2004 年中国公民赴印尼达 8 万人次，2014 年 95.82 万人次。2015 年 6 月起印尼对中国游客实行入境免签。2016 年 142.9 万人次，2017 年 225 万人次，2018 年 205.9 万人次，是印尼第一大国际旅游市场。2016 年从巴厘岛入境印尼的中国内地游客为 98.7 万人次，占赴印尼 70% 的中国旅客。印尼对中国游客推出“郑和下西洋海上丝绸之路”旅游线。

第十节 越南

一、地理、简史和人文

1. 自然地理

越南社会主义共和国（The Socialist Republic of Viet Nam）位于中国南部，中南半岛的东侧，北面和中国云南、广西接壤，西南与老挝、柬埔寨为邻。全国面积 329 556 平方公里，南北长达 1650 公里，东西最窄处仅 50 公里，像一个竖立的大“S”形。全境 3/4 为山地、高原，境内主要河流有北部的红河和南部的湄公河。全国为热带季风气候，高温多雨，湿度大。

2. 简史

古称交趾，10 世纪以后形成封建国家。1884 年沦为法国的“保护国”，1940 年被日本占领，1945 年日本战败后，成立了越南民主共和国，之后进行了 9 年抗法战争，1954 年法国承认其独立。此后又进行了十多年的抗美战争，1973 年取得了抗美救国战争的胜利。1976 年实现南北统一，9 月 2 日定国名为“越南社会主义共和国”。

3. 国旗、国徽与首都

国旗为长方形，底色为红色，正中有一个黄色五角星。

国徽呈圆形，由两捆金黄色稻穗环绕，象征农业；一个齿轮位于稻穗交叉处，象征工业；齿轮下端饰带用越文写有“越南社会主义共和国”。

国歌:《进军歌》。1945年8月革命前产生于越北解放区。1946年正式确定《进军歌》为国歌。1976年7月22日，确定《进军歌》为全国统一后的越南社会主义共和国国歌。

首都河内，位于北部红河三角洲红河与激河汇流处，人口692万（2012年）。历史悠久，曾为越南李、陈、黎诸封建王朝的京城，现为越南北部工业基地和经济中心，是全国最大的内河港。

4. 人口、民族、语言与宗教

全国人口9170万（2015年），有54个民族，京族占总人口86%，岱依族、傣族、芒族、华人、依族人口均超过50万。官方语言为越南语，又称京语。法语较通行，有的也使用汉语、英语、高棉语。政府保障信教自由。各宗教团体都参加越南祖国战线，协助贯彻宗教政策。大多信奉佛教，还有信奉天主教、基督教（新教）、高台教、和好教。

5. 法定节日

（1）公众休假节日

新年：1月1日。

春节：越历正月初一。

西贡和南方解放纪念日：4月30日。

五一国际劳动节：5月1日。

国庆节：9月2日。

（2）政治性纪念日

越南共产党成立纪念日：2月3日。

全国抗美日：3月19日。

胡志明生辰纪念日：5月19日。

越南南北统一日：7月2日。

八月革命节：8月19日，纪念1945年8月起义，宣布成立越南民主共和国。

胡志明逝世纪念日：9月3日。

越南人民军建军节：12月22日。

（3）带薪休假

职工年带薪休假14天。

二、政治体制与对外政策

宪法规定，越南社会主义共和国国家政权属于人民，越南共产党以马克思列宁主义和胡志明思想为指导思想。2001年十届国会十次会议对宪法部分条款做出修改，确定越南要发展“社会主义定向”的市场经济。国会是最高国家权力机关和唯一的立法机关，国家元首为国务委员会主席。政府会议是国会的执行机关，由总理、副总理、各部部长等组成。

越南共产党是唯一执政党，越南祖国阵线是统一战线组织，党的助手有共青团、妇联、总工会等。

奉行独立自主、和平、合作与发展的对外路线，实行开放、全方位、多样化的对外政策，积极主动地融入国际社会，做国际社会可信赖的朋友和伙伴、负责任的一员。1995 年加入东南亚国家联盟。已与 180 个国家建交，并同 20 个国际组织及 480 多个非政府组织建立合作关系。

三、国民经济

2001 年越共“九大”确定建立社会主义定向的市场经济体制，并确定了三大经济战略重点，即以工业化和现代化为中心，发展多种经济成分，发挥国有经济主导地位，建立市场经济的配套管理体制，基本形成了以国有经济为主导、多种经济成分共同发展的格局。2017 年国内生产总值 2448 亿美元，人均 2448 美元。货币名称：越南盾（Dong，简写 D），1 盾 =10 角 =100 分。1 美元 =23200 越南盾（2019 年）。

国民经济以农业为主，世界上第三大稻米出口国，农业人口约占总人口的 75%。南方主要是轻工业，北方集中了钢铁、化工、水泥、化肥和煤炭等工业。2012 年农业、工业、服务业增加值的比重为 19.7∶38.6∶41.7。20 世纪 80 年代中后期越南实行改革开放政策，已同 150 个国家和地区建立贸易关系，主要贸易对象为东盟、中国、日本、欧盟和美国。

陆上运输以铁路和公路为主。河内和胡志明市为两大交通枢纽。北部有两条铁路与中国广西、云南铁路相接。主要港口有胡志明市、海防、岘港等。全国机场有 90 多处，其中民航机场 15 个，3 个国际机场分别为内排机场（河内市）、岘港机场（岘港市）和新山机场（胡志明市）。

四、教育、文化和新闻媒体

普通教育学制为 12 年，第一阶段为 5 年小学，第二阶段为 4 年初中，第三阶段为 3 年高中。2000 年宣布已基本实现普及小学义务教育目标。2001 年开始普及九年义务教育。全国共有 376 所高等院校。著名高校有河内国家大学、胡志明市国家大学、顺化大学、岘港大学等。

历史上受中国文化影响较大，公元 10 世纪建国后吸收了其他一些外来文化，逐步创立了自己的民族文学。第一部较有影响的文学作品是李公蕴的《迁都诏》。现代文学作品主要有《越南诗选集》《越南诗歌》《越南短篇小说》等，另有一些在全国有较大影响的长篇小说，如《领空》《金星》《海上风暴》等。

新闻出版法规定报纸由国家控制。主要报刊有越共中央机关报《人民报》。越南通讯社是国家通讯社。1998年8月开设互联网（越、英、法、西班牙文）。“越南之声”广播电台有四套对内节目，用越南语及数种少数民族语言播音；对外广播用中国普通话、广东话、俄语、英语、法语、西班牙语、日语、泰语、老挝语、柬埔寨语、印尼语、马来语等。越南中央电视台同时播送四套节目。

五、民俗风情

1. 民间节日

春节：越历正月初一，与中国农历相同。

端午节：越历五月初五。

哈节：京人独特的传统节日，一般在越历六月初十或八月初十，各地不尽相同。

中秋节：越历八月十五。

重阳节：越历九月初九。

盘古节：越历腊月下旬。

2. 饮食与习俗

以大米为主食。调味品鱼露几乎人人会制作且喜欢食用。有嚼槟榔的习惯，槟榔在越南人的待客礼俗中必不可少。染齿是古代遗风，黑齿则是女郎貌美的重要标志之一，有“黑齿桃颜”之说。

六、旅游业

1. 旅游城市和著名景点

首都河内市：曾为越南李、陈、黎诸封建王朝的京城，现存名胜古迹有还剑湖、西湖、文庙、独柱寺、二征庙、玉山祠、龟塔、螺城、巴亭广场和胡志明主席故居、陵墓、博物馆等。

胡志明市：原名西贡，1956—1975年为南越首都，1976年南北统一后改称胡志明市，景点有草禽园、骚坛公园、印光寺、舍利寺、永严寺、天后庙等名胜古迹和现代建筑独立宫（原总统府）等，法式建筑与东方古迹合为一体。

岘港：海港城市，海水清凉、沙滩洁白。名胜古迹有五行山、山水寺、玄空洞、望海台、海云岭、山茶半岛等。在越南岘港附近的美山圣地，有4世纪到13世纪占婆王国的印度教文化遗迹，被列入《世界文化遗产名录》。岘港以南30公里的会安古城是古代的著名港口和商业中心，保存有完整的中式街道、寺庙、会馆等，被列入《世界文化遗产名录》。

顺化：阮氏王朝的皇宫，是越南现存最大最完整的古建筑群，被列入《世界文化遗产名录》。式样与中国的紫禁城相仿，围绕皇城外层的京城仿法国建筑。

大叻：越南著名避暑胜地，气候凉爽，四季如秋，为夏天避暑纳凉佳地。

广宁省下龙湾，在1500平方公里的海面上分布着3000多个岛屿，岛上石灰岩山峰神态各异，被誉为“海上桂林”，被列入《世界自然遗产名录》。

丰芽—格邦国家公园充满梦幻色彩的喀斯特高原林莽地，在长达65公里的范围内布满了数不胜数的大小岩洞和许多地下暗河，一直延伸到老挝边境，被列入《世界自然遗产名录》。

越南兼有山林河海自然奇观与文史民俗等社会景观，与中国、苏联、法国、美国等国曾有过特殊的历史纠葛，对东西方各类旅游者都有吸引力。越南旅游宣传口号是：“越南，魅力无限”。2017年全球旅游和旅行竞争力排名第67位。

2. 旅游客源市场

越南旅游业始于20世纪80年代末，1986年接待入境游客1万人次，2013年757.2万人次，旅游外汇收入75.03亿美元。2017年，入境旅客1292.2万人次，旅游外汇收入88.61亿美元。2018年外国游客约1550万人次，入境游客与全国人口比例为17∶100。东亚太地区是最大的客源产出地，其次是欧洲和美洲。主要客源国（地区）为中国、韩国、日本、美国、中国台湾、马来西亚、澳大利亚、泰国、法国。

2005年越南出境旅游360万人次，2016年480万人次，出境游客人数与全国人口之比为5∶100。据2014年调查，超30%的越南人在近5年有过海外旅游的经历。其中，有3次以上海外旅游经历的占14.3%。随着越南经济迅速发展，不断增加的富裕阶层和中产阶级成为越南出境游的主力。越南游客出境游到访最多的国家是中国、新加坡、泰国、马来西亚和柬埔寨等周边邻国。

2016年，越南国内游客6200万人次。

3. 旅游产业

2016年越南的旅游业总收入180亿美元，旅游业的直接贡献占GDP的4.6%、间接贡献占GDP的6.1%。

2008年越南共有9350家宾馆饭店，共18.48万间客房。其中五星级酒店25家，四星级85家，三星级166家。胡志明市的高档饭店有新世界饭店、温莎饭店、帝王饭店等。喜来登和希尔顿等国际饭店集团已着手在河内市新建饭店。2004年越南河内和胡志明市的酒店住宿率达到了90%。

4. 旅游管理

越南文化、体育和旅游部下设越南国家旅游总局。《1995—2010年的旅游业总体发展规划》强调向旅游景区和娱乐场所投资，并要求集中投资修葺风景名胜区和历史遗址，保护旅游环境和自然景观，优先向大的综合旅游区投资。该《规划》还提出与周边国家联合开发旅游线路，加快区域间的合作。越南国家旅游局也已经和50个国家或地区的1000多家旅行社建立了联系。

七、中越关系

1. 外交与经贸关系

1950年1月18日，中越两国正式建立外交关系。到1978年止，中国政府和人民给予了越南人民总额达200多亿美元的援助。越美战争结束后，中越两国关系一度恶化。1991年11月中越两国实现关系正常化。1999年3月，中越两国共同确定“长期稳定、面向未来、睦邻友好、全面合作”的21世纪关系发展框架，共同宣布建立全面战略合作伙伴关系。双方同意设置5个国家级口岸，10个省级口岸，44个边境互市点。中国现为越南第一大贸易伙伴。

2. 旅游关系

1988年中越双方签署旅游协定。2010年8月两国签署《中越2010—2013年旅游合作协议》，鼓励中国业者到越南投资旅游业，包括设立合资旅行社，可以组织越南游客来中国旅游。2011年4月，中越两国共同推进“跨境旅游合作区”（无国界旅游型）的建设。2017年1月两国签署《2017—2020年旅游合作计划》，双方将继续推动两国旅游部门和业界的交流，深化在文明旅游、人才培养、宣传推广、维护市场秩序等方面的合作。

1997年来华旅游3.12万人次，2014年170.94万人次，2017年654.42万人次，2018年758.8万人次是中国的第二大客源国。越南来华旅游目的中，以观光游览为主，其次是购物，占40%，大多以过境一日游和短途旅游为主。

中国赴越旅游从边境旅游开始。从2000年起成为中国公民出境旅游目的地国家。2012年133.49万人次，2013年177.27万人次。2018年超过400万人次。中国赴越旅游已从边境旅游向越南全境旅游扩展，并成为越南第一客源国。

第十一节　缅甸

一、地理、简史和人文

1. 自然地理

缅甸联邦共和国（Republic of the Union of Myanmar）位于亚洲中南半岛西部，东北与中国毗邻，西北与印度、孟加拉国相接，东南与老挝、泰国交界，西南濒孟加拉湾和安达曼海，领土面积676 578平方公里。主要河流是伊洛瓦底江，森林覆盖率占总面积的50%以上，属热带季风气候。

2. 简史

1044 年形成统一国家，经历了蒲甘、东吁和贡榜三个封建王朝。19 世纪被英国侵占，划为英属印度的一个省。1942 年 5 月被日本占领。1945 年 3 月全国总起义，缅甸光复，又被英国控制。1948 年 1 月 4 日脱离英联邦宣布独立。1974 年 1 月定国名为“缅甸联邦社会主义共和国”。1988 年 9 月改国名为“缅甸联邦”。2011 年 1 月 31 日，改国名为“缅甸联邦共和国”。

3. 国旗、国歌、国花、国树

国旗：新国旗呈长方形，黄、绿、红 3 色横条中间一颗白色的五角星。

国歌：2010 年 10 月 21 日，根据缅甸国家和平与发展委员会颁布的法令，正式启用《缅甸联邦共和国宪法》确定的新国旗、新国徽，国歌保持不变。

国花：东亚兰花。

国树：柚木，“缅甸之宝”。

4. 重要节日

独立节：1 月 4 日。

建军节：3 月 27 日。

泼水节：4 月 13 日，缅历新年。

5. 人口、民族、语言与宗教

人口 5390 万（2015 年），有缅族、克伦族、掸族等 135 个民族，缅族约占总人口的 65%。各少数民族均有自己的语言，其中克钦、克伦、掸和孟等族有文字。华人华侨约 250 万。全国 85% 以上的人信奉佛教，约 8% 的人信奉伊斯兰教。

二、政治体制与对外政策

2008 年《缅甸联邦共和国宪法》规定，实行总统制，总统为国家元首和政府首脑。三军总司令为各武装力量的最高统帅，军队在各级议会中拥有 25% 非经选举产生的议会代表席位。全国分七个省、七个邦和联邦区。省是缅族主要聚居区，邦多为各少数民族聚居地，联邦区是首都内比都。自 1948 年独立以来一直存在多支少数民族地方武装，克钦独立军是其中较强的一支。2011 年 3 月结束军人政府，成立民选政府。

主要政党有：联邦巩固与发展党、全国民主联盟、掸邦民族民主党、若开民族发展党、全国民主力量党等。昂山素季任全国民主联盟主席，2015 年后为执政党。

奉行“不结盟、积极、独立”的外交政策，按照和平共处五项原则处理国与国之间关系。是“和平共处五项原则”的共同倡导者之一。不依附任何大国和大国集团，在国际关系中保持中立，不允许外国在缅驻军，不侵犯别国，不干涉他国内政，不对国际和地区和平与安全构成威胁。1997 年加入东盟。截至 2013 年

5月，缅甸已同111个国家建立了外交关系。

三、国民经济

世界最不发达国家之一，1948年独立后到1962年实行市场经济，1962年到1988年实行计划经济，1988年后实行市场经济，大力开展经济领域改革。2017—2018财年，缅甸国内生产总值约690亿美元，人均约1163美元。

货币名称：缅币（Kyat）。2012年4月1日起实行浮动汇率制，1美元≈1540缅币（2018年）。

农业为国民经济基础。是大米和水产品出口国。主要林产品有柚木、花梨等各类硬木和藤条等出口。工业不发达，主要工业有石油和天然气开采、纺织、印染、碾米、木材加工、制糖等。农业产值占国民生产总值的40%左右，工业产值约30%左右，服务业占30%左右。红宝石、翡翠玉是缅甸的特产，人称“珠宝之国”。

交通以水运为主，铁路多为窄轨。主要港口有仰光港、勃生港和毛淡棉港，其中仰光港是缅甸最大的海港。主要航空公司有缅甸航空公司、缅甸国际航空公司、曼德勒航空公司、仰光航空公司、甘波扎航空公司、蒲甘航空公司、亚洲之翼航空公司、金色缅甸航空公司等。主要机场有仰光机场、曼德勒机场、内比都机场、黑河机场、蒲甘机场、丹兑机场等。仰光、内比都和曼德勒机场为国际机场。国内大城市和主要旅游景点均已通航。

四、教育、文化和新闻媒体

实行小学义务教育。学前教育包括日托幼儿园和学前学校，基础教育学制为10年，1~4年级为小学，5~8年级为普通初级中学，9、10年级为高级中学；高等教育学制3~6年不等，全民识字率约94.75%。普通高校本科为四年制。著名大学有仰光大学、曼德勒大学等。

缅甸各民族的文字、文学艺术、音乐、舞蹈、绘画、雕塑、建筑以及风俗习惯等都深受佛教文化影响，尤其是佛教经文《吉祥经》影响广泛。近现代殖民时期受到西方文化的影响。独立后，维护民族文化传统，保护文化遗产，传统文化在缅甸仍有广泛影响，占主导地位。主要文化机构和设施有：国家舞剧团、国家图书馆、国家博物馆、昂山博物馆等。

全国发行的报纸有《缅甸之光》（缅文版）、《缅甸新光》（英文版）和《镜报》。全国还有近180多种杂志和期刊，其中《金凤凰》为唯一一份合法的中文期刊。缅甸通讯社为国家通讯社。现有电视台6个，主要有缅甸之声电视台、妙瓦底电视台等。

五、民俗风情

佛教传入缅甸已有2500多年的历史，成为缅甸人的宗教信仰、生活哲学和道德规范。大多数人信奉南传上座部佛教。人们虔心向佛，经常参神拜佛。不能对寺庙、佛像、和尚有任何轻率举动，不能穿过短、过透的衣服。信众拜佛须赤脚，不能穿鞋或袜子。信佛家庭的男孩都须入寺庙当一段时间的和尚，过静修生活后才能还俗结婚。民风淳朴、和善，社会犯罪率比较低。佛家人不杀生，但可以食肉滋养身体。著名的民间节庆活动是泼水节。

六、旅游业

1. 旅游城市和著名景点

新首都内比都市：人口约92万。位于仰光以北390公里处，坐落在缅甸中部锡当河谷的一个小盆地内，周围都是丛林山区。

原首都仰光市："仰光"语意为"和平之城"，人口500多万，迁都后为直辖市。依洛瓦底江三面环城，风光秀丽。世界闻名的仰光大金塔始建于2500多年前，高达百米，塔顶镶着宝石。整个高塔用金片贴住，昼夜金碧辉煌。还有世界和平塔、苏雷佛塔、波大通宝塔、玛哈维嘉亚宝塔等佛塔。绿树成荫的花园和美丽的湖泊，有"东方花园城市"之称。

曼德勒市：文化古都，也是最大的玉石加工基地。市内有曼德勒皇宫、玛哈牟尼塔等多处佛教胜迹，市郊为田园风光。

眉谬市：海拔1000米，平均气温18度，是缅甸著名的避暑胜地。眉谬植物园是缅甸三大植物园之一，园内热带植物繁花似锦，还有两处有名的瀑布。

蒲甘古城：亚洲三大佛教遗迹之一，有"万塔之城"之称，堪比柬埔寨的吴哥城，为最具旅游价值的千塔圣地。

佛塔多、庙宇多、和尚多是缅甸的文化特色。佛教徒崇尚建造浮屠，建庙必建塔，使得全国佛塔林立。全国大小佛塔有10万多座，被誉为"佛塔之国"。主要景点有世界闻名的仰光大金塔、文化古都曼德勒、万塔之城蒲甘、茵莱湖水上村庄以及额布里海滩等。

缅甸旅游以佛教文化为主题，游览佛教圣地，考察佛教历史，瞻仰佛寺、佛塔，观赏佛教舞蹈、雕刻、绘画，品尝佛门素斋，购买翡翠宝石工艺品，参晤佛教文化，是缅甸之旅的最大特色。2015年全球旅游和旅行竞争力排名第134位。

2. 旅游客源市场

1999年接待入境游客43.5万人次，旅游外汇收入1.89亿美元，近年来，随着民主化进程的推进与逐步对外开放，入境旅游发展加快。2011年入境游客79.2万人次，外汇收入2.81亿美元；2017年入境游客25.9万人次，外汇收入1.44

亿美元。此外，每年还有 110 多万一日往返的边境游客。2014 年入境游客过夜 308.1 万人次，接待入境旅游人数与本国人口之比为 6∶100。亚洲是最大的客源产出地，占入境游客的 70%；其次是欧洲，占入境游客的 18%；美洲占入境游客的 7%。前十位客源地依次为泰国、中国大陆、日本、韩国、美国、马来西亚、新加坡、法国、英国、中国台湾。

2011 年后缅甸出境旅游快速发展，主要目的地是泰国、马来西亚、新加坡、越南、印尼和日本。

3. 旅游产业

2016 年旅游业的直接贡献占国民生产总值的 3%，间接贡献占国民生产总值的 6.6%。

近年来，新政府大力发展旅游业，积极吸引外资，建设旅游设施。2013 年，全国有各种酒店、旅馆 923 家，客房 34 834 间。星级酒店中，五星级 6 家、四星级 17 家、三星级 83 家、二星级 116 家、一星级 102 家；通过认证可接待游客的旅馆 599 家。著名的饭店有：仰光的喜多娜酒店、茵雅湖酒店、商贸酒店、皇家公园酒店；内比都的妙多温酒店、丁格哈酒店、阿玛拉酒店；曼德勒的喜多娜饭店、曼德勒山酒店；蒲甘的丹岱饭店、蒲甘饭店等。旅行社有 1350 家，其中本国旅行社 1324 家、合资旅行社 25 家、外资旅行社 1 家。各语种持证导游 3667 名。

4. 旅游管理

国家主管旅游机构是饭店与旅游部。2012 年 4 月政府出台旅游发展总体规划，目标是建成“亚洲旅游王国”。从 2014 年 9 月开始对外国游客实行网上电子签证，5 天之内可完成签证。2016 年将举办缅甸旅游年。

七、中缅关系

1. 外交关系

1950 年 6 月 8 日中缅建交。20 世纪 50 年代，两国总理共同倡导了和平共处五项原则。1960 年 10 月，两国政府签订中缅边界条约，圆满解决了历史遗留下来的边界问题。2011 年 5 月两国宣布建立全面战略合作伙伴关系。缅甸在广西南宁设总领事馆。中国为缅甸第一大贸易伙伴。

2. 旅游关系

1997 年缅甸来华 3.16 万人次，2014 年 13.28 万人次，2017 年 965.55 万人次，2018 年 1238.0 万人次来华旅客大多为边境贸易。中国 2002 年赴缅 4.08 万人次，2013 年 6.13 万人次。2018 年中国赴缅甸游客 20 多万人次。自 2018 年 10 月 1 日起，缅甸将对中国游客实行落地签政策。目前，中缅双方正在推进大湄公河次区域旅游合作，加快“孟中印缅旅游圈”建设。

第十二节 印度

一、地理、简史和人文

1. 自然地理

印度共和国（The Republic of India）位于亚洲南部，东临孟加拉湾，南接印度洋，西濒阿拉伯海，北枕喜马拉雅山，地处东西方海路交通要冲。全国面积约297.47万平方公里（不包括中印边境印占区和克什米尔印度实际控制区等），印度政府自称328.78万平方公里，面积居世界第7位。印度北部是山岳地区，属于喜马拉雅山的南坡；中部是印度河—恒河平原区；南部是半岛高原，其两侧是海岸平原。恒河是印度境内最主要的河流，全长2700公里。印度属热带季风气候，10月至来年的3月为凉季，气候凉爽、干燥；4—6月为热季，7—9月为雨季。

2. 简史

世界上四大文明古国之一。“印度”一词来源于印度河（印度人以“信度”一词表示河流，英国人按其音称之为印度）。前2500年至前1500年之间创造了印度河文明。前1700年，雅利安人入侵，在恒河谷地建立城市，印度进入了吠陀时代。其晚期（约前6世纪），出现婆罗门、刹帝利、吠舍、首陀罗4个种姓。前325年，印度形成统一的奴隶制国家。8世纪阿拉伯人侵入，1206年建立德里苏丹王朝，引进了伊斯兰文化。1526年建立莫卧儿帝国。1600年英国入侵，1757年后逐渐沦为英国殖民地。1947年6月，英国提出“蒙巴顿方案”，将印度分为印度、巴基斯坦两个自治区。同年8月15日，印、巴分治，印度宣告独立。1950年1月26日，印度共和国成立，现仍为英联邦成员国。

3. 国旗、国徽、国歌与国花等

国旗：由橙、白、绿3色条块组成。上为橙黄色条，它是佛教法衣的颜色，象征勇敢与牺牲；中为白色，代表真理与和平；下为绿色，隐喻信仰、富庶和品质。在白色旗的中央绘有一个24根轴条的蓝色法轮，象征神圣、真理之轮，以及进步的转动之轮。

国徽：图案来源于孔雀王朝阿育王石柱顶端的石刻。圆形台基上站立着四只金色的狮子，象征信心、勇气和力量。台基四周有四个守卫四方的守兽：东方是象，南方是马，西方是牛，北方是狮。守兽之间雕有法轮。图案下面有句用梵文书写的、出自古代印度圣书的格言“唯有真理得胜”。

国歌:《印度命运之主》，由印度著名诗人泰戈尔用孟加拉语写成。

国花：莲花。象征出淤泥而不染，于浊世保持高尚的佛教精神。

国兽：老虎。虎有动作优美、敏捷、强壮和力大无比的优点，深受印度人民的喜爱。

国鸟：孔雀。它体形如天鹅般大小，冠花若扇，脖子细长而优雅，雄孔雀开屏绚丽多姿。

4. 人口、民族、语言和宗教

人口13.24亿（2018年），居世界第二。有10个大民族和许多小民族，印度斯坦族占46%，其他有泰卢固族、孟加拉族、马拉地族、泰米尔族、古吉拉特族、坎拿达族、马拉雅拉姆族、奥里雅族和旁遮普族等。官方语言为英语和印地语，各民族和部族的语言和方言达844种，其中15种为主要语言，大多数印度语属梵语系。信奉印度教的居民约占80%，其次为伊斯兰教、基督教、锡克教、佛教和耆那教等。

5. 法定节日

共和国日：1月26日，1950年1月26日，印度议会通过了印度共和国宪法。

甘地逝世纪念日：1月30日，在甘地陵诵经、祈祷。

独立日：8月15日。1947年8月15日，印度人民摆脱英国殖民统治，取得独立。

教师节：9月5日，印度第二任总统、伟大的教育家、学者，拉达克里希那的生日。

元旦：1月1日。

6. 带薪假期

印度法律规定，职工享受年度带薪休假16天，政府雇员最多30天。

二、政治体制与对外政策

现行宪法规定印度为联邦国家，是“主权的、社会主义的、世俗的民主共和国”，由25个邦和7个直辖区组成。总统是国家元首和武装部队统帅，总统依照以总理为首的部长会议的建议行使职权。议会实行两院制，由联邦院（上院）和人民院（下院）组成。总理为行政首脑，由议会中的多数党领袖担任。2014年5月，人民党赢得人民院过半数席位，在中央单独执政，纳伦德拉·莫迪出任总理。

党派分全国性和地方性两类，具备在人民院选举中占有4%的得票率或占有4%的席位等条件的政党为全国性政党。目前得到选举委员会认可的有8个全国性政党，地方性政党约40余个。全国性影响较大的政党主要有印度人民党、国民大会党（英迪拉·甘地派）、印度共产党。

是不结盟运动创始国之一，历届政府均强调不结盟是其外交政策的基础，努力与所有国家发展关系，力争在地区和国际事务中发挥重要作用。推行全方位大国外交战略，高度重视印中关系，优先发展与美关系，巩固印俄传统关系，推进与欧、日等主要发达国家的关系。金砖国家成员国。强调外交为经贸服务，注重发展经贸科技合作，吸收外国资金和技术。印度是英联邦成员。

三、国民经济

印度传统上是农业国。独立后经济有较大发展，农业由严重缺粮达到基本自给，工业已形成较完整的体系，科技事业发展迅速，已成为全球软件、金融等服务业重要出口国。2017/2018 财年国内生产总值 2.58 万亿美元，国民总收入 2.55 万亿美元，人均国民收入 1733 美元。

货币名称：印度卢比（Rupee）。1 美元 =70 卢比（2019 年）。

目前已有较为完整的工业体系，钢铁、煤炭、化工、石油、电力、机械等工业均有长足发展，在原子能开发利用、航天等方面有相当水平。已建成 7 座核电站，并发射了通信气象和遥感卫星。电子工业发展很快，目前已成为世界主要软件中心之一。服务业得到高速发展，服务业对国民总增加值的贡献率为 55.2%，为印度创造就业、创汇和吸引外资的主要部门。农村人口占总人口 72%。2012 年农业、工业、服务业增加值的比重为 17.5∶26.2∶56.3。中国是第一大贸易伙伴。其他主要贸易伙伴是美国、德国、阿联酋、沙特、新加坡、英国、瑞士、法国、伊朗、日本、中国香港等。

铁路为最大国营部门，是世界最大铁路网之一。公路运输发展较快，承担全国 70% 货运量和 85% 客运量，是世界最大公路网之一。有 12 个大港口和 200 个中小港口，海运能力居世界第 18 位，是亚洲拥有船只数量最多的国家之一。孟买是全国最大港口，其他重要海港有加尔各答、马德拉斯、科钦和果阿等。有德里、孟买、加尔各答、马德拉斯和特里凡特琅 5 个国际机场，主要有印度国际航空公司、印度航空公司等，航线通达各大洲主要城市。

四、教育、文化和新闻媒体

实行 12 年一贯制中小学教育。高等教育共 8 年（包括学士、硕士和博士课程），此外还有各类职业技术教育、成人教育等非正规教育，全民识字率 74.04%。有 544 所综合性大学，著名的有德里大学、尼赫鲁大学、加尔各答大学等。十分重视发展信息技术，全国有 1382 个科技机构与理工学院，每年约培养 7 万名计算机软件人才，为信息技术大国。

文学以梵语、印地语和英语文学成就较高。英语文学产生于 18 世纪下半叶，作家、思想家泰戈尔（1861—1941）是其中一位杰出代表，诗集《古檀迦利》是他的代表作，获 1913 年诺贝尔文学奖。音乐舞蹈与印度教、佛教和伊斯兰教有密切的关系，并与人们的生活紧密相连。古典舞蹈以歌颂神灵为主要题材，民间舞蹈富有生活气息。电影业发达，出产规模居世界第二，有“东方好莱坞”之称，电影中穿插着众多的歌曲与舞蹈，以情节曲折动人为特点。瑜伽有 5000 年历史，是一种古老的修养身心的锻炼方法，十分流行。

报刊大多属私人和财团所有。最大的三家日报依次为《印度时报》《马拉雅拉娱乐报》和《古吉拉特新闻》。主要新闻机构和通讯社有：新闻发布署相当于政府中央通讯社。印度报业托拉斯是印度最大通讯社，半官方性质。印度联合新闻社，是印度第二大通讯社，系报业同人的合股企业。印度斯坦新闻社，私营，主要编发印地文、马拉地文、古吉拉特文和尼泊尔文的新闻。全印广播电台隶属政府新闻广播部，广播网覆盖全国人口99.1%，对外使用27种语言广播。全印电视台隶属新闻广播部，是世界最大的电视网络之一。

五、民俗风情

1. 姓名

印度人一般名在前、姓在后。女子婚后随夫姓。男子一般只称呼姓，不称呼名。女子一般只称呼名。姓氏通常表明一个人是印度族、锡克族还是穆斯林，印度族一般姓苟帕尔、克利什那、拉尔等，锡克族都用辛格为姓，可汗、阿里、穆罕默德、侯赛因等是穆斯林人的姓。

2. 民间节日

湿婆神节：印度历十二月二十九日（公历2~3月），印度教节日，该日斋戒。

洒红节：公历3、4月间，又名“霍利节”，印度教四大节日之一，春季即将开镰收割之际，人们互相泼水庆祝春天来临。

罗摩诞辰节：印历一月（公历3~4月），印度教毗湿奴的化身罗摩的生辰。

十胜节：9~10月，庆祝拉玛战胜邪魔，又译“胜利节”。

灯节：10~11月，印度教四大节日之一，休假3天。

马哈维那节：3~4月，耆那教祖马哈维那寿辰。

复活节：4月，纪念耶稣被钉十字架后第三天复活。

佛陀诞辰节：印历二月二十五日（公历5~6月），纪念佛祖释迦牟尼诞辰。

3. 服饰饮食

妇女多穿遮胸露腰的纱丽，里面穿一件紧身短衫，富于女性美。一般百姓爱穿轻便、宽松的白色印式衬衣（“古达尔”），或穿一件拖地的围裤。妇女喜欢在额头正中点上一颗指头大小的红痣，象征喜庆和吉祥。

以大米为主食，印度风味米饭用肉汤烹制，里面再加上肉、青菜和果仁等作料，称为“皮罗”（烩肉饭）。烹饪时喜欢用大量的香料和调味品，如咖喱、胡椒、酸辣酱、粗糖，以及各种果肉，如椰子、杧果、香蕉等。在小吃当中，蒸制的米糕和“多萨”（一种包着麻辣土豆馅的米制薄煎饼）风行全印度。不吃牛肉且好吃素。

4. 婚丧礼仪

印度教徒流行童婚习俗，成年男子娶少女为妻。盛行女方带有丰厚嫁妆到夫家。婚礼一般在女方家举行，有握手礼仪（新娘父亲把女儿手放在新郎手上）、新娘戴圣线和绕“圣火”走三圈仪式。锡克族婚礼简朴，多为集体婚礼，唱诵锡克教圣经。印度教盛行火葬，一般在圣河恒河畔举行，其中拜火教实行天葬。穆斯林实行土葬。

5. 社交礼仪

印度教和锡克教徒把牛尊为神，不可当着印度人的面说牛和猴子的坏话。一些富有的人还常在家门口摆上牛爱吃的东西，作为对“神牛”的贡品。一般不穿牛皮鞋、不使用牛皮箱。有不少人崇拜蛇，因为传说印度教中的湿婆神是由蛇来保护的。印度人吃饭前有先洗澡的习惯，在进餐过程中忌讳两人同时夹一盘菜。递东西、拿东西或敬茶都用右手，忌用左手，也不用双手。

六、旅游业

1. 旅游城市与著名景点

首都新德里：位于印度西北部亚穆纳河畔，是一座既有现代气息又有古代风貌的花园城市，连同老德里人口共 1385 万。旧德里城有 3000 多年的历史，先后有 7 个王朝在此建都，留下了许多历史古迹。新德里始建于 1911 年，1929 年新城才最后建成，城市建筑与布局为英式风格。建有甘地纪念馆、尼赫鲁纪念馆、国家博物馆等。通常人们把新、旧德里统称为德里。

加尔各答：东部最大城市，1912 年以前这里曾是英属印度的首府，著名建筑有威廉要塞、维多利亚纪念馆、伊甸花园、印度博物馆、国家图书馆、哥特式建筑圣保罗大教堂及东方最大的跑马场。

孟买：城市源于印度教雪山女神的化身“孟巴”，名胜古迹有印度门、巴布勒纳特古庙、穆姆巴德维庙、马哈勒萨米寺、威尔士亲王博物馆、花神泉等。孟买港湾内的大象岛上有不少 7—8 世纪开凿的石窟，内有许多形态逼真、雕刻精美的神像。印度影城宝莱坞所在地，有“印度的好莱坞”之称。

胡马雍陵是莫卧儿王朝时期的建筑典范和印度建筑史上的重要分水岭，标志着印度建筑艺术从单调的建筑形式转入结构复杂、讲究装饰华丽的建筑新时期。该陵共安放着莫卧儿王朝 6 个帝王、1 个妃子的石棺。

泰姬陵由莫卧儿王朝皇帝夏杰罕为亡妃泰姬·玛哈尔建造，历时 16 年。陵园四周是红砂石墙，白色大理石砌成的陵墓位于陵园正中央高约 7 米的四方形平台上，共 2 层。上有一直径 18 米的穹形圆顶。被列入《世界文化遗产名录》。

阿旃陀石窟位于孟买东北 480 公里一个半圆形山谷下的河流旁，开山凿石而成，是建筑、雕刻和绘画三种艺术完美结合的范例。阿旃陀石窟的壁画，以佛教内容为主，讲述释迦牟尼的一生，有些壁画反映古印度人民的生活及帝王生活。被列入《世界文化遗产名录》。

埃洛拉石窟始建于公元350年，约在公元700年完成。印度教、佛教和耆那教三种宗教的寺庙共建在一起，达34座之多，被列入《世界文化遗产名录》。

金庙，印度锡克教最神圣的庙宇，位于印度西北部的旁遮普邦的阿姆利则市。该庙被一个大水池（称为“圣池”）所包围。1803年重修时，仅圆形顶就用了400公斤的黄金，内部装饰可谓金碧辉煌，锡克教朝圣者络绎不绝。

印度历史悠久、文化灿烂，生态多样、保护完好，至今共有29处世界自然与文化遗产，印度旅游以社会人文与文化遗产为主题，以热带自然风光为生态环境，在世界旅坛中独具特色。旅游宣传口号为：“神奇印度，梦幻之国”。2017年全球旅游和旅行竞争力排名第40位。

2. 旅游客源市场

1999年入境旅游248.2万人次，旅游外汇收入29亿美元；2012年657.8万人次，179.71亿美元；2017年1554.3万人次，273.65亿美元，接待入境游客人数与全国人口之比为12∶100。从2001年4月起，对澳大利亚、日本、法国、西班牙、德国等16个国家实行落地签证政策。印度主要的客源地在亚洲，其次是欧洲和美洲地区。主要客源国依次为美国、英国、孟加拉国、斯里兰卡、加拿大和中国。

20世纪90年代以来，出国旅游的人数增加很快。2011年出境旅游1421万人次，外汇收入137亿美元，居世界第22位。2016年，出境旅游2187万人次，人数与全国人口之比为16∶100。出境游目的地国主要是东南亚，其次是欧洲、美国、中东和澳大利亚。出境游客大多数处于印度社会上层地位。

20世纪90年代，国内旅游快速发展。1992年8130万人次，2011年8.51亿人次，2012年超过9亿人次。2011年国内旅游人数与本国人口之比为76∶100。接待国内游客最多的是安德拉邦，其次是泰米尔邦，比哈尔邦名列第三。国内游客主要有三种类型：商务型、休闲型和宗教朝圣型。

3. 旅游产业

旅游业是国家重要支柱产业，第三大创汇部门和重要的就业创造部门。2016年旅游业直接贡献占GDP3.3%，间接贡献占GDP9.6%。印度国际旅游收支一直呈顺差状态，但顺差额度较小。2011年旅游外汇收入175亿美元，旅游外汇支出137亿美元，旅游贸易顺差38亿美元。

大型旅游企业有印度旅游开发公司（直属旅游局管辖），为印度旅游业的龙头企业，此外还有奥别莱伊斯集团、泰姬集团和惠康集团。印度的主要旅游行业协会有印度饭店、餐饮协会（FHRAI）、印度旅行社协会（TAAI）及印度旅行同业协会（IATO）。

4. 旅游管理

1949年成立旅游交通局（归交通部管辖）。1982年制定了成文的旅游法规和政策并设立民航旅游部，后改为文化和旅游部，现为旅游部。负责制定和执行与旅游有关的法规、政策。该部是印度旅游业的最高管理机构，下设旅游局。旅游局的主要任务是旅游开发、管理和海外促销；在全国各主要旅游城市有 20 个办事处，驻海外机构有 18 个。此外，各邦也有旅游局，主要负责国内旅游事业。

2011 年 12 月，成立旅游业部际协调委员会，由总理办公室首席秘书任主席，该委员会成员单位有计划、铁路、民航、公路、内政、国防、外交、城市、环境、森林、税务、支出、教育等部门。

政府积极鼓励外商投资印度旅游业，制定了很多优惠政策。

以“梦幻之国——印度”的主题宣传计划重点突出了印度沙滩、山地、国家公园、宗教朝圣和乡村度假地等内容，建成四季皆宜的旅游目的地。印度政府还先后制定《全国旅游政策》《乡村旅游发展政策》《国内旅游市场开发计划》等，大力发展旅游业。

七、中印关系

1. 外交与经贸关系

中印两国于 1950 年 4 月建立外交关系并互派大使。进入 20 世纪 90 年代，双方高层互访不断，两国签署了涉及边界、领事、海运和社会方面的协定，以及贸易议定书、和平利用外太空合作备忘录等文件。2003 年 6 月，双方确认发展长期建设性合作伙伴关系。2005 年 4 月，两国签署《中印联合声明》，宣布建立面向和平与繁荣的战略合作伙伴关系。2014 年双方发表《关于构建更加紧密的发展伙伴关系的联合声明》。近年，两国贸易增长迅速，中国已是印度第一大贸易伙伴，印度是中国第十大贸易伙伴。

2. 旅游关系

20 世纪 80 年代以来，印度来华旅游人数逐步增长。1981 年 0.46 万人次，2013 年 67.67 万人次，2014 年 70.99 万人次，2017 年 81.9 万人次，2018 年 86.3 万人次。来华旅游的主要目的是休闲、商务与购物。

2002 年 12 月，印度成为中国公民出境旅游目的地。2003 年赴印度旅游 1.34 万人次，2014 年 17 万人次，2017 年 20 万人次。

2008 年为中印旅游友好年，2011 年为“中印交流年”“中华文化游”。2015 年 5 月两国签署《关于旅游合作的协议》，将建立联合工作机制，加深在旅游业信息共享、酒店和旅行社业务、旅游人力资源开发和可持续发展等领域的合作，继续推进游客签证便利化，印度决定向中国公民开放电子游客签证。2015 年在中国举办“印度旅游年”，2016 年在印度举办“中国旅游年”。中国在印度首都新德里设有旅游办事处。

第十三节 巴基斯坦

一、地理、简史和人文

1. 自然地理

巴基斯坦伊斯兰共和国（The Islamic Republic of Pakistan），位于南亚次大陆西北部，领土面积 796 095 平方公里（不包括巴控克什米尔地区），西临伊朗，西北与阿富汗接壤，东北临中国，东和东南与印度接壤，南濒阿拉伯海。全境 3/5 为山地和丘陵，地势西北高、东南低，印度河纵贯南北。南部属热带气候，其余地区属亚热带草原和沙漠气候。

2. 简史

“巴基斯坦”源自波斯文，意为“圣洁的土地”或“清真之国”，印度河文明的发源地之一。历史上，巴基斯坦和印度原是一个国家。公元前 1800 年，印度河谷曾有过高度文明，吠陀信仰是印度教的前驱。公元 200 年，以白沙瓦为首都的贵霜帝国十分强盛，其贸易的繁荣得益于古“丝绸之路”经过这里。公元 16~17 世纪，属莫卧儿王朝的一部分。18 世纪沦为英国的殖民地。1947 年 8 月 14 日，巴基斯坦宣告独立，是英联邦的一个自治领。1956 年 3 月 23 日，巴基斯坦伊斯兰共和国成立。

3. 国旗、国徽、国歌、国花

国旗：左边为一条白色垂直长方形，宽度为旗面的 1/4，代表国内信奉基督教、印度教、佛教等少数民族；右边为绿色长方形，占旗面 3/4，象征伊斯兰教。绿色旗地中央有一颗白色五角星和一弯新月，象征对伊斯兰教的信仰。

国徽：颜色同国旗，为深绿色和白色。顶端是五角星和新月图案；中间是盾徽，盾面分为四部分，分别绘有棉花、小麦、茶、黄麻四种农作物。盾徽两侧饰以鲜花、绿叶。下端的绿色饰带上用乌尔都文（巴国语）写着“虔诚、统一、戒律”。

国歌:《真主赐福巴基斯坦》。

国花：素馨花（茉莉花）。

4. 人口、民族、语言与宗教

人口约 2.08 亿（2018 年），主要由旁遮普（占 63%）、信德（占 18%）、普什图（11%）和俾路支（4%）等民族组成，95% 以上信奉伊斯兰教（国教），少数人信奉基督教、印度教和锡克教等。乌尔都语为国语，英语为官方语言。主要民族语言有旁遮普语、信德语、普什图语和俾路支语等。

5. 法定节日

独立日：8 月 14 日。

国庆日：3 月 23 日。

还有伊斯兰教的节日，如开斋节等。

二、政治体制与对外政策

联邦共和制，议会为立法机构，由国民议会（下院）和参议院（上院）组成。总统是国家元首，由国民议会和参议院两院选出。总理为政府首脑，由国民议会选出。

现有政党 200 个左右，全国性大党有穆斯林联盟（谢里夫派）、人民党、正义运动党、联合行动同盟、穆斯林联盟（领袖派）、统一民族运动党、人民民族党等。

奉行独立和不结盟外交政策，注重发展同伊斯兰国家和中国的关系，致力于维护南亚地区和平与稳定，发展同西方国家的关系，呼吁建立公正合理的国际政治经济新秩序。重视经济外交。要求发达国家采取切实措施，缩小南北差距。到 2005 年，已同世界上 120 多个国家建立了外交和领事关系，为英联邦成员国。

三、国民经济

国民经济以农业为主，畜牧业发达。主要农产品有小麦、大米、棉花、甘蔗等。最大的工业部门是棉纺织业，其他还有毛纺织、制糖、造纸、烟草、制革、机器制造、化肥、水泥、电力、天然气、石油等。2017/2018 财年，国内生产总值 3130 亿美元，人均国内生产总值 1641 美元。

货币名称：巴基斯坦卢比（Pakistan Rupee，简写 P.Re）。1 美元≈ 101.9 卢比（2019 年）。

近年来巴基斯坦政府一直努力加速工业化，扩大出口，缩小外贸逆差，与 90 多个国家和地区有贸易关系。主要进口石油及石油制品、机械和交通设备、钢铁产品、化肥和电器产品等。主要出口大米、棉花、纺织品、皮革制品和地毯等。

国内客货运输以公路为主。卡拉奇和卡西姆是两个国际港口，承担巴基斯坦国际货运量的 95%。巴基斯坦国际航空公司是国家航空公司，5 个国际机场是伊斯兰堡、卡拉奇、拉合尔、白沙瓦和木尔坦。

四、教育和新闻媒体

实行中小学免费教育。10 岁（包括 10 岁）以上识字率为 58%。全国共有小学 15.5 万所，初中 2.87 万所，高中 1.61 万所，大学 51 所。著名高等学府有旁遮普大学、卡拉奇大学、伊斯兰堡真纳大学和白沙瓦大学等。

英文报纸有《新闻报》《黎明报》《国民报》等；乌尔都文报纸有《战斗报》《时代之声》和《东方报》等。通讯社有巴基斯坦联合通讯社（国营），巴基斯坦国际通讯社（私营）。巴基斯坦广播公司有27个电台，对外用7种语言广播。主要城市均有电视台，电视覆盖率达87.8%。

五、民俗风情

巴基斯坦绝大部分人口是穆斯林，民俗风情特点参阅马来西亚等伊斯兰国家。

六、旅游业

1. 旅游城市与景点

首都伊斯兰堡：始建于1961年，世界唯一以宗教名命名的城市，人口110万（2011年）。位于旁遮普省北部的波特瓦尔高原上，是一座将伊斯兰建筑传统与现代建筑风格相融合的新兴城市。市内费萨尔清真寺是巴基斯坦最大的清真寺之一，另有大大小小的寺院数十座，有“清真寺之城”之称。

卡拉奇：1947—1959年为巴基斯坦首都，人口400多万，市内有被尊为“国父”的真纳的陵墓，还有海滨浴场。

拉合尔：始建于公元1世纪末2世纪初，被称为巴基斯坦的文化首都。莫卧儿王朝时期曾为帝国副都，英国统治时期增加了哥特式、维多利亚式的建筑，有“花园城市”“庭园之都”的美称。著名旅游景点有皇室清真寺，皇家沙礼马尔花园及阿克巴皇室城堡。

拉瓦尔品第：欧亚丝绸之路上的名城，曾是唐朝高僧玄奘途经地，保留有16世纪苏丹陵墓。城西北方的塔克西拉古城融汇佛教文化、希腊文化和伊朗文化。

世界文化遗产6处：古城拉合尔、伊斯兰堡城南的罗赫达斯堡、位于白沙瓦的塔克特－巴依佛教遗址、塔塔市马克利山上的莫亨约达罗城遗址、塔克西拉考古遗址和特达古迹。著名古城堡有信德省的拉尼科特城堡、德拉瓦城堡、白沙瓦市的巴拉希萨城堡和拉合尔城堡。沙礼玛尔花园是莫卧儿王朝所建几个花园中唯一幸存下来的皇家花园，具有典型的波斯风格。

巴基斯坦是古代印度河文明的发祥地之一，历史遗址、佛教文化遗迹与伊斯兰文化并存，独特的人文体验是巴基斯坦之旅的最大特色，有“清真寺之国”的称号。2017年全球旅游和旅行竞争力排名第124位。

2. 旅游客源市场

1988年接待国际游客46万人次，2012年96.6万人次，外汇收入33.9亿美元；2013年外汇收入28.8亿美元。2017年20.3万人次，外汇收入3.52亿美元。2017

年入境旅游人数与本国人口之比为1∶100。客源地区以欧洲为主，约占40%，南亚约占20%，美洲与东亚太地区各占10%。主要客源国是英国、阿富汗和美国，其次是加拿大、德国、日本、荷兰、中国等。旅游者多为定居在欧美的巴基斯坦人和海湾国家的游客。印度、阿富汗、孟加拉国的游客主要目的是探亲访友和宗教朝觐。西方游客主要目的是观光、度假和探险。

出国旅客中相当一部分人是为了去海外打工谋生，纯粹的观光客极少。目的地是印度和中东地区。

每年有3000万人次离家24小时以上，外出目的主要是宗教朝觐和访问亲朋好友，国内旅游收入约为国际旅游收入的10倍。6—7月盛夏时，利用周末（周四、周五）到北方山区凉爽的小镇避暑。

3. 旅游产业

2016年旅游业的直接贡献占国民生产总值的2.7%，间接贡献占国民生产总值的6.9%。旅游直接从业人数达140万，占全国劳动人口的5%。国际旅游收支呈逆差状态。

全国有10家五星级酒店，分别属假日、喜来登、马里奥特、珍珠大陆等国际酒店集团，分布在伊斯兰堡、卡拉奇、拉合尔、拉瓦尔品第和吉尔吉特等重要的旅游城市。四星级和三星级酒店不多，最多的是汽车旅馆、客栈和招待所。青年招待所协会在不少地方有招待所。

巴基斯坦旅游开发公司（PTDC）是旅游部的直属企业，成立于1970年，政府有96%的股份。在全国有20个旅游咨询中心，在拉合尔、拉瓦尔品第、白沙瓦和木里市有4家大型连锁酒店及18家汽车旅馆。对外代表政府，进行海内外旅游促销，同时作为政府与私人投资者之间的联系桥梁。巴基斯坦旅游有限公司是其下属的子公司，为最大的一家旅游批发商，负责招徕海外团体及散客旅游，并安排交通和食宿。

4. 旅游管理

1972年成立文化旅游部，负责旅游业的总体开发，包括各种发展计划的制订、基础设施的建设、旅游市场的研究与促销、国际合作以及旅游人才培训等。文化旅游部下设国家旅游组织（NTA），主要职能是对外旅游宣传促销。

七、中巴关系

1. 外交关系

一千多年前，中国晋朝的高僧法显和唐代高僧玄奘就先后到过巴基斯坦的许多地区。中巴两国于1951年5月21日正式建交，是伊斯兰世界第一个与中国建交的国家。2005年4月，中巴双方签署“中巴睦邻友好合作条约”，宣布发展更加紧密的战略合作伙伴关系。2013年5月，宣布建立全天候战略合作伙伴关系。

中国为巴第一大贸易伙伴。

2. 旅游关系

1996—1998年巴基斯坦来华旅游者在2.5万人次左右，1994年来华2.42万人次，2014年来华10.89万人次，2017年来华12.13万人次，2018年13.1万人次。

2002年12月，巴基斯坦成为中国公民出境旅游目的地国家。2003年中国赴巴基斯坦旅游1.57万人次，2011年9.25万人次。

第十四节　马尔代夫

一、地理、简史和人文

1. 自然地理

马尔代夫共和国（The Republic of Maldives），印度洋上的群岛国家，位于赤道附近，总面积9万平方公里，陆地面积298平方公里。由19组自然环礁、约2000个珊瑚岛组成，其中210个岛屿有人居住，岛屿平均面积为1~2平方公里，平均海拔1.2米。位于赤道附近，热带气候。

2. 简史

公元前5世纪雅利安人来此定居，1116年建立苏丹国，先后遭受葡萄牙和荷兰殖民主义统治，1887年沦为英国保护国。1932年改行君主立宪制。1952年成为英联邦内的共和国。1954年恢复君主立宪制。1965年7月26日宣布独立。1968年11月11日建立共和国。

3. 人口、民族、语言与宗教

人口44万（2018年），均为马尔代夫族。民族和官方语言为迪维希语，上层社会通用英语。大多数马尔代夫人属伊斯兰教逊尼派，伊斯兰教为国教。

4. 国旗、国徽

国旗：呈长方形，由红、绿、白三种颜色组成。旗子为绿色长方形，四周为红边，白色新月位于绿色长方形的正中，红色象征为国家主权和独立而献身的民族英雄的鲜血；绿色意味着生命、进步和繁荣，白色新月表示和平、安宁和马尔代夫人民对伊斯兰教的信仰。

国徽：由一弯新月、一颗五角星、两面国旗、一棵海椰子树和绶带构成。新月和五角星表示马尔代夫的国教为伊斯兰教，国旗象征国家的权力和尊严，海椰子树代表民众的生计。底端的绶带上写着马尔代夫的传统名称。

5. 重要节日

元旦：1月1日。

国庆节：2 月 26 日。
独立日：7 月 26 日。
独立日之际：7 月 27 日。
胜利日：11 月 3 日。
共和国日：11 月 11 日。
伊斯兰节日
圣纪节：3 月 9 日，先知穆罕默德诞辰日。
皈依伊斯顿纪念日：3 月 29 日。
斋月开始日：8 月 22 日。
开斋节：9 月 20 日。
朝觐日：11 月 26 日。
升天节：11 月 27—30 日
伊斯兰新年：12 月 18 日。

二、政治体制与对外政策

1968 年 11 月 11 日改为共和国，实行总统制。人民议会为立法机构，实行比例代表制，所有议员通过选举产生。2005 年 6 月后，实行多党民主制度，主要有进步党、民主党、、人民党、正义党、人民联盟和伊斯兰民主党等。

奉行和平、独立和不结盟的外交政策，同所有尊重马尔代夫独立和主权的国家友好，重视发展与印度、中国、日本、斯里兰卡以及阿拉伯国家的关系。大力争取国际组织和其他国家的援助。积极参与不结盟运动和南亚区域合作联盟活动，是“小岛屿国家联盟”（AOSIS）主要代表国，2018 年重返英联邦，已同 164 个国家建交。

三、国民经济

旅游业、船运业和渔业是国民经济的三大支柱。实行小规模开放型经济政策，坚持在保护环境的基础上，发挥自身资源优势，积极吸收国外资金与援助，加快经济发展。2015 年马出台《经济特区法案》，为大力吸引外资提供法律和政策支持。

岛屿之间主要交通工具为船舶。汽车、自行车为主要陆上交通工具。海运业主要经营香港到波斯湾和红海地区及国内诸岛间的运输业务，中国、斯里兰卡、印度、新加坡、阿联酋、南非及一些欧洲国家有定期航班飞往马累。2017 年国内生产总值 46.48 亿美元，人均国内生产总值为 9671.3 美元，为南亚地区人均 GDP 最高的国家。

货币名称：拉菲亚（Rf,Rufiyaa，又称卢菲亚）。1 美元 =15.40 拉菲亚（2017 年）。

四、教育、文化和新闻媒体

实行从学前到高中毕业的免费教育。成人识字率为98.94%。2017年，马尔代夫共有376所学校，在校学生87788人，教师8957人。马尔代夫国立大学是马尔代夫唯一的大学。各环礁设有一个教育中心，主要向成年人提供非正规文化教育。

传统纸质媒体逐渐退出市场，主要媒体纷纷转向网络化，影响较大的有Sun Online，Avas，Vnews，Mihaaru，Raajje News，Maldives Independent等，大部分系迪维希语。“马尔代夫之声”电台建于1962年，用英文和迪维希语对全国广播。马尔代夫电视台于1978年3月建成启用，同年修建了卫星通信站，可通过卫星转播世界各地节目。

民俗风情与伊斯兰国家相同。岛上禁喝酒、禁吃猪肉，常吃鱼。男子穿白衬衫，用长裙围腰，不穿短裤。女子必须穿遮体长裙，或下穿长裤。外出时习惯打伞，为遮阳挡雨，也是身份的象征。星期五是伊斯兰教安息日，所有公共场所休息。

五、旅游业

1. 旅游城市与景点

首都马累，是马尔代夫唯一的城市，人口10.8万（2009年），为免税的开放港口。无柏油马路，全是白珊瑚沙铺路，很少有汽车，都骑自行车和徒步出行。市内有35座清真寺。马累博物馆陈列着当地出土的中国瓷器和钱币，反映了中马友好历史和贸易关系。

热带海岛度假是马尔代夫旅游的主打产品。世界著名潜水胜地。甘岛和天堂岛的浅海边建有海上别墅。

2. 客源市场

2004年接待游客61.7万人次，旅游外汇收入4.71亿美元；2014年接待游客120.5万人次，旅游外汇收入26.61亿美元。2017年外国赴马游客139.0万人次，27.42亿美元，接待外国游客人数与本国人口之比为316∶100。欧洲是最大的客源地，其次是东亚太和南亚。

3. 旅游产业

旅游业是第一大经济支柱，2017年旅游业的直接贡献占国民生产总值的40.9%，间接贡献占国民生产总值的79.4%，占外汇收入的60%。有人定居岛屿有200座，现有117个旅游岛，2.77万张床位，入住率达70.4%，人均在马停留时间为6.7天。

一岛一酒店，建筑各有特色的高档别墅，引进国际所有顶级酒店品牌，为全世界最负盛名的豪华度假目的地。马尔代夫库达呼拉岛海洋探索中心是一个互动研究和教育中心，让游客了解每个人能在保护当地和全球海洋生态系统中发挥的作用。

4. 旅游管理

设有马尔代夫旅游、艺术与文化部，主管旅游管理、推广。对境外游客实行免签证措施。推出的旅游宣传口号有："马尔代夫是安全的"；"马尔代夫——生命中的精神家园"；"马尔代夫——让生活中充满阳光"（Maldives：The Sunny side of Life）。

六、中马关系

1. 外交关系

中国史称马尔代夫为"溜山国"或"溜洋国"。明朝郑和率领商船队两度到达马尔代夫，马尔代夫国王优素福三次遣使来华。郑和的随行人员马欢所著《瀛涯胜览》和费信所著《星槎胜览》中，对马尔代夫地理位置、气候、物产、风俗民情等有翔实的记载。20 世纪 60 年代初，双方驻斯里兰卡使节开始往来。1972 年 10 月 14 日中马建交，中国向马尔代夫提供无偿援助，援建了外交部大楼、国家博物馆等项目。2014 年 6 月双方宣布构建中马面向未来的全面友好合作伙伴关系。

2. 旅游关系

2003 年马尔代夫成为中国公民出国旅游目的地国，对中国游客实行入境免签政策。2003 年中国赴马尔代夫旅游 0.11 万人次，2017 年为 33.2 万人次，中国成为马尔代夫第一大客源国。目前，中国北京、上海、广州、昆明同马累间分别开通了直航或包机往来。

第十五节 伊朗

一、地理、简史和人文

1. 自然地理

伊朗伊斯兰共和国（The Islamic Republic of Iran），位于亚洲西南部，素有"欧亚陆桥"和"东西方空中走廊"之称，面积 164.5 万平方公里，海岸线长 2700 公里。境内多高原，东部为盆地和沙漠。属大陆性气候，冬冷夏热，大部分地区干燥少雨。

2. 简史

史称波斯。公元前 6 世纪，古波斯帝国盛极一时，版图东起印度河流域，西至巴尔干半岛，北起亚美尼亚，西南到埃及，地跨亚、非、欧三大洲。公元 7 世纪以后，阿拉伯人、突厥人、蒙古人、阿富汗人先后入侵并统治伊朗。18 世纪后期，伊朗东北部的土库曼人恺伽部落统一伊朗，建立恺伽王朝。19 世纪以后，沦为英、俄的半殖民地。1925 年，建立巴列维王朝。1978—1979 年，霍梅尼领导“伊斯兰革命”，推翻巴列维王朝。1979 年 4 月 1 日建立伊斯兰共和国，霍梅尼成为伊朗革命领袖。

3. 国旗、国徽、国花

国旗：呈长方形，长与宽之比约为 7∶4。自上而下由绿、白、红三个平行的横长条组成。白色横条正中，镶嵌着红色的伊朗国徽图案。白色与绿色、红色交接处，分别用阿拉伯文写着“真主伟大”，上下各 11 句，共 22 句，表示纪念伊斯兰革命胜利日——公元 1979 年 2 月 11 日，伊斯兰教太阳历为 11 月 22 日。国旗上的绿色代表农业，象征生命和希望；白色象征神圣与纯洁；红色表示伊朗有丰富的矿产资源。

国徽：由四弯新月、一把宝剑和一本古兰经组成。新月象征宗教——伊斯兰教；古兰经位于顶端，象征伊斯兰教高于一切，是共和国行为准则的依据；宝剑象征坚定与力量。四弯新月和古兰经书本组成阿拉伯文的“安拉”（真主）；而整个图案呈圆形，象征地球，表示“安拉”的伊斯兰思想遍及全球。

国花：玫瑰花。

4. 人口、民族、语言与宗教

人口 8165 万，多民族的伊斯兰国家，有波斯、阿塞拜疆、库尔德、阿拉伯及土库曼等民族，其中波斯人占 66%，阿塞拜疆人占 25%，库尔德人占 5%，其余为阿拉伯人、土库曼人等少数民族。官方语言为波斯语。伊斯兰教为国教，98.8% 的居民信奉伊斯兰教，其中 91% 为什叶派，7.8% 为逊尼派。

5. 法定节日

伊朗历新年：3 月 21 日。

国庆日：2 月 11 日（1979 年）（伊斯兰革命胜利日）。

独立日：4 月 1 日（1979 年）（伊斯兰共和国日）。

建军节：4 月 18 日。

国家波斯湾日：2005 年，时任伊朗总统的哈塔米宣布伊朗历 2 月 10 日（公历一般为 4 月 29 日或 30 日）为“国家波斯湾日”，以纪念 1622 年伊朗萨法维王朝阿巴斯大帝把葡萄牙侵略者驱逐出霍尔木兹海峡。

二、政治体制与对外政策

1979 年 12 月，伊朗颁布第一部宪法，规定实行政教合一制度。1989 年 4 月对宪法进行部分修改，突出伊斯兰信仰、体制、教规、共和制及最高领袖的绝对权力不容更改。伊斯兰议会是最高国家立法机构，实行一院制，议员由选民直接选举产生。实行总统内阁制，总统是国家元首，也是政府首脑。

奉行独立、不结盟的对外政策，反对霸权主义、强权政治和单极世界，愿同除以色列以外的所有国家在相互尊重、平等互利的基础上发展关系。认为以色列是中东地区局势紧张的主要根源，支持巴勒斯坦人民为解放被占领土而进行的正义斗争。2015 年 7 月，伊朗核问题六国（中国、美国、俄罗斯、英国、法国、德国）同伊朗就伊核问题达成全面协议。2018 年 5 月，美国宣布退出全面协议，全面恢复对伊朗核领域单边制裁。

三、国民经济

世界油气大国，石油产业是伊朗经济支柱和外汇收入的主要来源之一，石油收入占伊朗外汇总收入的一半以上，石油和天然气生产量均列世界第四位。2017 年，伊国内生产总值 4277 亿美元，人均国内生产总值 5250 美元。

货币名称：伊朗里亚尔（Riyal），100 伊朗里亚尔 =0.002374 美元（2018 年）。

波斯地毯是伊朗著名的手工艺品，已有 2500 多年的历史。农业在国民经济中占有重要地位，农业人口占总人口的 45%，世界最大的藏红花生产国，占世界总产量的 90%，中东海湾地区主要的干鲜果品生产和出口国。主要贸易对象欧盟及东亚国家，包括意大利、德国、日本、中国、韩国等。

铁路总长在西亚各国中位居第二，公路以德黑兰为中心，联系全国各大中城市及各邻国。海运集中在波斯湾沿岸，主要港口有霍梅尼港、布什尔、阿巴斯港等。共有 83 个机场，其中德黑兰、设拉子、大不里士、伊斯法罕、阿巴丹和阿巴斯为伊朗六大国际机场。

四、教育、文化和新闻媒体

实行中、小学免费教育，6 岁以上受教育人口占全国人口的 82.5%。重视高等教育，通过提供贷款和给予物质、政策支持等措施鼓励民办高等教育。目前全国共有高等院校 346 所，德黑兰大学是伊朗著名的高等学府。

伊朗是具有四五千年历史的文明古国。公元 11 世纪大医学家阿维森纳所著《医典》，对亚欧各国医学发展有重大影响。伊朗人修建了世界上最早的天文观测台，发明了与现代时钟基本相似的日晷盘。诗人费尔多西的史诗《列王记》、萨迪的《蔷薇园》等是波斯文学珍品、世界文学名著。20 世纪 80 年代，伊朗从禁止电影转向鼓励发展电影业，倡导“伊斯兰的、反帝国主义的”电影创作。讲述当代伊朗现实生活故事的《分离》荣获 2012 年度第 84 届奥斯卡奖“最佳外语片奖”。伊朗男足是亚洲的传统强队，是第一个在世界杯赛场上露面的亚洲球队。

主要报纸有《世界报》《消息报》《伊斯兰共和国报》《虔诚者报》和英文版的《德黑兰时报》。伊朗伊斯兰共和国通讯社是唯一的官方通讯社。伊朗伊斯兰共和国声像组织管理的电台用波斯语、阿拉伯语、英语、法语、德语及汉语等二十五种语言对外广播。电视有7个台播放节目，并有3个卫星台向海外播出。

五、民俗风情

1. 民间节日

伊朗最古老的节日——跳火节是新年的前奏，伊朗太阳历每年最后一个星期三（公历3月中旬），当夜幕降临人们围着火堆尽情跳跃欢乐，直至天明。人们认为火焰会把病魔与灾难带走，使人健康、快乐、美满。

2. 饮食与手工艺

严格遵循穆斯林的饮食习惯。伊朗人的主食是大饼，又称“馕”，一日三餐不可缺，外出时也要带上一大袋。

地毯、丝织、刺绣等传统手工业久负盛名。

3. 风俗习惯

严守穆斯林的风俗习惯。男子不准穿短衣裤。

女性必须戴面纱、披黑袍，毛发和肌肤不能暴露给外人看。即使驾着私人小汽车外出也不得例外，游泳时也穿着长袍下水。

六、旅游业

1. 旅游城市和著名景点

德黑兰：首都，城名源于波斯语，意为“洁净的城市”。德黑兰大学是伊朗最古老、规模最大的大学。1943年11月28日至12月1日，美、英、苏三国首脑在德黑兰举行会议，签署了《德黑兰宣言》和《德黑兰协定》，商讨加速反法西斯战争进程和安排战后世界，史称“德黑兰会议”。著名景点有古列斯坦王宫、奥朝迪纪念塔（自由纪念塔，为纪念波斯帝国成立2500周年而建）、霍梅尼陵墓和伊朗国家博物馆。

伊斯法罕市：古名阿斯帕达纳，意为“军队集合点”，转义为“军营”。市内古建筑和花园众多，有“伊斯法罕半天下”之说。市中心的伊玛目皇家广场被列入《世界遗产名录》。

伊朗有12处世界文化遗产，主要有始建于公元前518年的波利斯行宫遗迹（位于设拉子市）、建立于2500年以前的巴姆古堡（位于克尔曼市）。巴姆古堡是伊朗最古老的城市之一，曾是“丝绸之路”和“香料之路”的必经之地。古代波斯建筑融合埃及、巴比伦和希腊风格，别具一格。伊朗旅游以波斯文化为亮点、古丝绸之路为特色。在2017年全球旅游和旅行竞争力排名第93位。

2. 旅游客源市场

“伊斯兰革命”前，每年到伊朗旅游都有数百万外国游客。两伊战争

（1980—1988年）期间旅游业遭到极大破坏，每年游客不足10万。从1991年起，旅游业逐渐复苏。1999年入境游客132.1万人次，旅游外汇收入5.59亿美元。2013年3月至2014年3月，前往伊朗旅游及朝圣的外国人达400万，旅游收入50亿美元。2017年旅游外汇收入24.23亿美元。客源国主要是中东国家，前10位客源国依次为阿塞拜疆、土耳其、阿富汗、科威特、沙特阿拉伯、阿拉伯联合酋长国、巴林、德国、印度等。游客中伊斯兰朝圣旅游占较大部分。2014年接待国际游客与本国人口之比为5∶100。

3. 旅游产业

2016年旅游业的直接贡献占国民生产总值的2.9%，间接贡献占国民生产总值的7.7%。旅游外贸收入占服务贸易出口的70%。

全国现有各类旅游组织、旅行社约3000家。2002年全国酒店和其他住宿设施客房30 537间、床位63 430张，客房出租率37%，平均停留2.16天。

4. 旅游管理

全国旅游业的主管部门是遗产、手工业和旅游组织。这种体制有利于把文化遗产保护、传统手工艺复兴与旅游业发展结合起来，并体现了伊朗旅游资源的特点。

七、中伊关系

公元前2世纪、汉朝张骞的副使甘英曾到过安息（即波斯），打通了中国经伊朗通往罗马的交通线，即古丝绸之路，中国的丝绸、瓷器以及打井、炼铁、制漆、缫丝等工艺传入伊朗等西亚诸国，伊朗的蚕豆、苜蓿、葡萄、胡桃、石榴等也传入中国。唐朝时波斯等国的西域乐舞盛行于长安。宋朝时许多伊朗人经由海路来到中国广州、扬州和泉州等地经商，有的在此安家落户，后人称之为海上“丝绸之路”。郑和七次航海访问亚非各国时，其中3次访问了波斯湾的忽鲁谟斯（即今霍尔木兹）。公元1516年，伊朗旅行家阿里·阿克巴尔撰有《中国纪行》一书。波斯的袄教和摩尼教曾在中国东南沿海流行。

1. 外交关系

1971年8月16日中伊建交。1979年伊朗伊斯兰共和国建立后，两国高层互访增多，各领域友好合作关系不断发展。中国是伊朗在亚洲的第一大贸易伙伴，也是伊朗的世界第三大贸易伙伴。

2. 旅游关系

十年来，伊朗来华旅游稳步增长。2005年伊朗来华游客4.25万人次，2013年8.89万人次，2017年13.67万人次，2018年9.7万人次。

2011年伊朗成为中国公民旅游目的地国家。随着当代“一带一路”建设的推进，中国与伊朗的旅游交流将取得新的进展。

第十六节　阿拉伯联合酋长国

一、地理、简史和人文

1. 自然地理

阿拉伯联合酋长国（The United Arab Emirates）位于阿拉伯半岛东部，北濒临波斯湾，面积8.36万平方公里（包括沿海岛屿在内）。西北与卡塔尔为邻、西和南与沙特阿拉伯交界、东和东北与阿曼毗连。东部为山地，西半部是海拔200米以下的洼地和沙漠，沿海地区为狭窄的平原。属热带沙漠气候，炎热干燥。

2. 简史

公元7世纪隶属阿拉伯帝国。16世纪后，葡萄牙、荷兰、法国等殖民主义者相继侵入。19世纪初英国入侵波斯湾地区，并于1820年强迫7个酋长国与其签订“永久休战条约”，沦为英国的保护国。1971年12月2日，阿拉伯联合酋长国宣告成立，由阿布扎比、迪拜、沙迦、富查伊拉、乌姆盖万和阿治曼6个酋长国组成联邦国家。1972年2月10日，哈伊马角加入联邦。

3. 国旗

国旗：呈横长方形，由红、绿、白、黑四色组成，四色是泛阿拉伯颜色，代表穆罕默德后代的几个王朝。旗面靠旗杆一侧为红色竖长方形，右侧是三个平行相等的横长方形，自上而下分别为绿、白、黑三色。红色象征祖国，绿色象征牧场，白色象征祖国的成就，黑色象征战斗。

4. 人口、民族、语言与宗教

930万（2018年），其中外籍人占88.5%，主要来自印度、巴基斯坦、埃及、叙利亚、巴勒斯坦等国。居民大多信奉伊斯兰教，多数属逊尼派。阿拉伯语为官方语言，通用英语。居民大多信奉伊斯兰教，多数属于逊尼派。官方语言为阿拉伯语，英语为通用语，沿海地区仍使用波斯语。

阿联酋人名在前、姓在后。一般人只称呼名，有地位的人才称呼姓。习惯把本人姓名与先辈的名字连用，有的长达10多段，通常简化为3段（本人名—父名—祖父名）或2段（本人名—祖父名）。

5. 节假日

国庆日：12月2日。

伊斯兰教共同的节日。

职工年带薪休假22天，另有9天公共假日。

6. 社会风俗

遵循伊斯兰民族的风俗习惯。骆驼被称为“沙漠之舟”，曾是社会财富的象征。

二、政治体制和对外政策

由阿布扎比、迪拜、沙迦、哈伊马角、富查伊拉、乌姆盖万和阿治曼7个酋长国组成的联邦国家，有“油海七珍”之称。联邦最高委员会是最高权力机构，由7个酋长组成，制定国家政策，审核联邦预算，批准法律与条约，决定国内外重大政策问题。总统和副总统从最高委员会成员中选举产生，任期5年。总统兼任武装部队总司令。联邦国民议会是咨询机构，讨论内阁会议提出的法案，并提出修改建议。除外交和国防相对统一外，各酋长国拥有相当的独立性和自主权。联邦经费基本上由阿布扎比和迪拜两个酋长国承担。

奉行温和、平衡、睦邻友好和不结盟的外交政策。主张通过和平协商解决争端，维护世界和平。2017年6月同卡塔尔断交。重视发展同美国等西方国家关系，近年来，推行“东向”政策，积极发展同中国、韩国、日本等亚洲国家关系。同192个国家建立了外交关系。2013年11月阿联酋迪拜获得2020年世博会举办权。

三、国民经济

以石油生产和石油化工工业为主，政府在把发展多样化经济、扩大贸易和增加非石油收入在国内生产总值中的比重作为首要任务，注重可再生能源研发，2009年6月首都阿布扎比获选国际可再生能源署总部所在地。除阿布扎比、迪拜外，其余酋长国都以农业为主，经济不发达。有阿布扎比、迪拜、艾因、沙迦、哈伊马角和富查伊拉6个国际机场。2017年国内生产总值4076亿美元，人均国内生产总值6.8万美元。

货币名称：迪拉姆（Dirham），1美元=3.67迪拉姆（2018年）。

四、教育、文化和新闻媒体

重视发展教育事业和培养本国科技人才，实行免费教育制，倡导女性和男性享有平等的教育机会。共开设公立学校1259所，在校学生超过80万人，教师2.5万余人。

阿拉伯文报刊有：阿布扎比半官方日报《联合报》、迪拜半官方日报《宣言报》、沙迦私人出版《海湾报》。英文报刊有:《海湾时报》《海湾新闻》《今日海湾》杂志等。阿联酋通讯社是国家通讯社，直属新闻文化部，用阿拉伯文和英文发稿。有阿布扎比、迪拜、乌姆盖万、哈伊马角4家广播电台，阿布扎比、迪拜、沙迦和阿拉比亚等8家电视台，阿布扎比电台每天用阿、英、法和乌尔都语播送节目37小时。阿拉比亚电视台新闻节目用阿语连续24小时播送。

五、旅游业

1. 旅游城市与景点

首都阿布扎比："阿布扎比"在阿拉伯语中为"羚羊之父"，建于1761年，建有酋长国宫大酒店、清真大寺等具有阿拉伯建筑风格的现代化建筑，有"波斯湾的花园"之称。市中心有阿治曼钟塔和阿布扎滨海公园喷水铜壶等标志性建筑。久美拉清真寺是现代伊斯兰建筑风格的代表。阿布扎比民俗村也叫阿布扎比博物馆，保存了原街道、集市与小院，以及现沙漠里阿拉伯人最古老的房间的"茅草房"，再现了当年原住民的生活风貌。

迪拜：阿联酋最大城市，临波斯湾岸，古代阿拉伯商人的航海基地。著名建筑有帆船酒店，世界第一高楼哈利法塔，以人工填海方式建造的3座棕榈岛以及以世界地图形状组成的300座小岛"世界岛"已成为阿联酋的国家名片，其中伯瓷酒店高321米、共56层，称为"阿拉伯塔""阿拉伯之星"，是世界上唯一的七星级酒店。2016年迪拜国际游客达到1527万人次，为全球第四大旅游城市，游客消费总额313亿美元，居全球之首。

阿联酋的旅游提供从游牧文明向现代文明跨越的独特体验。2017年旅游竞争力世界排名第29位。

2. 旅游客源市场

2000年接待游客390.7万人次，旅游外汇收入10.63亿美元；2013年接待游客999万人次，旅游外汇收入115.6亿美元；2017年接待游客1579.0万人次，旅游外汇收入120.56亿美元，接待国际游客人数与本国常住人口之比为170∶100。中东是最大的客源产出地，其次是欧洲和亚太地区。主要客源国是英国、印度、伊朗、俄罗斯、德国、巴基斯坦、美国、埃及、加拿大和法国等。随着迪拜旅游的兴起，阿联酋的客源市场正在向全球扩展。

2000年出境旅游支出30.19亿美元，2010年出境旅游支出118亿美元，居世界第24位。

3. 旅游产业

自20世纪80年代末以来，随着世界石油资源的不断紧张，阿联酋迪拜积极实行经济多元化战略，把地下油气资源优势转化成为地上的经济持续发展优势。考虑到自身并没有独特的自然景观和历史名胜，因而利用资金优厚与区位优势在海上大规模、高水平建造现代化的基础设施和酒店、娱乐和购物设施，发展现代旅游服务业。阿联酋旅游产业对GDP的贡献率从2005年的6.5%已经上升到2016年的12.4%。

阿联酋大力发展会议展览业，带动与之相关的娱乐业、酒店业、金融业及房地产业等第三产业的全面发展。著名旅游企业有长皇宫酒店、杰纳度假酒店、皇家艾美酒店、城市季节酒店、达那特度假酒店、武装俱乐部、首席旅游公司、环球旅游公司、米拉尔接待服务公司、阿布扎比克利夫兰医疗中心、奥米尔旅行社、阿利法旅行社、阿拉伯游踪、艾巴达度假酒店及阿联酋国家航空公司、阿提哈德航空等。

4. 旅游管理

迪拜旅游与商业促进署是政府指导旅游与会展经济的机构，专门成立了会展部（DCB），负责统筹规划本国会展资源，开展全球市场宣传推广活动。该机构已在美国、英国、法国、日本和中国香港特别行政区等 14 个国家和地区设立办事处。

首都阿布扎比设有旅游文化局。

六、中阿关系

1. 外交关系

中国、阿联酋自 1984 年建交以来，两国友好合作关系发展顺利。特别是近年来，中阿关系呈现全面、快速发展势头。两国高层互访和各级别往来不断，在国际和地区事务中相互支持与配合。2012 年 1 月，阿联酋成为首个同中国建立战略伙伴关系的海湾阿拉伯国家。目前，阿联酋是中国在阿拉伯世界最大的出口市场。中国在迪拜驻有总领事馆。

2. 旅游关系

2009 年阿联酋来华旅游 2.88 万人次。2017 年阿联酋在中东国家中率先获得持普通护照公民赴华免签待遇。2008 年 6 月，迪拜政府商业及旅游业推广局在中国正式设立办事处。2009 年 9 月，阿联酋正式成为中国公民组团出境旅游目的地，赴阿游客快速增长，2010 年赴阿游客 16.59 万人次，2013 年赴阿游客 23.6 万人次。阿联酋对中国游客实行免费落地签证。2017 年，中国赴阿联酋游客数量首次突破 100 万人次，在阿联酋过境游客约 350 万人次。

第十七节 土耳其

一、地理、简史和人文

1. 地理

土耳其共和国（Republic of Turkey）地跨亚、欧两洲，位于地中海和黑海之间。全国总面积 78 万平方公里，其中 96.9% 位于亚洲的小亚细亚半岛，3.1% 位于欧洲的巴尔干半岛。地形东高西低，大部分为高原和山地，仅沿海有狭长平原。沿海地区属亚热带地中海气候，内陆高原为热带草原向沙漠型气候过渡。

2. 简史

土耳其古称突厥，公元8世纪时开始从阿尔泰山一带迁入小亚细亚，13世纪末建立横跨欧亚的奥斯曼帝国。20世纪初，沦为英、法、德等国的半殖民地。1919年，凯末尔领导民族解放战争反抗侵略，1923年10月29日建立土耳其共和国。

3. 人口、民族、语言与宗教

人口8081万（2018年），土耳其族占80%以上，库尔德族约占15%。土耳其语为国语。99%的居民信奉伊斯兰教，其中85%属逊尼派，其余为什叶派（阿拉维派）。

4. 国旗、国徽、国歌

国旗：呈长方形，旗面为红色，靠旗杆一侧有一弯白色新月和一颗白色五角星。红色象征鲜血和胜利；新月和星象征驱走黑暗、迎来光明，也象征幸福和吉祥，也是对伊斯兰教信仰的标志。

国徽：图案为一弯新月和一颗五角星，寓意与国旗相同。有时将月和星置于一个红色椭圆形中，其上方写着“土耳其共和国”。

国歌：《独立进行曲》。

5. 重要节日

新年：1月1日。

国家主权和儿童日：4月23日。

青年和体育节：5月19日。

胜利日：8月30日。

共和国成立日：10月29日。

职工带薪年休假17天。

二、政治体制与对外政策

宪法规定土耳其为“民族、民主、政教分离和实行法制的国家”。实行共和制，总统由全民直选，大国民议会是土耳其最高立法机构，议员由普遍直接选举产生。政府又称部长会议。

主要政党有正义与发展党（正发党）、共和人民党、民族行动党。2014年9月，由正发党单独执政。

奉行在“普世价值”与国家利益之间寻求最大平衡的外交政策，联美、入欧、睦邻是其外交政策的三大支柱，同时重视发展同包括中国、日本、韩国在内的亚太及中亚、巴尔干和非洲国家关系，注重外交多元化。

三、国民经济

20世纪80年代实行对外开放政策以来，土耳其经济实现跨越式发展，由经济基础较为落后的传统农业国向现代化的工业国快速转变。2017年土耳其国内生产总值7695亿美元，同比增长3%，人均国民生产总值9647美元，进入中等偏上收入国家行列，是继中国、印度、俄罗斯、巴西等金砖国家之后又一新兴经济体，在国际社会中有“新钻”国家的美誉。

货币名称：土耳其里拉（Turkish Lira）。1美元=1.54里拉（2017年）。

轻纺、食品工业发达，粮、棉、蔬菜、水果、肉类等基本自给自足，2012年农业、工业、服务业增加值的比重为9.0:27.1:63.9。主要贸易对象为德国、美国、俄罗斯和东欧、英国等。

西部沿海地区工农业十分发达，东部内陆地区交通闭塞、生产力水平相对滞后。交通运输以陆路运输方式为主。航运繁忙，国际海上航线与世界许多大港均有往来。伊斯坦布尔和伊兹密尔为主要贸易港口，其他重要港口还有梅尔辛、伊斯等。航空业发展较快，国内空运中心是安卡拉，国际空运中心为伊斯坦布尔。

四、教育、文化和新闻媒体

实施义务教育12年，小学4年、初中4年和职业专科学校4年的模式。现有大学206所。著名高等学府有安卡拉大学、哈杰泰普大学、中东技术大学、比尔肯特大学、伊斯坦布尔大学、海峡大学、爱琴海大学。

历史上曾经是欧亚丝绸之路的重要通道，对东西方文化交流发挥过重要作用，希腊文化、罗马文化、基督教文化、伊斯兰文化在这里包容共处，现有世界文化遗产9处，体现土耳其的文化成就。700年前杰出的土耳其诗人梅乌拉那·杰拉莱丁·鲁米是伊斯兰神秘主义梅乌拉那僧团奠基人，转舞就是为了纪念这位著名诗人和伊斯兰神秘主义而表演的一种舞蹈。转舞的形式来源于梅乌拉那的宗教哲学思想：宇宙和世界都在运动。信徒们在举行宗教仪式时伴随着音乐旋转，被称为“旋转的苦修者”，表现了伊斯兰信徒的虔诚。2005年11月，转舞入选联合国教科文组织的“第三批人类口头和非物质文化遗产代表作”。

三大报为《自由报》《国民报》和《晨报》,《每日新闻》是主要英文报纸。半官方的阿纳多卢通讯社是主要通讯社，安卡拉通讯社也是半官方。经济新闻通讯社是非官方，面向银行界和实业界。土耳其广播电视组织对外用16种语言广播。全国共有电视台71家，允许成立私营广播电视机构。

五、民俗风情

烧烤是土耳其人的主要饮食方式，无物不可烤，无烤不成食。土耳其转烤是将羊肉或鸡肉穿在铁针上，压紧后旋转均匀烤熟后，逐层切片、放在米饭或饼上，浇上番茄汁和橄榄油。烤全羊也是土耳其的特色餐饮。早在奥斯曼帝国时期，就有斗骆驼活动，每年进行2次，大都是在雄性骆驼的发情期举行。土耳其人喜欢茶汤，茶水中加入两三片新鲜薄荷叶和冰糖，用以降暑。土耳其温泉浴历史久远、独特，在民间十分流行。著名的温泉疗养地有亚洛瓦温泉。

伊斯兰教允许一夫多妻妾，可同时与4个女人登记成婚，但是公民结婚登记局只准许男人同他的4个妻子中的1个进行正式结婚登记。如果男青年有已到婚龄的妹妹，他所看中的姑娘又有兄弟，在这种情况下可以换婚，两家都不必出聘金。

六、旅游业

1. 旅游城市和景点

首都安卡拉：古代东西商路上的贸易中心，1923年成为共和国首都。盛产优质羊毛，号称“安卡拉毛”。文物古迹有古罗马神庙、拜占庭时代城堡和墓地，突厥时代的阿拉丁清真寺、奥斯曼帝国时代的建筑以及国父凯末尔的陵墓等。

伊斯坦布尔：史称君士坦丁堡，曾为罗马帝国首都，后又为奥斯曼帝国首都，地跨博斯普鲁斯海峡两岸，为世界上唯一双居两大洲的城市。蓝色清真寺是伊斯坦布尔最重要的建筑之一。伊斯坦布尔历史区被列为世界文化遗产名录。罗马时代的多玛巴切新皇宫，现被修复并改建成了博物馆。

伊兹密尔：最大的出口港。爱琴海是古代文明发祥地，名胜古迹有“摩尔式”钟楼、罗马大道、2世纪的集市广场遗址、建于公元前4世纪的天鹅绒城堡遗址和古罗马浴池等。附近还有举世闻名的以弗所古城遗址、塞尔柱古城堡、圣母玛利亚住地遗址和鸟岛等。

安塔利亚：文化遗存有古代堡垒围墙，古灯塔，原拜占庭耶利密纳雷教堂，曾改作塞尔柱清真寺，现辟为地方考古博物馆。

布尔萨：历史古城，名胜古迹有奥斯曼帝国的创立者及子孙、穆罕默德一世和穆拉德二世等多个君主（苏丹）的陵墓，建于1421年的绿色清真寺。每年举行博览会和传统的剑盾节。

科尼亚：土耳其乃至世界最古老的城市，塞尔柱王国时的都城，伊斯兰教苏非派苦行者的朝拜地。

世界文化遗产景点有伊斯坦布尔历史区、格雷梅和卡帕多西亚（千年洞窟修道院）、哈图沙什古城堡（赫梯王国的首都）、迪夫里伊大清真寺、内姆鲁特山（科马吉尼王国国王的陵墓）、桑索斯－莱顿、希耶拉波利斯、萨夫兰博卢（古罗马帝国时的皇室温泉池），特洛伊古城遗址（《荷马史诗》中的传奇城堡）和埃菲斯古城遗址。

土耳其兼备亚欧多元文明积淀，建筑、饮食和民俗均具特色，并以其廉价、抵达便捷的优势，成为欧洲游客的重要度假目的地，尤以婚庆旅游为主，由礼服、婚礼蛋糕、请柬、婚纱摄影等近22个不同细分部门组成的婚庆服务产业链规模不断壮大，每年有近6.5万对新人在土耳其举办婚礼，按举办婚礼的数量衡量，伊斯坦布尔已成为仅次于美国拉斯维加斯的世界第二大婚礼举办城市。

土耳其的旅游宣传口号是“欧亚交汇，文明焦点”，“不是欧罗巴，胜似欧罗巴”。2017年全球旅游和旅行竞争力排名第44位。

2. 旅游客源市场

2000年入境游客1042.8万人次，旅游外汇收入76.36亿美元；2013年入境游客3779.5万人次，旅游外汇收入279.97亿美元；2014年入境游客3981.1万人次，旅游外汇收入295.52亿美元。2017年入境游客3760.1万人次，旅游外汇收入224.78亿美元，入境旅游人数与本国人口之比为46∶100。欧洲是其最大的客源地，其次是南亚和中东地区。主要客源国依次为德国、俄罗斯、英国、荷兰、保加利亚、法国、伊朗、奥地利、比利时、以色列等。

3. 旅游产业

旅游业是国民经济的重要产业和外汇收入的重要来源，最重要的服务贸易出口行业。2016年旅游业的直接贡献占国民生产总值的4.1%，间接贡献占国民生产总值的12.5%。

土耳其从事导游行业的人多为自由职业者，在专业部门考取导游证后，便可执证上岗。导游和旅行社关系并不固定，绝大多数导游和各大旅行社均签有协议，如有旅行团或客户，旅行社便会与之联系安排接待。导游并无行业规定的固定工资，他们收入来源一般有三部分，即旅行社支付的酬金、游客支付的小费和景点、酒店给予的回扣。导游拿回扣是约定俗成的行规之一。景点和酒店一般会付给导游10%~20%的回扣。

4. 旅游管理

政府旅游主管部门为文化旅游部。

七、中土关系

1. 外交关系

中国和土耳其友好交往历史悠久。伊斯坦布尔城曾是历史上著名的“丝绸之路”的西端终点。1971年8月中土建交。2010年10月，两国关系提升为战略合作关系。土耳其是与中国共建“一带一路”的重要合作伙伴。与中国发起的“一带一路”倡议相呼应，土耳其发起了“中间走廊”倡议，旨在促进亚欧区域经济合作。

2. 旅游关系

2013年来华游客10.39万人次，2014年来华游客10.62万人次，2017年来华游客7.55万人次，2018年7.4万人次。

2002年土耳其成为中国公民旅游目的地国家。中国旅土游客2002年0.81万人次，2012年11.46万人次，2013年13.89万人次，2015年31.4万人次。2018年中国举办了“土耳其旅游年”，旅土游客超过40万人次。2013年土耳其在上海设立旅游办事处。

第十八节　哈萨克斯坦

一、自然、简史和人文

1. 自然地理

哈萨克斯坦共和国（The Republic of Kazakhstan）位于亚洲中部，北邻俄罗斯，南部与乌兹别克斯坦、土库曼斯坦、吉尔吉斯斯坦接壤，西濒里海，东接中国，面积272.49万平方公里。境内大部分地区是平原和低地，东部和东南部（为阿尔泰山和天山）地势趋高。东南部辽阔的巴尔喀什湖是著名的自然保护区。属干旱少雨大陆性气候。

2. 简史

在突厥语中“哈萨克斯坦”为“自由之国”。公元6—8世纪出现了突厥汗国、土耳盖施国和卡鲁克国，10世纪上半叶为卡拉汗尼王朝。13世纪初被蒙古鞑靼人占领。15世纪末成立哈萨克汗国，到19世纪60年代，处于沙皇俄国的统治之下。1936年加入苏联。1990年10月25日，宣布哈萨克国家政权至高无上。1991年12月16日，哈萨克斯坦共和国正式宣布独立，并加入独立国家联合体。

3. 国旗、国徽、国歌和国兽

国旗：国旗为长方形，旗面颜色为蓝色，其中间为一轮金色太阳，太阳下面是一只展翅飞翔的金鹰。靠旗套一侧为哈萨克传统的金色花纹图案，由该图案组成的宽条垂直通过旗面。

国徽：呈圆形。圆面中间是哈萨克人的毛毡帐篷圆顶图案，两侧为骏马，上端是一颗五角星，下端的饰带上用哈萨克文写着“哈萨克斯坦”。

国歌：《哈萨克斯坦国歌》。

国兽：雪豹。

4. 人口、民族、语言与宗教

人口1831.17万（2018年）。有131个民族，主要有哈萨克族（占总人口的64.0%）、俄罗斯族（占总人口的23.7%）、乌克兰族、乌孜别克族、日耳曼族和鞑靼族等。哈萨克语为国语，哈萨克语和俄语为官方语言。50%以上居民信奉伊斯兰教（逊尼派），此外还有东正教、天主教、佛教等。

5. 节日

新年：1月1日。

纳乌鲁斯节（春节）：3月22日。

祖国保卫者日：5月7日。

胜利日：5月9日。

宪法日：8月30日。

共和国日：10月25日。

独立日（国庆节）：12月16日。

二、政治体制和对外政策

总统制共和国。宪法规定，立法、司法、行政三权既分立又相互作用、相互制约。总统是国家元首，由全民直接选举产生。议会是国家最高代表机构，行使立法职能，由上下两院组成。政府为国家最高行政机关。

主要政党有“祖国之光”党、公民党、“农村”社会民主党、共产党、农业党、爱国者党、“光明道路”民主党等。“祖国之光”党为连续执政党。

奉行全方位、平衡务实的多元外交，积极扩大在地区和国际事务中的影响。俄罗斯、中国、中亚、美国、欧盟以及伊斯兰国家是外交重点。已同110个国家建交，在国外开设了29个使馆。

三、国民经济

经济以石油、采矿、煤炭和农牧业为主，总体经济实力在独联体国家中居第二，仅次于俄罗斯，占中亚地区经济总量的70%。2015年7月加入世界贸易组织。2017年国内生产总值1390亿美元，人均国内生产总值7591美元。工业产值364.66亿美元，占GDP的26%；农业产值124.28亿美元，占GDP的8.9%；服务业增加值8930亿美元，占GDP的65.1%。

货币名称：坚戈（ТЕНГЕ），汇率：1美元=380坚戈（2019年5月）。

2006年7月，西起哈萨克斯坦的阿特劳，东至我国新疆的阿拉山口，中哈首条跨境石油管道投入商业运营，是哈第一条跨国输油管道，也是中国—中亚天然气管道哈萨克斯坦境内段部分。中哈国际旅游列车正式开通，东起中国连云港、西到荷兰鹿特丹的“欧亚大陆桥”贯通全境，被称为“现代丝绸之路”。

主要公司有哈萨克斯坦国家石油天然气公司、石油运输公司、天然气运输公司、阿特劳石油加工厂、田吉兹雪弗龙公司、中石油阿克纠宾油气股份有限公司、中石油“PK”公司、中石油国际（北布扎奇）公司、米塔尔哈萨克钢铁公司、哈萨克铜业公司。

四、教育、文化和新闻媒体

哈萨克斯坦教育基础较好，全国基本无文盲，5~24岁人群受教育率达到85%。国立高校采取奖学金制和收费制两种方式。中等教育为11年制，中小学使用哈、俄、英三语授课。各类高等教育院校144所，主要大学有纳扎尔巴耶夫大学、欧亚国家大学、哈萨克斯坦阿里法拉比国家大学、哈萨克斯坦阿拜国家师范大学、哈萨克斯坦国立技术大学、哈萨克斯坦国家农业大学、哈萨克斯坦国家医科大学。

截至2012年年底，哈萨克斯坦有国家级文化艺术单位40家，其中有剧院、音乐厅、图书馆、博物馆、地方志博物馆、电影公司。地方文化艺术单位和组织约8000多家。

目前，登记在册的新闻媒体共有近8000家，主要报刊有《哈萨克斯坦真理报》（俄文日报）、《主权哈萨克斯坦报》（哈文日报）。哈萨克斯坦通讯社是哈唯一的国家通讯社，前身系前塔斯社哈萨克分社。主要广播电视有“哈巴尔”广播电视公司（国家控股）下属的“哈巴尔热点调频”电台和“哈巴尔”电视台、“叶尔阿尔纳”无线电视频道和“里海网络”卫星频道。

五、民俗风情

1. 民间节日

伊斯兰传统节日有肉孜节、古尔邦节等，行业性节日有教师节和矿工节等，时间大多在星期六或星期日，以及民族特色的节日，如开春节、棉花节、牧人节。

2. 住房服饰

传统居所是圆顶毡房，传统服装以毛皮为主。姑娘和少妇一般穿连衣裙，袖子带绣花、下摆多褶子。未出嫁的姑娘戴水獭皮帽子，帽顶绣花并有鸟的羽毛；出嫁时戴尖顶的帽子，一年后换戴花头巾；生了孩子后换戴“克木谢克”头饰。

3. 饮食特色

传统食物是肉和奶，现在也吃面食、蔬菜和水果。其中最有代表性的佳肴是手抓羊肉，菜单上的“别什巴尔马克”就是手抓羊肉。一年四季爱喝浓茶，茶中一般掺入牛奶和奶油，也爱喝马奶。

4. 文体活动

能歌善舞，擅长骑术，举行节日活动时有骑马、叼羊、射箭及摔跤等。在射箭、摔跤、皮划艇、举重、游泳和一些田赛上都有强项。冰雪运动较流行，在阿拉木图郊区有冬季体育运动中心麦迪奥高山冰雪中心。

5. 社交礼仪

在社交场合与客人见面时，一般以握手为礼，女人则一般向客人施屈膝礼。亲朋好友见面时，还常施吻礼：长幼相见，幼辈要吻长辈的手；女人长幼相见，长者要吻幼辈的额头或眼睛；若同性平辈见面，还常以吻唇或吻面颊为礼。

与人谈话时忌讳脱帽，尤其忌讳别人当着他们的面赞美他们的孩子和牲畜，忌讳用手指或棍棒比画清点人数。有“右为上左为贱”的民族传统观念，特别忌讳用左手持茶、食等招待客人。在做礼拜时，最忌讳别人在其面前走过。厌恶黑色，认为黑色是丧葬的色彩。禁吃猪肉、驴肉、骡肉和动物血及一切自死的动物，也不吃整条鱼。

六、旅游业

1. 旅游城市和旅游景点

阿斯塔纳市：1997 年 12 月启用的新首都，全国政治、经济、文化中心，人口 70 万（2008 年）。新建的独立宫荟萃了哈萨克斯坦各种珍贵历史文物和现代藏品，从历史、政治、社会、经济、文化等各方面展现国家和民族的发展历程，与共和广场共同成为象征国家 1991 年独立的标志性建筑。

阿拉木图市：原首都，全市为苹果树和杏树所环绕，有“苹果城”之称。到处可见伊斯兰教圆穹式的礼塔，展示出民族特色。市内的东正教大教堂是现存世界第二高木结构建筑，附近的麦迪奥冬季运动场是世界著名的运动场之一。

突厥斯坦：中亚古城之一，哈萨克斯坦南部城市，也译作“土耳其斯坦”。曾为中亚的手工业和通商中心，有古代陵墓等古迹。

哈萨克斯坦位于欧亚大陆中心，古代中国至南亚、中亚、西亚和欧洲的丝绸之路的重要地段，主要遗迹有塔姆加利岩画（青铜器时代）、奥特尔阿尔古城遗址（公元前 4—13 世纪末）、耶斯克古墓（4 世纪）、萨利亚喀古城堡（9—10 世纪）、铁克图尔马斯历史建筑群遗址（10—15 世纪）、巴巴渣—哈图恩陵墓（11—12 世纪）、亚瑟伊陵墓（12—14 世纪），是世界文化遗产丝绸之路的组成部分。

哈萨克斯坦旅游以古代欧亚丝绸之路历史文化与哈萨克族民俗风情为特色。2017 年全球旅游和旅行竞争力排名第 107 位。

2. 旅游客源市场

2000 年入境游客 168.3 万人次，3.56 亿美元。2015 年 456 万人次，人数与全国人口之比为 25∶100。2017 年入境旅游收入 12.81 亿美元。主要客源地是中亚邻国吉尔吉斯斯坦、乌兹别克斯坦、俄罗斯、塔吉克斯坦、阿塞拜疆等，其余为德国、中国大陆、土耳其、美国、英国等。

3. 旅游产业

哈萨克斯坦独立后，日益重视旅游业的开发，已同中国、土耳其以及独联体国家建立了旅游合作关系。共有 387 个旅游公司，已开放的主要旅游景点有阿拉木图市的高山滑雪场、巴尔喀什湖、突厥斯坦古城等。主要酒店有哈萨克斯坦宾馆、土耳其宾馆、阿拉套宾馆、阿拉木图饭店。

4. 旅游管理

文化和体育部主管旅游业。

七、中哈关系

1. 外交关系

1992年1月3日，中哈正式建交。1994年4月两国签署了中、哈国界协定。1996年4月签署了中国、哈萨克斯坦、俄罗斯、吉尔吉斯斯坦、塔吉克斯坦五国关于在边境地区加强军事领域信任的协定。2005年7月，两国建立战略伙伴关系。2011年6月，两国宣布发展全面战略伙伴关系。哈萨克斯坦独立是中国独联体国家中仅次于俄罗斯的第二大贸易伙伴，中国是哈萨克斯坦的第一大贸易伙伴。1992年8月，中国在霍尔果斯界河和口岸大楼之间的戈壁上开辟了一个“霍尔果斯边民互市点”，中哈边民在此易货、购物、游览。

2. 旅游关系

20世纪90年代以来，中哈两国旅游关系日益发展，来华旅游者相对稳定，1994年10.63万人次，2007年43.89万人次，2016年25.8万人次，2017年22.29万人次，2018年19.5万人次。目前来华旅游以边境贸易为多。

中国赴哈萨克斯坦2000年4.26万人次，2011年达15.88万人。2011年国务院批准开放哈萨克斯坦为中国公民出境旅游目的地。2015年12月，双方签署了《关于便利中国公民赴哈萨克斯坦共和国团队旅游的备忘录》。2016年7月，中国公民组团赴哈萨克斯坦旅游业务正式启动，中国内地居民首站赴哈人数22.5万人次。2017年中哈两国互办旅游年，中国驻阿斯塔纳旅游办事处授牌。

【学习提要】

亚洲地区是目前世界旅游业发展最强劲的地区，是中国国际旅游客源地和目的地的主体，发展与亚太地区的旅游交流与合作，是中国拓展国际旅游市场的重心所在。

本章教学重点

日本、韩国、东南亚和印度旅游业的旅游业现状、特点及其与中国的旅游交流与合作。

思考与讨论

中国怎样拓展亚洲周边地区的旅游市场？

第四章

欧洲地区

第一节　英国

一、地理、简史和人文

1. 地理

英国全称“大不列颠及北爱尔兰联合王国”（The United Kingdom of Great Britain and Northern Ireland，UK），位于欧洲西部，由大不列颠岛、爱尔兰岛东北部和一些小岛组成，面积24.41万平方公里（包括内陆水域），与欧洲大陆隔海相望。苏格兰、威尔士、北爱尔兰为西北高原和山区，英格兰东南部为平原、谷地等低地区，泰晤士河是英国的母亲河。属温带海洋性阔叶林气候，冬暖夏凉、终年温和湿润，多雨雾。

2. 简史

公元1—5世纪曾为罗马帝国属地。7世纪开始形成封建制度，称“盎格鲁·撒克逊时代”。1066年诺曼底公爵渡海征服英格兰。1588年英国击败西班牙“无敌舰队”，树立海上霸权。17、18世纪建立议会制，确立内阁负责制，率先完成工业革命。1914年英国的殖民地比本土还大111倍，称“日不落帝国”。第二次世界大战后经济实力削弱，大英帝国殖民体系逐步瓦解。

3. 国名、国旗、国徽、国歌、国花、国鸟与国石

国名：“不列颠”一词源于凯尔特语，意为“杂色多彩”，指古代部落人身上喜爱涂各种颜色。因曾有部分不列颠人迁居法国，故将本土称为大不列颠，法国北部则称小不列颠或不列塔尼。英国的绰号是“约翰牛”。

国旗：呈横长方形，由深蓝底色和红、白色“米”字组成。

国徽：中心图案为一枚盾徽，盾面上左上角和右下角为红地上三只金狮，象征英格兰；右上角为金地上半站立的红狮，象征苏格兰；左下角为蓝地上金黄色竖琴，象征爱尔兰。盾徽周围用法文写着一句格言，意为“恶有恶报”；下端悬挂着嘉德勋章，饰带上写着“天有上帝，我有权力”。

国歌:《神佑国王》。

国花：玫瑰。

国鸟：红胸鸲。

国石：钻石。

4. 人口、民族、语言与宗教

人口6605万（2017年），其中英格兰人占83.6%，苏格兰人占8.6%，威尔士人占4.9%，北爱尔兰人占2.9%。官方语言为英语。英国国教为基督教新教，亦称圣公会教。国王是教会的世袭领袖，坎特伯雷大主教是教会的宗教领袖。居民大多为基督教新教徒。

5. 法定节日

国庆日：女王伊丽莎白二世诞辰的官方庆祝日，每年6月第二个星期六。

元旦：1月1日。

耶稣受难日：复活节前的星期五。

复活节：一般在3月底至4月中春分月圆后的第一个星期日。

春假日：5月的最后一个星期一。

夏假日：8月的最后一个星期一。

银行假日：共8天，包括元旦、耶稣受难日、复活节、5月的第一个星期一（圣灵降临节）、5月最后一个星期一、8月第一个星期一和圣诞节，全民休假。

圣诞节：12月25日。

6. 带薪假期

1998年实施《工作时间条例》，全日制员工有权获得每年20天的带薪假期。从2009年4月1日起增至28天。

二、政治体制与对外政策

君主立宪制。国王是国家元首、最高司法长官、武装部队总司令和英国圣公会的“最高领袖”，但实权在内阁。现任国王伊丽莎白二世女王。议会是最高司法和立法机构，由国王、上院和下院组成。上院（贵族院）包括王室后裔、世袭贵族、新封贵族、上诉法院法官和教会大主教及主教。权力集中在下院。下院由普选产生。政府实行内阁制。由议会中占多数席位的政党领袖出任首相并组阁，向议会负责。

主要政党有：保守党，第二次世界大战后多次执政；工党，第二次世界大战多次执政。自由民主党是政坛上的第三势力，此外还有绿党等其他政党。主要社团有职工大会，唯一的全国性总工会，基本上为工党所控制；英国工业联合会，是企业家的协商和咨询组织。

开展全方位外交，利用自身广泛的国际联系，在国际舞台上发挥“枢轴作用”。坚持与美国的特殊关系，参与欧盟建设，协调欧美建立紧密伙伴关系；重视发展同中、俄、日等大国关系；加强与英联邦国家的合作，改善与发展中国家的关系；推动建立自由贸易体系。英联邦现有 54 个成员国。2000 年，英国同 185 个国家保持外交或领事关系，并有 13 块海外属地。

三、国民经济

世界第六大经济体，欧盟内仅次于德国和法国三大经济体。私有企业是英经济的主体，占国内生产总值的 60% 以上。2017 年国内生产总值 1.96 万亿英镑（2.58 亿美元），人均国内生产总值 29674 英镑（3.89 万美元）。

货币名称：英镑（POUND，简写为 £，国际标准化组织制定的货币符号为 GBP）。1 英镑等于 100 便士。汇率：1 英镑 =1.315 美元（2018 年）。

生物制药、航空和国防是英最具创新力和竞争力的行业。农牧渔业包括畜牧、粮食、园艺、渔业，可满足国内食品需求总量的近 2/3。是欧盟国家中最大捕鱼国之一。服务业是支柱产业，包括金融保险、零售、旅游和商业服务等，伦敦是世界著名金融中心。鼓励自由贸易，对外贸易发达，与世界 80 多个国家和地区有贸易关系，主要贸易对象是欧盟、美国和日本。2012 年农业、工业、服务业增加值的比重为 0.7∶20.7∶78.6。

交通基础设施齐全，陆路、铁路、水路、航空运输均较发达。伦敦有十分发达的地铁网。英法海底隧道将英国的铁路系统与欧洲大陆的铁路系统连接起来。1997 年铁路完成私有化。内河航运主要用于游览及改善自然环境，部分用于货运。海运承担了 95% 的对外贸易运输。所有的航空公司和大多数机场均为私营企业。目前共有 50 多家航空公司。英国航空公司是世界最大航空公司之一。共有 462 家民用机场，伦敦希思罗机场是世界上最大最繁忙的机场之一。

四、教育、文化和新闻媒体

英格兰、威尔士和苏格兰实行 5~16 岁义务教育制度，北爱地区实行 4~16 岁义务教育制度。全国有 110 多所大学和高等教育学院。著名的高等院校有牛津大学、剑桥大学、帝国理工学院、伦敦政治经济学院、圣安德鲁斯大学、曼彻斯特大学、爱丁堡大学和卡迪夫大学等。世界高科技、高附加值产业的重要研发基地之一，其科研几乎涉及所有科学领域，在生物技术、航空和国防方面具有较强的竞争力。

14 世纪，杰佛利·乔叟是第一个反映英国本土社会的诗人，其代表作是《坎特伯雷故事集》。威廉·莎士比亚是文艺复兴时期最伟大的作家，一生留下《哈姆雷特》《奥赛罗》《罗密欧与朱丽叶》《威尼斯商人》《亨利四世》等37部悲剧、喜剧和历史剧。18世纪的笛福著有《鲁滨孙漂流记》，被称作现代小说之祖。19世纪，出现了浪漫主义诗人拜伦、批判现实主义小说家狄更斯和主要在英国从事文艺创作的戏剧兼评论家萧伯纳等一批文学巨匠。英国人对音乐会、戏剧、歌剧、舞剧和室内音乐等有广泛的兴趣。流行音乐、民间音乐和爵士音乐也有大批听众，许多城镇都举行音乐节。

主要报刊有《泰晤士报》《金融时报》《每日电讯报》《卫报》《独立报》《世界新闻》《观察家报》《星期日泰晤士报》和《经济学家》等。通讯社主要有3家，为路透社、新闻联合社与AFX新闻有限公司。英国最大的通讯社——路透社为一私人企业，现为世界三大通讯社之一。广播电台和电视台均由政府控制，英国广播公司（BBC）和独立广播公司（IBA）共同提供广播电视服务。

五、民俗风情

1. 姓名称谓

姓名排列是名在前，姓在后。妇女在结婚以前都用自己的姓名，结婚以后一般用自己的名，加丈夫的姓。口头称呼一般称先生、夫人、小姐再加姓。对不了解婚姻状况的女子可称女士（Ms）。正式场合一般用全称。对地位较高或年龄较长者，称Sir（先生）或Madam（夫人），省略姓名。家里人或亲朋好友之间，常呼名或名的昵称。现在越来越多的人称服务人员为先生、夫人或小姐。

2. 民间节日与节庆活动

情人节：2月14日。

愚人节：4月1日。

五朔节：5月1日，祈求丰收、歌颂生命的古老节日，选出“五月皇后”。

圣帕特里克节：3月17日，北爱尔兰天主教节日，纪念保护神圣帕特里克。

哈罗节、万圣节、万灵节：10月31日、11月1日、11月2日，古吉尔特人风俗与基督教信仰的民间习俗。

爱丁堡国际音乐节、戏剧节：又称“苏格兰文艺节”，8月14日开始至9月3日结束。

3. 服饰餐饮

十分注重穿着，男士在重大场合穿西装套服，打领带。在工作和闲暇期间喜欢着便装。

家庭一般是一日三餐加茶点，早餐（早7—9点）、上午茶点（上午11点）、午餐（中午1点—下午2点）、下午茶点（下午4—5点和晚餐（晚上7点半左右），晚餐为一天中之正餐。喜欢喝啤酒，尤其是苦啤酒或黑啤酒。

4. 婚丧礼仪

婚礼一般在圣公会的教堂举行，由教堂的牧师主持，还要有两个证人才能生效。节约办丧事已成为英国社会的新风气。遇有家人去世，一般在报纸上登一则小启事，公布丧礼的举行地点和时间。丧礼前半部分在教堂举行，由牧师主持追悼礼拜；后半部分在墓地举行。

5. 社交礼仪

不喜欢被统称为“英国人”（即“英格兰人”），应称他们为“不列颠人”。习惯以握手表示友谊。握手时应先把手套脱掉，而且脱得越爽快表示对人越尊重。探访朋友，应事先联络。忌问私事，聊天不应涉及金钱、婚姻、职业、年龄等私事。在众人面前，忌讳相互耳语。尊重女性，女士优先。忌讳数字 13 和星期五。

六、旅游业

1. 旅游城市和著名景点

英国教徒传统上有去宗教圣地朝圣的习俗，是最初的旅游者。早期政府鼓励青年人赴欧洲大陆进行游学。16 世纪中叶开始流行温泉疗养，18 世纪后，海滨旅游取代温泉成为首选度假方式。1841 年 7 月 5 日，托马斯·库克组织了一个 570 人的庞大火车旅游团，是世界近代旅游业诞生的重要标志之一。20 世纪后半期，私人汽车的普及，喷气式飞机的出现，带薪休假的普及，进入国民旅游时代，英国成为世界旅游接待和出游大国。

首都伦敦：位于英格兰东南部低地平原区，横跨泰晤士河两岸，由伦敦城、内伦敦和外伦敦三个部分组成。人口 820 万（2011 年）。名胜古迹有：历代君王住所白金汉宫，历任首相办公和居住地唐宁街 10 号，建于 1753 年的大英博物馆，现议会大厦威斯敏斯特宫，高 97 米的钟楼“大本钟”，藏有历代君主的皇冠、王权球和权杖等国宝的皇家珍宝馆。伦敦塔，伦敦规模最大的圣保罗大教堂，历代国王加冕登基和王室成员举行婚礼的威斯敏斯特教堂，英王室和名人墓地，现为天文博物馆的格林尼治天文台，现代景点有“千禧之轮”伦敦眼摩天轮、奥林匹克体育场。

利物浦：英国第二大商港，历史古城、北部海岸为滨海休闲胜地，布莱克普尔海滨最负盛名。

爱丁堡：苏格兰首府，文化古城，老城区中世纪风貌犹存，主要景点有建于 11 世纪的古堡爱丁堡（现为博物馆）、王子街、圣十字皇宫、圣玛格里特礼拜堂等，文化艺术场馆、团体众多。

曼彻斯特：中部经济文化中心城市，市中心仍保存着古朴的哥特式大教堂。

世界文化遗产：伦敦塔、威斯敏斯特宫、巴斯城、布莱尼姆宫、达勒姆大教堂和城堡、圭内斯的爱德华国王城堡、汉德良城墙、亨德森岛、皇家种马场公园和方廷斯修道院、“巨人之路”、“巨石阵”和埃夫伯利的石头城。

世界自然遗产：圣基尔达火山群岛、巨人堤道及海岸、享德森岛、戈夫一难达群岛。国家公园有洛森伯兰、北约克禁猎地、湖区、约克郡溪谷、山峰区、斯洛多尼亚、彭布罗克郡海滨、布莱肯、比科落、埃克斯禁猎地和达特禁猎地等。海滨浴场400多个，海滨胜地有英格兰南部的布赖特和布莱克普尔等。

英国是近代欧洲文艺复兴的发源地和工业革命发生地之一，文化遗产丰厚、现代文明前卫，戏曲、歌舞、服饰和生活习俗既传统又时尚，文化旅游是英国的核心吸引力。近年来使用“时尚英国、年轻英国”口号进行宣传推广。2017年英国旅游和旅行竞争力名列世界第5位。

2. 旅游客源市场

世界旅游接待大国之一，入境旅游收入位居世界前列。1950年入境游客60.8万人次、世界排名第10位，旅游外汇收入1.7亿美元、世界排名第5位；2013年入境游客3116.9万人次，旅游外汇收入405.97亿美元。2017年，入境外国人3765.1万人次、居世界第7位，旅游外汇收入512.11亿美元、居世界第5位，接待外国游客与本国人口的比例为57∶100。入境客源的主体主要是欧洲，尤其是周边的欧盟国家，其次是美洲和亚太地区。按国别排位，美国居入境游客之首，其他为法国、德国、爱尔兰、西班牙、荷兰、意大利和波兰。

出境旅游比例在世界上名列前茅。2000年出境旅游5683.7万人次，旅游外汇支出382.62亿美元。2015年出境旅游6500万人次，旅游外汇支出630亿美元，居世界第4位。英国出境旅游密度高，2015年出境旅游人数与本国人口比例为101∶100。出境旅游大多去欧洲，约占4/5，其次是美洲和亚洲。主要目的国是法国、西班牙、意大利、美国、爱尔兰、德国和希腊。亚洲的主要目的地主要是中国香港、印度、日本、泰国、中国大陆和新加坡。平均每年休假4~5周，出境旅游1~2次。多次出境旅游者一般首选为海滩度假，冬季去瑞士等国家滑雪。188个国家和地区对英国国民实行免签入境或落地签证政策。

每年约有1亿人次在国内旅游。主要旅游目的是海滨度假、观光和探亲访友。旅游交通方式主要是汽车和火车。夏季学生放暑假两个月，是出游的黄金时段。

3. 旅游产业

旅游业是最重要的经济部门之一。2016年旅游业的直接贡献占国民生产总值的3.4%、间接贡献占国民生产总值的10.8%。提供270万个就业机会，占就业总人数的1/12。英国国际旅游收支呈逆差状态。2017年旅游外汇收入512亿美元，旅游外汇支出714亿美元，旅游贸易逆差202亿美元。

有旅游企业20余万家。饭店2.1万家，汽车旅馆和小客栈1.86万家，帐篷和大篷车营地1.6万个。饭店20%属国营公司所有和经营，5%归国营公司所有、由租赁者经营。饭店日渐向集团化发展，已有 145 个饭店集团，拥有 2000 家饭店，14.6 万间客房。

1996 年，有零售旅行社 6890 家，旅游经营批发商 2712 家。旅行社经营的拳头产品是包价旅行团，其次是销售优惠机票。英国著名的旅游企业有：托马斯·库克旅游公司、全欧旅游公司、安吉拉·先利联合公司、彼斯特名牌折扣购物村、CHR 旅游有限公司、中国假期有限公司、欧洲之星、精英高尔夫与休闲旅游有限公司、希尔顿酒店集团等。伦纳德航运公司是英国最大的经营游船业务的公司，总部设在美国纽约。旗下有五艘五星级游船与两艘四星级游船，其中以“女王伊丽莎白二世号”最为著名。

4. 旅游管理

英国旅游局、英格兰旅游委员会、苏格兰旅游委员会和威尔士旅游委员会等四个管理机构。旅游局处理有关整个旅游业的全局性问题，并就一般旅游事务向各大臣提出建议，行政上对英国文化媒体和体育部（简称 DCMS）负责，是唯一负责在海外推销英国旅游的机构，下设秘书处、旅游市场委员会（宣传促销）、旅游设施委员会（协调相关部门旅游设施建设）、旅游开发委员会（改善旅游交通及标志、环境卫生）、饭店餐馆委员会（饭店星级评定）、文物遗产委员会（文物保护宣传）。

英格兰、苏格兰和威尔士旅游委员会的主要职能是负责本地国内旅游市场宣传，促进本地区旅游设施的建设和发展，协调和增强各地区间的旅游合作，旅游局下设秘书处、旅游市场委员会（宣传促销）、旅游设施委员会（协调相关部门旅游设施建设）、旅游开发委员会（改善旅游交通及标志、环境卫生）、饭店餐馆委员会（饭店星级评定）、文物遗产委员会（文物保护宣传）。

英国旅游协会成立于 1929 年，其成员有船运公司、铁路、饭店和有度假地的地方政府、旅行商协会、饭店与餐馆协会、导游协会等民间行业组织，从而使英国形成由官方、半官方和民间三类组织互相补充、比较完善的旅游行业管理体制。

英国旅游局在悉尼、布鲁塞尔、多伦多、哥本哈根、巴黎、法兰克福、中国香港、新德里、都柏林、罗马、米兰、东京、首尔、阿姆斯特丹、奥克兰、奥斯陆、里斯本、新加坡、约翰内斯堡、马德里、斯德哥尔摩、苏黎世、中国台北、纽约、芝加哥、迈阿密、洛杉矶等 35 个国家及地区设有旅游办事处。

5. 旅游教育

旅游教育起步很早。19 世纪末 20 世纪初，一些学校就开设了餐饮方面的课程。20 世纪 50 年代末至 60 年代初，不少高等院校开设了饭店和餐饮管理系。英国主要旅游院校（含开设旅游系的综合性院校）主要有萨里大学、曼彻斯特理工学院、多塞特学院、苏格兰饭店学院、诺里奇饭店管理学院等。

七、中、英关系

1. **外交关系**

英国于1950年承认中华人民共和国，是最早承认中华人民共和国的西方大国。中、英于1954年6月17日建立代办级外交关系，1972年3月13日升格为大使级。1984年年底，中英两国政府发表了关于香港问题的联合声明。1997年7月1日中国顺利恢复对香港行使主权，两国关系进入全面发展的新阶段。2004年5月，中、英发表联合声明，宣布建立全面战略伙伴关系和定期会晤机制。英国是中国在欧盟内第三大贸易伙伴，中国是英国在欧盟外第二大贸易伙伴。中英双方分别在曼彻斯特和上海设有总领事馆。

2. **旅游关系**

英国是最早与中国发展旅游关系的西方国家之一，20世纪60年代便有游客访华。1981年来华游客4.18万人次，2013年来华游客62.50万人次，2014年来华游客60.47万人次，2015年来华游客57.96万人次，为中国第15大客源国。2017年59.07万人次来华，来华旅游者大多为散客。2018年60.8万人次。

中国赴英国旅游人数日益增多，1998年中国游客赴英旅游3.6万人次。2004年中国游客赴英旅游11万人次。2006年1月中英签署《中国公民赴英旅游谅解备忘录》。2013年中国游客赴英旅游49.06万人次。2016年超过25万中国游客赴英旅游，总消费额超过5亿英镑。2017年中国游客赴英旅游超过72万人次。英国对中国游客最大的吸引物是：丰富的世界文化遗产、体育活动、文化、音乐、美食、乡村美景以及购物等方面。

中国在伦敦设有旅游办事处。

第二节　德国

一、地理、简史和人文

1. **地理**

德意志联邦共和国（The Federal Republic of Germany，Die Bundesrepublik Deutschland）位于欧洲中部，北部濒临北海和波罗的海，南靠阿尔卑斯山，总面积357167平方公里。从南部的阿尔卑斯山向北倾斜，直至北海和波罗的海沿岸，南德山地、中德高原、北德平原，呈从山崖到海洋的走向。主要河流有莱茵河、多瑙河、易北河。地处温带，气候凉爽，空气湿润。

2. 简史

公元前境内就有日耳曼人生活，公元10世纪形成德意志早期封建国家。13世纪中期走向封建割据。18世纪初奥地利和普鲁士崛起，根据1515年维也纳会议，组成了德意志邦联。1871年建立统一的德意志帝国，1914年挑起第一次世界大战，1918年因战败而宣告崩溃。1919年2月建立魏玛共和国。1933年希特勒上台实行独裁统治，1939年发动第二次世界大战，1945年5月8日德国战败投降，分别由美、英、法、苏四国占领。1949年5月23日，西部美、英、法占领区成立德意志联邦共和国。同年10月7日，东部的苏占区成立德意志民主共和国。1990年10月3日，民主德国正式加入联邦德国，两德重新统一。

3. 国旗、国徽、国歌、国花与国鸟

国旗：呈横长方形，自上而下由黑、红、黄三个平行相等的横长方形相连而成，历史上代表共和制度。

国徽：为金黄色的盾徽。盾面上是一头红爪红嘴、双翼展开的黑鹰，象征力量和勇气。

国歌:《德意志之歌》。

国花：矢车菊。

国鸟：白鹳。

4. 人口、民族、语言和宗教

人口8217万（2017年），欧盟人口最多的国家，每平方公里人口密度为226人，是欧洲人口最稠密的国家之一。主要是德意志人，有少数丹麦人和索布族人。有723万外籍人，占人口总数的8.9%，其中最多的是土耳其人，共155万。通用德语。居民中信奉新教和罗马天主教的各占约30%。

5. 主要社会性节日

劳动节：5月1日。

基本法颁布日：5月23日，纪念1949年制定的《德意志联邦共和国基本法》。

德国统一日：10月3日，也是国庆日。

6. 带薪假期

德国法定带薪休假时间为18天，劳资协议达5~6周。德国法律明文规定，假期不允许被某种形式的经济补偿所替代，员工即使放弃休假，也不能再得到加班工资。

二、政治体制与对外政策

1949年制定的《德意志联邦共和国基本法》规定，联邦德国为民主共和制、联邦制、法制和福利国家，“国家的权力来自人民”。联邦总统为国家元首，联邦政府由总理和各部部长组成。联邦议会依照政党比例混合选举法由公民每四年选举一次，议员按照所属政党组成议会党团。

联邦议会中主要政党有基督教民主联盟、基督教社会联盟、德国社会民主党、自由民主党、左翼党民社党和联盟90/绿党等。德国工会联合会是最大的工会组织，由16个专业分工会组成。德国的大型工会还包括德国职员工会、德国公务员联合会、德国基督教工会联合会。德国有数百个分专业和地区的雇主联合会，其最高组织为德国雇主联邦联合会。

坚持欧盟和跨大西洋伙伴关系是外交政策的两大支柱；继续推进欧盟一体化进程，保持与美国的紧密盟友关系，加强同俄罗斯战略伙伴关系，深化与中东欧国家关系，重视新兴市场国家作用，加强与中、印等国的协调合作；继续谋求联合国安理会常任理事国席位；通过向非洲、拉丁美洲推广德国政经模式，谋求扩大影响。德国与190个国家建立了外交关系，共有230多个驻外代表机构。

三、国民经济

高度发达的工业国，经济总量位居欧洲首位，世界第四，仅次于美国、中国和日本。2017年的国内生产总值32 634亿欧元（36 876亿美元），人均国内生产总值39 470欧元（4.4万美元）。工业发达，汽车和机械制造、化工、电气等为支柱产业。农业机械化程度高。2017年一、二、三次产业结构比例为0.6∶24.1∶75.3。2015年国内生产总值30266亿欧元，人均国内生产总值30 250欧元。

货币名称：欧元（Euro），1欧元＝1.1326美元（2018年）。

工业是国民经济的主要支柱。工业结构侧重重工业。汽车和机械制造、化工、电气等部门是支柱产业；高度外向。主要工业部门的产品一半以上销往国外；中小企业占多数。专业化程度强，技术水平高，灵活性强；垄断程度高。占工业企业总数2.5%的1000人以上的大企业占工业就业人数40%和营业额的一半以上。农业发达，机械化程度很高，以中小企业和家庭企业为主。服务业高度发达。2015年农业、工业、服务业增加值的比重为0.5∶23.2∶74.1。世界贸易大国，同世界上230多个国家和地区保持贸易关系，全国近1/3的就业人员为出口行业工作。主要贸易对象是西方工业国，其中进出口一半以上来自或销往欧盟国家。

交通运输业发达，公路、水路和航空运输全面发展。主要海港有汉堡港、威廉港、不来梅港、罗斯托克港和吕贝克港等。大型民用机场有法兰克福机场、慕尼黑机场、柏林机场、杜塞尔多夫机场、汉堡机场、科隆/波恩机场和斯图加特机场。法兰克福机场是世界主要航空港之一。

著名企业有大众汽车股份公司，主要生产销售各式汽车、发动机和有关配件。戴姆勒股份公司主要生产各种车辆、飞机发动机和内燃机等。西门子股份公司主要生产经营各类电气设备、电子元件等。巴斯夫集团主要经营石油、化工产品和药品等，安联保险集团主要提供保险、风险管理咨询及投资理财服务。

四、教育、文化和新闻媒体

大、中、小学和职业教育发达。实行 12 年制义务教育，公立学校学费全免，教科书等学习用品部分减免。小学学制 4~6 年，中学学制 5~9 年，高等学校享有一定自主权，对高中毕业生原则上实行自由入学。职业教育实行双元制，即职业学校理论学习和企业中的实践相结合。成人教育和业余教育十分普及。教师为终身公务员，必须受过高等教育。著名大学有海德堡大学、科隆大学、慕尼黑大学、明斯特大学、柏林工业大学、洪堡大学、法兰克福大学和柏林自由大学等。

著名哲学家有黑格尔、费尔巴哈，思想家有马克思、恩格斯，诗人、剧作家和思想家歌德，代表作小说《少年维特之烦恼》、诗歌《浮士德》。剧作家、诗人席勒，代表作品有剧本《强盗》《阴谋与爱情》等。音乐家贝多芬，主要作品有交响曲九部，其中尤以《英雄》《命运》《田园》等最为著名。著名物理学家爱因斯坦，主要贡献"相对论"揭示了空间和时间的辩证关系，加深了人类对物质和运动的认识。德国物理学家伦琴，发现了"伦琴"射线（"X 射线"），并在此领域进行了卓有建树的研究。

全国性大报有《图片报》《南德意志报》《法兰克福汇报》。《明镜》是最重要的时事政治周刊。主要新闻机构有德意志新闻社。全国主要广播电台德国广播电台、德国之声电台。德国电视一台播放全国性的第一套节目，电视二台是德国最大的电视台，由各州共同组建。

五、民俗风情

1. 姓名

德国人的姓名一般由名和姓两部分组成，名在前，姓在后。有的姓名则由本名、教名和姓氏组成。女子出嫁后一般从夫姓。较多见的姓有米勒、施奈德、施密特等，姓的起源与职业、地名、动植物名称有关。

2. 法定节日

元旦：1 月 1 日。

主显节：1 月 6 日。

复活节：春分第一次月圆之后的第一个星期日。

复活节后星期一：3—4 月。

耶稣升天节：复活节后的第六个星期日，5 月。

圣灵降临节：复活节后的第七个星期日，5 月或 6 月。

圣母升天节：8 月 15 日（天主教）、8 月 27 日（东正教）。

万灵节：又译"万圣日"，11 月 2 日，墓地祭奠，凭吊故人。

圣诞节：12 月 25 日、26 日。

3. 服饰餐饮

传统民族服装随地区变化，东南地区的妇女一般戴白帽，穿大宽裙，色彩对比鲜明；西南地区农村妇女喜穿红绿色百褶裙，上身着红黄短褂，穿长靴。男子则普遍喜穿靴子、红裤、红衬衫套绣花坎肩，戴黑帽子。

主食是黑麦、小麦和土豆，面包、奶酪、香肠、生菜色拉和水果为日常食品，传统食物是香肠、猪蹄、酸菜和土豆，矿泉水、果汁、葡萄酒为常用饮料，啤酒有“液体面包”之称。

六、旅游业

1. 旅游城市和著名景点

1878年，卡尔·施坦根组织德国首次周游世界的团体包价旅游。20世纪初，出现了官方创办的旅行社。大规模的群众性旅游始于20世纪60年代中期。20世纪70年代，联邦政府大力扶植旅游业，鼓励公民旅游，采取了一系列有利于旅游业发展的措施，实行带薪休假制，越来越多的业余时间被用来从事体育活动、聚会、散步、读书、参加各种俱乐部和协会活动，更多的是外出远足和旅游度假。德国家庭支出的1/5左右被用于闲暇活动和旅游度假。

首都柏林：1871年德意志帝国首都，1990年10月德国统一后重新成为首都，人口344万，古典与现代风格兼备的花园城市，主要景点有原帝国国会大厦、威廉一世纪念教堂、国家歌剧院、勃兰登堡门、凯旋柱、沙洛顿堡宫、欧洲中心、博物馆岛、柏林电视塔、柏林墙遗迹、新国家美术馆等。拥有德意志歌剧院等20余家文艺演出场所，世界著名的展览馆之城。

波恩：从1949年至两德统一前为前联邦德国首都。主要景点有贝多芬故居博物馆、舒曼和德国著名文学家席勒的墓地、旧市政厅、圣·马丁教堂、亚历山大·科林博物馆以及亚历山大·柯尼西动物博物馆等。创建于1786年的波恩大学是德国规模最大的大学。

慕尼黑：始建于公元1158年，主要景点有巴伐利亚国家歌剧院、古宫廷剧院、德国航空博物馆、奥林匹克体育中心、英国公园、玛丽娅广场及新议会大厦、圣母教堂、凯旋门等。“啤酒之都”，每年10月举行啤酒节。

法兰克福：欧洲重要的铁路、公路和航空枢纽，有“欧洲大转盘”之称，国际博览城，主要景点有罗马广场、圣保罗教堂、歌德故居、美术馆、旧市政厅等。

汉堡：德国最大港口城市和第二大城市，主要景点有旧市政厅、圣·雅各教堂、米迦勒教堂、歌剧院和话剧院等。城内河道纵横交错，有大小桥梁1500余座，被称为“水上城市”。汉堡大学是德国著名高等学府之一。

科隆：文化古城，第二次世界大战后城市的重建基本保持了原有风貌，主要景点有科隆大教堂、圣格雷隆、圣泽韦林教堂和罗马—日耳曼博物馆。科隆大教堂是世界最高的双塔式建筑。

莱比锡：名胜古迹有旧市政厅、老市场、古皇宫、圣托马斯教堂、席勒故居、巴赫纪念馆以及列宁故居。高达 90 米的战胜拿破仑纪念碑也是观景台。博览和图书出版业十分发达，有“书城”之称。

有世界自然文化遗产 37 项，其中文化遗产 32 项，类型多、特色浓，分布于各地。古城遗址有汉萨同盟城市吕贝文、古典魏玛、施特拉尔松德历史中心和维斯马历史中心、霍本斯堡古城；宗教遗址类以科隆主教座堂、施派尔主教座堂为代表；城堡、宫殿、园林等建筑类，如波茨坦和柏林的宫殿与庭园、特里尔古罗马城堡、德绍—沃利茨园林等；近代工业遗址有弗尔克林根钢铁厂、拉默尔斯山矿址、关税同盟矿区等；现代社区建筑，如柏林现代主义住宅群，展示了德意志民族的发展历程。

德国南部阿尔卑斯山是开展冬季冰雪运动的良好场所。北部地区濒临北海和波罗的海，许尔特岛、诺尔德乃岛和赫尔戈兰岛为旅游胜地。科隆至美因茨 200 公里莱茵河道曲折，两岸山顶上古堡、宫殿、纪念塔连绵不断。

德国是一个对欧洲历史产生重大影响的国家，多样的地文环境、辉煌的科技产业成果与灿烂的文化遗产为旅游的全方位拓展提供了广阔的舞台。2017 年全球旅游和旅行竞争力排名第 3 位。

2. 旅游客源市场

2000 年入境游客 1898.3 万人次，旅游外汇收入 186.11 亿美元；2013 年入境游客 3154.5 万人次，旅游外汇收入 412.11 亿美元，居世界第 7 位；2017 年旅游外汇收入 388.42 亿美元，居世界第 8 位。2013 年接待外国游客人数与全国人口之比为 39∶100。入境客源主体一直是周边国家，欧洲游客占 2/3 以上。商务、会奖等客源占重要份额，入境市场呈现明显高端化特征。

世界客源输出大国，出境旅游人数与支出居世界前列。2000 年出境旅游 7440 万人次，旅游外汇支出 28.24 亿美元；2012 出境旅游 7520 万人次，旅游支出 838 亿美元；2017 年接待外国游客 3745.2 万人次、居世界第 9 位，旅游外汇收入 398.23 亿美元、居世界第 8 位。2017 年接待入境游客人数与全国人口之比为 42∶100。出国旅游人数与全国人口之比为 93∶100。主要出境旅游目的地是欧洲，首选海滨度假，主要目的地是西班牙、意大利、土耳其、北非海岸和希腊。度假时间 5 天以上与 2~4 天的各占 1/2。远程旅游的首要目的地是文化体验，主要目的地是埃及、中国、印度等。188 个国家和地区对德国国民实行免签入境或落地签证政策。

旅游已成为德国人生活的一部分。2014 年国内过夜旅游 3.48 亿人次（不含一日游游客），人均旅游 4.2 次。普通德国家庭用于休闲活动的费用约占家庭收入的 1/5。每年 1/3 的德国人在国内度假，主要国内旅游目的地为巴伐利亚、巴登—符滕堡、石勒苏益格—荷尔斯泰因、下萨克森、梅克伦堡—福尔波门、萨克森、图林根等。

3. 旅游产业

2016 年旅游业的直接贡献占国民生产总值的 4%，间接贡献占国民生产总值的 10.8%。旅游直接就业人口达 290 万，占全部就业人口的 7%，旅游相关行业就业人数超过 220 万人，两者合计占德国就业总人口的 12%。德国国际旅游收支长期呈逆差状态，2017 年旅游外汇收入 398 亿美元，旅游外汇支出 891 亿美元，逆差 493 亿美元。

旅游住宿设施种类和档次多样，从农舍、私人寓所直至豪华的五星级国际酒店一应俱全，包括旅馆、客栈、汽车旅馆、疗养度假饭店、别墅、野营地等。2014 年，有各种旅游住宿单位 51805 家，床位 356.4 万张；宾馆 36298 家，床位 170 万个，入住率 65%。饭店星级申评由企业自主选择，星级评定标准和操作由住宿餐饮协会主持。2013 年 7 月评定的星级酒店有 8635 家，其中五星级占 1.5%，三、四星级占 90%。著名饭店集团有雅高、最佳西方、洲际、喜达屋和万豪集团等。还有 550 多个青年旅舍、2000 个野营地分布在各地。

全国约有 2500 家旅游批发商，上万家旅游零售商，大多通过连锁品牌、特许经营。10 家大型旅游批发商分别为：位于汉诺威的国际旅游联盟（TUI KG）、位于法兰克福 / 美因河畔的内克曼旅行社集团（NUR）、位于杜塞尔多夫的 LTT/TLU 旅游公司、位于法兰克福 / 美因河畔的德国旅行社（DER）、位于科隆的国际旅游公司（ITS）、位于法兰克福 / 美因河畔的阿美罗帕旅行社、位于杜塞尔多夫的 THR 旅行社、位于慕尼黑的杰恩旅行社、位于克莱瓦的环球旅行社、位于明星格兰特巴赫的卡勒伯克旅行社等，共占据 70% 的市场份额。在线旅游业务发展迅速，2012 年约占全部零售营业额的 1/3。

4. 旅游管理

联邦经济与能源部主管德国旅游业。

立法推进与政策审议：通过联邦众议院和联邦参议院进行，两院分别下设旅游委员会，具体负责旅游业的政治诉求与政策审议，讨论并向联邦议会提交涉及旅游产业发展的相关法律议案。

政府管理：由联邦经济与技术部负责制定产业政策。下设中小企业与旅游事务国务秘书及相关机构，内设旅游政策处，主要职能是调查研究和拟定政策；旅游顾问委员会，成员包括大企业、旅游协会、交通部门、工会、媒体等各行业代表，讨论有关事务。

行业管理与协调：主要由德国旅游协会承担，拥有 6000 多会员，是旅游业内群体的利益代表方，与议会和政府相关部门进行对话、表达诉求，并沟通、协调旅游行业内部事务，推行星级评定等行业标准，提升服务质量。大型旅游行业协会主要有：旅游业协会总会、旅游协会、温泉疗养协会、饭店和旅馆协会、旅行社协会等。在旅游管理职能方面，各行业协会所起的作用大于州和地方的管理，实质上仅次于联邦政府中的各职能机构。

市场推进：国家旅游局（又称德国旅游业中心）负责整个国家的形象推广和营销管理。宣传推广的核心口号是“德国——旅游胜地”（Deutsch and-Reiseland）。同时围绕这个主题推出不同的年度口号，2014年为“联合国世界文化遗产在德国”，2017推出全球年度主题“寻味德国”。

国家旅游局运作模式为协会制，共有66个成员单位，涵盖了旅游业各类协会、主要旅游企业和各州的旅游推广机构。另外还有12个支持成员单位，包括旅游研究所、亚太旅游协会以及德国境内跨区域的旅游推广组织。该机构具有国家级旅游管理机构的地位，其活动经费的90%由国家提供，是欧洲旅游委员会（ETC）的成员，代表国家对外开展宣传招徕业务。在阿姆斯特丹、布鲁塞尔、哥本哈根、伦敦、马德里、米兰、巴黎、斯德哥尔摩、维也纳、苏黎世、纽约、洛杉矶、多伦多、东京设有旅游办事处。

德国没有专门的旅游法，旅游业相关要素的规定散见于饭店法、航空运输法、公路运输法、物品保管法、休假法等。德国商法、民法和交通法等相关法规约束旅游经营者的行为，保护旅游者的合法权益。1997年5月，德国颁布了《旅游合同法》，规范旅游企业的经营，保护旅游者的权益。

七、中德关系

1. 外交关系

1972年10月11日中德正式建交。2010年，中德建立战略伙伴关系，2012年提升为展望未来的战略伙伴关系，2014年两国建立全方位战略伙伴关系。中国在汉堡、慕尼黑和法兰克福分别设有总事领馆，德国在上海、广州、成都和沈阳分别设有总领事馆。近年来，德国一直是中国在欧洲最大贸易伙伴、欧洲对华技术转让最多的国家。

2. 旅游关系

1981年来华游客1.84万人次，2014年66.26万人次，2015年62.34万人次，2017年63.41万人次，2018年64.3万人次。德国来华旅游，主要以文化体验为主，但度假客源、个性体验客源日趋增多，来华旅游目标呈现多元化特征。

中国公民赴德国旅客逐步增长，1994年10.04万人次，2003年26.78万人次。2003年起，德国成为中国公民出境旅游目的地国家。2006年中国公民赴德旅游25.77万（间夜数），2006年中国公民赴德旅游25.77万间夜，2013年41.51万人次，在德过夜173万间夜，人均住宿4.2天。2015年达139万间夜数，2015年达

130万人次。2017年达285万间夜数，为德国欧洲以外的第二大入境市场，排名仅次于美国。

中国在法兰克福设有旅游办事处，德国国家旅游局在北京设有旅游办事处。

第三节 法国

一、地理、简史和人文

1. 地理

法兰西共和国（The Republic of France），位于欧洲大陆西端，西临大西洋，南濒地中海，西北隔英吉利海峡与英国相望，已开通两国间的海底隧道。面积551 602平方公里，地势东南高西北低，东部阿尔卑斯山与瑞士相毗邻，中部为中央高原，西部和北部是大平原，不同地区分别受海洋性气候、大陆性气候和地中海气候的影响。

2. 简史

古称“高卢”，公元1世纪被罗马人占领，公元5世纪法兰克人移居到此，843年建立查理曼帝国，成为独立国家。10至14世纪改称。15世纪末16世纪初，法兰西王国形成中央集权国家。1789年7月14日爆发大革命推翻君主专制制，后建立过五次共和国、两次帝国。1946年建立第四共和国。1958年9月通过新宪法，法兰西第五共和国诞生。19世纪时，法国是仅次于英国的第二号殖民帝国，第二次世界大战后法兰西殖民帝国逐渐解体。

3. 国旗、国徽、国歌、国花与国石

国旗：呈长方形，旗面由三个平行且相等的竖长方形构成，从左至右分别为蓝、白、红三色，分别代表自由、平等、博爱，是法国大革命的象征。

国徽：没有正式国徽，传统上采用大革命时期的纹章作为国家的标志。纹章为椭圆形，上绘有大革命时期流行的标志束棒，象征权威。束棒两侧饰有橄榄枝和橡树枝叶，其间缠绕的饰带上用法文写着“自由、平等、博爱”。

国歌:《马赛曲》。

国花：鸢尾花，属于鸢尾科。

国石：珍珠

4. 人口、语言、宗教

人口6719万（2018年，含海外领地），其中本土人口6502万。全球第六大移民国，移民占总人口8.8%。国语是法语，是联合国的正式工作语言之一。居民中64%信奉天主教，其余信奉伊斯兰教、新教和犹太教，27%的人自称无宗教信仰。

5. **法定节日**

元旦：1月1日。

国际劳动节：5月1日。

国庆节：7月14日，纪念巴黎人民攻占巴士底狱的光辉日子。

停战节：11月11日，是纪念第一次世界大战停战的节日。

复活节：春分第一次月圆之后的第一个星期日。

耶稣升天节：复活节后的第六个星期日。

圣灵降临节：复活节后的第七个星期日。

圣母升天节：8月15日（天主教）、8月27日（东正教）。

万灵节：11月2日，墓地祭奠，凭吊故人。

圣诞节：12月25日。

6. **带薪假期**

1936年，法国在世界上率先实行工薪阶层每年享受2周的带薪假期。1982年实行5天、39.5小时的周工作制，并将带薪假延长为5周，人均39天。

二、政治体制与对外政策

1958年9月28日经公民投票通过第五共和国，成为总统制国家，总统有权行使部分立法权、任命内阁总理、批准总理提出的部长名单并有权解散议会。总统由公民直接普选产生，任期7年。议会由国民议会和参议院组成，负责在宪法授权范围内通过各种立法。

有30多个政党。除传统左右翼党外，近年来生态组织党派力量有所加强。主要政党有人民运动联盟、社会党、民主与独立派联盟、欧洲生态党—绿党、共产党和国民阵线等。

倡导多边主义，反对单边主义；致力于欧盟一体化建设，尤其是政治和防务建设，继续发挥法国在其中的核心作用；重视大国关系，注意加强同新兴国家的政治、经济、文化联系；努力保持并发展与非洲国家的传统关系，推动发达国家增加对非援助；广泛参与国际事务和热点问题的解决；帮助法国企业开拓海外市场；保持和提高法文化的国际影响力。联合国安理会常任理事国、欧盟创始国及北约成员国，同191个国家建立了外交关系。

三、国民经济

经济高度发达的工业国家，经济实力仅次于美、中、日、德，居世界第五位，在核电、航空、航天和铁路方面居世界领先地位。国内生产总值排名世界第五。2017年国内生产总值2.57万亿欧元（2.91亿美元），人均3.82万欧元（3.97

万美元）。

货币名称：欧元，1欧元＝1.1326美元（2018年）。

钢铁、汽车和建筑业为三大工业支柱。核电设备能力、石油和石油加工技术仅次于美国，居世界第二位；航空和宇航工业仅次于美国和俄罗斯，居世界第三位。钢铁、纺织业居世界第六位。欧盟最大的农业生产国、世界主要农副产品出口国。农业用地的96%为家庭所有，基本实现农业机械化。畜牧业发达，产值占农业总产值的2/3。服务业分为非商品性服务和商品性服务，非商品性服务业包括行政管理、教育、医疗保健、国防、社会事务等，商品性服务业包括商业、运输、电信、旅馆、金融、保险、娱乐业等，拥有家乐福（Carrefour）、欧尚（Auchan）等世界著名品牌。2012年一、二、三次产业结构比例为2.0∶18.8∶79.2。连锁式经营已扩展至零售、运输、房地产、旅馆、娱乐业等多种行业。世界第五大出口国和第六大进口国。贸易伙伴主要是欧洲国家，占法国对外贸易的70%以上，美国是欧盟之外的最大贸易伙伴，其他的贸易伙伴是中东石油国家和非洲法语区诸国。

交通运输发达，水、陆、空运输均极为便利，高速火车方面居世界前列，公路网在欧盟国家中是最密集的。巴黎是主要内河港口，主要海运港口有马赛港、勒阿弗尔港和敦刻尔克港。各大城市都建有国际机场，主要航空公司为法航，主要机场有巴黎戴高乐机场、奥利机场、尼斯机场等。

四、教育、文化和新闻媒体

教育事业发达，全国无文盲。6~16岁为义务教育，初等教育学制5年。中等教育学制7年，包括普通教育和职业技术教育两类。高等教育分为综合性大学、高等专业学院、高等技术学校和承担教学任务的科研教育机构4类。巴黎大学是法国历史最悠久、规模最大的综合性大学，公元13世纪已初具雏形，现分为13所大学，30多万学生。重视科学研究，每年的国家科研经费约占国民生产总值的2%（不包括私营企业科研经费）。法国科学院创立于1666年，下设数学和物理学部、化学和博物学部。

11—12世纪的《罗兰之歌》是中世纪占突出地位的英雄史诗的代表作。法国文艺复兴时期诞生了人文主义文学，17世纪法国文学的主流是古典主义，拉封丹代表作《寓言诗》影响深远。18世纪是法国资产阶级启蒙文学时期，史称“光明世纪”。杰出代表有伏尔泰、狄德罗、卢梭等思想家。19世纪上半叶，法国的文学艺术以浪漫主义和现实主义为主要标志，杰出代表有维克多·雨果、亚历山大·大仲马、司汤达、巴尔扎克、福楼拜等。19世纪后半叶杰出的作家有：爱米尔·左拉、莫泊桑、亚历山大·小仲马等。20世纪，主要作家有罗曼·罗兰、罗歇·马丁·杜伽尔、毕加索等。著名画家有马奈、莫纳、雷诺阿、高更、塞尚等；

雕塑家乌东、罗丹争。巴黎歌剧院及其芭蕾舞团是享誉世界的芭蕾舞团；音乐大师有德彪西、柏辽兹等。

法国新闻社是世界五大通讯社之一。主要报刊有《世界报》《费加罗报》《法兰西晚报》《震旦报》《十字架报》和《人道报》。法国国家广播公司以17种语言全天对外广播，几乎覆盖全世界。1982年允许私人和团体设立电台，目前全国私营电台近1018家。现有8家全国性国营电视台、25家全国性私营电视台。

五、民俗风情

1. 姓名称谓

姓名书写一般名在前，姓在后。众多姓氏中三大姓为马丁（Martin）、贝尔纳（Bernard）和托马斯（Thomas）。大多以圣徒的名命名，称为教名，有阴阳性之分，例如男叫雅克（Jacques），女则称雅克琳（Jacqueline）；男称让（Jean），女则叫让娜（Jeanne）等。称呼法国人时，一般称姓不称名，再加上“先生、夫人（女士）、小姐”等敬称；朋友间叫名不称姓；亲属间或好友之间叫名或用爱称。女子未婚时一般使用父姓，出嫁后用夫姓，改嫁后要易姓，不过现在也可以保留父姓。

2. 民间节日

民间节日以宗教节日为主，如复活节、耶稣升天节（复活节后40天）、圣灵降临节（复活节后50天）、万圣节（11月1日）、圣诞节（12月25日）等，其中圣诞节是最重要的节日。世俗节日有元旦（1月1日），1564年前法国的元旦是4月1日，现此日成为愚人节。

3. 服饰餐饮

法国的时装领导着世界潮流。高贵的法国时装，高级的法国香水，是世界上流人士和明星们的追求。视“美食”为艺术，而且认为个人饮食应符合自己的教养和社会地位。宴请宾客时主人坐在长桌一边中央，面对门口，女主宾坐在男主人的右侧，男主宾的座位则在女主人的右侧。用餐程序是入席前喝开胃酒，上菜顺序为浓汤、沙拉、正菜、奶酪、甜食和冷饮、水果、咖啡，退席后喝饭后酒。葡萄酒产量高、质量上乘，香槟酒享誉世界。

4. 婚丧礼仪

结婚时先去教堂由神父主持宗教结婚仪式，然后去市政厅举行世俗结婚仪式。死后一般是墓葬，在教堂举行宗教仪式，然后棺木被放入公墓中。大小城镇都有一个或数个规模不等的公墓，有的还成了旅游景点。

5. 社交礼仪

欧美诸国礼仪相近，甚至相同，大多源于法国。尊重妇女，社交场合，处处体现着“女士优先”的原则。鲜花是备受欢迎的礼物，但不要送红玫瑰（情人的礼物）、黄色的花（不忠诚的表示）和菊花（葬礼用花）。

六、旅游业

1. 旅游城市和著名景点

中世纪巴黎是欧洲各国的王公贵族、达官显贵、富商巨贾和文人骚士的会聚之处。19 世纪巴黎已有“世界花都”的美誉，世人以到巴黎为荣。1857 年法兰西阿尔卑斯俱乐部成立，1873 年阿尔封斯 · 卢宾在里昂创立了法国第一家旅行社，1875 年建立了“伦敦野营俱乐部”，1889 年格勒诺布尔市创建了法国第一个地方性旅游同业联合会。1910 年设立国家旅游局，此后制定《旅游宪章》及一系列旅游法规和实施细则。20 世纪后半期，法国进入全民旅游阶段。

首都巴黎：市区面积 105 平方公里，市区人口 223 万（2010 年），大巴黎区（包括周围 7 个省）总面积 12000 平方公里，人口 1100 多万。以“世界花都”享誉全球，著名建筑与名胜古迹集中分布在塞纳河两岸，凡尔赛宫、罗浮宫、爱丽舍宫（总统府）、卢森堡宫（参议院）、波旁宫（国民议会）和阿维尼翁的教皇宫、枫丹白露宫、巴黎圣母院、巴黎歌剧院、凯旋门、埃菲尔铁塔等，以及现代风格的蓬皮杜文化中心。

马赛：历史名城，位于法国南部海滨、罗讷河口，法国最大海港，主要景点有玛卓大教堂、伊夫古堡、灯塔和美术馆等。

里昂：历史名城，法国东南部的经济、文化、交通中心，主要景点有圣 · 让大教堂、富尔韦圣母院、市政厅、古罗马大剧院等。

波尔多：位于法国西南部、加龙河口，重要的经济中心，以其命名的葡萄酒闻名于世。

戛纳：地中海电影艺术度假城，以一年一度的戛纳电影节著名。

尼斯：地中海沿岸文化名城与度假胜地，以收藏古今油画等艺术品的朱尔 · 谢雷美术馆、马塞纳博物馆著名。

世界自然文化遗产 38 处，其中文化遗产有 34 处，记录着从远古岩画洞穴到近代风云的历史足迹，法国首创的“文化遗产日”开创全民共享遗产的先河；有各类博物馆 1200 座，其中国家级博物馆 33 座。享有“城堡之国”之称，卢瓦尔河谷城堡群保存完好。最著名的朝圣地是位于法国西南的卢尔德和位于诺曼底海岸外的一座小岛圣米歇尔山。

7 个国家公园、35 个自然公园及众多的自然绿地都对公众开放。夏蒙尼勃朗峰是阿尔卑斯山世界登山运动的发源地，是冬季滑雪、夏季避暑的胜地。温泉数量居欧洲各国之首，以阿尔卑斯山区南部的埃克斯莱班温泉为代表。滨海旅游以戛纳至法意边境之间 60 公里的“蓝色海岸”最负盛名。

法国以旖旎的山海风光、瑰丽的文化为瑰宝、时尚的浪漫气质与完善的服务水平，当之无愧地担当世界旅游的前卫，引领着当代旅游的潮流。2017 年全球旅游和旅行竞争力排名第 2 位。

2. *旅游客源市场*

2000 年入境游客 7719 万人次，旅游外汇收入 309.81 亿美元；2013 年 8301.3 万人次，旅游外汇收入 560.58 亿美元。2017 年接待外国游客 8691.8 万人次，居世界第一位；外汇收入 606.81 亿美元，居世界第三位；接待外国游客与全国人口之比为 129∶100。欧洲游客一直是法国入境的主要客源市场，占入境总人数的 80% 以上。

居民出境旅游平稳发展。1996 年出境 1650 万人次，2013 年外汇支出 424 亿美元，居世界第 6 位。2017 年外汇支出 380 亿美元，居世界第 5 位。2004 出境游客人数与全国人口之比为 34∶100。旅游目的地主要是地中海沿岸国家和邻国，约占出国旅游总人次 3/4，其次为东南亚等地区度假或去中国、美国、俄罗斯、日本等国家观光旅游。175 个国家和地区对法国国民实行免签入境或落地签证政策。

国内旅游十分普遍，以放松、消遣和自我开拓为目的的休闲度假为主。2011 年全国旅店接待国内游客 1.19 亿人天次，人均住宿 1.8 次。国内过夜旅游人数与人口之比为 182∶100。大部分法国人将 5 周带薪假期分成两部分，一部分在夏季度过，6 月中旬至 9 月中旬约 3 周；剩下的 2 周则留给圣诞节，用于和家人团聚、会亲访友。社会（福利）旅游兴起于法国，政府将部分福利基金资助一些不以营利为目的的旅游公司发展旅游业，让低收入家庭也能享受旅游度假的权利。

3. *旅游产业*

2016 年旅游业的直接贡献占国民生产总值的 3.6%，间接贡献占国民生产总值的 8.9%。旅游直接或间接创造就业岗位约 200 万个。2014 年旅游产业对法国国内生产总值的贡献率 7.3%。旅游业对其他行业的影响比例为：旅行社 100%，旅馆、咖啡馆、餐馆 75%，出租汽车 20%，国营铁道公司 14.6%，公路交通公司 16.6%，航空运输 75.5%，小汽车制造业 50.7%，飞机制造业 24%，照相器材 50%，剧场观众中 33% 是旅游者。全国的旅游从业人员超过 300 万，每 10 名就业人员中就有 1 人在旅游部门工作。法国国际旅游收支长期呈顺差状态，2017 年旅游外汇收入 606.8 亿美元，旅游外汇支出 414 亿美元，顺差 192.8 亿美元。

旅行社 6396 多家，销售点超过 5500 个，87% 的旅行社工作人员不到 10 人，旅行社有近 3.9 万名全日制员工。法国最大的几家旅行公司是地中海俱乐部、新边界国际旅游公司、哈瓦斯旅游公司、可尼旅行社和通济隆国际旅游公司等。

有 18 172 家宾馆和 11 727 家小旅馆以及野外宿营地、青年之家等。法国参议院 2008 年 4 月 8 日投票通过一项法案，准许设立新的旅馆业评级标准，增设五星级旅馆。全法共有五星级旅馆 26 家，其中巴黎与阿尔卑斯滨海省各拥有 8

家。五星级有效期5年。

冬运设备先进齐全。建有滑雪道8500公里，滑雪场面积2000平方公里；高山营地和滑雪中心455处，其中高山营地166个；冬运床位120万张，占西欧冬运床位总数的1/3；上山机械索道3600条，全长3800公里，每年运送游客6亿人次，占世界索道运客总人数的18%。

4. 旅游管理

2008年3月政府成立“旅游战略委员会”，旨在寻找对策提高法国旅游产品的吸引力。根据1910年《财政法》成立国家旅游局，该局设在公共工程、住房和交通部内。2009年法国旅游局并入经济、工业与就业部，与企业总局、商业局、手工业局、服务业与自由职业局合并，成立法国竞争力、工业和服务总局，下设旅游、商业、手工业与服务公司，主管旅游业。

2009年5月，法兰西之家与法国旅游局合并，是一个半官方的旅游推广组织，负责旅游市场推广、向旅行商提供信息、工程项目策划和产品设计。“法兰西之家”在法兰克福、柏林、维也纳、布鲁塞尔、哥本哈根、马德里、巴塞罗那、里斯本、伦敦、都柏林、雅典、布达佩斯、米兰、奥斯陆、阿姆斯特丹、斯德哥尔摩、苏黎世、日内瓦、蒙特利尔、多伦多、纽约、芝加哥、洛杉矶、布宜诺斯艾利斯、圣保罗、墨西哥城、特拉维夫、东京、首尔、中国台北、中国香港、悉尼、新加坡、约翰内斯堡等地设有驻外办事处。

国家旅行社行业协会（SNAV）成立于1945年，集中了全法国的旅行社及其门市部，在14个大区设有代表处，其成员单位主要包括旅行商与分销商两个部分。法国旅游行业互助协会（APST）成立于1964年，集中了从事旅游活动的自然人与法人，成员单位超过3000家，包括分销社、旅行商、地接社、商务旅行社、团队与会奖旅行社、旅游咨询中心、大区或省旅游委员会、旅游服务处、游船公司、酒店、租车公司等。

2006年9月颁布《旅游法》，内容包括旅游业的一般组织机构、旅游活动与旅游职业、旅游设施及治理和旅游与相关行业从业人员等4个部分。2008年3月31日成立“旅游战略委员会”，目的是提高法国旅游产品的吸引力，维持法国世界第一旅游目的地国地位。2008年制订《2020年目的地法国计划》。

七、中法关系

1. 外交关系

1964年1月27日，中法两国建交，是第一个同中国正式建交的西方大国。2010年11月，两国发表联合声明，宣布建设互信互利、成熟稳定、面向全球的中法新型全面战略伙伴关系。中国为法国在亚洲的第一大贸易伙伴，法国是中国在欧盟内的第4大贸易伙伴。两国在上海和马赛设有总领事馆。

2. 旅游关系

法国一直是中国的重要旅游客源国，历年来华旅游人数不断增长，1981 年 2.14 万人次，2015 年 48.69 万人次，2014 年 51.70 万人次。2017 年 49.37 万人次，2018 年 49.9 万人次。

1998 年，中国公民赴法 6.28 万人次。从 2004 年 9 月起，法国成为中国公民出境旅游目的地国家。2014 年中国赴法游客人次超过 200 万，为中国公民赴欧洲第一目的地国家，2016 中国赴法 160 万人次，2017 中国赴法 210 万人次。

我国文化和旅游部在巴黎设有旅游办事处。2007 年 11 月，中法安徽省徽州乡村旅游合作示范项目正式启动，双方将在徽州合作打造一个具有国际化标准的乡村旅游示范区，这是中国目前唯一的乡村旅游国际合作项目。

第四节 俄罗斯

一、地理、简史和人文

1. 地理

俄罗斯联邦（The Russian Federation，The Russia；Российская Федерация，Россия）位于欧洲东部和亚洲北部。欧洲部分是俄罗斯民族和俄罗斯国家的发源地，一直是俄罗斯政治、经济和文化的中心。面积 1707.54 万平方公里，居世界第一。以南北走向的叶尼塞河为界，西部主要是平原，东部主要是高原和山地。境内 300 万条大小河流纵横交错，伏尔加河为欧洲最长的河流。贝加尔湖是著名的高山湖，也是世界上最大最深的淡水湖。里海是世界上最大的咸水湖。地处寒带、亚寒带、温带和亚热带四个气候带，大部分地区处于北温带，以大陆性气候为主。

2. 简史

9 世纪末以基辅为中心形成封建国家——基辅罗斯。12 世纪基辅罗斯解体，分裂出许多独立的封建公国。15 世纪末至 16 世纪初，以莫斯科大公国为中心，逐渐形成多民族的封建国家。1721 年，彼得一世改国号为俄罗斯帝国。1861 年废除农奴制。1917 年 2 月推翻沙皇专制制度。1917 年 11 月 7 日革命，建立俄罗斯苏维埃联邦社会主义共和国。1922 年 12 月 30 日，俄罗斯联邦、外高加索联邦、乌克兰、白俄罗斯成立苏维埃社会主义共和国联盟，后扩至 15 个加盟共和国。1990 年 12 月 26 日，宣布苏联停止存在。俄罗斯联邦成为完全独立的国家，并成为苏联的唯一继承国，继承联合国安理会常任理事国。1993 年 12 月 12 日，经过全民投票通过了俄罗斯独立后的第一部宪法，规定国家名称为“俄罗斯联邦”。

3. 国名、国旗、国徽、国歌、国鸟

国名：俄罗斯是从“罗斯”一词演化而来的，源于中世纪，指由斯堪的纳维亚半岛南下的瓦兰几亚人，他们来自瑞典东海岸的一个叫罗登的居民区，称为“罗斯”。汉译名“俄罗斯”是通过蒙古语转译过来的。

国旗：呈横长方形，长与宽之比约为3∶2。旗面由三个平行且相等的横长方形相连而成，自上而下分别为白、蓝、红三色。三色旗源自彼得大帝采用的红、白、蓝三色旗，是代表泛斯拉夫的颜色。白色代表寒带地区一年四季白雪茫茫；蓝色既代表亚寒带气候区，象征俄罗斯丰富的地下矿藏和森林、水力等自然资源；红色是温带的标志，也象征悠久的历史和对人类文明的贡献。

国徽：为盾徽，红色盾面上有一只金色的双头鹰，鹰头上是彼得大帝的三顶皇冠，鹰爪抓着象征皇权的权杖和金球。鹰胸前是一个小盾形，上面是一名骑士和一匹白马。双头鹰象征俄罗斯国家团结和统一，是俄罗斯的国家象征。

国歌：俄罗斯，我们神圣的祖国。

国花：向日葵，象征团结、向上、友好。

4. 人口、民族、语言和宗教

1.46亿人，民族194个，其中俄罗斯族占77.7%，主要少数民族有鞑靼、乌克兰、巴什基尔、楚瓦什、车臣、亚美尼亚、阿瓦尔、摩尔多瓦、哈萨克、阿塞拜疆、白俄罗斯等族。俄语是俄罗斯联邦全境内的官方语言，各共和国有权规定自己的国语，并在该共和国境内与俄语一起使用。主要宗教为东正教，其次为伊斯兰教。

5. 国家节日

公历新年：1月1日；

东正教圣诞节：1月7日；

俄历新年：1月13日；

祖国保卫者日（原苏联建军节）：2月23日；

国际妇女节：3月8日；

春天与劳动节（原苏联劳动者团结日）：5月1日；

伟大卫国战争胜利日：5月9日；

国家主权宣言通过日（国庆日）：6月12日；

人民团结日（2004年设立，为纪念莫斯科打败波兰入侵者）：11月4日。

和睦和解日：11月7日，原十月革命节、原苏联的国庆节，现已取消，官方不再组织活动，民间自发开展纪念活动。

宪法日：12月12日，1993年12月12日全民公决通过现行宪法。

圣诞节：俄罗斯东正教的圣诞节在公历1月7日，象征新的一年的开始。

二、政治体制与对外政策

1993 年《俄罗斯联邦宪法》：俄罗斯是“共和制的民主联邦法治国家”，总统为国家元首和联邦武装力量最高统帅，行政权属总统，由选民以无记名投票方式直接选举产生，连任期不得超过两届。联邦为最高立法机关由联邦委员会（上院）和国家杜马（下院）两院组成。联邦政府由总理、副总理和若干名联邦部长组成。

1990 年以来，俄罗斯各种党派、团体大量涌现。目前影响较大的有统一俄罗斯党、俄罗斯共产党、俄罗斯自由民主党和公正俄罗斯党。执政党为统一俄罗斯党。

对外政策的总体目标是为国内发展创造良好外部条件，具体包括维护国家主权、领土完整和安全，促进建立公平、民主的世界秩序，在互惠基础上同各国及国际组织建立伙伴关系、全面保护俄公民和法人在海外合法权益，推广俄罗斯语言和文化等。到 1996 年年底，俄罗斯同 177 个国家建立了外交关系。

三、国民经济

俄罗斯拥有巨大的经济潜力．具有完整的工业体系以及发达的农牧渔业和现代化的交通运输业，经济处在体制转轨时期，1999 年以来，普京推行稳健的社会经济政策，经济逐步复苏，呈稳定增长势头。2012 年 8 月 22 日加入世界贸易组织。2018 年国民生产总值约 1.6 万亿美元，人均国民生产总值 10 950 美元。

货币名称：卢布（Rouble），1 卢布 =100 戈比。1 卢布 =0.015 美元（2019 年）。

工业基础雄厚、部门齐全，以机械制造、钢铁、有色冶金、石油、天然气、煤炭、林业和化工等重工业为主。农牧业并重，世界产粮大国，2009 年粮食出口量居世界第三位。农业生产主体主要由农业企业、个体农民和普通居民三部分构成。服务业起步较晚但发展迅速。2012 年农业、工业、服务业增加值的比重为 3.9∶36.7∶59.4。2008 年对俄罗斯双边贸易额列前十位的国家依次为：德国、荷兰、中国、意大利、乌克兰、白俄罗斯、土耳其、日本、美国和波兰。

交通运输比较发达，铁路、公路、河运、海运、空运及管道运输等，种类齐全。主要海港为摩尔曼斯克、圣彼得堡、符拉迪沃斯托克、纳霍德卡、新罗西斯克等。海洋运输是俄罗斯对外贸易中主要的运输方式。民用飞机约 5600 架，运营机场总数 393 个，其中国际机场 70 个，主要机场有莫斯科的谢列梅杰沃 2 号国际机场、谢列梅杰沃 1 号国际机场、伏努科沃 1 号国际机场、多莫杰多沃机场、圣彼得堡国际机场、下诺夫哥罗德机场、新西伯利亚机场、叶卡捷琳堡机场，哈巴罗夫斯克机场等。

四、教育、文化和新闻媒体

教育体制包括学前教育、普通教育和高等教育三个层次。国立各类教育一律免费，已出现私人或集体开办的学校。著名的高等学府有国立莫斯科罗蒙诺索夫大学、国立圣彼得堡大学。在自然科学和基础研究方面，高等教育水平居世界领先地位，航空航天、军事工业等工程技术领域亦属世界一流。创立于1724年的俄罗斯科学院拥有许多分院和基地，包括著名的远东科研中心、乌拉尔科研中心和北高加索高等学校科研中心。

在欧洲和俄罗斯的文学史上，19世纪俄国批判现实主义文学占有特殊的地位主要作家有普希金、莱蒙托夫、果戈理、别林斯基、赫尔岑、杜勃罗留波夫、屠格涅夫、车尔尼雪夫斯基、涅克拉索夫、列夫·托尔斯泰和契诃夫等。19世纪下半叶是俄罗斯音乐的繁荣期，杰出音乐家有柴可夫斯基，代表作有歌剧《叶甫盖尼·奥涅金》《黑桃皇后》，芭蕾舞曲《天鹅湖》《睡美人》《胡桃夹子》以及交响幻想曲《罗密欧与朱丽叶》。著名作曲家肖斯塔科维奇，他的第七交响曲是在列宁格勒被德国法西斯围困期间完成的，以悲壮著称。著名的芭蕾舞剧目有《天鹅湖》《罗密欧与朱丽叶》和《吉赛尔》等。

2013年12月成立新的联邦国有企业“今日俄罗斯”国际新闻通讯社。“俄罗斯之声”是国家广播电台。全国共有3万多种报纸杂志，主要有《俄罗斯报》（俄罗斯国家政府机关报）、《消息报》（私营企业，社会政治类报纸）、《独立报》（大型私营出版企业）。主要广播电台有“俄罗斯之声”广播电台（国有），“莫斯科回声”（私营）。主要电视新闻机构有“新闻频道”“第一频道”“俄罗斯”和“独立电视台”（私营电视台）。

五、民俗风情

1. 姓名称谓

姓名由名、父名和姓三部分组成。在正式文件中，依次为姓、名、父名。女子婚后一般随丈夫姓，也有保留原姓的。在口头称呼中，尊称用“名+姓”；同辈人之间或长辈对晚辈只叫名；表示亲切时用爱称；工作关系可称呼姓或职务。与不认识的人交往，如买东西、问路等，通常用“小伙子”“姑娘”等来称呼，近年来也有称呼“小姐”的。

2. 民间节日与节庆活动

谢肉节：又称送冬节，通常在每年的2月末3月初，送走严冬、迎来春暖花开。按东正教教历的规定，先尽情狂欢一周，而在此后持续七周的斋节期间不杀生、不吃荤，停止娱乐活动，严格禁欲。

桦树节：6月24日，告别春天、夏天开始。

复活节：纪念耶稣“复活”的不定期的节日。在每年春分月圆后第一个星期日举行。一般在3月底4月初。

“俄罗斯之冬”艺术节：每年的12月25日开始至次年的1月5日，以赛马、斗熊、滑雪、溜冰、滑雪橇等各种冬季娱乐活动来迎接新年。

“白夜”艺术节：每年的6月21日至6月29日在圣彼得堡举办。每年入夏，白天特别长，午夜非常短，虽日暮黄昏，天空却似白天。“白夜”期间要举办各种文化娱乐活动。

圣彼得堡春之声音乐节：4月底、5月初举办。

3. 服饰餐饮

现代人的服饰风格大多趋于国际潮流，传统的民族服饰只有在重大的民间节日或文艺演出中才能见到，平常已很少见。主食为面包和肉类，大多喜食黑面包。黄油、酸牛奶、酸黄瓜、鱼子酱、咸鱼蜜糖饼干也是他们所偏爱的食品。喜爱的饮料有烈性酒（如伏特加）、格瓦斯、啤酒等。最喜欢的热饮料是红茶，习惯在茶中放糖，边喝茶边吃果酱、蜂蜜、糖果和甜点等。“祝您胃口好！”是用餐时最常用的一句客套话。

4. 婚丧礼仪

现代婚礼多在教堂举行，接着新人要去无名烈士墓前献花，这一传统保持至今。结婚当天为绿婚，“绿”字在俄语中有年轻、不成熟之意。接着有花布婚（结婚1周年）、木婚（5周年）、锌婚（6年半）、铜婚（7周年）、白铁婚（8周年）、玫瑰婚（10周年）、银婚（25周年）、金婚（50周年）、钻石婚（60周年）、王冠婚（75周年）。银婚、金婚、钻石婚和王冠婚要举行特别隆重的庆祝活动。按照东正教的习俗，对死者多行土葬。

5. 社交礼仪

在为客人举办隆重的欢迎仪式时，要捧出面包和盐献给客人。拥抱、亲吻和握手是重要礼节。下级或晚辈遇到上级或长辈时，不能先伸手。男子遇到女子也要等女子先伸手。若是男子初次与女子见面，则以鞠躬代握手。尊重女子是社会风尚。

认为“13”不吉利，最忌讳13个人聚集在一起，而“7”却意味着幸福和成功。黑色表示肃穆和不祥。不喜欢黑猫。镜子被看成是神圣的物品，千万不可打碎。打翻盐瓶盐罐是家庭不和的预兆，相反如果打碎了碟、盘等餐具，则认为是吉祥的象征。偏爱马，将马掌视为祥瑞物，相信它具有降妖的魔力。学生考试时不能用左手去抽考签，熟人见面不能伸出左手去握手问好，早晨起床不可左脚先着地。

六、旅游业

1. 旅游城市和景点

首都莫斯科：地跨莫斯科河，始建于12世纪，15世纪末以后一直是国家的首都，人口1154万。以克里姆林宫为中心不同历史时期的区域与建筑群形成城市的几个层圈，著名历史与文化点有红场、联邦议会大厦、大剧院、博物馆、特列季雅科夫绘画陈列馆等，以及俄国文学巨匠普希金、果戈理、赫尔岑、列夫·托尔斯泰的故居博物馆。

圣彼得堡：坐落在波罗的海芬兰湾东岸、涅瓦河口，分布在40多个岛屿上，由500多座桥梁连接，有“北方威尼斯”之称。原沙皇宫殿坐落在涅瓦河畔，现为国立艾尔米塔什博物馆。历史古迹有彼得保罗大教堂（沙皇陵）及其钟楼、造币厂、兵工厂等建筑，伊萨基辅大教堂是圣彼得堡最著名的教堂。

喀山：位于伏尔加河中游西岸，始建于13世纪，曾为喀山汗国都城。有建于16世纪的克里姆林宫、欧洲风格的教堂、亚洲格调的喇嘛庙、斯拉夫式拱门、罗马式尖顶、蒙古包形的圆穹等。

伏尔加格勒：坐落在伏尔加河下游的平原上。始建于16世纪，1961年前称斯大林格勒。卫国战争中有“英雄城”之称，市内有烈士广场、无名战士墓，燃烧着长明火炬。

符拉廸沃斯托克：远东名城，位于乌苏里江东岸，原中国市名为“海参威”，现有历史遗迹老火车站、列宁像等。

全国旅游资源分为四大区域：以莫斯科、圣彼得堡等西部大城市为主体的文化旅游区，以伏尔加河流域为主线的风景观光与休闲度假旅游区，以西伯利亚为主体的山岳、高原、森林、湖泊生态旅游区，以远东为主体的东部滨海旅游区，以及黑海、波罗的海及其芬兰湾沿岸的滨海休闲度假地，拥有世界自然与文化遗产23处。

黑海沿岸索契是俄罗斯最大的海滨温泉疗养地。高加索山脉北麓矿泉众多，冬季山地滑雪的传统地。波罗的海及其芬兰湾沿岸是传统的海滨疗养度假胜地。世界自然遗产贝加尔湖是世界上最深、蓄水量最大的淡水湖，透明度深达40多米，它远离海洋，湖内却栖息着海洋性动物，至今是个不解之谜。

俄罗斯幅员辽阔、地貌多样、生态环境良好，历史悠久、文化遗产丰厚，民族众多、民风淳朴，是一个旅游资源大国。2017年全球旅游和旅行竞争力排名第43位。

2. 旅游客源市场

近年来，俄罗斯国际旅游接待人数增长迅速。2000年入境游客2116.9万人次，旅游外汇收入34.3亿美元；2013年入境游客2835.6万人次，外汇收入119.88亿美元。2017年入境游客2439.0万人次，外汇收入89.45亿美元；2017年接待入境游客人数与全国人口之比为16∶100，赴俄旅游最多的国家是德国、中国、美国、英国和意大利等。

出境旅游市场稳步增长。2012年出境4500万人次，其中旅游签证1430万人次，出境人数与人口比例为31∶100。2013年出境旅游支出535亿美元，居世界第4位。2017年1—9月出境旅游3097.2万人次，2017年出境旅游支出311亿美元，居世界第8位。

身处高纬度寒带地区的俄罗斯人出境度假旅游大多到3S（阳光、海洋、沙滩）目的地，也喜爱高山滑雪。独联体国家是俄罗斯居民的传统旅游目的地，主要是格鲁吉亚、哈萨克斯坦，以探亲访友的为主。去远程国家目的地以休闲度假为主，其中去欧洲地区占64%，亚洲地区占30%，其他地区占6%。目前出境旅游的主要目的地依次为：土耳其、芬兰、哈萨克斯坦、乌克兰、中国、波兰、爱沙尼亚、波兰、德国、格鲁吉亚、西班牙。以莫斯科地区为中心的俄欧洲地区是俄财富和人口聚集区，是出境旅游的主要客源产出地。

国内旅游市场国内旅游持续发展，1999年全国饭店接待国内游客6212.8万人次，2011年超过3370万人次，与本国人口之比为24∶100。人们在6—8月前往日照充足的黑海、里海、亚速海和芬兰湾海滨旅游。爱好登山、滑雪、钓鱼和狩猎。国内主要旅游地点莫斯科、圣彼得堡、黑海疗养地、伏尔加河沿岸城市、滨海边疆区和克拉斯诺达尔边疆区。

3. 旅游产业

俄罗斯的旅游业是新兴经济部门之一。目前，俄旅游业占国内生产总值的2.5%。俄罗斯国际旅游收支呈逆差状态，并呈不断扩大之势。2017年旅游收入89亿美元，支出311亿美元，逆差222亿美元。

随着苏联的解体，主管全苏旅游业的国家机构“苏联国家国际旅游委员会”和“全苏工会中央旅游理事会”相继停止办公，它们下属的饭店、旅行社、汽车公司、餐馆等旅游企业则取得了完全的自主权，成为法人。原苏联最大的旅游企业苏联国际旅行社以“国际旅游与投资对外经济股份公司”的新名称重新注册，简称仍沿用“国际旅行社”，目前仍是最大的国际旅游企业，在俄罗斯各地有57个分支机构，在独联体其他国家有19个联营股份公司，并与国外800多个旅游公司及独联体各国200家旅游饭店、300个旅游组织保持着业务联系，下设团体旅游公司、散客旅游公司、国际旅游导游公司、国际旅游投资公司等。同时，近年来俄罗斯出现了多种所有制形式的旅游公司，原来国有性质的饭店、旅行业、汽车公司和餐馆等大多转为私有，成为完全自主的法人企业。

现有旅馆4182家，旅行社2966家，疗养院4876家。首都莫斯科现有四星级宾馆6家，苏联时期建起的“俄罗斯”“国际”“宇宙”等大饭店也颇具规模。在重点旅游城市圣彼得堡除新建的4家星级宾馆外，原有的不少饭店也有相当的接待能力。

近年来，旅游企业走综合发展的道路，旅游公司不仅包括旅行社，还联合保险公司、法律事务所、出版社等机构，根据不同的对象、经济状况和目的设计形式灵活的多条旅游线路；同时与工会组织挂钩，安排大型集体度假项目；与交通部门合作，降低旅游费用；加大宣传力度，推销旅游产品。

4. 旅游管理

1992年俄罗斯成立了国际旅游总局，后与文化部合并，组成文化和旅游部。其主要职能是制定国家旅游业政策，建立旅游经营许可证制度，检查服务质量等。普京就任总统后，俄罗斯组建经济发展与贸易部，国家旅游署设于该部之下，主要职能是旅游的对外联络和宣传促销。现改为体育、旅游与青年政策部。

在俄罗斯涌现出一批旅游行业组织，如俄罗斯国际旅游协会、欧亚旅游组织协会、俄罗斯社会旅游协会、俄罗斯旅游工作者协会等。俄罗斯旅游业人员一般素质较高，导游人员须具备高等教育学历，上岗前还要经过严格的考核。近年来，一些大学纷纷增设旅游专业，扩充专业课程，努力为旅游业培养高级人才。同时，不少旅游行业协会和组织都对旅游从业人员进行职业道德教育和业务培训。

1997年，俄罗斯国家杜马和联邦委员会通过《俄罗斯联邦旅游法》，确定了国家发展旅游的政策和合理开发利用俄罗斯资源的方式。2005年7月，俄罗斯议会通过《俄罗斯联邦经济特区法》。2006年6月，普京总统签署该法修正案，通过建立旅游休养地经济特区来促进旅游业发展。首批旅游休养地经济特区中将包括贝加尔湖地区和克拉斯诺达尔边疆区。

2007年6月《俄罗斯联邦旅游业务基础法》（修正案）正式实施，规定只有那些具有法人资格的、与银行签有民事责任保险合同、保证在对客户失约而造成损失的情况下予以赔偿的旅游公司才能在俄罗斯境内从事旅游业务。2012年5月发布保障俄罗斯境外游客安全的法律，组建旅行社协会，所有俄罗斯出境组团社必须参加，并在旗下设立赔偿基金。年收入2.5亿卢布以内的旅行社应提供3000万卢布的保证金。

俄罗斯国立旅游与服务大学建于1952年，是一所拥有60多年历史的俄罗斯重点高校，拥有硕士、博士学位授予权，并被公认为俄罗斯培养旅游及服务行业人才的重要基地。

七、中俄关系

1. 外交关系

中国与苏联于1949年10月3日建交。1991年12月27日，中国承认俄罗斯联邦政府。2015年5月两国发表《中俄两国关于深化全面战略协作伙伴关系、倡导合作共赢的联合声明》《关于丝绸之路经济带建设与欧亚经济联盟建设对接合作的联合声明》。中国与俄罗斯都是上海合作组织及“金砖国家”的主要成员国。中国在圣彼得堡和哈巴罗夫斯克、俄罗斯在上海和沈阳分设总领事馆。

2. 旅游关系

中俄旅游交流首先在两国边境起步。1991 年中俄建交之后，两国先后签订了“旅游合作协定”“互免团体旅游签证协议”等系列文件，双方人员往来规模不断扩大。1994 年 39.98 万人次，2011 年 253.6 万人次（其中旅游签证 150.2 万人次），2016 年，俄罗斯赴华旅游签证 167 万人次，2017 年 234.46 万人次，2018 年 241.4 万人次中国是俄罗斯游客第二大出境旅游目的地国。

来华游客中，边境旅游者占较大比重，另有一部分乘游船到我国沿海城市、口岸城市购物并观光，近年来乘飞机到海南三亚、广西北海滨海度假的游客日益增多。俄罗斯旅华游客正在从边境游向内地延伸，从单纯购物向购物、观光、度假相结合的方向发展。

来华游客以俄远东、西伯利亚地区为多，来自俄欧洲部分的游客较少；以中青年人为主，喜爱选择自助游方式赴华旅游的游客不断增多，占来华游客的一半左右。对旅游产品的选择将更加多样化，除传统的海滨度假、购物、观光等，以中医、温泉等为主要内容的康体旅游和高山滑雪、登山、漂流等体育旅游的不断增多。

2002 年 6 月，中俄两国政府签订中国公民赴俄旅游协定，俄罗斯成为中国公民旅游目的地国。2012 年 6 月两国签署《关于进一步扩大旅游合作的谅解备忘录》，2012 年在中国举办“俄罗斯旅游年”，2013 年在俄罗斯举办“中国旅游年”。中俄两国旅游部门在中俄人文合作委员会旅游分委会框架内，积极推动旅游等常态化合作。沿边省州互动频繁，就多个跨境旅游合作区的建设达成了共识。2011 年赴俄 80.96 万人次，2014 年 110 万人次，2016 年 128.9 万人次，是俄罗斯第一大入境旅游客源国。中国赴俄国观光游览的主要目的地是莫斯科和圣彼得堡。

中国在莫斯科设立旅游办事处。2017 年浙江旅游职业学院在俄罗斯国立旅游与服务大学设立的中俄旅游学院在莫斯科揭牌成立。

第五节 意大利

一、地理、简史和人文

1. 地理

意大利共和国（Repubblica Italiana），位于欧洲南部的亚平宁半岛上，包括西西里岛、撒丁岛和其他岛屿，面积 301318 平方公里。三面临地中海，大多为山岳地带，多火山，地震频繁。最大的平原是北部的波河平原，是主要的工农业区。大部分地区的气候属地中海气候，冬季温暖多雨、夏季炎热干燥。

2. 简史

公元前753年建成罗马城，曾为跨欧、亚、非三洲的古罗马帝国。公元476年西罗马帝国灭亡后长期处于分裂状态。14、15世纪，成为欧洲文艺复兴运动的摇篮。16世纪后，西班牙统治意大利部分地区达一个半世纪之久。1861年3月建立王国，完成领土统一。1922年墨索里尼上台实行法西斯统治，1936年建立“柏林—罗马轴心”，1940年向英、法宣战。1945年4月25日，意大利人民起义。1946年6月18日，意大利共和国正式宣布成立。

3. 国名、国旗、国徽、国歌、国花与国石

国旗：呈长方形，旗面由三个平行相等的竖长方形相连构成，从左至右依次为绿、白、红三色。绿色象征丰收与希望，红色象征独立与喜庆，白色象征天主教的神圣与圣洁。

国徽：呈圆形，中心图案是一个带红边的五角星，象征意大利共和国；五角星背后是一个大齿轮，象征劳动者；齿轮周围由橄榄枝叶和橡树叶环绕，象征和平与强盛。底部的红色绶带上用意大利文写着“意大利共和国”。

国歌:《马梅利之歌》。

国花：雏菊。

国石：珊瑚。

4. 人口、民族、语言和宗教

人口6080.8万，绝大多数是意大利人。意大利语为官方语言，也是圣马力诺和梵蒂冈的官方语言，也是瑞士的四种正式语言之一。绝大多数人信奉天主教。

5. 政治性节日

元旦：1月1日。

国际劳动节：5月1日。

解放日：4月25日，庆祝1945年4月25日意大利北方各大城市居民举行起义，歼灭法西斯军队。

国庆节：6月2日。1946年的这一天，意大利举行全国公民投票，决定废除君主制，建立共和国，后定此日为国庆日。

胜利纪念日：11月4日，纪念意大利在第一次世界大战中取得的胜利。

6. 带薪假期

由劳资双方协议确定带薪休假时间，一般为5至6周。

二、政治体制与对外政策

宪法规定意大利是“建立在劳动基础上的民主共和国”。总统为国家元首，由参、众两院议员和大区代表联合选举产生，任期7年，可连选连任。立法权由参、众两院集体行使。总理由总统任命，向议会负责。总理和部长人选通常从议

员中产生。

主要政党或党派联盟大部分属于中左和中右两大阵营。主要有民主党、力量党、五星运动、新中右、公民选择党、北方联盟、左翼生态自由党等。意大利工会、意大利劳动人民工会联合会和意大利劳工联盟为三大工会联合会，各自保持独立性。意大利企业家的组织是工业总联合会。

对外政策基本点是立足欧洲，积极参加欧盟建设，促进欧洲一体化进程；依靠北约，重视发展跨大西洋盟友关系，主张世界多极化和加强地区性合作；认为应对现行国际金融体制进行改革，加强全球经济治理；主张通过对话解决地区冲突和南北差距，减免债务和增加对第三世界国家的援助；关注巴尔干半岛局势和地中海事务，积极推动中东和平进程；拓展同亚太地区国家的关系，强调维护人权。同120多个国家建立外交关系。

三、国民经济

发达工业国，欧洲第四大、世界第九大经济体。中小企业发达，被誉为“中小企业王国”，中小企业数量占企业总数的99.8%以上。地区经济发展不平衡，北方工商业发达，南方以农业为主，经济较为落后。2017年国内生产总值1.72万亿欧元，人均国民生产总值2.83万欧元。通行欧元。

实体经济发达，是欧盟内仅次于德国的第二大制造业强国。农业发达，是欧盟内仅次于法国的第二大农业国，239种农产品获得欧盟最高认证，为世界最大葡萄酒生产国。世界三大油橄榄生产国之一、柑橘产量居世界第三位、柠檬产量位居第二。服务业发展较快，一直呈上升势头。2012年农业、工业、服务业增加值的比重为2.0∶23.3∶74.7。意大利是世界贸易大国之一，对外贸易是经济的主要支柱，国外市场主要为欧盟国家，占出口总量50%以上。

国内运输主要依靠公路，铁路、水路和航空运输也较发达。全国有热那亚、那不勒斯、威尼斯、的里雅斯特、塔兰托、里窝那、锡拉库扎等19个主要港口。罗马是欧洲飞往东方和非洲的中途站。辟有国内航线40多条，国际航线70多条；全国有民用机场96座，其中国际机场30座，主要机场有罗马的菲乌米奇诺、米兰的利纳特和马尔佩萨、都灵的卡莱塞。

四、教育、文化和新闻媒体

教育体系为5年初级教育（小学）、8年中级教育（3年初中、5年高中）和大学、专科院校等高等教育。16岁以下可享受义务教育，职业学校和技术学校的学制从2年到5年不等，毕业后可参加工作。高等学校分综合性大学和专科学院两种，学制一般为4年。著名大学有罗马大学、米兰博可尼大学、米兰理工大学、都灵理工大学、波伦亚大学、帕多瓦大学、那不勒斯大学、比萨大学和佛罗伦萨大学等。

意大利十分重视科学研究，把科技进步视为发达国家“经济发展和社会进步的不可取代的决定性条件”。在高分子化学领域名列世界前茅，理论数学和核物理研究在国际上享有较高声誉，在航天、电信、计算机诸方面研究成果显著。

古罗马时期流传下来的主要是戏剧作品。13世纪末至16世纪是“文艺复兴”时期，是意大利文学艺术的黄金时代，并在欧洲居领先地位。诗人但丁代表作《神曲》，与英国的莎士比亚和德国的歌德并称为西欧文学史上的三大天才巨匠。乔瓦尼·薄伽丘的代表作短篇小说集《十日谈》。绘画的杰出代表是达·芬奇，代表作为《最后的晚餐》和《蒙娜丽莎》是誉满世界的杰作。雕塑的杰出代表是米开朗琪罗·邦内罗蒂，代表作为《大卫》像和《被束缚的奴隶》像以及壁画《创世纪》和《末日的审判》。歌剧诞生于17世纪的意大利，18世纪末广泛流行于整个欧洲。威尔第的《茶花女》《假面舞会》《奥赛罗》等在意大利歌剧史上有其特殊地位。20世纪意大利著名歌剧作曲家是贾科莫·普契尼，代表作有《艺术家的生涯》《蝴蝶夫人》等。米兰的斯卡拉大歌剧院、那不勒斯的圣卡尔洛歌剧院、威尼斯的凤凰歌剧院、都灵的皇家歌剧院、罗马的罗马歌剧院等是闻名世界的歌剧院。

安莎社是全国报纸联合通讯社的简称，是意大利半官方通讯社。意大利广播电视公司，总部在罗马。主要报纸有《晚邮报》《新闻报》《信使报》《今日报》。主要综合性期刊有《展望》周刊、《快报》周刊、女性周刊《现代妇女》以及宗教性期刊《基督教家庭》等。

五、民俗风情

1. 姓名称谓

在填写正式文件时，除本人姓名外，要加上父名，有时还得写母亲的姓名，次序是本人的姓、名、父名、母名。通常只称一个人的姓名，亲朋好友间习惯于直呼其名；对长者、有地位的人或不熟悉的人，应称他们的姓，并加“太太”“小姐”“先生”等称号。妇女结婚后一般随夫姓，也可在丈夫姓后加自己的父姓，妇女改嫁要易姓。

2. 节日与节事

民间节日有：

主显节：1月6日，纪念耶稣显灵。

复活节：3月底到4月25日之间的一个星期日。

耶稣升天节：复活节后的第六个星期日。

圣灵降临节：复活节后的第七个星期日。

圣母升天节：8月15日（天主教）、8月27日（东正教）。

万灵节：11月1日，墓地祭奠，凭吊故人。

圣诞节：12月25日。

愚人节：4月1日。

无罪受孕日：12月8日。

圣斯特法诺日：12月26日。

社会节事活动有：

狂欢节：2月或3月，每年斋戒期（复活节前40天为斋戒期）前数天举行。罗马、佛罗伦萨、比萨和威尼斯曾是狂欢节的中心，现在中心已移至海滨城市维亚雷焦，与法国的尼斯并称为欧洲狂欢节活动的两大中心。

佛罗伦萨烟火节：3~4月。

佛罗伦萨音乐节：5月。

锡耶纳市赛马节：7月12日、8月16日。

威尼斯国际电影节：8~9月。

威尼斯划船节：9月的第一个星期日。

八月节：8月15日前后，全国休假、娱乐、旅游。

米兰足球赛：每年9月至来年6月的周末。

3. 服饰餐饮

意大利的衣食习惯与邻国法国相似，日常衣着以西服为主，但夹克衫、T恤衫和牛仔裤现已成为国民的常服。菜的特点是味醇、香浓，以原汁原味闻名。相传，意大利的面条由马可·波罗从中国传入。源于那不勒斯的烤饼“比萨”名扬西欧、北美，传遍全世界。喜欢喝葡萄酒，但很少酗酒，席间不劝酒。拒绝别人的用餐邀请被认为是不礼貌的行为。

4. 婚庆礼仪

按天主教的传统，婚礼在教堂举行，但去到市政厅登记结婚的人越来越多。年轻人按传统习惯订婚后，女性戴订婚戒指，结婚后换戴结婚戒指，戒指戴在同一手指，只是式样不同。称呼女性可由戒指判断，意大利女子对“太太”“小姐”的称呼颇为计较。

5. 社交礼仪

到意大利人家做客，一般要带礼物送给主人。送鲜花要送单数，但不送13朵花，不要送菊花。忌讳用一根火柴给3个人点烟；即使用打火机，给两个人点完烟后，要灭掉后重新打开给第3个人点。4个人站在一起应避免交叉握手，形成十字架形被认为不吉利。

六、旅游业

1. 旅游城市和景点

首都罗马：古罗马帝国的发祥地，曾为教皇国的首都，2700多年的历史，有

“永恒之城”的美称。“母狼哺婴”是罗马的城徽。以古迹多、教堂多、广场多、地下墓穴多和喷泉多而闻名世界。主要有古罗马斗兽场、万神庙、地下墓穴、罗马广场、圣玛丽亚教堂、圣约翰大教堂、坎切里亚宫、法尔内塞宫和“特莱维”喷泉（又称“少女喷泉”）等。

佛罗伦萨：14—16世纪欧洲文艺复兴运动的发祥地，有博物馆和画廊40多个、宫殿60多座以及上百座各种风格的教堂，有“博物馆城”之称。主要景点有洗礼堂、市政广场、圣十字教堂、花之圣母大教堂、乔托钟楼、乌菲兹美术馆、君子宫和“老桥”等。

威尼斯：位于亚得里亚海滨，建在离海岸4公里远的188个小岛上，岛城内有401座桥连接，有“水城”之称，“贡多拉”小船别具风格。主要景点有圣马可广场、圣马可大教堂、公爵宫、乔托钟楼、研究院美术馆、里亚托桥、叹息桥等。威尼斯是马可·波罗的故乡，他在中国游览苏州城后誉其为“东方威尼斯”。

那不勒斯：被誉为“音乐之乡”，建于1737年的圣卡尔洛歌剧院属世界第一流的歌剧院。那不勒斯湾东岸维苏威火山山脚下有被火山埋没1900多年的庞贝古城。

米兰：始建于公元前4世纪，杜奥莫教堂是世界第二大教堂，相传教堂屋顶藏有将耶稣钉在十字架上的一颗钉子。圣母玛利亚教堂的餐厅墙上，1489年达·芬奇在米兰创作了传世名画《最后的晚餐》。其他景点有五月广场、埃玛努埃二世长廊、布雷拉画廊等。

比萨：大学城，以浸礼会教堂和钟楼（比萨斜塔）闻名世界。

古罗马与古希腊是欧洲文明的源头、近代欧洲文艺复兴运动的摇篮。三千多年的文明史创造了无与伦比的文化瑰宝，文化旅游构成意大利的核心旅游产品，正如它的旅游宣传口号所说:“露天博物馆”。

有世界自然文化遗产49项，其中文化遗产48项，居世界第一。文化遗产之旅贯穿意大利旅游的全过程。意大利的服装引领时尚潮流，“足球王国”世界闻名，比萨饼、通心粉等美食风靡全球，面具文化在欧洲文明中独具一格，音乐、歌剧与戏剧经久不衰。

意大利山清水秀，风光旖旎，素有“欧洲的天堂和花园”之称。北部阿尔卑斯山区是登山者、滑雪旅游者、高山游客和度假者的乐园。亚平宁山脉东侧平缓，海边多沙滩，是夏季理想的海滨度假地；西部陡峭、多港湾，沿海岸风景秀丽，依山傍水建有成千上万座别墅。著名的阿布鲁佐国家公园是生物多样性的标本，是生态旅游之地。2017年旅游和旅行竞争力世界排名第8位。

2. 旅游客源市场

20世纪50年代意大利就成为世界第二旅游接待大国。2000年入境游客4118.1万人次，旅游外汇收入274.93亿美元；2013年入境游客4391.2万人次，旅游外汇收入4391.2亿美元。2017年入境游客5825.3万人次、居世界第5位；旅游收入442.33亿美元、居世界第6位。2017年接待入境游客人数与全国人口之比为96∶100。主要客源地欧洲约占80%以上，美洲约占10%。主要客源国为德国、法国、奥地利、瑞士、英国、荷兰、美国、西班牙、比利时和日本。入境游客主要是古迹游览、海滨度假和参加会议展览。2012年入境游客平均停留4.3天，人均消费418欧元。

居民出境旅游人数与支出逐年增加。1996年出境旅游人数1600万人次，旅游支出142亿美元、位居世界第6位；2012出境旅游5920万人次、支出205亿欧元，出境旅游人数与本国人口之比为97∶100。2017年旅游支出277亿美元，居世界第10位。去海外旅游的动机是文化体验、休闲度假和自然观光。主要旅游目的国：法国、西班牙、奥地利、英国、瑞士和德国等欧盟国家，美国是意大利人在欧洲之外的主要旅游目的国。

国内旅游持续发展。1999年全国饭店接待国内游客3649.7万人次，2000年3796.3万人次，人均住宿3.45天。2012年国内旅游占国民出游人数的79.4%，总数约为2.3亿人次。家庭用于旅游的花费占家庭总收入的20%，在家庭各种支出中占第三位。出游目的是休闲度假，寻求融入大自然，希望放松和寻求宁静，希望了解传统文化、民间风俗和酿酒烹饪，开展山区自行车游、骑马和爬山等体育活动和野外活动等。国民旅游产出地主要是北部地区，占56.9%，中部地区占24.9%，南部地区占18.2%。出游时间集中在夏季。

3. 旅游产业

旅游业是意大利国民经济的支柱产业。2016年旅游业的直接贡献占国民生产总值的4.6%，间接贡献占国民生产总值的11.1%，旅游从业人员250万。意大利国际旅游收支长期呈顺差状态，是弥补国家收支逆差的重要来源。2017年入境旅游收入442亿美元，出境旅游支出277亿美元，顺差165亿美元。

大小旅馆33000多家，床位200多万张，其中五星级饭店94家，客房床位占总数的0.9%，三星级客房占总数的44%。星级饭店大多集中在大城市、风景游览区和海滨休养地。旅馆多为中小型，包括宾馆、露营地、旅游村和农业旅游住所等，全国大小旅馆共有11.5万处。旅行社5436家。主要旅行社有阿奇托乌尔旅游公司、文塔纳旅游公司、红色佛朗哥旅游公司、大旅行旅游公司等。

4. 旅游管理

1919年成立国家旅游局，由工业商业手工业部管辖。曾先后设文化遗产与旅游部、旅游与体育部，总理府内曾设旅游国务秘书，负责协调旅游事务。2009年5月成立旅游部，旅游部长直接对总理负责，有参加部长会议向内阁提出建议的权力。后改为大地区事务、旅游与体育部，2011年11月新内阁设旅游和体育部。各地旅游局在执行全国旅游发展的方针、政策和计划时，享有相当大的自主权。

旅游部下设意大利形象推广使命协调局和旅游竞争发展局（该局内下设国家旅游局、阿尔卑斯协会和汽车俱乐部），国家旅游局负责海外旅游市场推广工作。2009年推出了“Italia Much More”（“意大利，更多”）电视广告。在国外设有27个旅游办事处和35个联络处：苏黎世、维也纳、摩纳哥、巴黎、伦敦、马德里、法兰克福、布鲁塞尔、阿姆斯特丹、哥本哈根、斯德哥尔摩、纽约、芝加哥、洛杉矶、蒙特利尔、东京等。

《意大利旅游法典》第一章“总则”明确了国家在旅游方面的职能，保证残疾人“完整和独立地享受旅游服务的权利”。第二章“旅游职业的规制”，在旅游市场开放与旅游职业自由化原则的前提下，强调旅游职业的特殊性，并对具备职业资格的人员进行特殊保护。第三章“经营活动”对旅游接待体系规范整顿，确定全国所有接待机构的服务和设施的最低标准。第四章“旅行社经营活动”，对所有传统旅行社产品类型的在线经营者，采取同样的规则和监督。第五章明确了国家在旅游方面的职能，划定旅行社、经营活动、旅游产品、私人主体。第六章“私人主体”，规范游客和旅游经营者之间的合同。第七章旅游领域的公共机构的整顿，使与旅游相关的各部门、机构更加协调，设立促进旅游的常设委员会，成员有旅游系统的所有公共和私人主体的代表。

七、中意关系

中国与意大利的交往源远流长。公元前27年罗马帝国第一位皇帝奥古斯都即位时，曾有中国使节祝贺。公元166年罗马皇帝安东尼诺曾派遣使团来中国。元代，意大利旅行家马可·波罗驻留中国17年，著有《东方见闻录》，介绍了中国风物。明末，天主教传教士利马窦在中国传播西方的天文、数字、地理知识。

1. 外交关系

1970年11月6日，中意建交。意大利是中国在欧盟的第五大贸易伙伴，中国是意大利在亚洲的第一大贸易伙伴。两国分别在上海、广州和米兰、佛罗伦萨设立总领馆。

2. 旅游关系

历年来华旅游人数不断增多，1981年0.94万人次，2014年25.31万人次，2017年27.97万人次，2018年27.8万人次。

2000年中国赴意旅客10.9万人次。2004年9月，意大利成为中国公民出境旅游目的地国家，2013年首站赴意47.80万人次。2016年达540万人次，中国首次进入意大利排名前十，占外国游客消费总额约为29%。

中国在罗马设有旅游办事处，意大利在北京设有旅游办事处。

第六节　西班牙

一、地理、简史和人文

1. 地理

西班牙王国（The Kingdom of Spain，Reino de Espana），位于欧洲西南部伊比利亚半岛，东南临地中海，南隔直布罗陀海峡，扼大西洋和地中海航路的咽喉。面积 505 925 平方公里。中部梅塞塔高原约占全国面积的 65%，北部和南部近海地区为山地，沿海平原很窄。中部高原为大陆性气候，冬季寒冷、夏季炎热；北部和西北部沿海为海洋性温带气候，冬季温和，夏季凉爽；南部和东南部为地中海式亚热带气候，夏季酷热，冬暖多雨，全年大部分时间阳光普照，适宜度假旅游。

2. 简史

公元前 9—前 8 世纪，凯尔特人越过比利牛斯山进入半岛。先后受罗马人、西哥特人和摩尔人的统治，直至 1492 年赶走摩尔人，建立了统一的西班牙王国。同年，哥伦布发现美洲大陆，西班牙开始向外扩张，一度是欧洲最强大的海洋国家。1873 年 2 月成立第一共和国。1931 年成立第二共和国。第二次世界大战中，佛朗哥与希特勒德国缔结军事同盟，战后佛朗哥继续推行独裁统治。1947 年 7 月，佛朗哥宣布西班牙为君主国，自任终身国家元首。1975 年 11 月佛朗哥病死，1976 年 6 月 24 日胡安·卡洛斯一世登基，向议会民主政治过渡。

3. 国名、国旗、国徽、国歌、国花与国石

国旗：呈长方形，旗面由三个平行的横长方形组成，上下均为红色，各占旗面的 1/4；中间为黄色。黄色部分偏左侧有西班牙国徽。红、黄两色是西班牙人民喜爱的传统颜色，并分别代表组成西班牙的四个古老王国。

国徽：盾徽，盾面上有六组图案，分别象征西班牙的六个地区。盾面中心的蓝色椭圆形中有三朵百合花，象征国家富强、人民幸福、民族团结。盾徽上端有一顶大王冠，是国家权力的象征。盾徽两旁各有一根大力神银柱海格立斯柱子，左、右柱顶端分别是王冠和冠冕，缠绕着立柱的饰带上写着“海外还有大陆”。

国歌：《国王进行曲》（Marcha Real）。

国花：石榴花。

国石：绿宝石。

4. 人口、民族、语言和宗教

人口约 4673 万（2018 年），2/3 为卡斯提利亚族（即西班牙人），1/3 居民为加泰罗尼亚族、巴斯克族和加里西亚族及少量吉卜赛人。西班牙语是官方语言和

全国通用语言，少数民族语言在本地区亦为官方语言。96%的居民信奉天主教。

5. **法定节日**

元旦：1月1日。

三王节：1月6日，起源于基督教《圣经》中圣婴耶稣诞生后东方三王朝拜耶稣并献礼的传说，为儿童节日。1月5日夜各城市举行盛大彩车游行，1月6日晨父母向儿童赠送礼品。

自由日：4月25日。

劳动节：5月1日。

圣礼节：6月5日，纪念耶稣被钉在十字架上的日子。

国王胡安·卡洛斯一世命名日：6月24日。

圣母升天节：8月15日。

西班牙—美洲日：10月12日，即国庆日，纪念哥伦布1492年奉命发现美洲大陆的航行。

万圣节：10月30日或11月1日。

独立纪念日：12月1日。

宪法日：12月6日。

圣诞节：12月25日。

6. **带薪假期**

不论国营还是私营企事业单位员工，每年均享受30天全薪假期，休假日期由劳资双方协议确定。通常在7月中旬至8月底工作人员享受15至30天的休假。圣诞节和复活节前后1周也为休闲时间。

二、政治体制与对外政策

1978年宪法规定西班牙是社会与民主的法治国家，实行议会君主制，王位由胡安·卡洛斯一世的直系后代世袭。宪法承认并保证各民族地区的自治权。中央议会由众议院和参议院组成。首相是中央政府首脑，由议会推选，国王任命。

主要政党有人民党、工人社会党、“联合起来我们能”、公民党、加泰罗尼亚工人党、统一与联合（加泰罗尼亚地区政党）和巴斯克民族主义党（巴斯克自治区执政党）。

奉行欧洲主义，坚定推动欧洲一体化及欧盟机构建设。高度重视并深化同美国关系，注重维持与伊比利亚美洲传统关系，重视加强与地中海地区和非洲关系，积极开拓同亚洲新兴国家的合作。整合政治、经济、文体、教育、艺术等多方面外交资源，力图打造西班牙国家品牌。与近200个国家和地区有外交、领事和商务关系。

三、国民经济

以1986年加入欧共体为契机，经济迅速发展，1998年5月成为首批加入欧元的国家之一。现是中等发达的工业国，国内生产总值居欧盟第5位。2017年国内生产总值1.16万亿欧元，人均国内生产总值2.5万欧元。

主要工业部门有纺织、服装、制鞋、食品、建筑、汽车、冶金、化工、能源等行业，汽车工业是其支柱产业之一。渔业、农业和林业发达，猪肉、羊肉产量居欧盟第二位，盛产橄榄油、葡萄酒、蔬菜和水果。服务业成为国民经济的重要支柱，其中尤以旅游和金融业发达。2012年农业、工业、服务业增加值的比重为2.5∶25.9∶71.6。

本土及列岛共有机场105个，主要机场有马德里巴拉哈斯机场、帕尔马·德马略卡机场和巴塞罗那机场。最大的航空公司是伊比利亚航空公司，欧洲大航空公司之一。国内以陆路交通运输为主。三面环海，港口体系完善，与世界各地通航，主要港口有巴塞罗那、毕尔巴鄂、塔拉戈纳、阿尔赫西拉等。

四、教育、文化和新闻媒体

中小学实行免费义务教育，小学为6年，中学为4年。大学4~5年。著名高等学府有马德里孔普鲁腾塞大学、马德里自治大学、萨拉曼卡大学、巴塞罗那大学等。西班牙科学研究高级委员会是最重要的科研基地，在马德里设有35个中心，研究领域主要有生物医学、农学、物理、化学、新材料、新食品技术。

文艺复兴时期的杰出作家米格尔·德·塞万提斯的《堂吉诃德》为经典之作。巴洛克时期的代表作为剧作家洛佩·德·维加的《羊泉村》。19世纪下半叶，现实主义小说占上风，代表作有贝尼托·佩雷斯·加尔多斯的巨著《西班牙历史插曲》（46卷）和比森特·布拉斯科·伊瓦涅斯的《茅屋》。当代著名作家有1989年荣获诺贝尔文学奖卡米洛·何塞等。在现代国际美坛最有影响的大师是毕加索、达利和米罗。最著名的歌唱家有蒙特塞拉特·卡瓦列、普拉西多·多明戈、阿尔弗雷多·克劳斯和何塞·卡雷拉斯等。

主要报刊有《国家报》《阿贝赛报》《先锋报》《雅报》《会晤》周刊，主要通讯社是埃菲社（官方通讯社），广播电视总局统管电台、电视台，全国共有200多家电台，主要有西班牙国家广播电台和私营的西班牙广播公司、洲际电台。西班牙电视台为国营、全国性电视台。

五、民俗风情

1. 姓名称谓

姓名由“教名—父姓—母姓”三节组成。已婚妇女姓名则由“教名—父姓—

夫姓”组成，夫姓前须加一“德”字，表示从属关系，如卡门·罗马诺·德洛佩斯，其中“洛佩斯”即为夫姓。日常生活中互相称呼时，通常只使用名中的第一个名字。姓名全称形式仅在正式场合或文件中使用，在一般场合通常使用略称形式，即“教名—父姓”或仅称父姓。对已婚妇女则简称其夫姓。朋友、亲属间则习惯以教名或教名的昵称相称，这时不能再加“先生”“小姐”“夫人”等尊号。

2. 民间节日

狂欢节：2月，带各式面具游行、狂欢。

法亚节：3月，焚烧法亚模拟人。

情人节：2月14日。

玩偶节：3月19日，又称“法亚节”，在巴伦西亚市举行，“法亚”是拉丁语篝火的意思，节日的主要活动是建造、展览、焚烧各种现实生活和神话中的人物模型。

美食节：3月。

葡萄酒节：秋季，欢庆葡萄丰收。

集市节：7月，在塞维利亚市举行。

奔牛节：7月7日开始，为期一周，在北部潘普罗那市举行，每天早晨将一群围在栅栏中的公牛释放，数百名身着白衣、脖系红领巾的男子开始在牛群前奔跑，引逗公牛狂奔，直至斗牛场。西班牙有“斗牛王国”之称，斗牛活动成为西班牙的“国粹”，亦是重要旅游项目。全国有正式斗牛场373座。

鸽子节：8月，在马德里举行。

番茄节：8月的最后一个星期，在布尼欧镇举行。

3. 饮食起居

由于气候温和、日照时间长，早晨不早起，午休息时间长，很少在午夜以前就寝。机关、企业、商店每天分两段办公、营业：上午9点或9点半至下午1点或1点半；不少人有午睡习惯，下午4点半或5点开始至晚上8点或8点半。上午9点左右早餐；下午1点至3点半午餐；傍晚时分吃晚茶（喝咖啡、红茶或菊花茶，外加小点心）；晚上8点半至11点半晚餐，热衷于夜生活。爱喝扎啤和葡萄酒类（葡萄酒、雪利酒、香槟酒等）。喜欢吃鱼，尤喜海味，好吃烤肉和汤菜，菜肴辛、辣、酸、苦，口味较重。

4. 社交礼仪

请人吃饭、到别人家中拜访必须提前数天通知。宴请较为简单，不事铺张，但酒水一定要全，以满足客人不同爱好。请吃早餐多为洽谈业务，正式宴请通常安排在晚上9点以后。无劝酒、敬菜习惯，一切任凭客人选择。赴家宴一般向主人送鲜花、巧克力、酒和工艺品等礼品，须加彩纸、缎带包装。主人受礼后须当面打开并对加以赞赏。

注重个人隐私权，一般不能询问别人年龄、收入、婚否、宗教信仰、政治派别。属基督教文化圈，许多禁忌与欧美基督教国家相同，如忌讳“13”、星期五，忌用黄色（象征疾病、嫉妒等）、紫色（“神圣颜色”，系教会专用）、黑色（象征死亡），忌用菊花（为丧礼用花）等。

六、旅游业

1. 旅游城市和景点

首都马德里：南欧文化名城，博物馆众多，最著名的是普拉多博物馆，珍藏欧洲各派名家的画作。广场遍布，太阳门广场纪念哥伦布，西班牙广场纪念著名作家塞万提斯。著名景点还有西班牙皇宫、温塔斯斗牛场、皇家大教堂、瑞内索菲亚美术馆、布恩雷蒂公园和埃斯科里亚尔古镇等。

巴塞罗那：两千年的历史文化古城，主要景点有圣家赎罪堂、犹太山奥林匹克体育场、塞万提斯广场、巴塞罗那大教堂、毕加索博物馆、哥伦布纪念馆、国家造船厂（海洋博物馆）、城堡公园和动物园。由著名建筑师高迪设计的神圣家族大教堂高 45 米，是宗教建筑与艺术结合的典范，尚未完工就被列为世界文化遗产名录。还有古埃尔公园、古埃尔宫、米拉大厦、加泰罗尼亚音乐厅、圣帕乌医院等多个世界文化遗产。

赛维利亚：西南部古都，大教堂内有哥伦布的灵柩，阿尔卡萨王宫融合多种艺术风格，还有黄金塔、阿拉伯城堡、大清真寺和贝德洛宫等古建筑。

世界文化遗产 44 项，居世界第三位，著名旅游景点有阿尔塔米拉洞窟、阿尔罕布拉宫和赫内拉利费花园、阿斯图利亚斯的前罗马时期建筑、阿维拉旧城及城外教堂、埃尔·埃斯科里亚尔修道院、巴塞罗那由建筑大师高迪设计的古埃尔公园、古埃尔宫和米拉大厦、卡塞雷斯古城中心区和科尔多瓦清真寺。

王牌产品是“三 S”，即 Sun（太阳）、Shore（海滩）和 Sea（海洋）。西班牙的旅游口号即为“阳光普照西班牙”。著名海滨海岛旅游地有：南方安达卢西亚一带“太阳海岸”，沿岸 20 多个城镇到处都是风格迥异的旅游饭店和娱乐设施；“黄金海岸”巴塞罗那与塔拉戈纳海岸，地中海沿岸最平静的海域适宜开展水上运动；“地中海浴盆”巴利阿里群岛，最为繁忙的休闲旅游胜地；位于非洲西北部大西洋区内的加那利群岛旅游区，是最受欢迎的热带海洋旅游目的地。近年来西班牙推出“不仅仅是三 S”的宣传口号，大力推广森林疗养、漂流滑雪、徒步登山等自然之旅，成为西班牙旅游的新亮点。世界旅游组织（UNWTO）总部设在西班牙马德里。2017 年全球旅游和旅行竞争力排名第 1 位。

2. 旅游客源市场

2017 年旅游外汇收入 604.32 亿美元、居世界第 2 位。2017 年西班牙接待入境游客 8178.6 万人次、居世界第 2 位，旅游收入 679.64 亿欧元，居世界第 2 位，接待入境旅游人数与全国人口之比为175∶100。欧洲地区是主要客源地，占90%以上。主要客源国德国、英国、法国、意大利、美国占入境市场总额80%以上。对186个国家和地区的国民实行免签入境或落地签证政策。

20世纪70年代政治体制转型、经济起飞后出国旅游得到发展，1974年600万人次增长到1981年的1400万人次，旅游支出从1974年的2.7亿美元增长到1981年的12.28亿美元。出境旅游的目的地主要为欧洲国家，主要是法国、葡萄牙、意大利、英国、德国等。

20世纪80年代后，旅游部发起了国内旅游推广活动，宣传口号是“西班牙，近在眼前”。2014年，国内和出境旅游人数1.52亿人次。国内和出境旅游客源地主要是马德里自治区、加泰罗尼亚自治区和安达卢西亚自治区，约占据整个国内和出境旅游客源的一半。每年有三次出游高潮：复活节前后（4月初，1~2周），夏季（6—9月，避暑休假），圣诞节前后至元旦（10~15天）。

3. 旅游产业

旅游业是国民经济中最重要的产业之一。2016年旅游业的直接贡献占国民生产总值的5.1%，间接贡献占国民生产总值的14.2%。旅游就业占全国就业总数的16%。西班牙国际旅游收支一直呈顺差状态，2011年旅游外汇收入599亿美元，旅游外汇支出173亿美元，旅游贸易顺差426亿美元。

2009年全国饭店14228家、客房74万间、床位130万张。住宿设施分为以下几种类型：宾馆（分为五个星级）、公寓（分为四个钥匙）；旅馆（分星级，不带餐厅）、客栈（老式旅馆）、旅游营地（分豪华级、一级、二级、三级）；温泉及健康度假中心。国家旅游推广机构拥有国营酒店的所有权。国营连锁酒店由93家酒店组成，主要是开设在历史和艺术遗产（城堡、宫殿、寺院）建筑内。旅游推广机构建造酒店时，完全依据这些历史和艺术遗产的条件且采取适用的方法，其管理权转移给西班牙国营酒店有限公司。

环球企业集团是西班牙最大的旅游集团，拥有饭店不动产投资公司、里乌饭店集团、SERHS集团、西班牙旅游驿站公司及独立饭店协会。贸易和旅游部旅游总秘书处为了开辟新的旅游路线，推销旅游冷点地区，投资修建了86个国营的旅游驿站（Paradores），大多利用废弃的古城堡、古宫殿、修道院和老客栈改建而成。即使是新建的驿站，也建成传统式样。全国旅游协会在旅游冷点地区修建了类似旅游驿站的私营旅馆和餐馆网络。旅游总秘书处还在公路两侧修建公路招待所，在山区建造山地招待所，均为国营企业。

2009年全国旅行社9500家。最大的旅行社企业有英国宫廷旅行社、巴塞罗饭店集团、哈尔孔旅行社、卡尔松·瓦逢·利兹旅行社、海外捷运旅行社。为方便游客，全国设有95个旅游咨询中心。

共有旅游餐馆2万多个。现代化餐馆多为私营企业，分为五叉、四叉、三叉、二叉、一叉五个等级。仿古餐馆全是国营企业，属贸易和旅游部管理，分为豪华级、一等、二等、三等、四等五个级别。全国有斗牛场300多座。

旅游大企业集团与中小企业并存。大部分的旅游企业是中小型企业，甚至是微小型企业，大多数是以个人和家庭为基础的。大型旅游企业集团具有较强的垂直整合性，兼营酒店、旅游运营商、旅行社零售商、航空运输等。

旅游大企业集团与中小企业并存。大部分的旅游企业是中小型企业，甚至是微小型企业，大多数是以个人和家庭为基础的。大型旅游企业集团具有较强的垂直整合性，兼营酒店、旅游运营商、旅行社零售商、航空运输等，大集团已经开始了国际化的重要进程，在海外建立了越来越多的酒店。

1978年国家民主化之后，建立了与各个旅游子行业平行的工会和企业协会，西班牙酒店联合会（FEH）、旅游区酒店协会（ZONTUR）汇集了沿海度假酒店企业。酒店与餐馆联合会（FEHR）包含了内陆小型酒店和餐馆。这些协会合并为酒店及旅游住宿联合会（CEHAT），代表了几乎所有西班牙的旅馆。2011年西班牙旅行社协会（AEDAVE）和西班牙旅行社合并后成为旅行社和旅游联合会（CEAVYT），代表整个行业。航空公司协会（ALA）代表着西班牙传统的航空公司和在班牙运营的外国航空公司；西班牙航空公司协会（AECA），包括一些原本专注于包机运输、后期开设定期航线的航空公司。所有旅游子行业都有相应的企业协会：西班牙露营联合会、乡村旅游联合会、温泉和温泉度假村协会等。同时，这些协会共同组成西班牙企业组织联合会旅游委员会（CEOE），是西班牙企业协会中最高级别的协会。

4. 旅游管理

1938年设立国家旅游总局，1951年改为信息产业和旅游部，1962年建立了旅游副部，设有两个秘书处：推广处与企业和旅游活动处。1996年前设旅游与贸易部，1996年撤销旅游与贸易部，旅游总局并入经济财政部，由贸易、旅游及中小企业国务秘书处（副部级）主管旅游总局。2000年后改由贸易与旅游国务秘书处，下设旅游局、合作协调司、竞争发展司和旅游促进会。旅游总秘书处的主要职能为：制订提高旅游企业质量及技术的总体计划，设计旅游业发展战略，批准旅游对外促销政策，制订各地区与旅游企业合作规划，开展旅游培训等。目前工业、能源和旅游部主管全国旅游业。旅游促进会主要负责对外旅游宣传并协助各自治区进行旅游产品的对外销售，有33个驻外旅游办事处，其中美洲8个、欧洲20个、亚洲5个。

1963年7月8日颁布《旅游资格法》，1965年1月颁布《企业和旅游活动规定》。《2000—2006年西班牙旅游质量（PICT2000）综合计划》，制定了所有旅游服务、产品和目的地的质量标准以及公共部门与私营部门合作的原则。

各自治区政府均有旅游行政部门负责本地区的旅游管理，但管理机构的设置和名称很不统一（如安达卢西亚自治区设旅游与体育局，卡斯蒂利亚—莱昂自治区和加泰罗尼亚自治区设工商旅游局）。地方旅游行政部门享有较大自主权，与中央旅游行政部门没有从属关系。对西班牙进行旅游促销，主要与地方旅游行政部门打交道。

20世纪50年代曾使用“不一样的西班牙”（“Spain is different”），后来改为“阳光普照西班牙”（“Spain，everything under the sun”），成为最知名和认可度最高的口号。后又改为“西班牙，激情生活”（Passion for life）。米罗设计的旅游标志是一个太阳和红、黄、黑、绿的鲜艳色，表达了生活的喜悦，是世界旅游历史的首创，一直使用到今。此外，其他还有“西班牙：冒险与史诗”“不仅仅是阳光、海滩与海洋”“西班牙真棒”（Bravo Spain），“我需要西班牙”（I need Spain）等不同场合的宣传口号。

西班牙现有1所公立旅游学院，44所私立旅游院校。马德里公立旅游学院建于1963年，直属贸易和旅游部。该学院对全国44所旅游院校在业务上进行指导和监督。

七、中西关系

1. 外交关系

西班牙于1973年3月9日与我国建交。两国在政治、经济、文化及科技领域的合作不断加强。两国签有航空协定、文化协定、发展经济和工业合作协定、科技合作基础协定、避免双重征税协定和司法协助条约。2005年11月，国家主席胡锦涛访西班牙期间，两国宣布建立全面战略伙伴关系。中西两国除在对方首都建立大使馆外，中国还在巴塞罗那设立了总领事馆，西班牙在上海设立了总领事馆。近年来，中西经贸合作持续发展，是中国在欧盟内第七大贸易伙伴。

2. 旅游关系

西班牙来华旅游者人数逐渐增加，1994年1.40万人次，2015年13.63万人次，2017年15.56万人次，2018年16.8万人次。

从2004年9月起，西班牙成为中国公民出境旅游目的地国家。2007年，西班牙在中国发放签证近9万张，其中大部分为旅游签证。2009年中国赴西班牙游客为9万人次。目前每年约30万中国游客到访西班牙，2016年达32万人次。

2015年3月，两国共同签署《关于旅游领域的谅解备忘录》，将在平等互惠的基础上开展包括旅游信息、旅游投资、技术援助、专家互访、旅游宣传等领域合作。我国文化和旅游部在马德里设有旅游办事处。

第七节 瑞典

一、地理、简史和人文

1. 地理

瑞典（Sweden）位于北欧斯堪的纳维亚半岛东半部，西与挪威相邻，东北与芬兰接壤，东濒波罗的海，西南临北海，同丹麦隔海相望。地势自西北向东南倾斜。面积 449 964 平方公里（其中内湖面积 39 030 平方公里）。境内有湖泊约 9.2 万个，海岸线长 7624 公里。大部分地区属温带针叶林气候，最南部属温带阔叶林气候。

2. 简史

11 世纪形成统一国家。1157 年兼并芬兰。1397 年与丹麦、挪威组成卡尔马联盟，处在丹麦统治之下。1523 年推翻丹麦统治，16—17 世纪先后占领爱沙尼亚、拉脱维亚、立陶宛、俄罗斯、波兰和德国的大片土地，成立了瑞典波罗的海王国。1718 年、1809 年两次战败，将芬兰割予俄国。1814 年参加了反拿破仑战争，并从丹麦取得挪威，成立了瑞—挪联盟。1905 年挪威独立。在两次世界大战中瑞典均保持中立。

3. 国旗、国徽、国歌、国花、国鸟与国石

国旗：蓝色旗地上有偏向旗杆一侧的黄色十字宽条，将旗地分为四块上下等面积的长方形。蓝黄两色来自瑞典皇徽的颜色。蓝地黄十字旗曾为瑞典国王的私人用旗，也是瑞典皇家海军军旗。国旗与王旗的不同之处是，王旗带有国徽图案。

国徽：为斗篷式，饰有王冠的蓝盾被黄十字一分为四：左上和右下部绘有 3 顶王冠；右上和左下部绘有戴王冠的金狮。大盾中有一小盾，左面由蓝、银白、红三色斜纹和一个金瓶组成；右面绘有一个城堡式的钟楼和一只金鹰。蓝盾两旁是金狮，下端为勋章。小国徽为一带王冠的蓝盾，盾面上 3 顶金冠是瑞典王国的象征，也象征着当年组成卡尔马联盟的丹麦、瑞典和挪威。

国歌:《你古老的光荣的北国山乡》

国花：白菊、睡莲和孪生草。

国鸟：乌鸫（百舌）。

国石：水晶。

4. 人口、民族、语言与宗教

人口 1101 万（2018 年），绝大多数为瑞典人。外国移民及其后裔约 147 万人，北部芬兰族约 3 万人，萨米族近 1 万人。官方语言为瑞典语。90% 的国民信奉国

教基督教路德宗。

5. **法定节假日**

元旦：1月1日。

国庆日：6月6日（始自1983年，原为国旗日）。

国际劳动节：5月1日

仲夏日：6月20日至6月26日。

露西亚日：12月13日。

6. **带薪休假**

20世纪30年代，瑞典议会通过了第一部休假法，规定所有的劳动者，不论职业和行业，不论是供职于公共部门还是私营企业，都享有带薪休假的权利。法定带薪年假25个工作日，各种法定公休节日13个。

二、政治体制与对外政策

君主立宪制。国王是国家元首，作为国家象征仅履行代表性或礼仪性职责，不能干预议会和政府工作。一院制议会是立法机构，由普选产生。政府是国家最高行政机构，对议会负责。国王的长子女是法定王位继承人。现任国王是卡尔十六世·古斯塔夫。

主要政党有温和联合党（又称保守党）、中间党（原名农民协会）、基督教民主党、社会民主工党、人民党（又称“自由党”）、左翼党和环境党。2010年由温和联合党、基民党、人民党、中间党等联合执政。

奉行“和平时期军事不结盟，以求邻近地区发生战争时能够守中立”政策。加入欧盟、申根协定，但未加入欧元区。没有加入北约，但系北约“和平伙伴关系”成员国。以维护国际法和尊重人权为对外政策两大基石。同欧盟国家的合作放在外交和安全政策的特殊地位，支持欧盟继续扩大，主张加强跨大西洋合作，视周边地区为自身安全基础，更加重视发展同亚太及新兴国家的关系。

三、国民经济

发达工业国，铁矿、森林和水力是瑞典三大资源。以高收入、高税收、高福利为主要内容的“瑞典模式”为保障国家经济发展、抵御危机影响发挥了积极作用。在世界经济论坛2018—2019年度全球竞争力排名中位居第九。2017年国内生产总值5387亿美元，人均国内生产总值5.32万美元。一、二、三次产业结构比例为1.8∶26.9∶71.3。外贸在国民经济中占重要地位。

货币名称：瑞典克朗（Svensk krona）。1克朗=100奥尔，1瑞典克朗=0.1079美元（2019年）。

工业发达，主要有矿业、机械制造业、森林及造纸工业、汽车、电信等。

2011 年从业者占总人数 28.8%，工业产值占国内生产总值的 26.9%。农产品自给率达 80% 以上，畜牧业占农业总产值的 80%。2011 年农、林、牧、渔从业者占总人数 1.1%，农业产值约占国内生产总值的 1.8%。2011 年服务业从业者占总人口 70.7%。2011 年服务业产值约占国内生产总值的 71.3%。属外向型经济，外贸在国民经济中占重要地位。

有高度发达的铁路网和公路系统，航运主要是国际运输。北欧航空公司（SAS）为瑞典、丹麦和挪威共有，瑞典占 3/7 股份。还有安德森商业航空公司、商业喷气公司等小型从事商业旅行服务和国内短途旅行的航空公司十余个。主要国际空港为斯德哥尔摩。

著名企业有沃尔沃汽车公司（Volvo）、爱立信公司（Ericsson）、大瀑布能源公司（Vattenfall）、北欧联合银行（Nordea Bank）。

四、教育、文化和新闻媒体

实行 9 年一贯制义务免费教育。全国有各类高校 47 所，著名高校有斯德哥尔摩大学、乌普萨拉大学、隆德大学、皇家工学院等。全国科研力量主要集中在国家资助的全国各级高校、专业研究所、皇家科学院和工程院以及企业资助的下属研发部门。每年 12 月 20 日发布诺贝尔奖，嘉奖在物理学、化学、生物学或医学、文学与和平事业等方面对人类有突出贡献的人士。

全国有专业和公共图书馆 389 个，各类博物馆 241 个，电影院 823 所，年产 40 部电影。全民体育健身活动普及，网球、冰球、乒乓球、足球、手球、高尔夫球、赛马等竞技项目普及并有较高水平，全国约有 2.7 万个体育协会和俱乐部。

主要报纸有《每日新闻》《瑞典日报》《晚报》等。因特网在瑞典已经超过传统的报纸，成为更受人们欢迎的传媒。瑞典通讯社是瑞典最大的通讯社，是瑞典各报纸和广播电台合作所有的一个股份公司。瑞通社还以录音方式播送电话新闻，只要拨固定的电话号码，随时都可以收听到该社的最新简明消息。

五、民俗风情

每年 4 月 30 日至 5 月 2 日欢庆春天来临，入夜后围着象征春天的“5 月树”载歌载舞。6 月 24 日仲夏节，用鲜花、彩带装饰木桩，通宵达旦狂欢，庆祝光明与万物茂盛。12 月 23 日露西亚女神节，庆贺女神在这夜降临人间，欢庆长夜即将过去、光明即将到来，成为地球北端的文化符号。

六、旅游业

1. 旅游城市和景点

首都斯德哥尔摩：由 14 个海岛和一个半岛组成，水域宽广、桥梁纵横，并以“地下城市”闻名，地下建筑达3000万平方米。主要旅游景点有斯康森露天博物馆、举行诺贝尔奖颁奖典礼的市政厅和皇宫。在市南有设计独到的世界文化遗产斯库格墓地。

哥德堡：第一大港口城市，主要景点有17世纪建造的皇宫、市政厅（诺贝尔奖颁奖后晚宴处）、大广场、18世纪建造的大教堂、瓦萨沉船博物馆、诺贝尔故居、斯康森露天民俗博物馆和1753年建的中国宫等。

马尔默：海军基地和交通枢纽。荷兰文艺复兴式建筑的市政厅，哥特式建筑的圣彼得大教堂等。

乌普萨拉：曾是瑞典旧王朝的故都，瑞典国王举行加冕典礼的圣地，保存有12世纪建成的圣三位一体教堂、13世纪建造的哥特式大教堂、16世纪建成的城堡以及斯塔夫一世等历史名人的陵墓。

世界自然与文化遗产14项，且以文化遗产为主，塔努姆的岩刻画、德罗特宁霍尔姆宫、斯考西斯希尔科高登墓地、维斯比的汉萨同盟城、加默尔斯塔德教堂镇、北极土著人居住的拉普兰地区、吕勒奥附近的卡利斯克鲁纳海港、南厄兰岛的农业风景区、恩厄尔斯巴利炼铁厂、法鲁纳铜矿等，展示了北极特色的瑞典文明的发展历程。北部自然保护区的寒带森林、湖泊，西南部的维纳恩湖度假，北国雪乡的白夜奇光等，瑞典的旅游宣传口号是“奇妙，即使在冬季”。

地球北端的自然风光、生态特点和悠久而特定的社会人文，为发展旅游提供了良好的自然与社会环境。2017年全球旅游和旅行竞争力排名第20位。

2. 旅游客源市场

2000年入境游客274.6万人次，旅游外汇收入40.64亿美元；2014年入境游客1075.0万人次，旅游外汇收入126.95亿美元。2017年入境游客686.5万人次，旅游外汇收入141.425亿美元，接待入境游客人数与全国人口之比为68∶100。90%客源来自欧洲，其次是美洲。主要客源国为德国、丹麦、芬兰、挪威、英国、美国、荷兰和法国等。

2004年出境游客1396.7万人次，旅游外汇支出99.46亿美元，出境旅游人数与全国人口之比为151∶100。2011年出境旅游花费159亿美元。187个国家和地区对瑞典国民实行免签入境政策。

国内旅游相当普遍。2008年，瑞典全国各类旅馆接待过夜游客的天数达3250.6万天，其中国内游客过夜天数为2498.3万天，占接待总量的76.9%。

3. 旅游产业

2016年旅游业的直接贡献占国民生产总值的2.5%，间接贡献占国民生产总值的9.6%。2003年全国酒店拥有客房9.64万间、床位18.48万张，年均客房出租率34%。瑞典国际旅游收支长期呈逆差状态，2004年外汇收入60.56亿美元，外汇支出99.46亿美元，逆差38.9亿美元。

瑞典王国外交部内设旅游局，对外旅游宣传推广的工作由公私合作的瑞典旅游开发公司负责。

七、中瑞（典）关系

1. 外交关系

瑞典于1950年1月14日承认中华人民共和国，1950年5月9日同中国建交，是第一个与中国建交的西方国家。2006年7月，瑞典国王卡尔十六世·古斯塔夫对华进行国事访问并出席瑞典"哥德堡号"仿古船驶抵广州的欢迎仪式。2007年6月，胡锦涛主席对瑞典进行国事访问并出席"哥德堡号"仿古船返航抵达仪式。2012年，中国作家莫言获诺贝尔文学奖。中国已成为瑞典在亚洲最大的贸易合作伙伴。瑞典在上海和香港设有总领馆。

2. 旅游关系

20世纪90年代以来，瑞典旅华人数逐步增长。1981年来华0.38万人次，2013年来华15.9万人次，2014年来华14.2万人次，2015年来华11.8万人次，2018年11.0万人次。

2000年，中国赴瑞典1.2万人次。从2004年9月起，瑞典成为中国公民出境旅游目的地国家。2005年，隶属于北欧旅游局亚洲总部的北欧旅游局北京办事处正式宣布成立，负责丹麦、挪威、瑞典旅游在中国市场推广。2014年中国游客在瑞典间夜数超过20万，2015年26.1万间夜，中国成为瑞典在亚洲的最大旅游客源国。

第八节　芬兰

一、地理、简史和人文

1. 地理

芬兰共和国（The Republic of Finland）位于欧洲北部，是世界"最北的共和国"。面积为338 145平方公里。境内多丘陵、湖泊和森林，森林覆盖率66.7%，居世界前列。大小湖泊就有6万多个，有"千湖之国"之称。全国有1/3的土地在北极圈内。气候寒冷湿润，多雨雪。

2. 简史

在12世纪前处于原始公社社会。12世纪后半叶开始隶属于瑞典，14世纪中叶正式成为其一部分。1809年俄瑞战争后成为俄国的大公国。1917年12月6日独立，1919年成立共和国。1939—1940年芬苏战争之后，被迫同苏联签订向苏割让领土的芬苏和约。1941—1944年参与对苏战争（芬称“续战”）。1947年2月，作为战败国与苏联等国签订巴黎和约。

3. 国旗、国徽、国花

国旗：呈长方形，白地上有一偏向旗杆一侧的蓝色十字。蓝色代表湖泊、河流、海洋，白色代表白雪覆盖着的国土，十字表示芬兰历史上与北欧其他斯堪的纳维亚国家的亲密关系。

国徽：红色盾徽，盾面上为一只头戴王冠的金色狮子，前爪握着一把剑，后爪踩着一把弯刀。九朵白色的玫瑰花点缀在狮子周围。

国花：铃兰花和绣球菊。

4. 人口、民族、语言与宗教

人口551.6万人（2018年），芬兰族占90.9%，瑞典族占5.4%，还有少量萨米人（曾称为拉普人）。芬兰语和瑞典语均为官方语言。77.7%的居民信奉基督教路德宗，1.2%信奉东正教。

5. 法定节日

元旦：1月1日。

神灵节：1月6日，又译“主显节”，纪念耶稣显灵。

基督受难日与复活节：春分第一次月圆之后的第一个星期日，4月。

国际劳动节：5月1日。

独立日：1917年12月6日，芬兰脱离沙俄统治，成为独立国家。

耶稣升天节：复活节后的第六个星期日，5月。

圣灵降临节：复活节后的第七个星期日，5月。

仲夏节：6月的最后一个周末，一年中白天最长、夜里最短一天。

圣母升天节：8月15日（天主教）、8月27日（东正教）。

万灵节：11月1日，又译为“鬼节”，墓地祭奠，凭吊故人。

圣诞节：12月25日。

节礼节：圣诞节后一天。

6. 带薪休假

职员每年有4周带薪暑假、1周带薪寒假，绝大多数芬兰人在7、8月间休暑假，圣诞节前后休寒假。

二、政治体制与对外政策

实行总统议会制，国家立法权由议会和共和国总统共同行使。总统是国家元首，拥有掌管外交、统率三军等实权，每6年选举一次。议会为一院制，是国家最高权力机关和立法机关。

主要政党有中间党、民族联合党、社会民主党、绿色联盟、瑞典族人民党、左翼联盟、基督教民主党和芬兰共产党。2014 年由民族联合党、社会民主党联合执政。

战后长期奉行同苏联保持睦邻友好关系、不介入大国冲突、同各国发展友好关系的“积极的和平中立政策”。坚持奉行军事不结盟和独立可靠的防务政策，密切与北约合作，同时继续与俄罗斯保持睦邻关系。1995 年 1 月 1 日起成为欧盟成员。1999 年加入欧洲经贸联盟（欧元区），2002 年 1 月正式使用欧元。与 166 个国家有外交关系。

三、国民经济

经济发达国家。在 2018—2019 年世界经济论坛年度竞争力排名中位居第十一。世界第二大纸张、纸板出口国及世界第四大纸浆出口国。2017 年国内生产总值 2238 亿欧元，人均国内生产总值 4.06 万欧元。一、二、三次产业结构比例为 1.8∶30.0∶68.2。2002 年 1 月欧元取代芬兰马克正式流通。

著名企业有诺基亚集团（Nokia）公司，主要生产移动和固定电信网络设备及移动电话，全球领先的数字移动和固定网络供应商之一。2013 年 9 月，将旗下手机业务出售给微软。芬欧汇川集团（UPM-Kymmene）是世界第三大纸制品生产商。斯托拉－恩索纸业集团是世界最大的林业生产集团之一。富腾工程有限公司是欧洲主要能源公司之一，业务几乎涉及所有能源领域。

四、教育、文化和新闻媒体

实行 9 年一贯制免费义务教育。著名高等学校有赫尔辛基大学、阿尔托大学、坦佩雷大学等。全国有图书馆 840 家，人均借阅量和人均出版量均居世界前列。

现代作曲家西贝柳斯被誉为“芬兰民族音乐之父”，主要作品有交响诗《芬兰颂》、四首管弦乐传奇曲和合唱曲《雅典人之歌》。19 世纪语言学家。伦洛特搜集整理的充满传奇色彩的民族史诗《卡勒瓦拉》是世界文学史中最伟大的史诗之一。20 世纪著名建筑大师阿尔瓦·阿尔托的充满芬兰本土传统浪漫风格的设计在现代主义建筑潮流中独树一帜。

主要报刊有《赫尔辛基新闻》《晚间新闻》《晨报》《图尔库新闻》等。最大的芬兰通讯社属半官方性质，同世界主要通讯社均有业务联系。外国在芬的通讯分社有 15 家。芬兰广播公司为国营。对外用芬兰语、瑞典语、英语、德语和法语广播。

五、民俗风情

芬兰的民俗风情富有地球北国特色。全国有大小不同的桑拿房上百万间，平均每三个人就拥有一间桑拿房，每个芬兰人几乎从婴儿时期就开始接受桑拿浴的熏蒸和洗礼，号称芬兰的“国粹”，桑拿浴也是招待贵宾的礼节。

拉普人居住于北方极地，穿深蓝色并带红色花边的传统衣饰，精美毛皮制品和小刀、皮鼓等工艺是北方极地的独特物品。他们的祖先就以捕鹿、养鹿为生，每年3月15日举办赛鹿节，进行驾鹿、套鹿比赛。20世纪儿童故事大王玛尔库斯在电台讲述圣诞老人和2万头驯鹿在拉毕省“耳朵山”的故事，家喻户晓，“耳朵山”就成了圣诞老人的故乡。

每年12月至翌年4月，在波的尼亚湾北部海域举行破冰之旅，巨轮开始在冰封水域开足马力破冰的时候，可欣赏船身碾碎冰层的壮景。

六、旅游业

1. 旅游城市和景点

首都赫尔辛基：湖泊星罗棋布，森林茂密、环境优美。由于夏季很长，一天中太阳照射时间为20多个小时，因而被人们称为“太阳不落的都城”。景点有赫尔辛基大教堂、登贝里奥基欧教堂（建在岩石之内，又称“岩石教堂”）、为纪念芬兰音乐家而建的西贝柳斯公园和其故居、露天博物馆、奥林匹克公园。

图尔库：1812年以前是芬兰的首都，仅次于赫尔辛基的重要的文化中心。在图尔库古城堡内建起的博物馆，图尔库大教堂、总统夏季别墅和海洋博物馆。

世界自然与文化遗产7处，以文化遗产为主，主要有塞马拉登梅基吉青铜时代古墓遗迹、劳马古城、斯沃门林娜要塞、佩泰耶韦西古教堂、韦尔拉木材加工造纸。劳马古镇有600多座15世纪建造的木结构房舍，图尔库古城有13世纪建的军事要塞，建于18世纪的苏奥曼斯纳城堡（芬兰堡）等。北极圈内拉毕省的小镇罗瓦尼埃米为“圣诞老人”小镇，一年一度的斯堪的纳维亚半岛冬季运动会在此举行。有“极夜”（半年无白天）、“极昼”（半年无黑夜）的自然奇观，

芬兰地处地球北端，独特的地理区位与人文气息形成了旅游的奇特亮点。2017年旅游和旅行竞争力排名第33位。

2. 旅游客源市场

2013年279.9万人次，40.50亿美元；2017年318.1万人次，29.82亿美元，接待入境游客人数与全国人口之比为58∶100。90%以上游客来自欧洲地区，按国家分为俄罗斯、瑞典、爱沙尼亚、德国、英国、挪威、法国、美国等。

187个国家和地区对芬兰国民实行免签入境政策。

3. 旅游产业

187个国家和地区对芬兰国民实行免签入境政策。国际旅游收支长期呈逆差状态，2004年外汇收入20.50亿美元，外汇支出28.22亿美元，逆差为7.72亿美元。

2003年全国共有旅馆、饭店754家，客房5.58万间，床位12万张。

4. 旅游管理

旅游主管部门为贸易与工业部，由外交部、财政部、交通部、饭店餐饮业和他方代表组成的旅游理事会指导旅游业发展。贸易工业部下设国家旅游局，在各市镇设有旅游办公室，主要职能是旅游宣传推广。

七、中芬关系

1. 外交关系

1950 年 10 月 28 日中芬建交。1951 年互设公使馆，1954 年升格为大使馆。2013 年 4 月两国就共同构建和推进面向未来的新型合作伙伴关系达成重要共识。芬兰在中国上海设有领事馆。

2. 旅游关系

1994 年来华游客 2.03 万人次，2013 年 6.57 万人次，2014 年 6.03 万人次，2017 年 5.783 万人次，2018 年 5.8 万人次。

从 2004 年 9 月起，芬兰成为中国公民出境旅游目的地国家。2005 年 7 月，芬兰国家旅游局驻京办事处正式成立。2009 年芬兰国家旅游局设立中文网站。2007—2017 年，中国游客在芬兰的间夜数保持持续增长的态势。2017 年中国游客在芬兰停留了 36.1 万间夜，中国游客两年内在芬兰人均支出已从 600 欧元猛增至 1300 欧元。芬兰在中国主推“北欧神话芬兰”形象，吸引游客深入地球北国之夏，深度体验芬兰的午夜阳光。目前赴芬旅游大多与瑞典、挪威等国连为一条旅游线，或与俄罗斯旅游连为一条旅游线。

第九节　丹麦

一、地理、简史和人文

1. 自然地理

丹麦王国（The Kingdom of Denmark）位于波罗的海至北海的出口处，周边国家有瑞典、挪威和德国。本土由日德兰半岛的大部分和西兰岛、菲英岛等 406 个岛屿组成，是个岛国，面积 43096 平方公里（不包括格陵兰和法罗群岛）。本土以外还有两个自治区：格陵兰和法罗群岛，它们的外交和国防政策由丹麦中央政府制定。境内地势起伏平缓，多湖泊和沼泽。属海洋性温带阔叶林气候，多雨雾，常刮风。

2. 简史

约在公元 985 年形成统一的丹麦王国。11 世纪 20 年代征服英格兰和挪威，成为强大的海盗国。1397年与瑞典、挪威结成卡尔马联盟，丹麦处于统治地位。1849年建立君主立宪政体。两次世界大战中均宣布中立。1940—1945年被德占领（1944年冰岛脱离丹麦独立），1945年5月5日从纳粹德国统治中解放。1949年和1973年先后加入北约和欧共体。

3. 国旗、国徽、国花与国鸟

国旗：旗面为红色，靠旗杆的一侧有白色十字。为世界上最古老的国旗，被称为“丹麦人的力量”。

国徽：为盾徽，金色的盾面上横置着三只头戴王冠的蓝色狮子，周围点缀着九颗红心。狮子和红心象征勇敢、忠诚、善良。盾上端是一顶华丽的王冠，象征丹麦是一个古老的王国。

国花：冬青。

国鸟：白天鹅。

4. 人口、民族、语言与宗教

人口578万人（2018年），丹麦人约占91%。官方语言为丹麦语。82.6%的居民信奉基督教路德宗，0.6%的居民信奉罗马天主教。

5. 法定节日与假期

国庆日：4月16日，丹麦女王玛格丽特二世生日。

解放日：5月5日，1945年5月5日结束了纳粹德国的占领。

宪法日：6月5日，为纪念1849年6月5日颁布的丹麦王国宪法。

国旗日：6月15日。

2月最末一日的夜晚，燃火纪念圣徒彼得；同时祈祷航海平安，相传，圣彼得是海员的庇护神。

6. 带薪假期

职员一般享有30天的年带薪休假。

二、政治体制与对外政策

君主立宪制，国王为国家元首，现任国王是女王玛格丽特二世。议会为一院制，议员经普选产生。经议会5/6多数通过，政府可将一定范围内的主权交给某种“国际机构”。

由红营与蓝营两大政治势力，红营有社会民主党和激进自由党组成的执政联盟以及社会主义人民党、红绿联盟等党派，蓝营有自由党、保守人民党、丹麦人民党及自由联盟党等党派。

积极参与地区和全球事务，努力发挥自身影响力。重视联合国、欧盟和北约为其外交三大支柱，视美国为最重要战略盟友，视北约为其安全保障，积极拓展以北欧合作为基础的环波罗的海合作。重视应对全球化挑战，强调发展对中国、印度、巴西等新兴国家关系。积极推行“气候外交”。重视对外发展援助，强调以外援促进人权与民主。已同154个国家建立了外交关系。

三、国民经济

发达的工业国家，人均国内生产总值居世界前列，世界经济论坛2013—2014年全球竞争力排名中位列第十五。2018—2019年全球竞争力排名中位列第十。

农牧结合、以牧为主，农业科技水平和生产率居世界先进国家之列。猪肉、奶酪和黄油出口量居世界前列，欧盟最大渔业国。哥本哈根卡斯楚普机场是丹麦最大航空港，也是欧洲北部重要航空枢纽。2017年国内生产总值3253亿美元，人均国内生产总值5.63万美元。一、二、三次产业结构比例6∶18∶76。2000年9月全民公决否决加入欧元区后，仍坚持以“汇率挂钩”和“利率紧随”为主要特征的“准欧元政策”。

货币名称：丹麦克朗（Danish Krone）。1美元=6.6642丹麦克朗（2019年5月）。

船用主机、水泥设备、助听器、酶制剂和人造胰岛素等产品享誉世界，产品60%以上供出口。企业以中小型为主。工业总产值约占国内生产总值的18%，约占就业总人数的14%。农牧业高度发达，农牧结合，以牧为主，农业科技水平和生产率居世界先进国家之列，猪肉、奶酪和黄油出口量居世界前列。农牧业总产值约占国内生产总值的6%，占就业总人数的3.6%。服务业发达，约占国内生产总值的76%，约占就业总人数的80%。外贸是丹麦的经济命脉，同100多个国家和地区有贸易往来。

海、陆、空交通发达，水运主要从事国际运输，有港口137个，奥胡斯港和菲德烈西亚港货运量居前列。北欧航空公司为瑞典、丹麦和挪威共有，丹麦占2/7股份。有23个机场，哥本哈根卡斯楚普机场是最大航空港，也是欧洲北部重要航空装箱航运公司；诺和诺德集团（Novo Nordisk），世界著名医药和生化制品集团公司；丹佛斯集团（Danfoss），在制冷、供热、水处理和传动控制制造领域居世界领先地位。

四、教育、文化和新闻媒体

实行九年制义务免费教育，受教育的比例和程度都比较高，最著名的高等学府有哥本哈根大学（建于1479年）、奥胡斯大学、丹麦技术大学和皇家兽医和农业大学。哥本哈根大学为世界一流高等学府和欧洲最古老大学之一，一直是欧洲的学术、文化和科学创新中心之一。自然科学是传统优势领域，哥大共产生了近10位诺贝尔奖获得者。

童话作家安徒生的文学作品举世闻名，丹麦素有“童话王国”之称。1975年开始的国际童话电影节每两年在安徒生的故乡欧登塞城（Odense）举行一次，中国动画片《牧笛》于1979年获第3届金质奖。伟大作家和神学家以及哲学家瑟伦，对各国的哲学思想影响极大。20世纪著名的女小说家卡伦·布里森，在非洲生活了20年，用优美的文字写出了对非洲风土人情的熟悉和眷恋，在世界广泛传播。丹麦皇家芭蕾舞团经常在世界各地进行巡回演出。丹麦人酷爱运动，足球为国球。

主要报纸《日德兰邮报》《政治报》《贝林时报》。丹麦通讯社是唯一的全国性通讯社，由各大报纸合办的股份公司。丹麦广播公司最大的全国性广播电台和电视台。

五、民俗风情

偏爱花卉，康乃馨象征吉祥如意。送礼以花为主，以康乃馨表示感谢，祝福新娘、接受洗礼和举行葬礼送白花，赠送客人用黄花，送亲友旅行送红花。养鸟成风尚，到处可见鸟笼。喜爱骑自行车，几乎人手1辆，是与汽车同样重要的出行工具，有“自行车王国”之称。丹麦人男女交友十分自由，没有办理婚姻登记和举行婚礼就同居的“无证明婚姻”被社会认同。

六、旅游业

1. 旅游城市和景点

首都哥本哈根：人口78万（2018年），北欧最大的城市。有世界文化遗产克伦堡宫及克里斯蒂安堡、罗森堡宫、阿玛连堡宫和市政厅的钟楼（建于17世纪）。海滨公园中的“美人鱼”是根据安徒生的童话故事《海的女儿》雕塑而成的铜像，是丹麦国家的象征。全市有150万辆自行车，1/3人骑车上班，被称为“自行车城”。

奥胡斯：丹麦第二大港口城市，有一千多年的历史，有13世纪中叶建造的修道院，1201年以罗马式风格建成的、在15世纪改建的大教堂和著名的市政厅。

欧登塞：丹麦第三大城市和第四大港口，有12—15世纪兴建的老教堂和1720年建造的城堡。世界著名童话作家安徒生的故乡，设有安徒生纪念博物馆。

西兰：丹麦最大的岛屿，以森林和沙滩为特色的著名旅游区，历代皇室和贵族的度假之地和安葬之地。

著名文化景点有“美人鱼”铜像，建于15世纪的克伦堡宫，建于13世纪的罗斯基勒大教堂；安徒生故居；乐高积木城以特有的积木艺术展现世界名人和名建筑，最北角古镇思卡恩。位于北极圈内的伊路利萨特冰峡湾是世界上最活跃的冰川之一，其独特的科学价值与观赏价值被列为世界自然遗产名录。介于北海与波罗的海之间的日德兰半岛是北欧的著名滨海度假胜地。2015年春季，芬兰旅游局启动“白夜的神奇魅力”推广活动，把芬兰的神话民俗与旅游推广相结合，带领游客深入体验北国之夏，以全新的角度体验芬兰的午夜阳光。

丹麦作为北欧的海上岛国，由于保持了国家的独立性与文化的连续性，孕育了丰厚的文化遗产，使“童话王国”丹麦旅游独具文化色彩。2017 年全球旅游和旅行竞争力排名第 31 位。

2. 旅游客源市场

2000 年入境游客 353.5 万人次，旅游外汇收入 36.71 亿美元；2013 年 855.7 万人次，69.39 亿美元；2017 年 1078.1 万人次，73.94 亿美元，接待入境游客人数与全国人口之比为 187∶100。主要客源地区为欧洲，占 90% 以上，其余是美洲地区。主要客源国为瑞典、德国、挪威、英国、美国、荷兰、意大利、芬兰、日本和瑞士等。2011 年外国游客入住 4360 万间夜，人均 5.5 夜。

2004 年出境游客 463.0 万人次，旅游外汇支出 72.79 亿美元。2004 年出境旅游人次与全国人口之比为 85∶100。187 个国家和地区对丹麦国民实行免签入境政策。

3. 旅游产业

2016 年旅游业的直接贡献占国民生产总值的 2.2%，间接贡献占国民生产总值的 7.7%。2008 年旅游业收入 57 亿美元，占当年国内生产总值的 2.3%，旅游业就业人数为 10 万人，是服务行业中的第一大产业。国际旅游收支长期呈逆差状态，2004 年外汇收入 56.52 亿美元，外汇支出 72.79 亿美元，逆差 16.27 亿美元。

2011 年共有酒店 599 家，客床 12.9 万张，最著名的是位于哥本哈根市中心的 SAS 饭店。在日德兰半岛的海滨地带，建有许多别墅区。

4. 旅游管理

由商业与经济部主管全国旅馆业，下设国家旅游局，主要职能是对外旅游宣传推广。

七、中丹关系

1. 外交关系

1950 年 5 月 11 日中丹建交，1956 年 2 月 15 日从公使馆升格为大使馆。丹麦是继瑞典之后第二个同中国建交的西方国家，2008 年 10 月，中丹建立全面战略伙伴关系，是率先同中国建立全面战略伙伴关系的北欧国家。

2. 旅游关系

1998 年丹麦旅游来华旅游 2.7 万人次，2014 年 7.76 万人次，2017 年 7.02 万人次，2018 年 7.0 万人次。

1999 年赴丹麦旅游 3.0 万人次，从 2004 年 9 月起，丹麦成为中国公民出境旅游目的地国家。2007 年赴丹麦游客 7 万人次。2015 年，丹麦驻华外交机构向中国旅行者发放了2.8万份签证。2017年，丹麦是首个与中国互办“旅游年”的欧盟国家。丹麦每年迎接的中国旅行者数量都呈稳定上升趋势。

第十节 奥地利

一、地理、简史和人文

1. 自然地理

奥地利共和国（The Republic of Austria）国土面积83878平方公里，是中欧南部的内陆国，东阿尔卑斯山脉自西向东横贯全境，东北部是维也纳盆地，北部和东南部为丘陵、高原。多瑙河流经东北部境内，长约350公里。属海洋性向大陆性过渡的温带阔叶林气候。

2. 简史

12世纪中叶形成公国。1728年起开始了哈布斯堡王朝长达640年的统治。1815年维也纳会议后成立了以奥为首的德意志邦联，1866年，奥在普奥战争中战败，联邦解散。1867年与匈牙利签约，成立奥匈帝国。1918年帝国解体，成立共和国。1938年3月被德国吞并。“二战”后被苏、美、英、法四国占领。1945年4月27日成立第二共和国。1955年10月四国占领军撤走，奥地利通过永久中立法，宣布不参加任何军事同盟，不允许在其领土上设立外国军事基地。

3. 国旗、国徽、国歌、国花、国鸟与国石

国旗：自上而下由红、白、红三个平行相等的长方形组成，中央绘有奥地利国徽图案。据传，奥地利巴本公爵在与英王查理一世血战时，白色的军衣几乎被鲜血染红，只有佩剑处留下一白色带痕，自此，红白红三色旗便作为公爵军队的战旗。1919年被定为国旗。

国徽：一只黑色的雄鹰头戴金冠，两爪分别握着金色的锤子和镰刀，胸前的盾面上为国旗图案，鹰爪上还套有被打断的锁链。鹰是奥地利的标志，金冠象征市民，镰刀和锤子象征农工，锁链被打断象征奥地利人民获得自由、解放。

国歌:《让我们拉起手来》。

国花：火绒花（白雪花）。

国鸟：家燕。

国石：贵蛋白石

4. 人口、民族、语言与宗教

人口882万（2018年），其中外国人140万，占总人口的15.8%。官方语言德语。61.4%的人口信奉天主教。

5. 节日与假期

独立日：4月27日（1945年）。

国庆日：10月26日（1965年）。

6. 带薪假期

实行每周40小时工作制，由劳资双方协议确定每年可享受30~36天假期，时间一般为4周。

二、政治体制与对外政策

实行联邦制和议会民主制下的总理负责制，总统是国家元首，由普选产生，任期6年。总理为政府首脑，议会由国民议会和联邦议会组成，由议会中的多数党组阁。

实行多党制，主要政党有社会民主党、人民党、自由党、绿党、施特纳赫党和新奥地利党，现由社会民主党、人民党联合执政。

1955年10月宣布永久中立，外交政策的基点是以和平中立为基础，以欧盟为依托，积极推动欧盟深化和扩大，在重大国际问题上与欧盟协调一致。加强同周边邻国特别是中东欧国家关系，保持和深化同大国关系，谋求在国际事务中发挥独特作用。重视与联合国的合作，努力加强维也纳作为联合国机构所在地的作用。已同150多个国家建立外交关系。

三、国民经济

经济发达，国有化程度高，国有企业控制了95%的基础工业和85%以上的动力工业，其产值及职工人数均占其总数的70%。2017年国内生产总值3692亿欧元（4181亿美元），人均国内生产总值38 091欧元（4.32万美元）。通行欧元，1欧元 = 1.1326美元（2018年）。

工业以中小企业为主，钢琴、水晶制品、珠宝钻玉、精美瓷器等产品尤具特色。农林牧业并重，生态农业发达，机械化程度高，在欧盟国家中处于领先地位。2017年农业、工业、服务业增加值的比重为1.1∶41.4∶57.5。

地处欧洲中部，是欧洲重要的交通枢纽。铁路与公路联通欧洲邻国，境内多瑙河航线长350公里。奥地利航空公司是德国汉莎航空公司的子公司，全国有6个机场，主要国际机场是维也纳施威夏特机场。

四、教育、文化和新闻媒体

教育学龄儿童享受9年义务教育，学费、书费和上学交通费由国家负担。凡持有高中毕业文凭可免试上大学。各类高等院校189所，维也纳大学创立于1365年，是德语国家最古老的大学之一。

以“音乐之乡”闻名于世，享誉全球的音乐家有：“交响乐之父”海顿，代表作《告别》《时钟》；古典乐派的杰出代表莫扎特，代表作有《费加罗的婚礼》《唐璜》《魔笛》等著名歌剧；浪漫主义音乐的开创者之一、钢琴协奏曲的奠基人舒伯特，代表作有《魔王》《小夜曲》；“华尔兹之王”小约翰·施特劳斯，代表作有《蓝色的多瑙河》《春之声》等。每年元旦维也纳国家歌剧院举行新年音乐会被世界许多国家转播。维也纳爱乐乐团是世界著名交响乐团之一。

弗洛伊德·西格蒙德是精神分析学派的创始人，主要著作有《梦的解释》《性学三论》《文明及其缺陷》等。著名小说家、传记作家斯蒂芬·茨威格代表作有《最初的经历》《马来狂人》《一个陌生女人的来信》；著名的表现主义作家卡夫卡，其作品大都用变形荒诞的形象和象征直觉的手法，表现被充满敌意的社会环境所包围的孤立、绝望的个人。幻想现实主义画派在世界绘画领域占有重要地位。

主要报纸有《皇冠报》《信使报》《新闻报》，主要杂志有《新闻周刊》《侧面》。奥地利通讯社向奥报纸和电台提供世界各大通讯社的消息，同时发布官方消息。国家广播电台下设 12 家电台，播出四套电视节目。

五、民俗风情

著名的民间节庆活功有：秋天的“基尔希塔克”（教堂创立纪念日）；凯伦登地区南部怀斯特小镇，在圣神降临节（复活节后第 50 天）的那个礼拜天，举行“酒桶的骑马比赛”，冬至这一天要举行盛大的庆典祈求丰收，后来演变成具有国际声誉的大型文化活动萨尔茨堡艺术节；在蒂罗尔，每年 5 月的第一个礼拜天举行盛大的民俗庆典活动。此外，还有 5 月维也纳音乐节、维也纳公园的露天音乐会、复活节音乐会、莫扎特节等，都是全民参与、国际闻名的文化活动。

六、旅游业

1. 旅游城市和景点

首都维也纳：森林环绕、坐落于多瑙河畔，是一些联合国机构办公地之一。主要景点有霍夫堡皇宫、斯特凡大教堂、多瑙塔、维也纳艺术史博物馆、哈布斯堡王室的避暑离宫“美泉宫”。不少公园、广场、街道、礼堂、会议厅以音乐大师贝多芬、莫扎特和施特劳斯命名，维也纳金色大厅世界闻名，有“世界音乐之城”之称。

萨尔茨堡：阿尔卑斯山脉环绕、湖光山色，历史古城，黑尔布隆宫、霍亨萨尔茨堡等古建筑艺术精湛，素有“北方罗马”之称。音乐大师莫扎特、指挥大师卡拉扬的故乡，音乐艺术中心。

格拉茨：哈布斯堡王族的居住地，保存有不同时期、不同风格的历史建筑，展示完整的历史古城，市郊有展出全国各州民俗建筑的露天博物馆。

因斯布鲁克：坐落于因河盆地之中，高山峻岭包围，历史悠久，旧市区仍保留着中世纪后期的风貌，有完备的登山、滑雪设施。

世界文化遗产 8 处：维也纳、萨尔茨堡和格拉茨 3 个“历史中心”（古城），还有申布伦宫（美泉宫）、哈尔施塔特文化景观、瓦豪文化景观、费小特湖 / 新锡德湖文化景观（与匈牙利共有）和梅塞林铁路等，勾勒出奥地利各个历史时期的发展脉络，也折射出欧洲的历史风云。自西向东横贯奥地利全境的东阿尔卑斯山，雪山、森林、湖泊、飞瀑，是登山、滑雪运动基地及游览、疗养胜地。

音乐文化为魂、雪山碧湖为体，是奥地利旅游的魅力所在。近年奥地利推出“乐活生活”的旅游主题概念，意思为健康、可持续的生活方式。他们认为，“对于奥地利而言，‘乐活’并不仅仅是一个用于旅游营销的概念，它是我们生活中的一部分，因此，只要您到奥地利来，不用刻意寻找，‘乐活’的生活方式已经渗透在您的体验中”。2013 年的旅游宣传口号是：“2013 年维也纳：享乐的艺术”。2017 年全球旅游和旅行竞争力排名第 12 位。

2. 旅游客源市场

1998 年入境游客 1728.2 万人次、世界排名列第 10 位，旅游外汇收入 121.64 亿美元、世界排名第 8 位；2013 年 2481.3 万人次，202.36 亿美元；2014 年 2529.1 万人次，205.59 亿美元。2017 年 2946.0 万人次，417 亿美元、位居世界第七，接待入境游客人数与全国人口之比为 334∶100。2014 年接待入境游客人数与全国人口之比为 295∶100。客源地主要是欧洲，占 90% 以上，其次是亚太和美洲地区。外国游客主要来自德国、荷兰、瑞士、英国、意大利和比利时等国。

出国旅游十分普遍。2000 年出境旅游 420.7 万人次，旅游外汇支出 84.63 亿美元；2017 年 342 亿美元，居世界第 6 位。2004 年出境旅游人数与全国人口之比为 84∶100。出国旅游目的地主要是欧洲，到北美及亚洲的远程旅游约占出境旅游市场的 15%。

2017 年接待国内过夜游客 3800 万人次。国内旅游人数与全国人口之比为 433∶100。奥地利人酷爱滑雪、登山和打猎。

3. 旅游产业

旅游业是国民经济的支柱产业，旅游收入占国内生产总值的 8%，服务业从业人员约占劳动力总数的 56%，占就业总数的 14%，即每 7 个就业中就有一个来自旅游业。国际旅游收支持顺差状态。2017 年入境旅游收入 417 亿美元，出境旅游支出 342 亿美元，顺差 75 亿美元。

2017 年有各类旅馆 63 000 家，共有床位 106 万张。

4. 旅游管理

经济与劳工部主管旅游业，国家旅游局是受经济与劳工部监管的非营利公共法人，主要从事旅游推广，是非营利的全国性促销机构，其经费3/4来自联邦政府财政拨款，其余来自联邦商会和旅游经营商的资金资助，在国外设有20家旅游办事处。各州、市、镇的旅游局职能主要是独立开展宣传促销活动。旅游行业组织有奥地利联邦经济商会（内设旅游与休闲部）、旅馆业主协会、旅行代理商和批发商协会等。

七、中奥关系

1. 外交关系

1971年5月28日奥地利与我国建立大使级外交关系，在上海设有总领馆。

2. 旅游关系

1981年来华游客0.43万人次，2013年6.57万人次，2017年6.76万人次，2018年7.0万人次。

2000年10月，中奥双方签署旅游合作协定。2003年赴奥游客12万人次。从2004年9月起，奥地利成为中国公民出境旅游目的地国家。2010年赴奥18.2万人次，2016年75万人次，2017年达100万人次。

第十一节　荷兰

一、地理、简史和人文

1. 自然地理

荷兰王国（The Kingdom of the Netherlands）位于欧洲西部，东邻德国，南接比利时，西、北濒北海，面积41528平方公里。24%的面积低于海平面，被称为“海平面下的国家”。从13世纪开始围海造田，有“半个荷兰来自海洋”“上帝造人，荷兰人造地”之说。属海洋性温带阔叶林气候。

2. 简史

16世纪前长期处于封建割据状态，16世纪初受西班牙统治。1581年北部七省成立了荷兰共和国，是世界史上第一个共和国。1648年西班牙正式承认荷兰独立。17世纪曾为海上殖民强国。1795年法军入侵，1814年脱离法国，翌年成立荷兰王国。两次世界大战时均保持中立，1940年德军入侵，王室和内阁流亡英国。战后发展稳定。

3. 国旗、国徽、国歌、国花、国鸟与国石

国旗：呈长方形，自上而下由红、白、蓝三个平行相等的横长方形相连而成。蓝色表示国家面临海洋，象征人民的幸福；白色象征自由、平等、民主，代表人民纯朴的性格特征；红色代表革命胜利。

国徽：即奥伦治·拿骚王室的王徽。为斗篷式，顶端带王冠的斗篷中有一盾徽，蓝色盾面上有一只头戴三叶状王冠的狮子，一爪握着银色罗马剑，一爪抓着一捆箭，象征团结就是力量。盾徽上面有一顶王冠，两侧各有一只狮子，下边的蓝色饰带上写着威廉大公的一句格言“坚持不懈”。

国歌:《威廉·凡·那叟》。

国花：郁金香。

国鸟：琵鹭。

国石：钻石。

4. 人口、民族、语言与宗教

人口 1726 万人（2018 年）。近 81% 为荷兰族，摩洛哥、土耳其、苏里南、华人为较大的少数族裔。海外领地总人口约 30.84 万。官方语言为荷兰语，弗里斯兰省讲弗里斯语，海外领地还通用英语、西班牙语、帕皮阿门托语。居民中 20% 信奉天主教，16% 信奉基督教，海外领地居民近 80% 信仰天主教。

5. 节日与假期

女王日：4 月 30 日，现任女王贝娅特丽克丝于 1980 年登基。

纪念日：5 月 4 日（“二战”期间盟军解放荷兰日）。

元旦：1 月 1 日。

复活节：3、4 月间。

耶稣升天节：5 月。

圣灵降临节：5 月

圣诞节：12 月 25—26 日。

6. 带薪休假

实行每周 38 小时工作制，由劳资双方协议确定年带薪休假时间，一般为 4 周。

二、政治体制与对外政策

世袭君主立宪王国。立法权属国王和议会，行政权属国王和内阁。枢密院为最高国务协商机构，主席为女王本人，其他成员由女王任命。一院和二院组成议会。

8 个主要政党有基督教民主联盟、工党、社会党、自由民主人民党、新自由党、基督教联盟、绿色左翼联盟和六六民主党。自由党、工党在 2012 年 9 月 12 日举行的议会选举中分列第一、第二大党，两党联合赢得议会二院多数席位。经过一个半月的谈判，两党于2012年11月5日组成稳定多数内阁，任期四年。

荷兰为欧盟和北约成员国。对外政策具有大西洋派和欧洲派双重色彩。国家安全、经济利益和民主人权是其外交的三大支柱。视美国为传统盟友，支持欧盟和北约双东扩，重视联合国等国际组织的作用。重视发展与亚洲国家的关系。欧洲联盟和北约成员国。与182个国家建立外交关系。

三、国民经济

工业发达，是世界主要造船国家之一。2017年一、二、三次产业结构比例为1.6∶28.2∶70.2。2017年国内生产总值9152亿欧元（10365亿美元），人均国内生产总值5.36万欧元（5.32万美元）。

货币名称：欧元，1欧元＝1.1326美元（2018年）。

鹿特丹是欧洲最大的炼油中心，重视发展空间、微电子和生物工程领域中的高技术产业。农业高度集约化，世界上最大的花卉生产和出口国，有“欧洲花园”的美称，也是世界上畜牧业最发达的国家。服务业是国民经济支柱产业，主要集中于物流、银行、保险、旅游和法律等行业。

陆海空各类运输占欧盟交通市场总额的30%。境内河流纵横，水路四通八达，素有“北方威尼斯”之称。位于莱茵河与马斯河出海口的鹿特丹港是世界第一大港，曾连续42年名列世界第一大港。阿姆斯特丹机场是荷兰和欧洲主要航空港之一，曾多次获世界最佳机场称号。

著名企业有荷兰皇家壳牌集团、飞利浦电子公司、联合利华公司（英、荷合资企业，跨国化工和医药集团）。

四、教育、文化和新闻媒体

实行12年（5~16岁）全日制义务教育制。中小学校分为公立和私立两类，高等教育分为大学和高等职业教育。20所著名高等院校有莱顿大学、阿姆斯特丹大学、代尔夫特理工大学和瓦格宁根农业大学等。高等教育水平位居世界前列。

17世纪现实主义画家伦勃朗以肖像画为主，代表作品有《自画像》《哲学家》《基督被抬下十字架》。19世纪后印象派画家凡·高，代表作有《夜咖啡馆》《向日葵》等。20世纪抽象美术的杰出代表蒙德里安，代表作有《灰色的树》《蓝、灰和粉红色的构成》《红、白、蓝的菱形画》《红黄蓝的构图》等。物理学家、数学家洛伦兹，经典电子论的创立者，1902年获得诺贝尔物理学奖。

报刊发行始于1618年，主要报刊《电讯报》《共同日报》《人民报》《新鹿特丹商报》等。荷兰的通讯社为半官方新闻机构，全国有5个全国广播电台，电视广播覆盖率100%，其中85%的家庭可接收有线电视。

五、民俗风情

郁金香、风车、木屐、自行车和豪达奶酪是荷兰的标志。国花郁金香为美好、庄严、华贵和成功的象征，有“郁金香王国”之称，每年最接近5月15日的星期三为“郁金香节”。荷兰奶欧洲闻名、世界畅销，每年6—8月在奶酪产地豪达举行奶酪节。荷兰自古围海造田，使用风车排涝灌溉，风车成为文化遗产、国家符号，又称“风车之国”，荷兰光照期短、地势低洼，终年潮湿，木屐是荷兰人在低洼潮湿海边环境中创造的鞋具，造型别致、做工精细，典雅秀美、结实耐用，成为特色工艺品，也是新郎送给新娘的信物。风行骑自行车，每年5月的“自行车日”表示自行车是荷兰人生活的一部分。

六、旅游业

1. 旅游城市和景点

首都阿姆斯特丹：由90多个岛屿组成、400多座桥梁相连，有“北方威尼斯”之称。市内有许多200多年前的古老建筑，巴洛克式建筑王宫、皇家博物馆、历史博物馆、凡·高美术馆、世界最大的花卉交易市场阿斯梅尔花卉市场、建于17世纪的西教堂和须德教堂。

海牙：行政中心，自1247年以来一直是荷兰王宫和政府所在地，有联合国国际法院所在地和平宫、“童话城”马都拉丹、“郁金香花园”哥肯霍夫公园。

鹿特丹：商业和金融中心，欧洲第一大港，横贯欧亚大陆桥的西部终点城市。

马斯特里赫特：位于邻近德国、比利时的马斯河畔，为北欧、中欧之间的交通枢纽。城内古迹众多，有建于5世纪的教堂和17世纪具有巴洛克建筑风格的市政厅等。

世界遗产8处，斯赫克兰德及其周边地区、阿姆斯特丹的17世纪运河环形区、金德代克－埃尔斯豪特的风车、库拉奈岛威廉斯塔德历史中心、沃达蒸汽泵站、比姆斯特尔迁田、施罗德住宅等，展现了一个海洋国家的昨天与今天。世界上最大的郁金香花园库肯霍夫花园有170年的历史。运河村庄羊角村保留着原生的渔民生态，马德罗丹的“小人国”微缩了欧洲风采。海牙、鹿特丹等国际化城市，展现了一个古老而时尚的海洋国家的风貌。

以自然观光与人文体验并重而成为欧洲的著名旅游目的地。2017年全球旅游和旅行竞争力排名第17位。

2. 旅游客源市场

1998年入境游客617万人次、居世界第22位，旅游外汇收入57亿美元、世界排名列第19位。2013年1278.2万人次，137.79亿美元；2017年1792.4万人次，158.67亿美元，接待入境游客人数与全国人口之比为104∶100。主要客源地是欧洲，占80%左右，其次是美洲，约占10%，亚太地区约占10%。主要客源国为德国、英国、比利时、法国、意大利、西班牙、瑞士、瑞典和丹麦等。

2004年出境旅游1713.0万人次，旅游外汇支出172.16亿美元，出境旅游人数与全国人口之比为105∶100。2012年支出202亿美元，居世界第15位。出国旅游流向主要是欧洲，近几年到中东和东欧旅游的人逐年增多，到北美和亚洲远程目的地的旅游者也有明显的增长。主要目的国是法国、西班牙、德国、奥地利、比利时和英国。186个国家和地区对荷兰国民实行免签入境政策。

2003年国内游客5586.4万人天。2007年荷兰人在国内的旅游开支为285亿欧元。

3. 旅游产业

2016年旅游业的直接贡献占国民生产总值的2.7%，间接贡献占国民生产总值的6.9%，国际旅游收支长期呈逆差状态。2011旅游外汇收入144亿美元，支出205亿美元，逆差61亿美元。

2003年酒店和住宿设施共有客房88 146间、床位180 158张。

4. 旅游管理

经济事务部下设国家旅游会议促进局（又称荷兰旅游局），为公共法人机构，负责旅游宣传推广的是荷兰旅游委员会。2009—2011年间，荷兰政府为旅游业投入5200万欧元，在国外设有13家旅游办事处，在苏黎世、马德里等地设有旅游办事处分支机构，负责宣传和介绍荷兰的旅游胜地。荷兰的所有城市都设有导游问讯处，向游客提供咨询服务。

七、中荷关系

1. 外交关系

1954年11月19日，中荷两国建立了代办级外交关系，1972年5月18日升格为大使级。2014年3月两国宣布建立开放务实的全面合作伙伴关系。荷兰在上海、广州、重庆、香港设有总领馆。中国在荷兰王国海外领地库拉索威廉斯塔德设有总领馆。

2. 旅游关系

荷兰来华旅游人数逐年增长、稳定发展。1983年0.512万人次，2013年18.86万人次，2014年18.04万人次，2017年19.4万人次，2018年19.6万人次。

从2004年9月起荷兰成为中国公民出境旅游目的地国家。自2005年至2007年，我国游客到荷兰旅游人数每年都以15%的比例增长。2015年，荷兰有30万中国过夜游客。荷兰在中国推广“探访世界上最美丽的春天”及“海平面下的骑行”大型主题活动和“缤纷荷兰7日体验之旅”，以艺术作为主线贯穿整个行程。

第十二节 比利时

一、地理、简史和人文

1. 自然地理

比利时王国（The Kingdom of Belgium）位于欧洲西部，面积 32547 平方公里，是以丘陵和平原为主的“低地国家”，属海洋性温带阔叶林气候。

2. 简史

公元前克尔特族的比利其人在此居住。16 世纪起先后被西班牙、奥地利和法国统治，1815 年并入荷兰。1830 年 10 月 4 日获得独立。两次世界大战期间均被德国侵占。“二战”后恢复独立，并加入北约。1958 年与荷兰、卢森堡结成经济联盟，并加入欧共体。1993 年完成国家体制改革，正式实行联邦制。

3. 国旗、国徽、国歌、国花与国鸟

国旗：从左到右由黑、黄、红三个相等的垂直长方形组成。黑色是表示悼念在 1830 年独立战争中牺牲的英雄，黄色代表财富和丰收，红色象征着爱国志士的生命和热血。

国徽：为斗篷式。整个图案中心为盾面上一只直立的狮子，其后为交叉的君王节杖，象征王权。盾形图案由利奥波德勋章饰带环绕，两侧各有一只举着国旗的狮子，上端为一顶王冠，饰环之下悬挂着一枚利奥波德（比利时第一代君主）勋章，底部的饰带上写着“团结就是力量”。斗篷上端装饰着王冠和代表比利时九个省的九面旗帜。

国歌:《布拉班人之歌》，诞生于 1830 年反对荷兰统治的斗争中。

国花，：虞美人。

国鸟：红隼。

4. 人口、民族、语言与宗教

人口 1137.6 万（2018 年）。官方语言为弗拉芒语、法语和德语，80% 的居民信奉天主教。

5. 法定节日

元旦：1 月 1 日。

劳动节：5 月 1 日。

国庆节：7 月 21 日，1831 年 7 月 21 日是国王利奥波德一世的登基日，这一天被定为国庆日。

国王日：11 月 15 日。

复活节：3、4月间。

耶稣升天节：5月。

圣灵降临节：5月

圣诞节：12月25—26日。

6. 带薪休假

由劳资双方协商，一般为20~24天。

二、政治体制与对外政策

实行世袭君主立宪的联邦制，国王为国家元首、三军最高统帅。国王和议会共同行使立法权，与政府共同行使行政权，实权在政府，政府对议会负责。议会实行两院制。1994年新宪法扩大了地区政府的内政和外交权力，首次承认女性王室成员的王位继承权。现国王是菲利普国王。

主要政党有荷语基督教人民党，荷语开放自民党、法语社会党、荷语社会党、弗拉芒利益党、法语革新运动党、法语人道主义民主中心党、荷语绿党、法语生态党。

推行积极的欧洲政策，主张加快欧洲一体化建设步伐。支持参与联合国维和行动和人道主义援助；重视与美国的关系；主张加强与独联体和东欧国家的交往；通过发展援助等手段，努力恢复对非洲传统影响。突出经济外交的重要性，提出“立足欧元区、放眼亚洲、南美及中东欧”的总体方向。现与160个国家有外交关系，在90多个国家设有使领馆。

三、国民经济

发达的工业国家，经济高度对外依赖，80%的原料靠进口，50%以上的工业产品供出口，是世界十大商品进出口国之一。巧克力制作业历史悠久，素有“巧克力王国”美称。2017年国内生产总值5285亿欧元（5987亿美元）。

货币名称：欧元，1欧元＝1.1326美元（2018年）。

2013年，工业附加值占国内生产总值14.5%。农牧渔业附加值占国内生产总值0.7%。农业就业人口占总劳动人口的1.28%。服务业占国内生产总值72%，比上年增长0.5%，就业人数占总劳动人口的80%。外贸是经济命脉，主要贸易伙伴是德国、荷兰和法国，其次是其他欧洲国家及北美、亚洲、非洲。金融业十分发达，布鲁塞尔是当前欧洲五大金融中心之一。

国内交通以公路运输为主，有5个海港、7个内河港。有6个主要机场，空中运输网络联系49个国家，74个城市。

四、教育、文化和新闻媒体

实行6~18岁免费义务教育制。教育由地区政府管理。全国共有大学12所，高等专科学院45所，高等艺术学院17所。三大著名高等学校为鲁汶天主教大学（荷语）、鲁汶天主教大学（法语）和根特大学，建于1425年的鲁汶天主教大学历史最为悠久。

著名导演阿涅斯·瓦尔达的第一部剧情长片《从5点到7点的克莱奥》，受到好评。电影《幸福》获得路易德吕克奖。其他代表作有《流浪女》、自传式纪录片《拾穗者与我》等。比利时的漫画《蓝精灵》世界有名。

报刊主要用荷文和法文出版，主要报刊有《标准报》（荷语）、《自由比利时报》（法语）、《最新消息报》（法语）、《晚报》（法语）。国家通讯社有比利时通讯。两个独立的广播电视台，分别用法语、荷语播送广播、电视节目，隶属地区政府领导。

五、民俗风情

班什狂欢节：3月的第一个星期日开始，为期3天。班什人乔装打扮成“痴人”，走上街头，尽情欢乐，是欧洲最古老的狂欢节之一，与法国尼斯、德国科隆和意大利威尼斯的狂欢节齐名。2003年被联合国教科文组织列入《人类口述与非物质文化遗产代表作》。

爱养鸽，全国登记注册的比赛鸽子约有几百万只，每年的4—9月举行全国性的鸽赛运动，有“鸽子圣地”之说。

社会团体众多，仅布鲁塞尔就500多个，包括为数较多的乐团、同业团体、合唱团、打猎团体、动物保护团体等。

六、旅游业

1. 旅游城市与景点

首都布鲁塞尔：历史名城，也是现代化的美丽城市。欧洲联盟、北大西洋公约组织等多个国际组织的总部所在地，20多个国际行政中心和超过1000个官方团体在此设有办事处，有“欧洲首都”之称。名胜古迹有中世纪的中心广场、市政厅、“布鲁塞尔第一公民”塑像（“撒尿小孩”铜像）、“小欧洲公园”、国家植物园、现代地标性建筑原子能塔等：位于布鲁塞尔以南20公里的滑铁卢战场遗址，建有战争纪念馆。

安特卫普：最大港口，历史古城。有皇家艺术博物馆、海运博物馆、钻石博物馆和动物园。

布鲁日：水上古城，保存有中世纪风貌，河道纵横、众桥相连，圣母大教堂内珍藏着珍贵艺术品，比利时的艺术中心。

世界文化遗产10处，集中分布在布鲁塞尔、安特卫普、布鲁日等历史名城之中。比利时依山临海，与卢森堡、法国交界的阿登山区森林茂密，适宜登山览胜；北部滨海地带适于休闲度假。

比利时是欧洲重大历史事件的发生地，也是当今众多国际机构的驻址，留下丰富的文化遗迹，具有发展文化旅游的基础。2017年全球旅游和旅行竞争力排名第21位。

2. 旅游客源市场

2001年入境游客645.2万人次，旅游外汇收入69.03亿美元；2014年797.6万人次，收入142.68亿美元。2017年835.6万人次，收入121.97亿美元，接待入境游客人数与全国人口之比为73∶100。客源地主要为欧洲，占80%以上，其次为美洲和亚太地区。主要客源国为荷兰、英国、法国、德国、美国、意大利、西班牙、日本、中国和瑞典。

1996年出国旅游人次为890万，旅游支出79.95亿美元，世界排名第11位。2012年旅游支出217亿美元，居世界第13位。2004年出境旅游人数与全国人口之比为62∶100。175个国家和地区对比利时国民实行免签入境或落地签证政策。

城市游和乡村游成为时尚。2003年，国内过夜旅游256.2万人次，旅游住宿设施接待国内游客1380.9万人天，人均住宿5.4夜。比利时人喜欢到海边或周边国家休4~15天的长假，但近年来许多人更喜欢1~3天的短期休假。旅游部门一直建议旅游者尽量避开旅游高峰期，另外对淡季旅游者提供一定的价格优惠。

3. 旅游产业

2016年旅游就业人数约占总就业人口的14%，即每7个就业人员中就有1个来自旅游业。

2014年，拥有旅馆及其他各种旅游设施5139处，36.6万张床位。

4. 旅游管理

比利时文化部下设旅游局，主要职能是宣传推广。

七、中比关系

1. 外交关系

比利时于1971年10月25日与我国建交。2014年两国发表《关于建立全方位友好合作伙伴关系的联合声明》。比利时是中国在欧盟的第六大贸易伙伴。比利时在上海、广州、香港设有总领馆。

2. 旅游关系

比利时来华旅游人数呈逐步上升趋势。1992年1.07万人次，从2004年9月起，比利时成为中国公民出境旅游目的地国家。2013年6.84万人次，2014年6.74

万人次，2015 年 6.52 万人次，2017 年 6.82 万人次，2018 年 6.9 万人次。

从 2004 年 9 月起，比利时成为中国公民出境旅游目的地国家。2005 年中国赴比旅游 5.05 万人次，2009 年 6.08 万人次。

第十三节 瑞士

一、地理、简史和人文

1. 自然地理

瑞士联邦（Swiss Confederation），欧洲的内陆山国，总面积 41284 平方公里，南部及东南部由阿尔卑斯山斜贯，西北部为汝拉山区，中部为高原，莱茵河从北向南穿过，著名湖泊有日内瓦湖（莱芒湖）、博登湖、苏黎世湖等。地处北温带，受海洋性气候和大陆性气候交替影响，山间谷地气候温和，高山地区较寒冷。

2. 简史

1291 年 8 月 1 日，乌里、施维茨和下瓦尔登三个州在反对哈布斯堡王朝的斗争中秘密结成永久同盟，为瑞士建国的开始。1648 年摆脱罗马帝国统治获得独立、宣布实行中立，在两次世界大战中均保持中立。1848 年制定宪法，设立联邦委员会，成为统一的联邦制国家。

3. 国旗、国花与国石

国旗：正方形，红色，正中绘有白十字，象征国家统一，著名的国际红十字旗即是由瑞士国旗图案颜色调换而来。

国花：火绒花。

国石：水晶石。

4. 人口、民族、语言与宗教

人口 850.89 万人（2018 年），其中外籍人超过 23.8%。德语、法语、意大利语及拉丁罗曼语 4 种语言均为官方语言。信奉天主教的居民占 37.2%，新教 25%，其他宗教 13.8%，不信教的占 24%。

5. 法定节日

国庆日：8 月 1 日。

圣诞节：12 月 25 日。

新年：1 月 31 日，被称为“雪节”。

辛巴赫战役纪念日：7 月 4 日（1386 年）。

纪念多尔纳希战役纪念日：7 月 22 日（1499 年）。

纪念莫尔加尔腾战役纪念日：11 月 15 日（1315 年）。

6. 带薪假期

1984年7月起，最低带薪休假从4周增加到5周，20岁以下的职工再增加1周，以保障他们的进修与健康。

二、政治体制与对外政策

联邦制国家，各州有自己的宪法。联邦委员会是国家最高行政机构，由7名委员组成，主席由委员轮流执政，任期1年。联邦议会是最高立法机构，实行“公民表决”和“公民倡议”形式的直接民主。凡20~34岁身体健康的男性公民都必须服兵役280天，服役期间和退役后，单兵武器装备均归个人保管。现有大小政党30多个，主要有自由民主党、社会民主党、基督教民主人民党、瑞士人民党、瑞士绿党。

1815年维也纳会议确认瑞士为永久中立国。为适应新的国际形势，由传统保守的中立向“积极的中立”过渡，把维护和平、促进和平共处，维护人权、促进民主和法治，维护国家经济利益，消除贫困和保护环境作为外交政策的五大目标。现同世界上192个国家建有外交关系。2008年12月加入申根协定。现与世界上127个国家有不同程度的互免签证政策。

三、国民经济

高度发达的工业国。实行自由经济政策，政府尽量减少干预；对外主张自由贸易，反对贸易保护主义。2017年国内生产总值6686亿瑞郎（约6690亿美元），人均国内生产总值79104瑞郎（约8万美元）。实行自由经济政策，对外主张自由贸易，高度外向型经济。

货币名称：瑞士法郎（简称瑞郎）。1美元=0.99瑞郎（2017年）。

工业技术水平先进，机械制造、化工、医药、高档钟表、食品加工在国际市场具有很强的竞争力。钟表业始终保持世界领先地位，被称为“钟表之国”。2017年，一、二、三次产业就业结构比例为3.1∶21.5∶75.4。高度外向型经济，95%的原料、能源和60%的消费品依靠进口，70%~90%的工业产品外销。

铁路全部电气化，铁路密度居世界前列。拥有目前世界上最长的公路隧道——圣哥达大隧道，总长16300米。重要内河港口为巴塞尔。主要国际机场有苏黎世机场和日内瓦机场。

著名企业有雀巢公司是世界上最大的食品工业集团，主要产品有饮料、奶制品、冷冻食品、巧克力和糖果等。ABB集团为业务遍及全球的电气工程集团。诺华公司（Novartis）主要经营医疗保健、农用化学品和食品。

四、教育、文化和新闻媒体

全国实行9年义务教育制，教育事业由各州管理，自筹经费，自编教材。有二十余所高等院校，其中苏黎世高等工业大学和洛桑高等工业大学直属联邦。

苏黎世剧院建于1837年，是瑞士最有影响、历史最长、具有国际声誉的剧院。洛迦诺国际电影节每年7—8月间举办，主要鼓励各国年轻和新锐导演拍摄具有独特风格和视角的影片，最高奖项是金豹奖，该电影节与戛纳电影节、柏林电影节等同为国际A类电影节。长3~4米，重4公斤的木质号角——阿尔卑斯长号原是阿尔卑斯山区牧民召唤牧群、传递信息的工具，现已成为瑞士山区文化的代表。

影响较大的是德语报纸《新苏黎世报》《每日导报》和《一瞥报》。瑞士荣格集团（Ringier AG）创立于1883年，是瑞士最大的综合性媒体集团。瑞士通讯社是国家通讯社。瑞士公共广播电视公司（SRG）享有联邦广播特许权，负责用四种官方语言制作和播送广播和电视节目。各语区均有各自语言的广播电视。

五、民俗风情

德语、法语、意大利语及拉丁罗曼语4种语言民族各自保留风情习俗。每年5月莱蒙湖畔小城莫尔日举办郁金香节，展出郁金香、水仙、风信子等花卉。每年10月栗子收获季节，瓦莱州福伊镇居民和八方来客一起捡拾栗子、举办“栗子节”，烤栗子转炉一次可烤2000公斤栗子，被载入《吉尼斯世界纪录大全》。天主教祭典流传至今。在祭典日，人们戴上假面具，穿着民族服，唱歌、跳舞和祈祷。每年11月的第四个星期的星期一在伯尔尼举行“洋葱节”。牛铃源自山区“听铃识牛”，还能呼唤家人回家吃饭，当门铃用，村里举行婚礼、葬礼摇铃集合宾客，甚至救火也使用“牛铃”警示行人让路，牛铃已成为瑞士的一种象征，大街小巷的旅游商店里都能见到各种花色牛铃。

六、旅游业

1. 旅游城市和景点

首都伯尔尼：文化古城，人口为13.8万。始建于1191年，仍保持中世纪风貌，被列入世界文化遗产名录。钟表业历史悠久，号称“表都”。主要景点有伯尔尼大教堂、钟塔、爱因斯坦博物馆、伯尔尼美术馆等。万国邮政联盟、国际电讯联盟、国际铁路联盟、国际版权同盟总部所在地。

日内瓦：位于日内瓦湖畔、新旧城区地跨罗讷河两岸，世界贸易组织、世界卫生组织、世界气象组织、联合国欧洲总部等众多国际机构所在地，有“世界会议之都”之称。主要景点有大花钟、大喷泉、万国宫、诗隆城堡、钟表博物馆及温泉古镇伊华东利斯班斯等。

苏黎世：国际金融中心之一和黄金交易中心，主要景点有苏黎世湖、圣彼得大教堂、国家博物馆、苏黎世大剧院等。

洛桑：国际奥林匹克委员会总部所在地，主要景点有圣母大教堂、圣梅尔城、奥林匹克博物馆、阿尔布吕特美术馆等。

世界文化遗产有伯尔尼古城、圣加伦修道院、本笃会圣约翰女修道院、贝林佐纳城堡、勒洛克勒镇和拉绍德村、雷蒂亚铁路（与意大利共有）、拉沃的梯田式葡萄园等文化遗产；世界自然遗产有少女峰、阿莱奇峰、比奇峰、圣乔治山（海洋生物古化石群）、萨尔多纳地质结构区。因特拉根的英国式小镇，勒洛克勒镇与拉绍德村的遗产小镇，融德语、法语、意大利语及拉丁罗曼语4种语言文化于一体，集历史文化与现代文化于一身。雪山、森林、牧场、碧湖、河流、温泉、葡萄园、村庄，构成了一幅天然画卷。一流的生态环境与高超医术相结合的康疗旅游是瑞士高端旅游的一大品牌。

旅游宣传口号是“世界公园，瑞士，瑞士，还是瑞士”。2017年世界旅游与旅行竞争力排列第10名。

2. 旅游客源市场

2000年入境游客782.1万人次，旅游外汇收入77.88亿美元；2014年915.8万人次，174.42亿美元；2017年1113.3万人次，170.0亿美元，接待入境游客人数与全国人口之比为130∶100。主要客源国是德国、英国、美国、法国、意大利。185个国家和地区对瑞士国民实行免签入境政策。

2009年出境旅游955.3万人次，旅游外汇支出109亿美元，2011年出境旅游支出125亿美元，居世界第24位。2009出境旅游人次与全国人口之比为126∶100。2010年出境游客中，90%去欧洲，3.8%去亚太地区，3.7%去美洲，2.5%去非洲。最喜欢的目的地是意大利、德国和美国。瑞士人出境旅游以阳光、滨海、沙滩为主，以历史与文化为辅。

国内旅游已有200多年的历史，开展登山、滑雪、滑冰等户外运动有超过150年的历史。2003年，全国酒店接待国内游客619.5万人次，1423.6万人天，人均住宿2.3天。2010年，接待国内游客4200万人天。

3. 旅游产业

旅游业是国民经济重要支柱，是仅次于机械制造和化工医药创汇行业。2016年旅游业的直接贡献占国民生产总值的2.4%，间接贡献占国民生产总值的9.1%。旅游从业人口48.5万，占就业人口总数的10.1%。国际旅游收支长期呈顺差状态，2011年旅游外汇收入175.5亿美元，出境旅游支出125亿美元，顺差50.5亿美元。

2017年有旅馆4878家，床位约27万张。“可尼旅行社”和“旅馆计划”居欧洲最大的12家旅游集团公司之列。山区建造了轮齿轨铁路94公里，专线登山铁路50多条，电缆吊车线400多条，1000多条滑雪用电缆椅线。拥有200个滑雪场、6.5万公里的徒步登山道。

4. 旅游管理

1996年政府出台《联邦旅游政策报告》，提出市场自由是瑞士旅游业重要信条，旅游业仍应保持其私有经济性质，不应过分依赖国家。但政府有义务为旅游业创造有利条件，完善国际形象，增强旅游吸引力和竞争力。曾长期严格禁止经营博彩业，2000年4月1日《博彩业法》开始实施，有限度地放开对经营博彩业的限制，由瑞士旅游协会负责监督该法的实施。

联邦国家旅游局属经济部管辖的特殊法人，是个半官方的协会性事业机构，主要任务是制定旅游政策和长期规划，代表瑞士从事国家开展旅游宣传促销工作。经费来源主要靠政府拨款，其次是组织成员的缴费（由联邦铁路局、电信局、邮政局、饭店协会、公路局、航空公司、乳制品联合会、瑞士统一联合会、各州、区等500多个成员缴纳）、经营性收入和其他非经营性收入。在法兰克福、柏林、杜塞尔多夫、汉堡、慕尼黑、巴黎、米兰、罗马、维也纳、伦敦、阿姆斯特丹、布鲁塞尔、马德里、斯德哥尔摩、纽约、芝加哥、洛杉矶、多伦多、东京和中国香港设有旅游办事处。已有百年历史的洛桑旅游学校是世界旅游人才的摇篮。

七、中瑞关系

1. 外交关系

1950年9月，中瑞两国正式建立外交关系。2013年5月两国签订自由贸易区协议，是西方国家中第一个与中国签订自由贸易区的国家。瑞士是中国在欧洲第五大贸易伙伴国，中国是瑞士在亚洲最大贸易伙伴国。瑞士在上海、广州设有总领事馆。中国在苏黎世设有总领事馆。

2. 旅游关系

瑞士来华旅游逐年增长，1981年0.58万人次，2013年8.06万人次，2014年7.95万人次，2017年7.21万人次。

2004年6月，瑞士成为中国旅游目的地国家。2010年中国游客在瑞士过夜40.4万间夜，2011年为67.72万间夜，中国成为瑞士的亚洲最大的客源市场。2008年12月起，中国旅游者持有其他申根国家签发的签证就可以通行瑞士。2015赴瑞士过夜游客137.8万人次，成为德、美、英之后第四大客源国。2017年双方共办中瑞旅游年，2017年，中国客人在瑞士停留夜次达143万间夜。

中国在苏黎世设有旅游办事处，瑞士国家旅游局在北京设有办事处。

第十四节　波兰

一、地理、简史和人文

1. 自然地理

波兰共和国（The Republic of Poland）位于中欧东北部，北濒波罗的海，面积约312679平方公里。北部和中部是中欧平原的一部分，南部是高地和喀尔巴阡山脉和苏台德山脉。主要河流有维斯瓦河和奥得河，最大的湖泊是希尼亚尔德维湖。属由海洋性向大陆性气候过渡的温带阔叶林气候。

2. 简史

公元965年建立波兰大公国，14—16世纪是鼎盛时期。1772年、1793年和1795年三次被沙俄、普鲁士和奥匈帝国瓜分，1918年11月11日恢复独立。1939年9月1日，法西斯德国入侵波兰。战后建立波兰共和国，后改名为波兰人民共和国。1989年12月29日，议会通过宪法修正案，改国名为波兰共和国。

3. 国旗、国徽、国歌

国旗：呈横长方形，旗面由上白下红两个平行相等的横长方形构成。白色象征古老传说中的白鹰，也还象征着纯洁，表达出波兰人民渴望自由、和平、民主、幸福的美好愿望；红色象征热血，也象征着革命斗争取得胜利。

国徽：为盾徽，红色的盾面上绘有一只头戴金冠、舒展双翼的白鹰。红、白两色是波兰人民喜爱的传统颜色，也是国旗颜色。白鹰象征波兰人民不屈的爱国精神。

国歌:《波兰没有灭亡》。

4. 人口、民族、语言与宗教

人口3843万（2017年），其中波兰族约占97%，少数民族有德意志、白俄罗斯、乌克兰、俄罗斯、立陶宛、犹太等。官方语言为波兰语，属斯拉夫语系。全国87%的居民信奉罗马天主教。

5. 节假日

卡廷事件遇难者纪念日：4月13日（1943年苏联军队在卡廷秘密屠杀大批波兰军官）。

国庆节：5月3日（宪法日，1791年5月3日波兰颁布第一部宪法）；

独立日：11月11日（1918年11月11日波兰恢复独立）。

建军节：1943年10月12日建立波兰人民军，1990年更名为波兰军队，将8月15日定为建军节。

三王节：1月6日，纪念传说中东方三王向刚出生的圣婴献礼。

职工年带薪休假26天，另有10天公共假期。

二、政治体制与对外政策

1997年新宪法确立三权分立的政治制度和以社会市场经济为主的经济体制，众议院和参议院拥有立法权，总统和政府拥有执法权，法院和法庭行使司法权；经济自由化、私有制是经济体制的基础；如总统否决了议会或政府提交的法案，议会可以五分之三的多数否决总统的决定。武装力量在国家政治事务中保持中立。

注册登记的政党有200多个，最具影响的是公民纲领党、人民党、农民党、法律与公正党、你的运动党、民主左翼联盟党、帕利科特运动党、团结波兰党、波兰社会民主党、民主党、自卫党和波兰家庭联盟党等。2014年公民纲领党、人民党为执政党。

团结工会是最重要的工会团体，禁止任何政治组织使用“团结工会”这一名称和标志，禁止工会领导人同时担任政党领导职务，成为纯工会性质的社会组织。全波工会协议会主张通过提高超额工资累进税、增加退休人员收入、解决职工住房问题等维护职工权益，反对国有企业私有化和普遍私有化政策。

1999年3月加入北约，2004年5月加入欧盟，2007年12月加入申根协定。主张欧盟和北约继续东扩。对外政策以“服务波兰、构建欧洲、了解世界”为使命，政治和经济上立足欧盟，安全和防务上倚靠北约和美国，睦邻周边，积极构建全方位外交格局。同189个国家建立外交关系。

三、国民经济

中东欧地区经济发展最快的国家之一，目前属中等发达国家，经济总量居欧盟成员国第9位。2017年一、二、三次产业结构比例为2.4∶23.5∶74.1。2017年国内生产总值5087亿美元；人均国内生产总值13 414美元。

货币名称：兹罗提（ZłOTY），1美元=3.92兹罗提（2017年）。

煤炭开采量居世界前列，机器制造、造船、汽车等较发达。琥珀储量丰富，有几百年的开采历史，是世界琥珀生产大国。2016年，工业总产值占国内生产总值的23.5%。从业人员占就业总数的22%。黑麦产量居欧洲第二位，马铃薯产量居欧洲前列。农村人口占全国人口的39.7%。占就业总数的15.2%，农业总产值占国内生产总值的2.4%。服务业占国内生产总值的70%。主要贸易伙伴为德国、意大利、法国、爱尔兰、英国、捷克、美国、比利时、瑞典和俄罗斯。

国内交通以铁路、公路为主。主要海港有革但斯克、格丁尼亚、什切青等。波兰航空公司同38个国家、91个城市有定期航班，主要国际机场是华沙肖邦国际机场。石油及其产品输送管道总长2444公里。

四、教育、文化和新闻媒体

小学六年，初中三年，高中三年，高等教育一般为四或五年。著名的高等学府有克拉科夫雅盖隆大学、华沙大学、波兹南密茨凯维奇大学、华沙工业大学等。

物理学家和放射化学家、诺贝尔奖得主居里夫人、伟大作曲家和钢琴家肖邦以及现代天文学的创始人哥白尼均出生于波兰。具有波兰特色的童话《小红帽》《睡美人》《灰姑娘》《华沙美人鱼》等世界知名。五年一度的肖邦国际钢琴比赛是国际音乐界的盛事。

主要报刊有《选举报》《超级快讯》《共和国报》等。主要通讯社有波兰通讯社（PAP）、广播新闻社。国家主要电台和电视台是波兰广播电台和波兰公共电视台TVP。允许开办私营电台和电视台。

五、民俗风情

欧洲少有的对宗教十分虔诚的国家，境内大小教堂林立，宗教气氛浓郁，每周去教堂参加弥撒是波兰人生活的重要内容，教堂的号角声每天在波兰第一广播电台转播，是波兰的象征之一。

在朋友见面、社交场合中流行行吻手礼。

喜欢口味清淡，多用炸、烧、煎、卤等法烹制，不喜欢虾、海味及酸辣菜肴以及清蒸食品，不吃动物内脏。饭前常饮烈酒，饭后饮用甜酒。天主教徒周五禁食猪肉。

六、旅游业

1. 旅游城市和景点

首都华沙：人口176.5万（2017年）。1611年定都，第二次世界大战时成为废墟，战后按中世纪风貌重建，有王宫城堡、圣约翰教堂和由涅伯鲁主教庄园改成的国家博物馆等。美人鱼铜像是华沙城的城徽。

克拉科夫：中世纪古都、历史名城和文化中心。有保存完好的中世纪老城和欧洲面积最大的中央广场等名胜古迹、波兰历史最悠久的雅盖隆大学以及历代波兰国王居住的瓦韦尔堡等，整个城市被列入世界文化遗产名录。

波兹南：文化古城，古城区内仍保存有瓦韦尔王宫城堡、古市场、市政厅等。波兰电影制作及工艺美术中心，每年举办的各种文化节庆活动达40多个。

革但斯克：沿海港口城市，科教、文化、艺术中心，海洋旅游与娱乐业发达。位于该市维斯泰尔普拉泰在“二战”打响抗击纳粹第一枪，称为“英雄半岛”。格但斯克是世界最大的琥珀集散地，每年举办两次国际琥珀节。

托伦：著名天文学家哥白尼的诞生地，保存有13世纪的市政厅、教堂、弗龙堡等，整个古城被列入世界文化遗产名录。

有世界文化遗产13处，克拉科夫、托伦古城、扎莫希奇古城、马尔堡条顿骑士团城堡等保持中世纪城堡风貌，让人走进历史；奥斯威辛集中营国家博物馆揭露纳粹反人类罪行，呼唤“要和平，不要战争”；维利奇卡古盐矿博物馆展示古盐生产与岩盐雕刻文化。波兰旅游以文化体验为主题、历史名城为基础，开发多样化的旅游产品。曾经使用过的旅游宣传口号是“更多乐趣尽在波兰”。2017年全球旅游和旅行竞争力排名第40位。

2. 旅游客源市场

2000年入境游客8545.1万人次，旅游外汇收入56.77亿美元；2013年1580万人次，112.97亿美元；2014年1600万人次，109.25亿美元。2017年1840万人次，127.7亿美元，接待入境游客人数与本国人口之比为48∶100。欧洲是最大的客源地，约占入境游客的90%以上，其次是美洲和东亚地区。

2009年调查显示，66%的人有出国旅游的经历，48%的人不止一次出国旅游，出国8次以上的人数比例近20%。德国是首选旅游目的地国家，其次是捷克、斯洛伐克、意大利、奥地利、法国和英国。冬季出游更喜欢去古巴、墨西哥和肯尼亚等。174个国家和地区对波兰国民实行免签入境或落地签证政策。

国内旅游相当普遍。2003年，酒店等住宿设施接待国内游客2062万人次、3752人天，人均住宿1.82天。2004年国内过夜旅游人数与本国人口之比为54∶100。国内旅游的目的地是北部海滨城市、中东部湖泊地区。

3. 旅游产业

2016年旅游业的直接贡献占国民生产总值的1.8%，间接贡献占国民生产总值的4.5%。

波兰生态环境优良、相对低廉的医疗费用和较高的医疗水平吸引着越来越多的外国人到波兰就医。2007—2013年，波兰从欧盟获得近10亿欧元用于旅游业投资，扶持疗养度假、旅馆建设。

4. 旅游管理

体育与旅游部主管全国旅游业。

七、中波关系

1. 外交关系

1949年10月，中波两国建立大使级外交关系。2004年两国建立友好合作伙伴关系。双边关系总体发展顺利，2011年两国共同签署《中波关于建立战略伙伴关系的联合声明》，双边关系进入新的发展阶段。波兰盛产琥珀，其贸易通道被称为“琥珀之路”。近年来，“琥珀之路”与“丝绸之路”遥相呼应，双方在政策上进行了积极的对接与合作。中国和波兰有35对友好城市，波兰在中国成都、上海、广州设有总领馆。

2. 旅游关系

2017年5月12日中波两国政府签订《旅游领域合作协议》。

2005来华旅游4.54万人次，2014年7.61万人次，2017年9.05万人次，2018年9.5万人次。

2004年9月，波兰成为中国公民自费旅游目的地国家，赴波旅游逐步开展。2015年中国大陆游客到访波兰超过6万人次，在波兰的间夜数超过10万，2015年7.38万人次，2017年1—10月中国赴波兰11.5万人次，2018年超过10万人次。

波兰旅游局设有北京办事处。

第十五节　匈牙利

一、地理、简史和人文

1. 自然地理

匈牙利（Hungary，Magyarország），欧洲中部的内陆国家，面积93 030平方公里。属多瑙河中游盆地，大多为平原和丘陵，主要河流为多瑙河、蒂萨河，巴拉顿湖为中欧最大淡水湖。属温带湿润大陆性气候，常年凉爽湿润。

2. 简史

公元896年，马扎尔游牧部落从乌拉尔山西麓和伏尔加河湾一带移居多瑙河盆地。公元1000年，圣·伊什特万建立匈牙王国。1526年，土耳其入侵，匈王国家解体。1699年起由哈布斯堡王朝统治，1867年成立奥匈二元帝国。1919年3月建立匈牙利苏维埃共和国。1949年8月20日成立匈牙利人民共和国。1956年10月23日发生争取独立、要求民主的匈牙利事件。1989年10月23日国名改为匈牙利共和国。2012年1月，匈通过新宪法，更国名为匈牙利。

3. 国旗、国花

国旗：由三个平行长方形组成，自上而下颜色为红、白、绿。红色象征热血，白色象征和平，绿色象征对未来的希望。

国花：郁金香。

4. 人口、民族、语言与宗教

人口979.8万（2017年），主要民族为匈牙利（马扎尔）族，约占90%。少数民族有斯洛伐克、罗马尼亚、克罗地亚、塞尔维亚、斯洛文尼亚、德意志等族。官方语言为匈牙利语。60% 居民信奉天主教、20% 居民信奉基督教。

5. 节假日

3 月 15 日：1848 年革命和自由斗争纪念日。

8 月 20 日：国庆节。原为建国之王圣 · 伊斯特万加冕纪念日，称之为圣 · 伊斯特万日。

10 月 23 日：1956 年革命和自由斗争纪念日暨 1989 年共和国成立日。

职工年带薪休假 23 天，另有 10 天公共假期。

二、政治体制与对外政策

2012 年新宪法规定实行多党议会民主制，建立独立、民主、法制的国家，执行立法、行政、司法三权分立的原则。国会是立法机关和国家最高权力机构，实行一院制。主要政党有青年民主联盟、基督教社会民主党、社会党、尤比克党等。

加强中欧地区合作，积极参与欧洲一体化建设；致力于成为亚欧贸易桥梁，视中国、俄罗斯、印度为经济外交重点。1999 年 3 月加入北约，2004 年 5 月加入欧盟。2007 年 12 月 21 日正式加入申根协定。目前，同 170 多个国家建立了外交关系。

三、国民经济

中等发达国家，经合组织（OECD）成员国。经济目标是建立以私有制为基础的福利市场经济，私营经济的产值约占 GDP 的 86%。主要工业部门有机械制造、电子、冶金、化学、医药、纺织和食品加工等。农业基础好，以种植葡萄和生产葡萄酒著称。2017 年国内生产总值 1293 亿美元，人均国内生产总值 13196 美元。2017 年一、二、三次产业就业结构比例为 5∶30∶65。国际机场有布达佩斯李斯特 · 费兰茨机场。

货币名称：福林（Forint）。1 欧元 =312 福林；1 美元 =254 福林（2018 年）。

四、教育、文化和新闻媒体

实行 12 年制义务教育，幼儿免费入托，小学免费教育。学制：小学 8 年，中学（包括职业中学）4 年，大学 4~6 年，医科大学 7 年。除公办学校外，还有教会学校、私立学校和基金会学校。1986 年 9 月实施新教育法，扩大各类学校业务上和经济上的自主权，促使学校生活民主化。1993 年通过了第一部高等教育法。

作曲家、钢琴家、指挥家、浪漫主义前期最杰出的代表人物李斯特（1811—1886 年）有“钢琴之王”之称，主要作品有交响诗《塔索》、《匈牙利》、交响曲《但丁神曲》、《浮士德》、钢琴曲《匈牙利狂想曲》等。民主主义革命家、诗人裴多菲（1823—1849年），代表作品有《给贵族老爷们》《民族之歌》《谷子熟了》等，“生命诚可贵，爱情价更高。若为自由故，两者皆可抛”的诗句，流传广泛。

具有良好的文化传统，读书的人多、出版的书多、图书馆多，平均每600人就拥有一个图书馆，占有率在世界上名列前茅。热爱音乐、能歌善舞，街头田间尽情歌舞。

发行量较大的全国性报纸主要有:《人民自由报》《民族体育报》《匈牙利民族报》《匈牙利新闻报》《人民之声报》《世界经济报》。国营匈牙利通讯社，科苏特广播电台，裴多菲广播电台和巴尔托克广播电台均为国营电台。国营电视台有匈牙利电视台、多瑙河电视台。私营电视台有RTL Klub电视台、TV2电视台。

五、风俗习惯

最早从游牧生活转向逐草木而居，最初的农民以种植葡萄为生，葡萄成生产、生活中不可或缺的因素，自称有一种“葡萄藤”气质，即质朴、坚韧的农夫气质。

注意着装整洁，男子多穿保守式样的西服套装，也有的穿双排扣西服：女子则多是裙子配上衣，也有的穿款式新颖的连衣裙。身着民族服装的布娃娃是匈牙利人喜欢的玩偶。

结婚需经求婚、订婚和迎娶三个阶段。订婚的仪式必须要有，双方都由一位女性亲戚陪同去神父处登记。婚礼在教堂里由神甫主持或是在家庭中举行。婚后的妇女用花布把头发包裹，以示与未婚少女的区别。

六、旅游业

1. 旅游城市与景点

首都布达佩斯：地跨多瑙河中游两岸，西岸是布达、东岸是佩斯。布达王宫是13世纪时阿鲁巴多王朝在右岸所建王宫，现为历史博物馆。城堡山是布达佩斯的发祥地，山顶上有布达城堡，2000多年前曾经是古罗马的军事要塞。渔人堡帝王池是著名的温泉浴池。市中心的英雄广场上千年纪念碑群雕和圣·伊斯特万大教堂都是1896年为庆祝匈牙利民族在这里定居1000周年而建造。多瑙河两岸为布达、佩斯整体列入世界文化遗产名录。

米什科尔茨：始建于15世纪，原是大庄园中心。市内有博物馆和13世纪哥特式教堂、寺院、剧院等古迹，以“王后城堡”最为著名。城郊阿瓦斯山石灰岩洞内建有800多个酒窖，有的酒窖已有500年历史。

世界文化遗产还有蓬农豪尔毛的千年隐修院及其自然环境、佩奇的早期基督教陵墓、括考伊葡萄酒产区。世界自然遗产有霍尔托巴吉国家公园。霍洛克巴拉顿湖是中欧最大的湖泊，有“匈牙利之海”的美称，每年的7月都要举行“安娜”

舞会。

塞格德：位于匈牙利南部蒂萨河两岸，是南部经济文化中心和旅游胜地，被誉为“蒂萨之花”。这里日照时间年平均 2000 小时，有“太阳城”之称。

厄尔什格历史地区是集旅游与文化保护为一体的民俗村。村里有 58 座国家保护的建筑，保留着 15 世纪匈牙利农村的原始风貌。

位于匈牙利东部的霍尔托巴吉国家公园，拥有丰富的自然生态环境类型，包括草原、盐湖和湿地等。巴拉德拉洞穴群是欧洲最大和最美的洞穴之一，是一组错综复杂的地下洞穴群。

2017 年旅游和旅行竞争力排名世界第 39 名。

2. 旅游客源市场

2014 年入境游客 1213.9 万人次，旅游收入 58.84 亿美元；2017 年入境游客 1578.5 万人次，旅游收入 61.7 亿美元，接待入境游客人数与本国人口之比为 161∶100。欧洲是最大的客源地，游客多来自德国、奥地利、意大利、英国、法国和波兰等。

2004 年出境游客 1755.8 万人次，旅游外汇支出 25.94 亿美元，出境游客与人口之比为 178∶100。180 个国家和地区对匈牙利国民实行免签入境或落地签证政策。

3. 旅游产业

2003 年旅游收入占国内生产总值的 4.2%，为货物出口总额的 8.1%，占服务出口总额的 43.9%。2017 年全国共有三星级以上饭店 402 家，总床位 8 万张，其中五星级饭店 10 家，四星级饭店 214 家。

4. 旅游管理

国家旅游局设在经济部内。

七、中匈关系

1. 外交关系

中国与匈牙利历史渊源悠久，传说匈牙利人是我国古代匈奴人的后代，匈牙利流行有“我们心脏的一部分留在了亚洲”的俗语。1949 年 10 月中匈两国建立外交关系。2004 年 6 月宣布把两国关系提升为友好合作伙伴关系。匈牙利是中国在中东欧地区重要贸易伙伴之一。

2. 旅游关系

2003 年匈牙利正式向中国游客开放，游客人数每年都以 15% 的增长率持续上升，2010—2014 年中国游客人数翻了一番，2014 年达到近 9 万。2015 年 5 月中国—中东欧旅游促进机构与企业联合会首次高级别会议在匈牙利首都布达佩斯举行，并由匈牙利牵头成立中国—中东欧旅游促进机构与旅游企业联合会协调中心。同年中国在布达佩斯设立驻中东欧旅游办事处。

【学习提要】

欧洲地区是世界旅游的发源地和当今世界最发达的地区，是中国重要的客源地与目的地；发展与欧洲地区的旅游交流与合作，是中国拓展国际旅游市场的重要环节。

教学重点

英国、法国、德国、西班牙、意大利和俄罗斯等国的旅游业现状、特点及其与中国的旅游交流与合作。

思考与讨论

英国、法国、德国、西班牙、意大利和俄罗斯的旅游产品、旅游市场和旅游管理各有什么特点和经验，对我国旅游业有什么借鉴？

第五章

美洲地区

第一节　美国

一、地理、简史与人文

1. 地理

美国全称美利坚合众国（The United States of America，USA），位于北美大陆，东濒大西洋，西濒太平洋，北与加拿大为邻，南靠墨西哥和墨西哥湾。面积 9 629 091 平方公里（其中陆地面积 915.896 万平方公里），包括北美洲西北部的阿拉斯加和太平洋中部的夏威夷群岛。领土绵延 5000 多公里的落基山脉纵贯南北，中西部以山地高原为主，东部以平原低地为主。中部的密西西比河自北向南流入墨西哥湾，是境内最长、流域面积最广、水量最大、利用价值最高的大河。大部分地区属于大陆性气候，南部属亚热带气候。阿拉斯加属极圈内寒冷气候区。夏威夷属热带气候区。

2. 简史

原为印第安人聚居地。15 世纪末，西班牙、荷兰、法、英等国开始向北美移民，印第安人迁往西部。16—18 世纪早期，北美大陆的殖民势力主要是西班牙、法国和英国。到 1773 年，英国已在大西洋沿岸建立了 13 个殖民地。1775 年 4 月爆发独立战争，1776 年 7 月 4 日发表《独立宣言》，正式宣布建立美利坚合众国。1787 年制定联邦宪法，1788 年华盛顿当选为第一任总统。1861—1865 年国内爆发南北战争，废除了奴隶制。此后美国经济快速发展，20 世纪后，美国的科学技术、文化教育和国民经济一直居世界领先地位。

3. 国旗、国徽、国歌、国花与国鸟

国旗：星条旗，旗面左上角为蓝色星区，星区以外是红白相间的条纹。红色象征强大和勇气，白色象征纯洁和清白，蓝色象征警惕、坚韧不拔和正义。

国徽：一只胸前带有盾形图案的白头海雕（秃鹰），是力量、勇气、自由和不朽的象征。盾面上半部为蓝色横长方形，下半部为红、白相间的竖条，其寓意同国旗。鹰之上的顶冠象征在世界的主权国家中又诞生一个新的独立国家；顶冠内有13颗白色五角星，代表最初的13个州。鹰的两爪分别抓着橄榄枝和箭，象征和平和武力。鹰嘴叼着的黄色绶带上用拉丁文写着“合众为一”，意为美利坚合众国由很多州组成，是一个完整的国家。

国歌:《星条旗之歌》。

国花：玫瑰花，象征美丽芬芳和爱情。

国鸟：白头鹰（白头海雕），外貌美丽、性情凶猛，有“百鸟之王”之称，象征勇猛、力量和胜利。

“山姆大叔”：美国绰号，来自1812年英美战争时纽约商人山姆尔·威尔逊的牛肉桶上印有“US”的符号，是他的昵称“山姆大叔”（Uncle Sam）的缩写，恰与美国的英语缩写“US”相同。1961年，美国国会正式认定“山姆大叔”为美国的民族的象征。

4. 人口、民族、语言和宗教

3.30亿（2019年），非拉美裔白人约占62.1%；拉美裔约占17.4%，非洲裔约占13.2%，亚裔约占5.4%，混血约占2.5%，印第安人和阿拉斯加原住民约占1.2%，夏威夷原住民或其他太平洋岛民约占0.2%。通用英语。人口中约54.6%信仰基督教，23.9%信仰天主教，1.7%信仰犹太教，1.6%信仰东正教，0.7%信仰佛教，0.6%信仰伊斯兰教，1.2%信仰其他宗教，16.1%无宗教信仰（少部分被重复统计）。

5. 公共节日

新年：1月1日。

华盛顿诞辰日：2月22日，也称全国公共服务和缅怀日。

复活节：3月21日后的首个星期日。

独立日：7月4日。

哥伦布日：10月13日，纪念哥伦布首次登上美洲大陆。

阵亡将士纪念日：5月30日。

万圣节：10月31日。

退伍军人节：11月11日。

感恩节：11月的最后一个星期四。

圣诞节：12月25日。

联邦政府规定的11个法定假日执行方案由州或地方裁定，除新年、独立日、老兵日、感恩节和圣诞节外，官方假日指定在星期一，与周末形成3天连休假。各州还可指定节假日。

6. 带薪假期

联邦和各州没有统一规定带薪休假天数，由劳资双方协商，几乎所有企业实行带薪休假，所有职工都使用带薪休假。带薪休假天数根据资历累加，少则1周，多则3周、4周、5周。

二、政治体制与对外政策

联邦宪法的规定，美国是联邦制共和国，实行立法权、行政权和司法权三权分立、互相制衡，分别由国会、总统和联邦最高法院行使。总统是国家元首、行政首脑和陆、海、空三军的总司令，掌管国家行政大权，通过间接选举产生，任期4年，可连任一届。国会是全国的最高立法机构，由参议院和众议院组成。联邦最高法院法官终身任职，非经国会弹劾不得免职。

在国内政治生活中影响最大的是共和党和民主党。共和党成立于1854年，标志为大象。民主党成立于1791年，标志为驴。两党轮流执政，控制国会立法。劳动和产业联合会是美国最大的工会组织之一，农民协会联盟是全国性统一组织，妇女组织有全国妇女组织和大学妇女联合会。制造商协会是最有影响的企业主组织，商会是一个有较大影响的全国性商业组织，商务委员会由各大垄断企业负责人组成。

主张“世界新程序”的基本目标是“和平、安全、自由和法治”，维持同西欧国家的盟国关系，坚持以北约为欧洲安全防务的核心。日本是美国在亚洲地区最重要的盟国。密切同加拿大的政治经济关系，维持“传统的特殊盟友”关系。推进本国与加拿大和墨西哥的经济一体化进程。2017年1月特朗普政府上任以来，主张“美国优先”，调整同欧洲、中东、亚太、拉美、非洲等地区国家关系。

三、国民经济

高度发达的现代市场经济国家，国内生产总值居世界首位。信息、生物等高科技产业发展迅速。农业、服务业高度发达。2017年，国内生产总值194 854亿美元，人均国内生产总值59 407美元。

货币名称：美元（United States Dollar），基本单位是元（Dollar，符号$）和分（Cent，符号¢），1美元=100美分。

工业是美国经济的重要基础支柱。近年来，美国产业转型加快，制造业所占比重呈下降趋势，信息、生物等高科技产业发展迅速。农业高度发达，机械化程度高，有农场220万个，粮食产量约占世界总产量的1/5。服务业高度发达。2012年农业、工业、服务业增加值的比重为1.2∶23.4∶75.4，就业人口比重分别为0.7∶20.3∶79.0。世界上第二大进口国和第三大出口国，对外贸易额居世界首位。

拥有完整而便捷的交通运输网络。高速公路总里程7.504万公里，世界排名第一。海运以沿海运输为主，重要港口有纽约、费城、巴尔的摩、波士顿。墨西哥湾和太平洋沿岸的重要港口有新奥尔良、休斯敦、洛杉矶、旧金山和西雅图。主要航空公司是美国航空、联合航空、德尔塔、西北、大陆航空等。主要航空业制造公司为波音—麦道公司、洛克希德—马丁公司、联合技术公司。主要航空港是芝加哥、亚特兰大、达拉斯、洛杉矶、旧金山、丹佛、底特律等。

在《福布斯》网站2018年公布的全球企业2000强中，美国公司占据560席，其中前十位的排序如下：摩根大通、伯克希尔·哈撒韦公司、美国银行、富国银行集团、苹果公司、埃克森·美孚公司、电话电报公司、威瑞森通信、微软、雪佛龙公司。目前，美国主要商业银行有：摩根大通、美国银行、富国银行、花旗集团。

四、教育、文化和新闻媒体

中小学教育主要是由各州教育委员会和地方政府管理。学校分公立、私立两类。多数州实行十年义务教育。各州学制不一，大部分为小学六年、初中三年、高中三年。高等教育有两年制的初级学院和技术学院，四年制的大学本科和二至四年的研究生院。著名高等学府有哈佛大学、普林斯顿大学、耶鲁大学、宾夕法尼亚大学、杜克大学、斯坦福大学、加利福尼亚州理工学院、麻省理工学院、哥伦比亚大学等。

在核能利用、集成电路、激光、超导材料、电子计算机、合成材料、电子通信和宇航技术等领域的科研和开发处于世界领先水平。科研体系包括四部分：政府部门的科研机构，如国家科学院、国家工程科学院和国家医学科学院；各种产业部门和大企业的科研机构；非营利科研机构，如各科学院、慈善基金会、专业和技术学会；高等学校的科研机构，高等学校的科研机构是美国科研的最主要基地。有近80处高技术区，主要有：以斯坦福工业园区为中心的“硅谷”地带；以哈佛大学和马萨诸塞理工学院为中心的高技术区；位于北卡罗来纳州，集中通用电器、杜邦、国际商用机器公司（IBM）等大公司设立的40多家研究所的“科研三角园区”。

19世纪末至20世纪初，涌现出一大批在国际上享有盛名的文学巨匠和文学巨著。其主要作家和代表作有：哈里特·比彻·斯托夫人的《汤姆叔叔的小屋》、马克·吐温的《哈克贝利·费恩历险记》和杰克·伦敦的《铁蹄》。20世纪，现实主义文学进入全盛时期。德莱塞的《嘉丽妹妹》《珍妮姑娘》《欲望三部曲》，辛克莱·刘易斯的《大街》《巴比特》以及欧内斯特·海明威的《太阳照样升起》《永别了，武器》《战地钟声》《老人与海》等。在美国的文坛中，黑人文学和黑人作家不断涌现，著名的有阿历克斯·哈利的《根》，托尼·莫里森成的《所罗门之歌》《宠儿》和《爵士乐》。第二次世界大战后，美国音乐真正进入繁荣时期。美国是电影事业的摇篮，好莱坞是美国和世界电影业的中心。

主要日报有《今日美国》《华尔街日报》《纽约时报》《洛杉矶时报》《纽约每日新闻》《华盛顿邮报》《纽约邮报》等。美联社是美国最大的通讯社，合众国际社是美国第二大通讯社。最大的两家对外广播机构为美国之音和美国广播电视网，均属官方电台。主要的全国性广播网为全国广播公司（NBC）、哥伦比亚广播公司（CBS）、美国广播公司（ABC）、有线新闻广播公司（CNN）和福克斯（FOX）等。访问量较大的新闻网站为雅虎新闻网站（Yahoo!News）、微软—全国广播公司网站（MSNBC）、有线新闻广播公司网站（CNN）和美国在线新闻网站（AOL News）等。

五、民俗风情

1. 姓名

美国人起名字的习惯是：喜欢用长辈的名字作为子女或孙子女的名字，为以示区别，常加上“小”字，如小罗斯福等；喜欢用世界伟人、本国总统和民族英雄的名字为子女命名。

2. 民间节日

圣帕特里克节：3 月 17 日纪念爱尔兰守护神圣帕特里克。

华盛顿樱花节：3 月 27 日。

植树节：4—5 月间，各州节日。

情人节：2 月 14 日，又称“圣瓦伦丁节”，瓦伦丁是基督教殉道者。

愚人节：4 月 1 日。

母亲节：5 月的第 2 个星期日。

父亲节：6 月的第 3 个星期日。

万圣节：10 月 31 日。

感恩节：11 月的第四个星期四，美国独创的节日，既是一个祈祷和感谢上帝的古老节日，更是美国人合家欢聚的节日，颇似中国的春节。

3. 服饰餐饮

除正式社交场合穿着正规外，平时穿着打扮无拘无束，追求舒适，但一般不能穿着背心进入公共场所，不能穿睡衣出门。早餐一般在家中吃，比较简单。午餐一般食用快餐，晚餐是一天中最丰盛的。自助餐馆的食品价格比较便宜，也不必付小费。在正式餐馆就餐要给小费，数额为就餐费的 15%。主要饮料是咖啡、可乐和各种果汁，茶也大受欢迎。喜欢喝啤酒、葡萄酒。

4. 婚丧礼仪

每个婴儿出生后都要到当地主管部门登记，新生儿的父母要为其选教父、教母。为新生儿洗礼一般在教堂举行。看重生日，一般要举行家庭聚会庆祝生日。美国没有全国统一的婚姻法，制定、颁布婚姻法的权力属于各州。禁止近亲结婚，结婚前要进行婚前检查。婚礼仪式一般在教堂举行，这一天就是结婚纪念日，每到这一天都要庆祝。在银婚（结婚 25 周年）和金婚（结婚 50 周年）纪念日，尤其要隆重庆祝。传统葬礼多采用宗教仪式，通常在教堂举行，举行世俗葬礼的越来越多，葬礼后实行火化的不断增加。

5. 社交礼仪

美国人的社交礼仪基本与欧洲人相同。不大喜欢在称呼中冠以“先生”“小姐”“太太”，而更喜欢直呼姓名。在公共场合交谈，不可声音过大，影响别人，也不可大笑，大吵。通行女士优先，与女子打招呼，男子必须起立；女子的东西掉在地上，男子要为其拾起而不论是否认识。无论约会、做客都要事先安排。如果主人没留客人就餐，客人在就餐时间前就要告辞。用餐完毕，待女主人从座位上站起来，客人们才能离席，中途不能离席。

六、旅游业

1. 旅游城市和景点

首都华盛顿：主要文化游览景点有国会大厦、白宫、华盛顿纪念碑、林肯纪念堂、美国历史博物馆、自然史博物馆、现代艺术馆、航天博物馆、非洲建筑和艺术馆、国会图书馆和肯尼迪文化中心等。著名大学有乔治城大学、乔治 · 华盛顿大学和美利坚大学等。

纽约：世界著名大都市，曼哈顿集中了世界最高的高楼和最大的公司，有联合国大厦、自然史博物馆、大都会博物馆、艺术博物馆、林肯表演中心、中央公园、唐人街及娱乐业集中之地百老汇等。

洛杉矶：西部沿海著名城市，全国最大的飞机制造中心、军火工业中心和著名旅游城市。著名游览点有迪士尼乐园、环球影城以及圣地亚哥的海洋世界、野生动物园等。好莱坞是世界上最大的电影工业中心。

休斯敦：南部最大城市，全国最大石油、化工基地，国家航空和航天局最大的空间研究中心所在地。

旧金山：西部最大港口、西海岸经济中心，景点有金门大桥、渔人码头、花街以及约塞米蒂国家公园、红杉国家公园等。

迈阿密：南北美洲文化和商业交会的中心，世界上最大的游船码头，附近有大沼泽地国家公园。

奥兰多：集中了迪斯尼世界、未来世界、环球影城、海洋世界等著名主题公园，成为新型综合性文化娱乐度假地。

拉斯维加斯：位于美国内华达州南部，美国唯一以任何方式赌博都合法的州。世界博彩娱乐休闲名城，250 多家赌场遍布大街小巷。内华达州法律规定凡开赌场一定兼开旅馆、饭店。拉斯维加斯目前已成为娱乐休闲、会议展览和旅游度假中心。

世界自然或文化遗产 21 处，主要是费城独立厅、自由女神像、梅萨维德印第安遗址、卡俄基亚土丘历史遗址、波多黎各的古堡与圣胡安历史遗址、查科文化国家历史公园、夏洛茨、夏洛茨维尔的蒙蒂塞洛和弗吉尼亚大学、陶斯印第安村、奥林匹克国家公园等。全美属于内务部国家公园处辖属的国家公园有 39 处、国家名胜 80 余处，另有其他 20 余种类型的旅游地 320 余处。比较著名的有黄石国家公园、科罗拉多大峡谷、美加交界处的尼亚加拉大瀑布等。美国的主题公园是世界上数量最多，也是最成功的。加州的迪士尼乐园和佛罗里达州的迪士尼世界是现代主题公园的典范，人们可以从这两座科学世界和神话迷宫中看到远古时代的景象和未来世界中的科学技术，增添天文、地理、人文、历史、生物、航海、航天等多方面的科学知识。

以现代国际大城市为主体，以都市旅游为主导，文化体验、娱乐休闲、健身度假与自然观光相结合，并与世界头号经贸大国的商务会展相组合，是世界一流的旅游强国。2017 年全球旅游和旅行竞争力排名第 6 位。

2. *旅游客源市场*

入境旅游一直居于世界前列。1999 年入境游客 4850.5 万人次，旅游外汇收入 894.01 亿美元；2013 年 6976.8 万人次，1395.69 亿美元；2017 年 7590 万人次，居世界第 3 位，2107.49 亿美元、居世界第 1 位，接待入境游客人数与全国人口之比为 23∶100。主要国际客源国为加拿大、墨西哥，占入境游客的一半，其次为英国、日本、德国、法国、韩国、澳大利亚、巴西和意大利。接待国际游客最多的城市依次为纽约、洛杉矶、迈阿密、旧金山、拉斯维加斯、奥兰多、华盛顿特区、火奴鲁鲁、檀香山、波士顿和芝加哥。入境旅游者中，观光、休闲娱乐的占 80% 以上。

世界上最大的客源产出国，出境旅游消费居世界前列。1999 年出境旅游 5731.8 万人次，旅游外汇支出 610.58 亿美元；2011 年 5850 万人次，791 亿美元，居世界第 2 位。2015 年出境旅游 7300 万人次，出境旅游支出 1200 亿美元，居世界第 2 位。2017 年 1—11 月出国游客 7976.7 万人次，支出 1530 亿美元，居世界第 2 位。2017 年出境旅游人数与全国人口之比为 24∶100。出境旅游主要目的地是北美、加勒比与欧洲。主要出境旅游目的地为墨西哥、加拿大、英国、多米尼加、法国、意大利、德国、牙买加、中国大陆和日本。出境游客中，休闲观光和探亲访友为目的的出游占据主流，约占出境游的 70% 以上，其次为商务。出境旅游者在境外平均停留 19.6 天。截至 2018 年，185 个国家和地区对美国公民实行免签入境或落地签证。

国内旅游十分普遍。1996 年国内旅游达 11 亿人次，国内旅游支出为 3438 亿美元；2011 年国内旅游人次 20.05 亿人次，人均 6.4 次，国内旅游支出 7043 亿美元，全国人均旅游花费2272美元，每次旅游花费352美元。其中商务旅游为4.5亿人次，休闲旅游为15.5亿人次。接待国内游客的城市依次为拉斯维加斯、纽约、奥兰多、芝加哥、洛杉矶、旧金山、圣地亚哥、迈阿密、波士顿和亚特兰大。国内旅游以散客为主，多以家庭或三五好友结伴出游，极少通过旅行社。

3. 旅游产业

美国经济统计现行的北美产业分类系统（NAICS）将旅行与旅游业列为一大类产业，包括有关旅游服务的运输、住宿、饮食、旅行社、会议与展览、国家公园、海滩、博物馆与历史遗址等30个小部门，涵盖面广、综合性强。

2016年旅游业的直接贡献占国民生产总值的2.7%，间接贡献占国民生产总值的8.1%。美国有860万人直接依赖旅游业，另有约15%的人口间接依赖旅游业。旅游业已经成为美国最大的服务出口业。

国际旅游收支长期呈顺差状态，2015年旅游外汇收入2107亿美元，出境旅游支出1350亿美元，顺差757亿美元。

美国饭店按地域分为城市、郊区、机场附近、两州交会处、度假村/景区酒店、小城镇酒店等6类，按星级分为超豪华（五星）、豪华（四星）、高档（三星）、中高档（二星）、中档（一星）和经济酒店等6类。2010年共有超过15间客房的酒店51015家、客房480万间，酒店入住率57.6%，创造了180亿美元的税前利润。十大酒店集团是希尔顿、万豪、温德姆、洲际、精选、贝斯特、韦斯特、喜达屋、马格努森、凯悦。

2011年，美国有2600家旅游批发商，11159家旅游代理商。全美旅游协会（NTA）和美国旅游批发商协会（USTOA）是美国两家最大的旅游批发商协会，其会员需交纳100万美元的定金，以补偿游客因事故而造成的损失。旅行商集中化程度很高，其中50家大型批发商占有全国80%的旅行团业务。2011年，旅游团零售商年销售额达220亿美元。美国95%的旅行社拥有预订系统，包括饭店床位预订、国际机票船票预订等。美国最大的大型旅游公司集团是运通和福斯特。居民通过“HomeExchange.com”成为该网站会员后，可与其他会员交换公寓式住房、别墅、农村房屋和汽车。Airbnb.com是新兴的民宿网络订购平台，客户面向各国，中文译名“爱彼迎”。

拥有全球最大规模的主题公园产业。2011年共有468家休闲娱乐公园，6家连锁主题公园管理着122家主题公园。年游客超过100万人次的主题公园40多家，50万~100万人次的55家。前6家主题公园分别是华特迪士尼、环球影城、六旗、雪松娱乐、海洋世界公园和贺森娱乐集团。

邮轮业发达，市场规模和载客能力居世界首位。2010年美国邮轮游客1010万人次，占世界邮轮游客的61.6%。邮轮为美国经济贡献了378.53亿美元，创造了32.99万工作岗位和152亿美元的薪酬。

4. 旅游管理

美国商务部工业和贸易局之下设旅游与旅行办公室。旅游产业办公室负责旅游政策和旅游调研统计工作，代表美国政府出席与旅游相关的政府间会议和谈判。旅游产业办公室下设旅游政策协调部和旅游发展部两个机构。旅游政策协调部负责协调联邦旅游政策，代表美国政府参加贸易和投资的谈判，并保证旅游企业的利益能得到充分的保证。美国商务部另设有旅游咨询委员会，由与旅游相关的国务卿、内政部、劳工部、交通部、移民局、海关、国家旅游组织、美国商会、国际行业管理、管理与预算办公室的代表组成，负责协调联邦旅游政策。美国旅游推广局开展“品牌美国”（Brand USA）的全球推广活动。

行业协会在旅游业中发挥着重要作用。目前，美国旅游协会共有2100多会员，会员单位包括旅游相关的企业、协会、地区和各州的旅游促销机构。其正式会员主要分为以下几类：住宿与餐饮、景点、目的地促销机构、协会、交通企业、旅游批发商和代理商、旅游相关的企业和组织、大学、学院和图书馆等。收取会费的标准与会员单位的性质和营业收入相关。主要协会有美国国家旅游协会（NTA）。美国旅游协会（UST）、美国酒店及住宿协会（AH&LA）、美国旅游批发商协会（USTOA）、美国旅游零售商协会（ASTA）、美国航空协会（ATA）、美国巴士协会（ABA）。

2010年根据《旅游促进法》设立“品牌美国”机构，由政府机构和私营企业合作，由美国商务部部长指派的11个董事会成员具体管理，每位董事会会员都是旅游行业不同领域的专家，制订并执行旅游全球营销方案，建立和发布“发现美国”网站。与“品牌美国”机构有关的政府机构有：商务部下属美国旅游咨询委员会和旅游产业办公室，外交部领事事务局，国土安全局，内政部国家公园管理局，农业部贸易代表办公室，交通运输部，劳工部，小企业管理局。上述机构各承担推广“品牌美国”的相关事务。

国家公园管理局隶属于内政部，负责管理全国397处国家公园，包括历史公园或遗址、战地或军事公园、自然保护区、休闲娱乐区、海岸、风景区干道、国家湖岸、国家保护区。国家公园管理局接受国会拨款，并通过门票、公园特许专营权费和拍摄电影和摄影专项费方式筹集经费。国家公园系统拥有909个游客访问中心。

美国各州政府中，一般设有观光与会议局，主要负责本州的对外旅游推广，推广经费来自州政府征收的消费税。美国主要城市一般设有观光与会议局，负责本市的对外旅游推广，多数属于公司性质，由旅游相关企业会员组成并交纳会费，市政府给与一定的财力支持。

美国最早的旅游学院是康奈尔大学旅游学院，目前美国已有各类旅游院校1000多所，其中四年制本科旅游院校约100所，职业性大学500~800所，技术学院近100所。除正规的旅游学院外，还有许多培训学院或培训中心，一般由旅游企业（旅行社、饭店、航空公司）开办，培训本企业的职工。

七、中美关系

1. 外交关系

1972年2月《中美联合公报》（上海公报）确认“只有一个中国，台湾是中国的一部分”。1979年1月1日，中美两国正式建立外交关系。同日，美国宣布断绝同台湾的外交关系，撤走驻台美军，并终止了美台《共同防御条约》。但1979年3月美国众、参两院通过违反两国建交公报原则、干涉中国内政的美国《与台湾关系法》。2011年5月双方签署《中美关于促进经济强劲、可持续、平衡增长和经济合作的全面框架》，建立中美战略安全对话机制，宣布启动中美亚太事务磋商机制。2014年两国元首一致同意继续致力于构建中美新型大国关系。目前中美互为第二大贸易伙伴。美国是中国第一大出口市场、第六大进口来源地。中国在休斯敦、旧金山、纽约、芝加哥和洛杉矶设有领事馆，美国在上海、广州、沈阳和成都设有领事馆。

2. 旅游关系

中美两国目前互为重要的旅游目的地和客源国。旅游成为两个国家民众了解彼此的重要渠道。2014年11月双同意为前往对方国家从事商务、旅游活动的另一方公民颁发有效期最长为10年的多次入境签证。从2008年起，美国成为中国正式开展组团业务的出境旅游目的地国家，“实施时间分阶段、实施区域和参游人员循序开放”。2016年中美共同举办“中美旅游年”。

1981年美国来华旅客13.04万人次，2015年208.58万人次，2016年224.78万人次，2017年230.93万人次，2018年248.4万人次。

中国旅美人数不断增长。2015年266.8万人次，2016年297万人次。2017年297.2万人次。

第二节　加拿大

一、地理、简史和人文

1. 自然地理

加拿大（Canada）位于北美洲的北半部，东邻大西洋，西濒太平洋，南接美国，北靠北冰洋，面积998.467万平方公里。为世界上仅次于俄罗斯的第二大国。东部为高原及山脉，西部为山地，中部为广阔的草原低地。沿中西部至东南一带，大熊湖、大奴湖、温尼伯湖及加、美边界上的五大湖呈弧状分布，构成了世界上最大的湖泊带。位于北半球高纬度地区，有 1/5 的地区在北极圈内。气温低、冬季长，大部分地区为温带大陆性针叶林气候，冬季全国绝大部分地区有积雪。

2. 简史

原为印第安人与因纽特人居住地，“加拿大”在古老的印第安语中是“棚屋”的意思。17 世纪初沦为法国殖民地，后割让给英国。1867 年 7 月 1 日，英将加拿大省、新不伦瑞克省和诺瓦斯科舍省合并为联邦，成为英国最早的自治领地。此后，其他省也陆续加入联邦。1926 年，英国承认其“平等地位”。1931 年，成为英联邦成员国。1982 年，英国女王签署《加拿大宪法法案》，议会获得立宪、修宪的全部权力。

3. 国旗、国徽、国歌与国兽

国旗：长方形，国旗为红、白两色，左右两侧的宽红边分别代表太平洋、大西洋，中间的白色正方形代表加拿大广阔的国土，白色正方形中央一大片红枫叶，象征居住在这片土地上的加拿大人民。

国徽：图案中间为盾形，盾面下部为一枝三片枫叶；上部的四组图案分别为：三头金色的狮子，一头直立的红狮，一把竖琴和三朵百合花，分别象征加拿大在历史上与英格兰、苏格兰、爱尔兰和法国之间的联系。盾徽之上有一头狮子举着一片红枫叶，是加拿大民族的象征。狮子之上为一顶金色的王冠，象征英女王是加拿大的国家元首。盾形左侧的狮子举着一面联合王国的国旗，右侧的独角兽举着一面原法国的百合花旗。底端的绶带上用拉丁文写着“从海洋到海洋”。

国歌：《啊，加拿大》。同一曲调，有英文歌词和法文歌词两种。加拿大人在唱国歌时，各唱英文和法文两种不同的歌词。

国兽：水狸。

4. 人口、民族、语言和宗教

人口 3707 万（2018 年）。主要为英、法等欧洲后裔，土著居民（印第安人、米提人和因纽特人）150 万人。华裔加拿大人占 4.3%，已经超过 150 万人。英语和法语同为官方语言。居民普遍信仰宗教，主要信奉天主教（占 45%）和基督教新教（占 36%）。

5. 法定节日

元旦：1 月 1 日。

基督受难日：复活节前的星期五。

复活节：春分满月后的第一个星期日。

维多利亚日：5 月 24 日，英国女王维多利亚诞辰纪念日。

加拿大日：7 月 1 日，国庆节，纪念 1867 年 7 月 1 日建立加拿大自治领地。

安大略公民日：8 月 1 日。

劳动节：9月的第一个星期日。

感恩节：10月的第二个星期一。

阵亡将士纪念日：11月11日，纪念在战胜中牺牲的军人与平民。

圣诞节：12月25日。

节礼日：12月26日。

6. 带薪假期

联邦法规定，就业1年后有2周带薪休假，6年后有3周带薪休假。绝大多数企业有10至30天的带薪休假。

二、政治体制与对外政策

实行联邦议会制，英国女王是加拿大的国家元首，由她任命总督代表她常驻加拿大。实行“三权分立”，立法、行政、司法大权分别由议会、总理和法院行使。立法机构由参议院和众议院两院组成。由众议院占据多数席位的党组阁，其领袖即为总理。

主要政党有保守党，现执政党，反对党有新民主党、自由党和魁北克集团，其他政党还有绿党、社会信用党、加拿大党和加拿大共产党等。

加拿大邻国和最重要的盟国是美国，与西欧保持传统关系，是北约、英联邦、八国集团和法语国家首脑会议的成员国；重视发展与亚洲的经济和战略关系。是亚太经合组织成员、东盟地区论坛成员和东盟对话国；美洲国家组织成员国，拉美国家是重要贸易伙伴和投资目的地。

三、国民经济

第二次世界大战后，加拿大经济一直保持高速、稳定发展，从以农村为中心的农业国变为以城市为中心的工业国。西方七大工业国家之一。制造业、高科技产业、服务业发达，资源工业、初级制造业和农业是国民经济的主要支柱。2017年，国内生产总值18554亿加元，人均国内生产总值5.03万加元。

货币名称：加拿大元，1美元=1.3332加元（2018年）。

工业发达、矿产丰富，是仅次于美国和俄罗斯的世界第三大矿业国，世界上最大的新闻纸生产和出口国。农产品生产中谷物的人均产量居世界首位，小麦出口量仅次于美国居世界第二位，世界上最大的渔产品出口国。2017年加制造业总产值占国内生产总值的9.8%，建筑业占6.8%，农、林、渔业占1.5%。服务业占66.5%，运输业约占当年国内生产总值的4.3%。2014年农业人口占3.8%。服务业从业人员占78%。以贸易立国，对外贸依赖较大，主要贸易对象是美国，其次是中国、日本、欧盟国家。

交通运输发达，水、陆、空运输均十分便利，人均交通线占有量居世界前列。圣劳伦斯运河深水航道全长3769公里，是世界最长的运河，船舶通航可从大西洋抵达五大湖水系。全加共有25个大的深水港，最大的港口是温哥华港。机场共886个，主要机场68个，包括多伦多、温哥华、卡尔加里和蒙特利尔等国际机场。主要航空公司是国营的加拿大航空公司、加拿大国际航空公司和私营的太平洋航空公司。廉价航空公司西捷（WEST JET）航空公司发展迅速。

四、教育、文化和新闻媒体

联邦政府不设专门机构，教育管理权归省级政府。各省教育经费基本依靠自筹，联邦政府提供一定的资助。学制上大体分为初等、中等、高等教育三个阶段，此外还有职业教育、成年教育和特殊教育。12年高中教育的普及率达90%以上。著名学府有多伦多大学、不列颠哥伦比亚大学、拉瓦尔大学、阿尔伯塔大学和麦吉尔大学等。

科学研究由政府、企业、大学三个系统承担。在电话、微波、卫星、光纤通信、航天技术方面均达到世界先进水平，遥感技术、微电子工业和生物技术都很先进。

文学由法语文学和英语文学两部分组成。20世纪初期英文作品以自由体和朴素的语言见长。第二次世界大战后，英文作品中以本民族的神话和历史传说为题材的作品增多，小说趋于诗歌化。1953年起开始举办斯拉特福戏剧节，地区性专业剧团在各地兴起，戏剧进入繁荣时期。原始美术是由印第安人和因纽特人创造，以后随着法国人的到来，把欧洲绘画和绘画技术带到了加拿大。展览馆、美术馆、各种画廊遍布全国各地，蒙特利尔、多伦多成为全国的艺术中心。音乐艺术由法国、英国和德国传入，音乐普及、繁荣，成为生活的重要内容，国家艺术中心是最大的剧场。

全国范围主流媒体的基本格局由“一社”（加拿大通讯社）、“两报”（《环球邮报》《国家邮报》）、“三台”（加拿大广播公司电视台、加拿大电视台、环球电视台）所主导。

五、民俗风情

1. 民间节庆与文体活动

情人节：2月14日。

愚人节：4月1日。

母亲节：5月的第2个星期日。

父亲节：6月的第3个星期日。

魁北克日：6月5日。

枫糖节：3月至4月初，加拿大采集糖枫叶、熬制枫糖浆节。人们参观枫林，欣赏枫叶，品尝枫糖糕、太妃糖、枫糖薄饼等枫糖食品。

艺术祭雪节：冬季，在渥太华举行。

冰上狂欢节：2月初，为期10天，在渥太华举行。

冬季狂欢节：每年2月上、中旬举行，为期10天，在魁北克省举行。

郁金香节：5月的最后两周，在渥太华举行，推选“郁金香皇后”，花车游行，夜晚施放烟火，跳狂欢舞。

玛里普莎民间艺术节：夏季，为期3天，在多伦多举行。

2. 餐饮

饮食习惯与其他西方人相同，口味偏爱甜味，一般不喜太咸，对用煎、烤、炸的方法制成的菜肴有所偏爱。喜饮白兰地、香槟和啤酒。习惯在饭后吃水果和喝咖啡。忌吃动物内脏和脚爪，不爱吃辣味菜肴。

3. 婚丧礼仪

英法后裔结婚一般都采用宗教仪式。大部分印第安人还在本民族内部通婚并保持传统的婚俗。因纽特人现大多居住在政府划定的村落里，居住相对集中，婚姻关系基本是一夫一妻制，偏僻的北极地区的一些小群体狩猎者仍然保持传统的生活方式和婚俗。

4. 社交礼仪

社交礼仪与欧美人相同。朴实、友善、随和，很易于接近，熟人见面直呼其名，握手拥抱。喜欢谈政治，特别是本国政治，交谈中切忌涉及私人生活和隐私。十分注重公众场合的文明礼貌，在公共汽车或地铁列车上主动给老人、儿童让座。

六、旅游业

1. 旅游城市和景点

首都渥太华：全国的政治与科技文化中心，世界上最寒冷的首都之一，主要景点有渥太华河、议会大厦、联邦政府、最高法院、和平塔、钟楼等，国家美术馆、全国科学技术博物馆、国家航空博物馆、邮政博物馆、国家图书馆、科技博物馆遍布全市。

多伦多：加拿大最大的城市和重要港口，一座花园城市。电视塔高553米，是世界上最高的电视塔，多伦多市和加拿大国家的标志性建筑。市郊有开放式的野生动物园。

蒙特利尔：整个城市依山而建，市郊的劳伦欣山区是加拿大有名的风景区。该市以北约200公里的格雷文赫斯特镇，是伟大的国际主义战士、中国人民的朋友白求恩的故乡。1973年，加拿大政府购下白求恩的故居改为白求恩纪念馆，市中心有白求恩广场。

温哥华：最大的海港，“加拿大通向东方的大门”，里多运河与渥太华河汇流处的国会山麓，由三大哥特式建筑群组成的国会大厦是城市的标志、国家的象征。

魁北克城：加拿大最古老的城市，下城区的皇家广场，被称为加拿大“法国文明的摇篮”，市内遗存有英、法式的古典建筑。该市在200年前就与中国上海有贸易关系，史学家称之为“太平洋上的丝绸之路”。

维多利亚：以英国女王名字命名，具有浓郁的英国旧城情调。有海底剧场、太平洋海底世界、微缩世界公园、皇家伦敦蜡像馆、雷鸟公园、橡树湾海滨等游览点。

世界自然文化遗产17处、42处国家遗产公园和历史古迹、700多个游览点。世界文化遗产有魁北克古城、卢嫩堡古城、梅多斯湾国家历史公园（北美唯一被证实的1000年前维京人聚居地）、野牛跳崖处（近六千年前的北美土著人捕猎、宰杀野牛遗址）、斯冈瓜伊（安东尼岛，北美土著印第安人原始文化遗迹）等，以及卡萨罗马古堡、魁北克圣约瑟教堂、冷战博物馆等。

著名国家公园有美加共有的尼亚加拉瀑布，世界自然遗产伍德布法罗国家公园、纳汉尼国家公园、恐龙省立公园、克卢恩/兰格尔—圣伊莱亚斯/冰川湾/塔琴希尼—阿尔塞克、伍德布法罗国家公园、格罗莫讷国家公园、米加沙国家公园、沃特顿冰川国际和平公园、落基山国家公园等。著名主题公园有安大略省梅普尔的幻境乐园、蒙特利尔的拉龙德乐园、蒙特利尔奥林匹克公园。

加拿大是一个典型的移民国家，不同民族、种族、文化和睦共处的多元化特色与多姿多彩的自然奇观，形成了“迷人魅力、休闲放松、独具特色”的旅游目的地形象，旅游宣传口号是“不断探索加拿大”“深度探索加拿大”。健康之水旅游（SPA TOURISM）和原住民旅游（ABORIGINAL TOURISM）是两大特色旅游。2017年全球旅游和旅行竞争力排名第9位。

2. 旅游客源市场

1998年入境游客1865.9万人次，旅游外汇收入91.33亿美元；2013年1658.8万人次，176.56亿美元；2014年1710万人次，170亿美元；2017年2079.8万人次，203.28亿美元，接待入境游客人数与全国人口之比为58∶100。

国际游客中4/5来自美洲，1/10来自欧洲。2011入境过夜游客中，美国1147.1万人次，约占1/3。加拿大目前对美国以外的海外市场的定位是：一级市场英国、日本、法国、德国和墨西哥；二级市场澳大利亚、芬兰、中国台湾、中国香港、韩国、意大利、巴西、中国大陆和瑞士；三级市场东南亚、新西兰、斯堪的纳维亚、比利时、阿根廷、奥地利、西班牙、印度。2011年入境游客中，休闲的占48.6%，商务的占15.8%，探亲访友的占27.6%，其他的占8.0%。

2012年出境过夜游客3226.8万人次，旅游支出283.2亿加元，其中赴美旅游2269.8万人次，占70%。加、美之间有长达5000公里的“不设防国界”，两国公民不需签证即可自由穿越国界。其次为墨西哥、古巴、英国、法国、多米尼加、意大利、德国、中国大陆、西班牙、荷兰。2015年出境旅游3226.9万人次，出境旅游人数与全国人口之比为87∶100。2013年出境旅游支出352亿美元，居世界第7位。喜欢在严寒的隆冬季节到温暖的中低纬度国家，尤其是阳光灿烂的滨海地区观光度假，欧洲寻故、东方访古是出国旅游的重要选择。截至2018年，184个国家和地区对加拿大居民实行免签入境或落地签证。

国内旅游业十分发达。国内旅游人数和收入约占国民旅游总人数和总收入的75%。2011年国内旅游3.2亿人次，国内旅游收入455.9亿加元，占当年国际国内旅游总收入中的73.1%。主要旅游项目为冬季滑雪、狩猎旅游；春夏参加登山、骑马、帆板、泛舟、露营、游泳、打网球、高尔夫球等户外运动。

3. 旅游产业

旅游业是战略性产业和最大的服务出口行业。2016年旅游业的直接贡献占国民生产总值的1.8%，间接贡献占国民生产总值的6.3%。旅游创造直接就业岗位60.3万个，占就业岗位总数的3.5%；间接就业岗位60.3万个，占就业岗位总数的9.2%。全国200万个中小企业中，有8%从事旅游服务业。国际旅游收支长期为逆差。2017年，入境旅游收入203亿美元，出境旅游花费318亿美元，逆差115亿美元。

旅游产业由交通、住宿、餐饮、会议与活动、景区等五大方面构成。现有注册旅游企业20多万家，旅游从业者近180万。全国有5000多家旅行社，旅游零售点达5.3万个，50%属于加拿大旅游协会，旅行商大体可分为旅游批发经营商和旅游零售商两大类。航空公司创办旅游企业，加拿大航空公司WestJet Vacations Inc.创办有Air Canada Vacations，Transat航空公司创立有Transat Holidays，Sunwing航空公司下属企业创办有Sunwing Vacation等。大型旅游经营商专业性强，目标客源层细致，产品丰富，经营独立，国际化程度高。加拿大饭店协会（HAC）注册的饭店成员6658家，客房近28万间；饭店连锁集团占全国饭店总数的10%，其房间数占总数的40%。

4. 旅游管理

1995年撤销旅游部，现为大小企业和旅游部。

旅游委员会是一个独特的联邦政府、地方政府与私营部门的协作组织，通过工业部直接向国会负责，行使政府旅游主管部门的职能，奉行“以业界为主导，以市场为驱动，以调研为基础”的活动原则。旅游委员会成立于1995年，是一个独特的公/私营协作体制部门，其执行管理机构是由26位业内成员组成的董事会，主席和总裁由总理直接任命，其余的24位董事则来自公/私营旅游部门的各个领域的专家代表。2001年1月2日，经过联邦政府批准，加拿大旅游委员会正式成为“皇冠联合体”，从一个隶属于产业部的半官方机构变为一个纯粹由合作伙伴关系组成的、通过产业部直接向国会负责的联合体机构。

旅委会把旅游供给（产品开发）和旅游需求（市场推广）有机地结合到一起进行运作，六大市场为国内市场、美国、英国、日本、法国和德国，五大系列产品为观光体验、城市、户外、冬季和文化体验。

曾采用“加拿大：越往北，越使你感到温暖”的旅游宣传口号。该口号包含了加拿大地球北部的地理区位特点，同时又蕴含着加拿大人的热情好客。近年来，加拿大推出“不断探索加拿大”（Canada：Keep Exploring）。

在国外开设有 20 多个旅游办事处，其中在美国就有 14 个，其余的主要设在伦敦、悉尼、墨西哥、海牙、巴黎、东京、法兰克福等世界著名城市。同时，世界上有 50 多个国家在加拿大设立了 70 多个旅游办事处。

目前有 143 个国家的公民可持有效签证到访加拿大。为加快签证审批程序，在 21 个国家设立了 40 个签证申请中心，2011 年 7 月，加拿大公民与移民部引入 10 年期多次入境签证，为低风险的国际旅游者提供了一个新选择。此前多次入境签证的最长期限为 5 年。

旅游行业组织有旅游代理商协会、酒店协会、旅游业协会、旅游人力资源理事会和旅游顾问学会等。

5. 旅游政策和发展规划

2011 年年底，联邦政府出台了旅游战略，规定了工业部、运输部、农业和农产部、遗产部门、土著事务和北方发展部、边境服务局等旅游相关部门的具体目标，并强化与旅游委员会的协调合作，增强加拿大旅游业的国际竞争力。主要措施有：以“持续探索加拿大”为主题开展市场营销，开发旅游市场，增加国际旅游收入；开发拳头产品，以满足世界各国不同层次的旅游者需要的不同旅游产品；在发展旅游业的同时，自然保护、生态平衡、文化环境同步进行；大力发展交通业，保证外国旅游者都能方便、安全地进出；大力发展旅游业所需要的现代化的科学技术，增强在国际旅游中的竞争能力；开发旅游业的人力资源，加强对从业人员的职业培训，提高旅游服务质量；政府加强对旅游业的投资，并尽力把资金投入到最需要开发的旅游产品中；注重信息的开发，以先进的科技手段开发信息，重点扶持中小旅游企业，培育有前景的杰出旅游项目并加强旅游业利益相关者之间的合作。

2011 年 10 月，政府进一步出台了“联邦旅游战略”，提出旅游业发展的四方面重点工作：一是提高公众对加拿大作为首选旅游目的地的认识；二是为旅游者到访加拿大提供便利，同时确保边境的安全性和公正性；三是鼓励对旅游资源和产品的开发和投资；四是加强技能培养和劳动力供应，以优质的服务和接待提升旅游体验。

七、中加关系

1. 外交关系

中加两国于1970年10月13日建立外交关系。2014年11月两国重申致力于在相互尊重、平等互利的基础上加强中加战略伙伴关系。目前，加拿大是中国境外投资第二大目的地国，中国是加拿大第二大贸易伙伴、第二大进口来源地和第二大出口市场，是最大留学生来源国和海外游客增长最快国。加拿大是中国在海外投资最多的国家之一。加拿大有逾百万华人华侨，中文已成为加拿大第三大语言。中国在温哥华和多伦多设立了总领事馆。加拿大在上海设有总领事馆。

2. 旅游关系

2010年6月，中加两国政府签署《关于便利中国旅游团赴加拿大旅游的谅解备忘录》，加拿大正式成为中国公民出境旅游的目的地。2015年3月9日起，两国互为前往对方国家从事商务、旅游、探亲活动的公民颁发长期多次签证，一次签证有效期最长可达10年。2018年，双方共办“中加旅游年”。

加拿大来华旅游人数逐年增长，1982年1.42万人次，2013年68.42万人次，2014年66.71万人次，2015年67.98万人次，2017年80.5万人次，2018年84.9万人次。来华游客中华裔占很大比例。

1998年持商务、学生和探亲签证前往加拿大的中国公民有5.8万人次。2011年36.98万人次，2012年41.79万人次，2013年49.77万人次，2015年44.2万人次，为加拿大第4客源国。2016年61万人次，2017年69.45万人次。是加拿大的第二大海外游客来源市场。

第三节　墨西哥合众国

一、地理、历史与人文

1. 自然地理

墨西哥合众国（The United States of Mexico ，Los Estados Unidos Mexicanos）位于北美洲南部，拉丁美洲西北端，是南、北美洲陆路交通的必经之地，素称“陆上桥梁”。东临墨西哥湾和加勒比海，西南濒太平洋。面积196万多平方公里，东、西、南三面为马德雷山脉所环绕，中央为墨西哥高原，东南为地势平坦的尤卡坦半岛，沿海多狭长平原。气候复杂多样，高原地区终年温和，西北内陆为大陆性气候，沿海和东南部平原属热带气候。冬无严寒，夏无酷暑，四季万木常青，享有“高原明珠”的美称。

2. 简史

美洲文明古国。闻名于世的玛雅文化、奥尔梅克文化、托尔特克文化和阿兹特克文化均为墨印第安人创造。1519 年西班牙殖民者入侵，1521 年沦为西班牙殖民地。1810 年 9 月 16 日伊达尔戈神父发动起义，开始独立战争。1821 年宣告独立，1824 年 10 月成立联邦共和国。1910 年爆发资产阶级民主革命。1917 年宣布国名为墨西哥合众国。

3. 国旗、国徽、国鸟、国花与国石

国旗：呈长方形，从左至右由绿、白、红三个平行相等的竖长方形组成，白色部分中间绘有国徽。绿色象征独立和希望，白色象征和平与宗教信仰，红色象征国家的统一。

国徽：一只展翅的雄鹰嘴里叼着一条蛇，一只爪抓着蛇身，别一只爪踩在从湖中的岩石上生长出的仙人掌上。这组图案描绘了祖先阿兹台克人建国的历史。仙人掌象征着墨西哥民族及其顽强的斗争精神。图案中下方为橡树和月桂树枝叶，象征力量、忠诚与和平。

国鸟：雄鹰。

国花：仙人掌、大丽菊。

国石：黑曜石。

4. 人口、民族、语言与宗教

人口 1.23 亿（2017 年），印欧混血种人占 90%，其余为印第安人。居民大多数信奉天主教。官方语言为西班牙语。

5. 节假日

元旦：1 月 1 日。

三王节：1 月 6 日。

宪法日：2 月 5 日。

国旗日：2 月 24 日。

华雷斯诞辰：3 月 21 日。

圣周、复活节：4 月。

五一国际劳动节：5 月 1 日。

普埃布拉胜利纪念日：5 月 5 日。

圣船日：6 月 29 日。

玉米节：7 月。

仙人掌节：8 月。

独立日：9 月 16 日（1810 年）。

种族节：10 月 12 日。

亡灵节：11 月 2 日。

革命日：11月20日。

瓜达卢佩圣母节：12月12日，扫墓节。

圣诞节：12月25日。

职工年带薪休假16天，另有7天公共假期。

二、政治体制与对外政策

1917年2月《墨西哥合众国宪法》规定，立法、行政、司法三权分立；土地、水域及其他一切自然资源归国家所有；工人有权组织工会、罢工等。总统是国家元首和政府首脑，任期6年，终身不得连选连任。联邦议会分为参众两院，行使立法权。内阁是政府行政机构，由总统直接领导。联邦各州制定本州宪法，但州政府权力受国家宪法约束。

多党制，主要政党有：革命制度党（1929—2000年连续执政71年，2012年重新执政）、国家行动党（基督教民主国际成员）、民主革命党、劳动党、绿色生态党、公民运动党等。

长期奉行独立自主的外交政策，主张维护国家主权与独立，尊重民族自决权，推行对外关系多元化。二十国集团、北美自由贸易区、亚太经合组织、经济合作与发展组织、美洲国家组织、拉美和加勒比国家共同体等组织成员和不结盟运动观察员。与187个国家有外交关系。属于北美自由贸易区成员国。

三、国民经济

拉美地区经济大国，国内生产总值居拉美第一位。《美墨加协定》（原北美自由贸易区）成员，世界最开放的经济体之一，同45个国家签署了自贸协定。2017年国内生产总值1.143万亿美元，人均国内生产总值10100.6美元。

货币名称：比索（Peso），1美元=19.1995比索（2018年）。

拉美经济大国、北美自由贸易区成员、世界最开放的经济体之一。工业门类齐全，石化、电力、矿业、冶金和制造业较发达。拉美主要石油生产与出口国、居世界第四位，世界第一白银出口国。世界主要蜂蜜生产国，居世界第四位。古印第安人培育出了玉米，有“玉米的故乡”的美誉。有“绿色金子”别称的剑麻产量居世界前列。服务业发达。2012年农业、工业、服务业增加值的比重为3.5∶36.4∶60.1。世界最开放的经济体之一，北美自由贸易区成员，同200多个国家和地区建立了贸易关系，与45个国家和地区签有自贸协定。

交通运输业较发达，国内以公路交通和航运为主。16个是国际港口同欧、美中南美、加勒比地区、亚洲许多国家设有客货运班轮。主要港口有墨西哥湾的阿尔塔米拉港、韦拉克鲁斯港，太平洋沿岸的曼萨尼略港和拉萨罗卡德纳斯港。全国共建有24个国内机场，61个国际机场，1350个小型机场。主要机场有墨西哥城、瓜达拉哈拉、蒂华纳、坎昆、瓦利亚塔港和阿卡普尔科等机场。

著名公司有墨西哥石油公司，法定的唯一石油生产与销售公司，隶属墨能源部，是拉美第二大企业、世界第三大石油生产企业。墨西哥电话公司为墨最大通信服务公司。墨西哥水泥公司，为世界第三大水泥公司。

四、教育、文化和新闻媒体

基础教育为学前（3 年）、小学（6 年）和初中（3 年），实行从学前 3 年到初中的 12 年义务教育制。高中教育 3 年，称为准高等教育。高等教育本科 4~5 年，技术大学 2~4 年。硕士 3 年，博士 2 年。高等院校分四类：国立大学（含自治大学）、私立大学、科技院校和研究机构中的教学机构等。非学校教育有成人教育、远距离教育及职业培训等。墨西哥国立自治大学在墨西哥规模最大、历史最悠久，在拉美也较有影响。

全国高级科研人员近万名。在环境和气候、生物医药和卫生、农林渔业、工业和制造技术、电子材料和度量学、非核能源、生物技术、航空、空间研究及应用等研究方面有优势。主要科研机构有：科学院、石油研究所、农业研究所、核能研究所和国际玉米和小麦中心等。全国科学技术理事会是最高科技领导机构。

美洲著名文明古国，曾孕育了玛雅、奥尔梅克、托尔特克和阿兹特克等古代印第安文化。流动的民间乐队“马里亚契”乐队遍及城乡。全民皆舞，在印第安音乐、欧洲音乐、黑人音乐的影响下形成的民族音乐舞蹈，在大街上、广场上、宗教场所，在乡间、节日、家庭聚会、婚礼上，到处都能看到男女老幼跳舞。面具舞、踢踏舞步的“哈拉”舞尤有特色。1891 年，年轻的作曲家胡文蒂诺罗萨斯谱写了《乘风破浪圆舞曲》，风靡多国成为世界名曲。墨西哥城尤有“壁画之都”之称。拉丁美洲头号电影大国，《叶塞尼亚》《冷酷的心》被译制成中文。作家奥克塔维奥·帕斯获得 1990 年诺贝尔文学奖。流行壁画，在政府大厦、博物馆、大学、剧院以及公共建筑物的墙上都画有壁画，题材广泛．从各种不同的角度反映了墨西哥人的生活、风俗、文化和历史，里维拉、奥罗斯科、西凯罗斯为杰出壁画家。

主要报刊有《宇宙报》《改革报》《至上报》《金融家报》。墨西哥通讯社为官方通讯社，隶属内政部。特莱维萨和阿兹特克为墨两大电视集团，拥有全国 95% 以上的电视观众。

五、民俗风情

1. 姓名称谓

姓名通常由 3 节或 4 节组成。其排列次序是：名字—父姓—母姓。一节或二节是本人的名字，即教名。姓名的全称仅在正式场合或公文中使用。在一般场合，通常使用简称，即“教名—父姓”。以字母 O 结尾的名字是男人名，以字母

a结尾的是女人名。在正式场合称呼别人姓名时，还有加尊称的习惯，通常在男子的教名前，冠以Don（译为唐，即先生），在女子的教名前，冠以Dona（译为唐娜、唐妮亚，即太太），以表示尊敬。下级对上级，或在正式场合，常用行政职务、职称、学位等头衔来称呼。

2. 社交礼仪

社交场合最常用的礼节是微笑和行握手礼。较热情的见面仪式是先握手、后拥抱，并同时在对方的背上拍两下。无论应主人邀请赴约，或主动要求到主人家做客，都得事先约好。普遍有午睡的习惯，商店也往往到3点后才开门营业。约会的最佳时间是上午10点到中午1点之间。餐桌上主人很少劝酒，餐桌上注重交谈，而不注重吃，菜肴一般很简单。多数用长条餐桌，主人在长桌的一头，客人坐在另一头，其余客人在主人和主宾的两旁。用餐时，应等女主人动手后才开始用餐。

3. 服饰饮食

服饰绚丽多彩，受西班牙欧洲文化的影响，具有浓郁的印第安族特色，大城市居民的服巾普遍欧化。印第安男子平时头戴草帽，脚穿皮凉鞋，脖间常系红绸印花巾。妇女多穿着白色镶花边的轻纱短衫、鲜艳的长裙，还有一块手织的蓝色大披巾。

墨西哥菜肴与法国、印度、中国和意大利菜被称为世界五大菜系之一。玉米、菜豆和辣椒为三大食物，仙人掌菜肴为特色，并可酿酒、制成饮料。宴请时有先敬酒的习惯，并习惯提议同客人喝交臂酒，称为“伊达尔戈式”喝酒。用龙舌兰叶酿造的特吉拉烧酒被列为国酒，价格昂贵。在工间或饭后有饮茶习惯，茶的种类有咖啡茶、红茶、巧克力茶、菊花茶等。

4. 婚丧

法定最低结婚年龄男女分别为16岁和14岁，女孩子年满15岁时过成人节，从此可以参加社交活动，也可以开始选择伴侣。多用宗教婚礼，也有由地方官员或其他人主持婚礼。传统葬礼多采用宗教形式，通常在教堂式的公墓里举行。玛雅族人实行土葬，死者嘴里要填满捣碎的玉米，旁边再放一些小石子儿当钱币。阿兹特克族一般实行火葬。

5. 民间节日

玉米节，每年7月的最后一个星期，品尝用玉米做成的玉米冰激凌、玉米酒及各种玉米食品。仙人掌被墨西哥人视为民族的象征，有“仙人掌之国”之称，每年的8月中旬，在米尔帕阿尔塔地区张灯结彩，搭起餐馆，专做各种仙人掌食品出售。斗牛从西班牙传入，每逢节假日，许多城镇都要举行各种风格的斗牛表演，全国有300多个斗牛场。

6. 禁忌

黄色花意味着死亡，红花代表符咒，紫色是不吉利的颜色，白花意味着对主人的尊重。印第安人崇拜“羽蛇神”。

六、旅游概况

1. 旅游城市与景点

首都墨西哥城：人口2200万（含卫星城）。西半球最古老的城市，始建于公元1325年，1821年墨西哥独立时定为首都。既保留了浓郁的民族文化色彩，也是一座现代化城市。市内人类学博物馆是拉丁美洲最大和最著名的博物馆之一。由阿兹特克金字塔废墟、16世纪西班牙殖民者修建的教堂和20世纪建造的外交部大楼组成“三种文化广场”，展示了古老的阿兹特克文明、西班牙殖民文化与墨西哥现代文明的兼容并包。

瓜达拉哈拉市：墨西哥第二大城市，保存有殖民地时代的大量教堂、剧院、法院、市政厅等。

莫雷利亚市：墨西哥第三大城市，殖民时期是著名的文化和艺术中心。该市有许多古街、广场、宫殿、有教堂、拱桥高架水道等，巴洛克风格与丘里格拉风格的完美结合的莫雷利亚大教堂，被列入《世界文化遗产名录》。

阿卡普尔科—德华雷斯（Acapulco de Juarez）：南部著名的港口及滨海旅游城市。市中有一座圣迭戈古堡，记录了19世纪初墨西哥人民争取独立的历史。阿卡普尔科博物馆里收藏着16世纪时由“中国之船”运来的中国的精美瓷器，该市每年举行“中国之船节”，并同中国的青岛结为姊妹城市。

坎昆市：位于加勒比海北部，该城市三面环海，风光旖旎。原是一个僻静渔村，1978年在这里建设旅游区和自由贸易中心。白沙海滩、海水清澈、湿地纵横、岛海相拥，1975年开始接待游客，现已成为每年可接待200万游客的国际滨海度假旅游胜地。岛上还有玛雅文化的库库尔坎金字塔、玛雅和托尔特克人的古城、圣米盖里托古迹废墟等建筑。

墨西哥城历史中心和霍奇米尔科、瓦哈卡历史中心和阿尔万山考古遗址、普埃布拉历史中心、帕伦克的古城和国家公园、特奥蒂瓦坎古城、瓜纳华托古城和周围银矿、奇琴伊察古城、莫雷利亚历史中心、埃尔塔欣古城、萨卡特卡斯历史中心、圣弗朗西斯科山岩画、埃尔比斯卡伊诺鲸鱼保护区、波波卡特佩特尔火山山坡上的16世纪初期修道院、克雷塔罗历史古迹区、乌斯马尔古城、瓜达拉哈拉的济贫院、大卡萨斯的帕基梅考古区、特拉科塔尔潘历史古迹区、霍奇卡尔科考古遗址区、坎佩切设防城、坎佩切州的卡拉克穆尔古玛雅城市、克雷塔罗州谢拉戈达的方济各会传教所、路易斯·巴拉干的故居和工作室、墨西哥国立自治大学，这些世界文化遗产展示了从远古到近代墨西哥的灿烂文化和悠久文明史。

生态考察旅游目的地有世界自然遗产锡安卡安生物保护区（热带森林、红树林和沼泽地）、埃尔比斯开诺鲸鱼保护区、加利福尼亚湾的群岛和保护区。热带滨海度假地墨西哥地处热带、亚热带，三面临海，具有丰富、优质滨海资源，是滨海度假的著名目的地。

墨西哥既是美洲的文明古国又是正在走向现代化的新兴国家，本土传统的印第安文化与近代欧洲文化的碰撞与交融形成了墨西哥的特色文化。墨西哥的旅游宣传口号是："墨西哥是一个迷人的国家""超乎你的想象"。2017年全球旅游和旅行竞争力排名第22位。

2. 客源市场

美洲旅游大国。1999年入境游客9986.9万人次，旅游外汇收入72.23亿美元；2013年2373.4万人次，138.19亿美元；2017年3929.8万人次、居世界第6位，213.33亿美元、居世界第9位，2017年接待外国游客人数与本国人口之比为32∶100。最大的客源地是美洲，其次是欧洲，80%游客来自美国和加拿大。

国民出国旅游不断增长。据2014年抽样调查，近5年来，有出境旅游经历的墨西哥居民达半数以上，超过10%的墨西哥人有3次以上的海外旅游经历。80%以上的出境旅游是去美国与加拿大，其次是西班牙、法国、意大利等欧洲国家，去往亚洲的游客不足10%。

3. 旅游产业

旅游是经济的三大支柱之一，也是发展速度最快的产业。旅游业目前是第三大创汇来源，仅次于海外侨汇和石油出口。2016年旅游业的直接贡献占国民生产总值的7.4%，间接贡献占国民生产总值的16%。旅游业从业人员大约有225万人。长期以来，出入境旅游收支呈顺差状态。

4. 旅游管理

设有国家旅游部，还设有部际间旅游执行委员会为中央政府的旅游协调，各州成立旅游促进委员会。1999年设立墨西哥旅游促进委员会（又译旅游局），主要职能是海外旅游宣传促销，在国外设有16家旅游办事处。全国31个州均设有旅游局，业务上受国家旅游部指导，行政上归各州政府管辖。

七、中墨关系

中国与墨西哥的友好交往源远流长。1565年6月1日满载着中国丝绸、瓷器、珠宝、茶叶等商品的西班牙大帆"中国之船"从菲律宾启航，于10月8日抵达阿卡普尔科。到1911年时，中国境内流通和贮藏19世纪初年墨西哥铸造的"鹰洋"总量有四五亿枚之多。当时，最大宗的交易是中国丝绸和墨西哥白银、银圆贸易，有"丝银贸易"之称，是中国与美洲的"海上丝绸之路"。

1. 外交关系

1972 年 2 月，中墨两国建交。1973 年 4 月，墨西哥总统访华期间，周恩来总理特地让中国人民银行仿制 24 枚墨西哥 16 世纪通行的银币“鹰洋”作为礼物送给墨西哥人民。2003 年 12 月，两国宣布建立战略伙伴关系。2004 年 8 月，中墨成立政府间两国常设委员会。2008 年 7 月，两国共同宣布建立中墨战略对话机制。2013 年 6 月，中国与墨西哥进一步宣布建立全面战略伙伴关系。目前，中国是墨西哥第二大贸易伙伴，墨西哥是中国在拉美第二大贸易伙伴。墨西哥在上海、广州设总领事馆，中国在蒂华纳设领馆。

2. 旅游关系

1978 年 10 月，中墨两国签订《旅游合作协定》。2005 年 1 月，中墨签署《关于中国旅游团队赴墨西哥旅游实施方案的谅解备忘录》，当时是唯一接待中国公民团队旅游的北美国家。2006 年墨西哥旅游局在中国设立办事处。2010 对中国公民签证做了诸多改善，包括实施网上预约，提供长达 5~10 年期的商务签证，从 2010 年 5 月起，持有美国签证可免签进入墨西哥，等等。2014 年 11 月，两国签署《〈旅游合作协定〉框架下 2015—2016 年具体合作项目书》，双方将在旅游规划、旅游宣传推广、旅游人才培养等方面进一步深化合作。

墨西哥来华旅游人数逐年增长，2007 年 4.62 万人次，2014 年 6.58 万人次，2015 年 6.83 万人次，2017 年 8.21 万人次，2018 年 9.3 万人次。

2005 年 9 月，中国旅游团队赴墨旅游正式启动，2010 年旅墨中国游客 2.84 万人次，2013 年游客超过 6 万人次。

第四节　巴西

一、地理、历史与人文

1. 自然地理

巴西联邦共和国（The Federative Republic of Brazil，República Federativa do Brasil）位于南美洲，东濒大西洋，海岸线长 7408 公里，面积 854.7 万平方公里。全境地形分为亚马孙平原、巴拉圭盆地、圭亚那高原和巴西高原。主要河流为亚马孙河，全长 6751 公里，巴西境内为 3000 多公里，横贯西北部，是世界上流域面积最广、流量最大的河流。主要湖泊有帕托斯湖、米林湖等。大部分地区属热带气候，最南部地区属亚热带。

2. 简史

古代巴西为印第安人的居住地。1500 年 4 月 22 日，葡萄牙航海家佩德罗 · 卡布拉尔发现巴西大陆。16世纪30年代，成为葡萄牙殖民地。1889年11月15日，建立联邦共和国。1891年定国名为巴西合众国。

3. 国旗、国徽、国歌、国花

国旗：呈长方形，旗地为绿色，中间是一个黄色菱形，其四个顶点与旗边的距离均相等。菱形中间是一个蓝色天球仪，其上有一条拱形白带。绿色象征该国广阔的丛林，黄色代表丰富的矿藏和资源。天球仪上的拱形白带将球面分为上下两部分，下半部象征南半球星空，其上大小不同的白色五角星代表巴西的26个州和一个联邦区。白带上用葡萄牙文写着“秩序和进步”。

国徽：大五角星象征国家的独立和团结。大五角星中的五颗五角星象征南十字星座。圆环中的22颗小五角星象征巴西各州和联邦区。周围是咖啡叶和烟草叶，下端是一柄剑，绶带上用葡萄牙文写着“巴西联邦共和国”，“1889年11月15日”（共和国成立日）。

国歌：《听伊匹兰加的呼声》。

国花：毛蟹爪兰。

4. 人口、民族、语言与宗教

人口2.086亿（2017年），白种人占53.74%，黑白混血种人占38.45%，黑种人占6.21%，黄种人和印第安人等占1.6%。官方语言为葡萄牙语。64.6%的居民信奉天主教，22.2%的居民信奉基督教福音教派。

5. 节假日

元旦：1月1日。

狂欢节：2月中下旬，为期3天。

耶稣受难节：4月2日。

印第安人日：4月19日。

巴西民族独立日：4月21日。

五一国际劳动节：5月1日。

圣灵节：6月初。

国庆节：也称“独立日”，9月7日，纪念1882年巴西宣告独立。

圣母显灵节：10月12日。

万圣节：11月2日，扫墓节。

共和国日：11月15日，纪念1889年推翻佩德罗二世帝制，确立共和政体。

圣诞节：12月25日。

有的州和市还自行设立地方性节假日。如果法定节假日与周末重叠不予补休，但如果遇上周二或周四，很多企业和机构往往采取与周一或周五“搭桥”的方式，让员工享受一个长假期。世界杯期间每逢巴西队比赛，巴西机构和企业可以自行决定是否让员工提前下班或干脆不上班，让员工观看球赛。

6. 带薪休假

《劳动法》规定，员工工作满 12 个月就能带薪休假 30 天，并能领取相当于月工资三分之一的休假补贴。禁止员工全部“出售”自己的带薪假期，要求员工每年至少要把假期的三分之一用于休息。如果员工带薪休假制度没有得到执行，政府主管部门将参照当地工资标准处罚雇主。员工因病缺勤时，照常享受带薪休假。对低收入者企业设有度假储备金，低收入者可领取度假支票，用于住宿、餐饮和交通支出。农牧业等季节性强的行业通常利用生产淡季安排员工休假。

二、政治体制与对外政策

总统联邦共和制，总统由直接选举产生，任期五年，为国家元首与行政首脑。议会由参、众两院组成，是全国最高权力机关。

主要政党有劳工党、民主运动党、工党、民主工党、社会主义人民党、共产党、进步党、社会民主党、民主党、基督教社会党、共和党、社会自由党、民族动员党、巴西社会党、巴西共和党、绿党等。劳工党曾为长期执政党。2015 年 1 月由民主运动党执政。

奉行国家独立、民族自决、主权平等、不干涉内政、尊重主权和领土完整、和平解决争端的外交政策，主张世界多极化和国际关系民主化。主张加强联合国作用，积极推动联合国安理会改革，力争担任安理会常任理事国，是联合国、世界贸易组织、美洲国家组织、拉美和加勒比国家共同体、南美国家联盟、南方共同市场等国际和地区组织以及金砖国家、二十国集团、七十七国集团等多边机制成员国，不结盟运动观察员。同 158 个国家建有外交关系。

三、国民经济

经济实力居拉美首位，世界第八位（2017 年）。农牧业发达，是多种农产品主要生产国和出口国。工业基础雄厚，门类齐全，石化、矿业、钢铁、汽车工业等较发达，民用支线飞机制造业和生物燃料产业在世界上居于领先水平。服务业产值占国内生产总值近60%，金融业较发达。2017年国内生产总值2.05万亿美元，人均国内生产总值 9895 万美元。

货币名称：雷亚尔（Real），1雷亚尔=100分。1美元=3.78雷亚尔（2018年）。

农牧业发达，全球最大的蔗糖生产和出口国、第二大大豆生产和出口国、第三大玉米生产国，玉米出口位居世界前五，同时也是世界上最大的牛肉和鸡肉出口国。工业基础雄厚，工业体系比较完整，工业实力和工艺均居拉美首位，民用支线飞机制造业和生物燃料产业居世界领先水平。服务业和金融业较发达。三次产业结构接近发达国家水平，2017 年一、二、三次产业比例为 18.8∶19.5∶61.7。主要贸易伙伴是美国、中国、阿根廷和德国。

铁路运力居拉美首位。桑托斯港为巴西最大港口，位于亚马孙河中游的马瑙斯港为最大内河港口，可停泊万吨级货轮。全国共有2498个飞机起降点，居世界第二，其中国际机场34个，与世界主要地区有定期航班。圣保罗国际机场是全国航空枢纽，其他为里约热内卢、巴西利亚、累西腓、马瑙斯机场。

著名企业有巴西石油公司，是巴西最大的石油企业，还在安哥拉、阿根廷、玻利维亚、哥伦比亚、古巴、厄瓜多尔、美国、英国等17个国家经营业务。巴西航空工业公司是世界第四大民用飞机制造企业和巴西主要出口创汇企业之一，在生产120座以下支线飞机方面居世界领先地位。淡水河谷公司是世界第2大矿业集团，最大铁矿石生产和出口商。1997年巴政府将公司私有化后，公司盈利不断上升，经营规模逐步扩大。Suzano纸浆和纸张公司是巴西历史最悠久的企业之一，是全球第二大桉树纸浆生产商和拉美市场最大纸张销售商。

四、教育、文化和新闻媒体

分基础教育和高等教育两级，基础教育又分初级教育和中等教育。实行九年义务教育制（6~14岁），对贫困生入学实行国家助学金制度。初级教育相当于我国的小学和初中，中等教育相当于我国的高中。高等教育学制一般为四年。著名高等学府有圣保罗大学、坎皮纳斯大学、巴西利亚大学、里约热内卢天主教大学等。

巴西是南半球唯一掌握航天技术的国家，拥有卫星、火箭、航天器和发射场。

早期文学深受宗主国的影响，以模仿葡萄牙文学为主。18世纪下半叶，出现一批民族作家，他们的作品多数描写巴西土著民族的风俗人情和印第安人的战争。独立后出现了一批现实主义文学作品，作品以反映巴西社会问题居多。巴西的早期以宗教剧为主，20世纪50年代开始戏剧走向世界舞台。著名剧作家吉列尔梅·菲格雷多的《狐狸和葡萄》（中译名《伊索》）先后被30多个国家搬上舞台。音乐和舞蹈，受非洲文化的影响，如狂欢节人们跳的桑巴舞、土风舞、“阿弗谢舞”、“弗雷沃”等，都具有非洲舞蹈的特色。

主要报纸有：《圣保罗页报》《圣保罗州报》《环球》《号外》《零点》《人民邮报》等。主要杂志有《请看》《时代》《这就是》等，均为周刊。巴西广播公司为官方电台。大型电视台有七家。“环球台”为全国最大私营电视台，其他较大的私营电视台有“巴西电视网”和“纪录”等。政府管理的有两家，即国家电视台和教育电视台。

五、民俗风情

1. 民间节庆

莱曼雅节：1月1日，纪念黑人崇拜的海洋女神莱曼雅，现已成为全民节日。

父亲节：8 月的第二个星期日。

巴贡巴祭祀：原是黑人的宗教节日，现已发展成巴西沿海一带居民的重要节庆。

“六月节”：全国性节日。这个月里有基督教中的 3 位圣人升天，也就有了圣安东尼奥节、圣若昂节和圣佩德罗节。

亚马孙狂欢节：起源于 17 世纪一只公牛获救的传说，后来当地人将牛作为狂欢节的象征。该节日富有亚马孙地区的印第安人特色。

骑士节：比利诺波利斯有“巴西历史遗产”称号，举行已有 182 年历史，节日活动展现法国英雄史诗《罗兰之歌》所记述的故事。

2. 服饰、饮食及民居

男子平时喜欢穿短裤和衬衫，在社交场合则穿西装。女子喜欢穿色彩艳丽的裙装。圣保罗州的居民饮食以意大利风味居多，南部的圣塔卡林纳州人则以德国风味为主。美食以巴西烤肉为代表，还是著名的“咖啡王国”。在农村用支架支撑起来离地面很高的圆筒形草房；而东北部地区大多数人住木制房屋，东南部地区的人们住石屋、木屋和土屋。

3. 体育运动

巴西是世界足球王国，足球运动风靡全国，正式登记注册的足球俱乐部有两万个以上，从事足球运动的人数逾百万。除球王贝利外，巴西还拥有济科、苏格拉底、卡雷卡、罗纳尔多、里瓦尔多、罗马里奥等一大批世界级的足球巨星。

4. 社交礼仪

印第安人在接待客人时有一种特殊的礼仪，即沐浴礼。他们认为招待客人的最好礼节是邀请客人到河里洗澡，洗澡的次数越多，表示对客人越热情。

六、旅游业

1. 旅游城市和景点

巴西利亚市：1960 年后为新首都，现代化新兴城市，城市布局呈十字形，南北轴线大街为主要交通干线，平面形状犹如向后掠翼的飞机。市内有国家剧院、博物馆、历史研究所、大学等文教机构，建有动物园和森林游览区，风景优美，绿化面积占市区面积的 60%。

里约热内卢市：1822 年成为巴西共和国首都，现仍设有相当多的联邦政府机关和社会团体、公司总部等，有“第二首都”之称。巴西主要港口城市和最大的旅游中心城市，依山傍海，气候宜人。全市共有海滩 72 处，其中科帕卡巴纳海滩呈新月形，为世界上最有名的海滩。里约热内卢附近科尔科瓦杜山山顶上的耶稣雕像身高 30 米，张开的双臂伸向碧波荡漾的大西洋，其从远处望去，就像一个巨大的十字架，是世界上最大的耶稣像。

圣保罗市：巴西最大的城市。1554年1月25日葡萄牙人在今市中心的小山丘上建天主教堂，当天是圣保罗的皈依日，故名。文化设施有圣保罗大学、天主教大学、医科学大学和美术、经济、音乐、教育等高等专科学校以及各类文化机构。

巴西有世界自然与文化遗产18处。文化遗产为：欧鲁普雷图古城、奥林达城历史中心、瓜拉尼人居住区的耶稣会传教所、萨尔瓦多历史中心、孔戈尼亚斯的仁慈耶稣圣殿、巴西利亚、卡皮瓦拉山国家公园、圣路易斯历史中心、迪亚曼蒂纳城历史中心、戈亚斯城历史中心和圣弗朗西斯科广场，显示了久远的文明和丰厚的文化。自然遗产有伊瓜苏国家公园、东南沿岸森林保护区、大西洋沿岸森林保护区、中亚马孙保护区、潘塔纳尔保护区、巴西的大西洋群岛（费尔南多—迪诺罗尼亚岛和罗卡斯环礁保护区）和塞拉多保护，展示了生物多样性与生态独特性。作为一个民族大熔炉，来自欧洲、非洲、亚洲等世界各地的移民形成了独具特色的多元文化，在丰富多彩的民间节庆活动中得到了充分体现。巴西的旅游形象是：激情巴西（Brazil Sensational）。旅游宣传口号有：

为什么去巴西?

——因为到这里非常容易

——因为这里天生茂盛

——因为这里每时每刻充满乐趣

巴西集原始热带雨林、滨海度假、历史文化和现代化国际城市于一身，在南美国家中素以丰富的旅游资源闻名于世。2017年全球旅游和旅行竞争力排名第27位。

2. *旅游客源市场*

1996年入境游客220万人次，旅游外汇收入22.7亿美元；2014年640万人次，87.11亿美元；2017年658.9万人次，58.09亿美元，年接待入境游客人数与全国人口之比为3∶100。外国游客主要来自美洲，其次是欧洲。

1999年出境旅游286.3万人次，2010年644.8万人次，2013年近900万人次，境外旅游消费2013年达到253亿美元。出境旅游者中去美国、阿根廷、巴拉圭等美洲地区占70%，去欧洲地区的占20%，去亚洲地区的不到10%。巴西人出境旅游主要是休闲度假，占60%以上，大多在本区域内，尤其是阿根廷；公务、商务约占30%，主要集中在与巴西贸易、文化联系比较紧密的国家和地区；探亲访友约占4%，主要集中在欧洲。

3. *旅游产业*

2016年旅游业的直接贡献占国民生产总值的3.2%，间接贡献占国民生产总值的8.5%。国际旅游收支逞逆差状态。1999年入境旅游收入16.26亿美元，出境旅游支出30.85亿美元，逆差14.59亿美元。2011年外汇收入65.5亿美元，外汇支出213亿美元，逆差147.5亿美元。

旅游产业和全国旅游企业3万家，从业人员187万人，占全国就业人员的

6%。全国共有旅行社9000多家，1.8万家饭店，30多万间客房。为满足不同层次游客的需要，各旅游区建设了不同的住宿设施：星级饭店、家庭旅馆、假日公寓、野营场所。高档饭店大多建在海滨，并尽可能增加海景房间；家庭旅馆历史悠久、俭朴而有家庭氛围，在小城镇和乡村更为多见；假日公寓家具齐全，适合家庭和团体，大多按一周或两周起租；野营场所只有在指定的场地允许经营。

4. 旅游管理

2003年1月设立旅游部。2008年9月，颁布《旅游总法》，包括基本规定、国家旅游政策和规划、联邦政府的计划与实施、旅游活动的促进措施、旅游服务提供者、最终规定等方面的内容，规定国家旅游政策遵循自由创办、非集权化、地区化和保持可持续社会经济发展的原则，目标在于提高国民整体福利水平、增加就业机会、调节收入分配、统筹区域协调发展、促进旅游业发展。

国家旅游体系包括旅游部、旅游协会、国家旅游委员会、国家旅游国务秘书和领导者论坛以及大区、地区和市的管理层级等。巴西旅游部为国家旅游体系的中心，负责规划、发展、规范、协调和监察旅游活动，具体承担制定和落实旅游政策和规划、对内对外开展旅游宣传和推广、改善旅游基础设施、核准旅游经营者、提升旅游产品和服务质量、促进就业以及将旅游业发展成果惠及其他部门的职能。

旅游部下设国家旅游委员会、国家旅游政策办事处、国家旅游发展规划办事处、巴西旅游协会等部门。国家旅游委员会协助旅游部部长制定和实施国家旅游政策、规划、计划方案和活动。该委员会由联邦政府和旅游行业各方代表组成，目前由来自全国公私部门和机构的67名委员组成。

为了确保联邦计划得以有效实施，建立旅游部际协调委员会还规定了旅游部与发展、工业、外贸、财政、教育、劳动就业、外交等部门的合作职能。《总法》明确旅游经营者包括旅店、旅行社、旅游运输者、活动组织者、主题公园和旅游营地等，1999年成立了专门为游客提供安全保障和援助的警察部门。旅游警察通过葡萄牙语、英语、法语、德语和意大利语等几种语言与游客沟通。

政府规定旅游资源全部为国家所有，政府在发展旅游中加强规划设计和管理，使用权划给地方，由地方政府控制使用。国家、省（州）、市3级政府都编制了旅游开发的控制性规划，在土地利用、旅游设施建设、环境保护等方面做出明确规定，各类开发必须符合统一规划，政府通过规划和基础设施建设来调控开发方向。《生态旅游法案》规定在沿海沙滩地带，从沙滩内部界线起600米内，不允许修建和沙滩海岸平行的道路；在沙滩300米范围内，不允许建造居住性质的旅游设施或其他任何形式的住宅以保护生态环境。

七、中巴关系

1. 外交关系

1974年8月15日，我国与巴西建立大使级外交关系。建交以来，两国在政治、经济、贸易、文化、科技和军事等领域的合作关系得到全面发展。1993年，两国建立战略伙伴关系。2012年，两国关系提升为全面战略伙伴关系。中国与巴西同属“金砖国家”成员国，在国际事务中的交流与合作日趋密切。目前，中国已成为巴西全球最大贸易伙伴、第一大出口市场和第二大进口市场。中国在巴西圣保罗和里约热内卢设有总领事馆，巴西在中国香港和上海设有总领事馆。两国共建有39对友好省州和友好城市。

2018年5月巴西设立8月15日为“中国移民日”，以纪念1900年8月15日中国人到达巴西。

2. 旅游关系

巴西来华旅游随着外交和经贸关系的发展逐步发展，1998年巴西来华1.15万人次，2012年9.46万人次，2017年10.05万人次，2018年11.9万人次。

2004年中国赴巴西旅游1.4万人次。2005年巴西成为中国公民自费旅游目的地国。2013年中国首站赴巴西5.3万人次。2017年起中国赴巴西的签证有效期从3个月延长到五年。

【学习提要】

北美地区是世界旅游的发达地区和中国的重要的客源地和目的地，南美地区是中国新兴客源地和目的地地区，进一步推进中国与美洲地区的旅游交流与合作，是中国拓展国际旅游市场的战略重点之一。

教学重点

美国、加拿大等的旅游业现状、特点及其与中国的旅游交流与合作。

思考与讨论

结合第一章的教学内容，思考以下问题。

美国、加拿大旅游产品、旅游市场和旅游管理各有什么特点和经验，对我国旅游业有什么借鉴？

第六章

中东和非洲地区

第一节　埃及

一、地理、历史与人文

1. 自然地理

阿拉伯埃及共和国（The Arab Republic of Egypt）位于非洲东北部、地中海南岸，西奈半岛位于亚洲西南角，国土面积为100.145万平方公里。尼罗河谷和三角洲地区，约为3.3万平方公里，是古代埃及文明的发祥地，也是人口最稠密的地区。世界最长的河流尼罗河从南到北贯穿埃及，被称为埃及的“生命之河”。西部与东部为沙漠区，沙漠占全境95%。地中海沿岸亚热带地中海式气候，其他地区属热带沙漠气候，高温少雨。

2. 简史

世界四大文明古国之一，有7000年的文明史，约在公元前2600年，埃及人制定了历法，创造了象形文字，建起了巨型金字塔。其后先后被利比亚人、努比亚人、亚述人和马其顿人征服，曾为罗马帝国的一个行省。公元1世纪基督教传入埃及。公元640年左右，阿拉伯人进入埃及，建立了阿拉伯国家。1882年英军占领后成为英“保护国”。1922年2月28日英国宣布埃为独立国家，但保留对国防、外交、少数民族等问题的处置权。1952年7月23日，埃及自由军官团推翻封建王朝，建立阿拉伯埃及共和国。

3. 国名、国旗、国徽、国花与国石

国名：埃及之名源于古城孟斐斯，意为“黑色的土地”。

国旗：长方形，由三个相等的横条组成，上面为红色，下面是黑色，中间呈白色，红色象征革命，白色象征纯洁和光明前途，黑色象征埃及过去的黑暗岁月。

国徽：一只金色的鹰，萨拉丁雄鹰象征胜利、勇敢和忠诚。鹰胸前为盾形的红、白、黑三色国旗图案，底部座基饰带上写着“阿拉伯埃及共和国”。

国花：莲花。

国石：橄榄石。

4. 人口、民族、语言与宗教

人口 1.045 亿（2018 年）。以阿拉伯人为主，在西奈省约有 70 万贝都因人。阿拉伯语为官方语言，通用英语。伊斯兰教为国教，信徒主要是逊尼派，占总人口的 84%。科普特基督徒和其他信徒约占 16%。另有约 800 万海外侨民。

5. 法定节日

独立日：2 月 28 日。

西奈解放日：4 月 25 日。

劳动节：5 月 1 日。

共和国独立日：6 月 18 日。

革命纪念日——国庆日：7 月 23 日。

武装部队日：10 月 6 日。

人民抵抗纪念日：10 月 24 日。

胜利日：12 月 3 日。

6. 带薪假期

公务员每年夏季休假 10 天，企业职工每年夏季休假 7~10 天。

二、政治体制与对外政策

2012 年 12 月通过新宪法，规定伊斯兰教法原则是立法的主要依据。总统任期短至 4 年，只能连任一次。议会包括人民议会和协商会议。人民议会相当于议会下院，是主要立法机关。协商会议相当于议会上院，负责审查政府的法律草案并提交给人民议会通过。2014 年 1 月新宪法取消协商会议，将“两院制”改为“一院制”，统称议会。

2011 年颁布新政党法，现有政党及政治组织近百个，其中经国家政党委员会批准成立的政党约 60 个。主要政党有：萨拉菲光明党、新华夫脱党、埃及社会民主党、自由埃及人党、“埃及民族”政党联盟。

奉行独立自主、不结盟政策，主张在相互尊重和不干涉内政的基础上建立国际政治和经济新秩序，加强南北对话和南南合作。突出阿拉伯和伊斯兰属性，积极开展和平外交，致力于加强阿拉伯国家团结合作，推动中东和平进程，关注叙利亚等地区热点问题。反对国际恐怖主义。倡议在中东和非洲地区建立无核武器和大规模杀伤性武器区。重视大国外交，积极发展同新兴国家关系，在地区和国际组织中较为活跃。目前，埃及已与 165 个国家建立了外交关系。

三、国民经济

属开放型市场经济，拥有相对完整的工业、农业和服务业体系，旅游、侨汇、苏伊士运河和石油是国民经济的四大外汇收入来源。2017—2018 财年国内生产总值 44 374 亿埃镑（约合 2493 亿美元），人均国内生产总值 45 699 埃镑（约合 2567 美元）。

货币名称：埃及镑（Egyptian Pound）。1 美元≈ 17.8 埃及镑（2018 年）。

埃及是传统农业国，农业占国内生产总值 14%。农村人口占全国总人口的 55%；农业从业人员约 550 万人，占全国劳动力总数的 31%。工业以纺织、食品加工等轻工业为主。工业约占国内生产总值的 16%，从业人员 274 万人，占全国劳动力总数的 14%。服务业约占国内生产总值 50%。同 120 多个国家和地区有贸易关系，主要贸易伙伴是美国、法国、德国、意大利、英国、日本、沙特、阿联酋等，一半以上的出口商品销往阿拉伯国家。

主要港口是亚历山大、塞得港、杜米亚特、苏伊士等。苏伊士运河是沟通亚、非、欧的主要国际航道，每天通过船只 50 艘左右。运河收入是重要外汇收入来源。全国共有机场 30 个，其中国际机场 11 个，开罗机场是重要的国际航空站。

四、教育、文化和新闻媒体

实行普及小学义务教育制度。基础教育包括小学、初中、高中和中等技术教育。共有大学 34 所，其中公立大学 18 所，私立大学 16 所。著名的有开罗大学、亚历山大大学、艾因·夏姆斯大学、爱兹哈尔大学等。大学高等教育平均入学率达 32%。

埃及是阿拉伯世界的文化中心。在奥斯曼土耳其人统治的时代，只有埃及的爱资哈尔清真寺保护了伊斯兰和阿拉伯文化遗产。20 世纪初，埃及政府派学生去研究欧洲文化，学者们简化了古阿拉伯语的教学，创造出一种介于土语与古文之间的新语体，把西方文学和阿拉伯文学水乳交融地结合起来。

主要阿拉伯文报刊有:《消息报》《金字塔报》《共和国报》《晚报》《金字塔经济学家》周刊、《最后一点钟》周刊、《图画》周刊、《鲁兹·尤素福》周刊。主要英文报刊有《埃及公报》。主要法文报刊有:《埃及前进报》《埃及日报》。中东通讯社是国家通讯社，是目前中东地区和阿拉伯世界最大的通讯社，用阿拉伯、英、法三种文字发稿。国家广播电台每天用 80 个频率、38 种语言向国内外广播。“非洲之星”广播卫星和尼罗河卫星等广播节目，能覆盖全世界。埃及电视台分中央、地方、卫星、专题四类数十个频道，节目覆盖亚、非、欧、北美等地区。2001 年 6 月，私营卫星电视频道获准开播。

五、民俗风情

姓名与称谓：

埃及阿拉伯人的名字，与一般穆斯林相同，依次由本人名字、父亲名、祖父名和姓组成，但全称一般只在正式场合使用。熟人之间可省略祖父名和父系名，简称时只称呼名字。对上层人士都称呼其姓。妇女结婚后不改姓，仍有自己的名字，如丈夫是著名人士，可在本人名字后加丈夫名字。埃及穆斯林的人名有一种特别现象，不称呼其本人名字，而称“某某之父”“某某之母”“某某之子”，如乌姆·阿里（阿里之母）、伊本·西纳（西纳之子）。重视社会地位及宗教、学术头衔，对政界人士应在头衔前加尊敬用语“阁下”，对宗教、学术界人士，应在头衔前加尊敬用语“谢赫”。科普特人一般用基督徒和英国人的名字。

民间节日有：

1. 穆斯林节日

先知圣纪：又称“先知诞辰纪念日”，伊斯兰历法3月12日，纪念穆罕默德诞生（公历571年）及去世（公历632年）日，都是这一天，又称为“圣忌”。伊斯兰教新年：5月15日。

斋月：伊斯兰历法九月（公历3月）。

开斋节：伊斯兰历法十月一日，庆祝斋月结束。

献祭节：7月14日。

穆罕默德升天日：12月8日。

宰牲节：伊斯兰历法十二月十日，标志斋月结束70天，也称古尔邦节。

2. 科普特基督教节日

圣诞节：1月7日。

喜讯节：3月27日，纪念圣母玛利亚怀胎耶稣。

主显节：1月19日，又称“显灵节”，纪念耶稣显示神性。

棕枝主日：复活节前的星期日，纪念耶稣进入耶路撒冷城。

复活节：4月15日。

耶稣升天节：复活节后40天的星期四。

圣灵降临节：也称五旬节，是复活节后第50天的节日。

3. 民间节日

尼罗河节：8月28日，埃及最古老的节日。古埃及时把一位美丽的少女“献给”尼罗河。现在举行祈祷活动时，往尼罗河里扔五颜六色的玩具娃娃。

闻风节：4月15日，也译“惠风节”，相当于中国的春节。

4. 节庆活动

旅游与购物节：7月20日至8月20日。

地中海旅游节：9月。

国际马拉松节：1月，在吉萨举行。

国际钓鱼赛：3月，在塞得港举行。

骆驼赛：8月，在西奈举行。

国际戏剧节：9月，在开罗举行。

国际电影节：9月，在开罗举行。

国际划船节：12月，在开罗与卢克索举行。

六、餐饮习俗

1. 穆斯林习俗

伊斯兰教徒三句话不离真主，虔诚信仰“五行”（自白、礼拜、绝食、布施、参拜麦加圣地）。每星期五是“主麻日聚礼”，伊斯兰教徒便纷纷拥向附近的清真寺，做集体礼拜。为数众多的教徒仍然虔诚地信守每日5次礼拜的教规：即晨礼、晌礼、哺礼、婚礼、宵礼。每逢宗教节日，电视还播放总统及政府首脑去清真寺礼拜的镜头。

穆斯林认为“右比左好”，右是吉祥的，做事要从右手和右脚开始，握手、用餐、递送东西必须用右手，穿衣先穿右袖，穿鞋先穿右脚，进入家门和清真寺先迈右脚。

一般人都厚爱绿色和白色，认为绿色喻为“吉祥”之色，白色为“快乐”之色。一般人比较喜欢“5”和“7”数，认为“5”数会给人们带来“吉祥”，认为“7”数是个受人崇敬的完整数字。埃及人宠猫、敬猫如神，并视猫为神圣的精灵。

2. 餐饮

埃及人通常以“耶素”（不用酵母的平圆形埃及面包）为主食，进餐时与“富尔”（煮豆）、“克布奈”（白乳酪）、“摩酪赫亚”（汤类）一并食用。喜吃甜食，正式宴会或富有家庭正餐的最后一道菜都是上甜食。蚕豆是必不可少的一种食品。烤全羊是待客佳肴。日落以后和家人一起共享晚餐。

3. 婚俗礼仪

传统婚俗有提亲、给女方送聘礼、订立婚约、举行婚礼、去清真寺行跪拜礼等程序，持续30天左右。埃及人同异族人通婚、融合，甚至一些家庭好似“多国部队”，父母、儿女、女婿、儿媳分属不同的国籍。

七、旅游业

1. 旅游城市与景点

首都开罗：非洲和阿拉伯世界最大的城市，人口约2280万（2017年），是一座古今文明交融的中东大都会。市内有建于中世纪的清真寺、王宫、城堡和国家博物馆。世界七大奇迹之一的金字塔和狮身人面像位于附近的吉萨，距今已有4000 多年的历史。

亚历山大城：埃及最大的商港。始建于公元前 332 年，在古代和中世纪就是文化名城和经贸中心，被誉为“地中海上的新娘”避暑胜地，号称“夏都”。

卢克索：在历史上曾是古城底比斯遗址，埃及法老时期的首府，著名的“帝王谷”有 64 座帝王陵遗址，有“埃及历史博物馆”之称，也是避寒胜地。

阿斯旺：位于埃及东南部纳赛尔水库的北边，附近的尼罗河上建有 110 米高的福利坝和水电站。古迹众多，人称“避寒地的新娘”“疗养员的梦乡”。

埃及有世界文化遗产 7 处：开罗古城、孟非斯及金字塔群、底比斯古城及基地、努比亚遗址（尼罗河南端古代宗教遗迹）、阿布米奈修道院（早期基督教圣地）、圣凯瑟琳东正教修道院地区和鲸鱼谷（开罗市南部沙漠地发现远古时期的海洋鲸鱼骨化石）。埃及最大的博物馆为开罗的法老古迹博物馆，内藏 25 万件文物。

尼罗河是埃及的母亲河，游客乘船自开罗逆流而上，经过三天三夜，行程 770 公里，可抵达阿斯旺，游览迷人的古国风貌。尼罗河夜游是开罗的著名旅游项目。埃及沿地中海的海岸线为 995 公里，沿红海的海岸线为 1941 公里。在漫长的海岸线上建有众多的休闲度假村，海水清澈透明，珊瑚五颜六色，海面下 30 米处的景观清晰可见。在西奈半岛和东西部沙漠中开车或骑骆驼旅行，途经沿线圣凯瑟琳山、摩西山、达赫莱与哈里杰绿洲和艾因 · 苏纳赫温泉，游客可以观赏到各种不同的野生动物和植物，了解逐水草而居的牧民们简朴而粗放的生活。

埃及是世界四大文明古国之一，文化遗产丰厚、民族风情浓烈与现代滨海度假是埃及旅游的优势与特色。旅游宣传口号先后有：“埃及，历史金库”，“埃及，举世无双”，“埃及，一切从此开始”，“尼罗河之子（The Son of Nile）”，“尼罗河谷：古文化的摇篮”，“红海与西奈半岛：水上天堂”，“沙漠与绿洲：抑制不住的神秘”。2017 年全球旅游和旅行竞争力排名第 74 位。

2. 旅游客源市场

1996 年入境游客 380 万人次，旅游外汇收入 33 亿美元。2012 年 1119.6 万人次，99.4 亿美元；2017 年 815.7 万人次，77.75 亿美元。2017 年接待外国游客人数与全国人口之比为 9∶100。埃及的主要客源地是欧洲、约占 70%，其次是中东地区。主要客源国为德国、意大利、俄罗斯、英国、法国、沙特阿拉伯、利比亚、巴基斯坦、以色列和美国等。

3. 旅游产业

旅游业是国民经济和社会发展的重要产业，外汇收入的重要来源。2016 年旅游业的直接贡献占国民生产总值的 3.2%，间接贡献占国民生产总值的 7.2%。曾吸纳了全国 1/8 的就业人口。旅游就业人数近 400 万。国际旅游收支长期呈顺差状态。

目前有五星级饭店 32 家，全国饭店和度假村共有客房 18.75 万间。星级宾馆饭店主要分布在大城市、旅游景点和尼罗河水域。近年在红海滨海地区兴建了一批度假设施。开罗地区的 A 级旅行社共有 139 家，开罗地区还有 17 个从属于饭店协会的旅游商业公司。

4. 旅游管理

设有国家旅游部，主管全国的旅游业，下设旅游局，该局负责宣传促销、教育培训等，接受私营营业经济支助。全国旅游联合会下设有旅游饭店协会、旅行商协会、旅游教育协会和旅游商品协会。埃及建有专门的旅游警察队伍，派驻各个景区涉外酒店，以重点保护外国游客。旅游局和旅游协会承担国家旅游推广促销工作，派有 15 个驻外办事处，分别设在雅典、法兰克福、约翰内斯堡、伦敦、洛杉矶、芝加哥、纽约、马德里、蒙特利尔、巴黎、罗马、斯德哥尔摩、东京、维也纳、莫斯科等。

八、中埃关系

1. 外交关系

1956 年 5 月 30 日埃及与我国建立外交关系，是第一个承认新中国的阿拉伯及非洲国家。1999 年两国建立战略合作关系，2006 年双方签署两国深化战略合作关系的实施纲要。2014 年 12 月，中埃两国建立全面战略伙伴关系。中国在亚历山大设有领事馆。

2. 旅游关系

1981 年中埃两国政府签订《旅游合作协议》。2002 年，中埃两国签署《中国公民组团赴埃旅游实施方案的谅解备忘录》。2011 年 8 月中埃签署《旅游合作执行计划》，两国旅游部门在旅游市场宣传推广、旅游培训、旅游投资等方面加强合作。

1998 年埃及来华游客 0.42 万人次，2014 年 8.39 万人次，2017 年 8.35 万人次，2018 年 8.5 万人次。

2003 年中国赴埃游客 0.63 万人次，2015 年约 13 万人次，2017 年 1 月至 6 月，约 15.9 万人次，中国已经跃居为埃及第四大旅游客源国。大多数以旅行社组团的形式出游，大多集中在开罗至卢克索尼罗河沿岸文物古迹资源丰富的城市。

第二节　以色列

一、地理、历史与人文

1. 自然地理

以色列（The State of Israel）地处地中海东岸，毗连亚洲、非洲和欧洲三大洲。根据 1947 年联合国关于巴勒斯坦分治决议的规定，以色列国的面积为 15251 平方公里。目前实际控制面积约为 2.5 万平方公里。西部沿岸平原，地势平坦，土地肥沃，全国半数以上居民住在沿海平原。北部和中部山区，树林茂密，降雨丰富。东部为约旦河谷和阿拉瓦谷地，南部为荒漠区。属地中海型气候。

2. 简史

犹太人是古代闪族支脉希伯来人的后裔，圣经中的亚伯拉罕，其子以撒和其孙雅各是以色列的先祖。公元前 14 世纪，摩西率众人出埃及重返巴勒斯坦故土并定居下来。公元前 1028 年扫罗建立了以色列王国。公元前 722 年和公元前 586 年为亚述人和巴比伦人征服。公元纪年前后 300 年在罗马的统治之下，后由拜占庭帝国控制至公元 7 世纪。此后相继被阿拉伯人、十字军、土耳其人和英国人所统治。两千多年来，以色列人一直背井离乡，漂泊在异国他乡。1917 年英国占领巴勒斯坦。1922 年 7 月，国际联盟通过了英国对巴勒斯坦的“委任统治训令”，建立“犹太民族之家”。1947 年 11 月联合国大会通过决议，决定在巴勒斯坦分别建立阿拉伯国和犹太国。1948 年 5 月 14 日，以色列国正式成立。

3. 国名、国旗、国徽、国歌与国花

国名:“以色列”在希伯来语中以色列意为“神的勇士”。

国旗：呈长方形，旗地为白色，上下各有一条蓝色宽带。蓝白两色来自犹太教徒祈祷时用的披肩的颜色。白色旗面正中，是一个蓝色的六角星，这是古以色列国王大卫王之星，象征国家的权力。

国徽：长方形盾徽，蓝色盾面上有一个七杈烛台，为耶路撒冷圣殿中点燃祭坛的物件。烛台两旁饰以橄榄枝，象征犹太人对和平的渴望。烛台下方用希伯来文写着“以色列国”。

国歌:《期望》。

国花：银莲花。

4. 人口、民族、语言、宗教

人口 884.2 万（2018 年），其中犹太人约占 75%，其余为阿拉伯人、德鲁兹人等。希伯来语和阿拉伯语均为官方语言，通用英语。居民中大部分信奉犹太

教，其余信奉伊斯兰教、基督教和其他宗教。

5. **社会节日**

燔祭节：犹太民历七月二十七日（相当于公历4月），纪念世界反法西斯战争中被屠杀的600万遇难者。

烈士纪念日：犹太民历八月四日（相当于公历4月），纪念为建国而牺牲的烈士。

耶路撒冷节：犹太历八月二十八日（相当于公历5月），庆祝耶路撒冷统一，是1967年战争后确立的节日。

二、政治体制与对外政策

《以色列国立国宣言》为国家立法基础。民主议会制，实行立法、行政和司法三权分立原则。总统为国家元首，由议会选举产生，任期4年，最多可连任两届。议会为最高权力机构，为一院制议会。政府以总理为首加上若干部长组成。政府对议会负责，并需得到其信任。

政党众多，且不断变化。目前主要有：利库德集团、“我们的家园以色列”党（2013年为执政党之一）、“未来”党（2013年为执政党之一）、以色列工党、“犹太家园”党（2013年为执政党之一）、沙斯党（SHAS）运动党。

保持与西方国家传统友好关系，维护与美国的战略盟友地位；积极发展与独联体各国和东欧国家关系；声称推动中东和平进程，以实现同阿拉伯国家和解；拓展与非洲、亚洲各国的关系。目前与世界上159个国家有外交关系。

三、国民经济

经济实力较强，竞争力居世界前列。混合型经济，私人企业比重较大，政府对主要部门控制严格，许多大的企业都由国家控制或监管。合作经济主要以农村中的基布兹（集体社）和莫沙夫（合作社）为主。2017年国内生产总值3508亿美元，人均国内生产总值40285美元。

货币名称：新谢克尔（New shekel），汇率：1美元≈3.6新谢克尔（2018年）。

工业化程度较高，工业部门门类集中在高新技术产业及宝石加工行业，在电子技术、计算机软件、医疗设备、生物技术、信息和通信技术、钻石加工等领域达到世界尖端水平。高附加值农业、科技含量较高，其滴灌设备、新品种开发世界闻名。服务业十分发达，占国内总产值的69%，占就业人口的65%。世贸组织和经济合作与发展组织成员国，与美国、加拿大、土耳其、墨西哥及欧盟、欧洲自由贸易联盟、南方共同市场签有自由贸易协定。工业产品可以免税进入，农产品享受优惠关税待遇。欧盟是以色列最大贸易伙伴，美国是最大单一贸易伙伴国。

陆、海、空运输业发达。主要港口有海法、阿什杜德和埃拉特。全国共有48个机场，主要机场是本－古里安国际机场，主要航空公司有以色列航空公司。

四、教育与新闻媒体

政府重视教育事业，教育投入长期保持在国内生产总值的8.5%左右。幼儿园1年、小学6年、初中3年、高中3年，为义务教育。主要大学有：耶路撒冷希伯来大学、特拉维夫大学、海法大学、以色列工程技术学院、魏茨曼科学研究院、巴伊兰大学和本·古里安大学。

主要报刊有：希伯来文报《国土报》《晚报》《新消息报》和英文日报《耶路撒冷邮报》。由以色列广播管理局主管的“以色列之声”和以色列国防军下属的“以色列国防军之声”。由以色列广播管理局主管的有以色列一台，另有近十家商业电视频道。

五、民俗风情

1. 节日

以犹太教信仰为中心，许多节日是宗教性的，时间也按犹太历算，在公历上的日期年年不同。主要节假日有：

犹太新年：犹太民历正月初一、初二（相当于公历9—10月），举行欢庆活动和反思。

赎罪日：犹太民历正月，为期十天，祷告、忏悔与斋戒，最神圣的节日。

住棚节：犹太民历七月十五至二十一（相当于公历3—4月间），纪念犹太先祖们在旷野漂泊受苦、寻求栖息之所，人们搭棚、装饰住房，又称“收获节”，欢庆丰收。

托拉节：犹太民历正月二十一（相当于公历10月），秋季的最后一天，重温与诵读犹太教经典《托拉》，又称“转经节”“圣法节”。

哈努卡节：犹太民历三月二十五日（相当于公历11—12月），“哈努卡”为“重建”之意，纪念古人反抗希腊入侵者，万家点灯以示庆祝。

植树节：犹太民历五月十五日（相当于公历1—2月），吃水果、植树、扫墓。

普珥节：犹太民历六月十四至十五日（相当于公历2—3月），欢庆历史上犹太人转危为安，点灯火、举行篝火晚会庆祝。

逾越节：犹太民历七月十四至二十一日（相当于公历3—4月），缅怀祖先、倾诉苦难、庆贺在上帝庇护下获得新生。节日期间只吃无酵食品。

七七节：犹太民历九月（相当于公历5—6月），共30天，农业性节日，又称“收割节”。

犹太哀悼日：犹太民历十一月九日（相当于公历 7—8 月），禁食 24 小时，纪念历史上圣殿被毁及各种苦难。

2. 社会习俗

以色列以犹太教《圣经》戒律为行为规则。安息日（星期六）这一天，犹太人不工作，不娱乐，也不旅行，读圣经、唱诗、祷告和休息。在犹太人居住区禁止拍照，拍照需征得当地人同意。戒律规定，男人不剃胡须和发毛，即使理发，也从不剃光头。全部犹太人都必须行“割礼”，只有行过割礼的人才算真正的犹太人。男孩 13 岁、女孩 15 岁举行隆重的成年礼，又称受戒礼。

3. 饮食特点

饮食口味与西欧人和东方人都有不少差别，喜欢在菜肴里加入肉桂、茴香、薄荷、芫荽、咖喱粉等香料，并配上柠檬汁、橘子汁等。人们常吃的主食有马铃薯煎饼、面条、布丁和以色列式汉堡包，肉食菜肴有匈牙利式红椒粉烩牛肉、烤羊肉串、羊排粉蒸肉、咖喱鸡及清炖鸡汤。禁止吃动物血和甲壳类动物，不吃动物大腿上的筋。肉类与奶制品不能同时摆上餐桌。

4. 婚丧习俗

传统的犹太人婚礼由祭师主持，为新郎、新娘戴花冠，花冠通常用玫瑰花和爱神木枝条编成。参加婚礼的客人在婚礼完成后被请进洞房检查被单，作为新娘贞操的证明。在葬礼中，犹太人用应答式的挽歌来表达对逝者的哀思。不留尸体过夜，一般当天埋葬，不用火葬。

六、旅游业

1. 旅游城市和景点

耶路撒冷：历史文化古城，犹太教、伊斯兰教和基督教的发源地，著名遗迹有古代犹太教圣殿唯一留下的残迹哭墙、基督教的圣墓教堂、伊斯兰教的阿克萨清真寺和萨赫莱清真寺，三大宗教信徒都视为圣地。“圣经遗址群”被列入《世界文化遗产名录》。

特拉维夫—雅法：意为“泉之山”，以色列最大的城市，世界上唯一的犹太人城市，存在 1654 年修建的圣彼得方济各修道院，有“不夜城”之称。1950 年与古城雅法合并，雅法被列入《世界文化遗产名录》。

伯利恒：位于犹太山顶部，传为耶稣降生地，建有耶稣诞生教堂，并是生产以橄榄木和珍珠贝为原料的宗教纪念品中心。

海法：位于地中海边岬角的山坡上，希伯来语意为“悬崖”，为依山面海的港口城市，著名古迹有先知以利亚住过的山洞、12 世纪时期十字军所建的迦密修道院、罗马式圆顶式的巴哈伊神庙，海法和西加利利巴哈伊圣地被列入《世界文化遗产名录》。

贝尔谢巴：希伯来文意思为“盟誓的井”，位于内盖夫荒漠的北部，

埃拉特：以色列最南端的海港城市，是通往红海和印度洋的出口，新建的现代化港口旅游胜地。

有世界文化遗产7处：马萨达希律王的山顶宫殿、阿克古城、特拉维夫白城、夏琐、米吉多和基色圣地、香干线—内盖夫沙漠中的城市、海法和西加利利的巴哈伊圣地和迦密山人类进化遗址。著名的博物馆有：耶路撒冷的国家博物馆，大屠杀历史纪念馆，马特阿维夫的以色列故土博物馆，伊斯兰艺术博物馆。死海低于海平面416米，世界的最低点，被称为“地球上最低公园”。太巴列温泉自从古罗马时代以来就建有浴池。150个自然保护区，海尔巴自然保护区内有野生的鸵鸟、各种羚羊和野驴等动物，多年来科学家们一直在寻找并引进《圣经》中提到的各种动物在此放生。奴阿基杜明风景保护区专门收集和保存《圣经》中提到的尚未灭绝的植物，其中一些花园种植了古代生长的植物。以色列的旅游产品分为宗教文化与自然生态两大类，历史宗教文化与沙漠死海生态是主要旅游特色，以三大宗教圣地为最大亮点。2017年全球旅游和旅行竞争力排名第61位。

2. *旅游客源市场*

以色列的旅游业深受地缘政治气候的影响。1993年入境游客165万人次，旅游外汇收入23亿美元，居世界第29位。2013年296.2万人次，56.67亿美元。2017年361.3万人次，68.21亿美元。2017年入境旅游人数与本国人口之比为41∶100。90%以上的游客来自欧洲和美洲。美国、俄罗斯、法国为入境游客的三大来源地。

1994年出境旅游186万人次，旅游外汇支出25.9亿美元；361.4万人次，27.97亿美元；2009年出国旅游400万人次，出国旅游人次与全国人口之比为51∶100。出国旅游的主要目的地是欧洲，主要为土耳其、英国、法国、意大利和德国；其次是北美，主要是美国和加拿大，其余为约旦、埃及等周边国家。出国旅游的旺季是7月和8月，犹太节日如逾越节、住棚节、犹太新年等也是出境旅游的黄金时期。

国内旅游业相当发达。人们多利用节日和假日外出旅行，交通工具以私家汽车为主（85%），坐火车的旅游者约为10%，坐飞机旅游的人在5%以下。1994年国内旅游为580万人次。2003年全国酒店接待国内游客50.6万人次、1181万人天，人均住宿23.3天。主要目的地依次为：埃拉特、太巴列、耶路撒冷、死海和特拉维夫。冬季北方的游客到埃拉特享受温暖的日光浴和海水浴，夏季到坐落在基内雷特湖畔的太巴列消暑。

3. *旅游产业*

旅游业在经济中占重要地位，是赚取外汇的一个重要来源，平衡出口贸易的主要杠杆。2016年旅游业的直接贡献占国民生产总值的1.9%，间接贡献占国民

生产总值的6.8%。旅游业已成为以色列经济中最重要的经济引擎之一。国际旅游收支基本呈逆差状态，2004年外汇收入23.86亿美元，外汇支出27.96亿美元，逆差4.1亿美元。

2003年有各类旅馆335家，旅馆房间数约5万间，床位125454张。酒店主要集中在以下城市：耶路撒冷、特拉维夫、埃拉特、太巴列地区和死海地区。著名酒店有：以色列酒店、非洲以色列饭店及度假村、恺撒天堂连锁酒店、以色列基布兹连锁酒店。饭店协会是民间组织，旨在加强饭店业主与政府和新闻媒体的联系。

旅行社670家（包括批发商在内），主要集中在特拉维夫、海法和耶路撒冷。如羚羊旅行及游览有限公司、爱伯瑞旅行公司、捷径旅行和游览有限公司、埃米尔旅游有限公司、阿奇游览和旅行公司、圣经地朝觐有限公司和基督徒旅游公司等。最大的3家旅行社是：DIESENHAUS、NATOUR和RIMON，它们经营的业务量占全国出境旅游市场的2/3以上。

4. 旅游管理

以色列旅游部于20世纪80年代从工商部分离出来，单独设置。内设公关与促销司、基础资料司、会议司、大型活动司和国际司。国内18个地区设有旅游办事处，负责当地旅游管理与咨询服务。旅游部设有一所直属旅游院校。

旅游部工作重点是对外宣传促销，同时还负责与旅游有密切关系的历史文物保护。政府每年都拨专款发展旅游业，并实行鼓励旅游投资的政策。20世纪80年代的重点是贷款支持各地兴建大型高档酒店，90年代逐渐转向支持中小型旅游企业及农村旅游业的发展，使各种档次饭店的地理分布趋于合理。

以色列重点开发高端度假市场，拓展犹太教、伊斯兰教和基督教三大宗教的朝圣旅游，开发高质量的温泉保健旅游、个人及团体的奖励旅游和国际会议旅游。在海法、埃拉特及特拉维夫兴建会议设施。在欧洲和北美一些国家设立了20多个旅游办事处，大力开展促销活动。

七、中以关系

1. 外交关系

中以两国于1992年1月24日正式建立外交关系，是中东地区第一个承认中华人民共和国的国家。现共同宣布建立友好合作关系。以色列在上海、香港、广州、成都设立总领馆。1989年，我国在以色列的特拉维夫市设立了旅游办事处。1994年6月，两国签署旅游合作协定。2006年11月北京市与特拉维夫市建立友好城市关系。

2. 旅游关系

1989年，我国曾在以色列特拉维夫市设立了旅游办事处。1998年以色列来华人境旅游人数为1.48万人次，2014年7.85万人次，2017年9.15万人次，2018年9.8万人次。

1994年6月，两国签署了旅游合作协定。1995年，中国赴以色列旅游0.4万人次。2005年，以色列成为中国公民出境旅游目的地国。2008年9月，以色列对中国游客正式开放ADS签证，在2013年开放了个人旅游签证（自由行签证）。2008年中国赴以旅游1.2万人次，2015年4.74万人次，2016年以色列全年共接待8万多人次的中国游客，商旅客人在中国访以游客总人数中占比约为30%~40%，2017年为11.3万人次。目前主要为以色列一地和以色列约旦连线产品，行程涵盖死海、基布兹、特拉维夫、海法等众多经典旅游目的地。

2016年11月，两国更针对双方商务、旅游、探亲人员互发多次签证。以色列旅游部于2009年3月在北京成立了中国旅游代表处。

第三节　南非

一、地理、历史与人文

1. 自然地理

南非共和国（The Republic of South Africa）位于非洲最南端，东、西、南三面被印度洋和大西洋环抱，面积1 219 090平方公里，海岸线长2500公里。除东南沿海为平原外，大部分地区为高原，地势较平坦，平均海拔1200米左右。西南部为开普山系，西北部为干旱或半干旱的沙漠地带，北部和中部均为高原，沿海为狭窄平原，土地肥沃。奥兰治河自东向西流贯全境，是非洲南回归线以南最长河流。气候温暖，大部分地区属热带草原气候，东部沿海为热带季风气候，南部沿海为地中海式气候。

2. 简史

远在数千年前，已有班图人、布须曼人和霍屯督人在南非这块土地上居住。1488年以后，葡萄牙人、荷兰人和英国人相继来到这里。1899年成为英国的直辖殖民地。1910年成立南非联邦，为英国的自治领。1961年退出英联邦，成立共和国。300多年来白人政权实行不得人心的种族隔离政策。1994年4月，非洲国民大会党主席曼德拉在首次大选中当选为新总统，新宪法开始生效，标志着白人种族主义统治的结束和民族平等的开始。

3. 国旗、国徽、国歌、国花与国石

国旗：由红、白、蓝、黑、绿、黄六种颜色组成，黑色为三角形，被称为“彩虹旗”，象征民族和解、和平和新生。

国徽：太阳象征光明的前程；展翅的鹭鹰是上帝的代表，象征防卫的力量；万花筒般的图案象征美丽的国土；长矛与圆头棒象征和平以及国防和主权；鼓状的盾徽象征富足和防卫精神；盾上的人物图案象征团结；麦穗象征富饶、成长、发展的潜力、人民的温饱以及农业特征；象牙象征智慧、力量、温和与永恒；两侧象牙之间的文字是"多元民族团结"。

国歌:《上帝保佑非洲》。

国花：王山龙眼。

国石：钻石。

4. 人口、民族、语言与宗教

人口 5652 万（2017 年），有黑人、白人、有色人和亚裔四大种族，分别占总人口的 79.6%、9%、8.9% 和 2.5%。黑人主要有祖鲁、科萨、斯威士、茨瓦纳、北索托、南索托、聪加、文达、恩德贝莱 9 个部族，使用班图语。白人主要是荷兰血统的阿非利卡人（自称布尔人）和英国血统的白人。亚裔人主要是印度人和华人。有 11 种官方语言，英语和阿非利卡语为通用语言。约 80% 的人口信仰基督教，其余信仰原始宗教、伊斯兰教、印度教等。

5. 节日

新年：1 月 1 日。

人权日：3 月 21 日。

耶稣受难日：复活节前的星期五。

复活节：每年过春分月圆后第一个星期五至下星期一。

家庭日：复活节后的星期一。

自由节：4 月 27 日，也是国庆节。

劳动节：5 月 1 日。

青年节：6 月 16 日。

妇女节：8 月 9 日。

传统节：9 月 24 日。

和解节：12 月 16 日。

圣诞节：12 月 25 日。

友好节：12 月 26 日。

二、政治体制和对外政策

1996 年 5 月，南非新宪法规定，实行行政、立法、司法三权分立制度，中央、省级和地方政府相互依存、各行其权。宪法中的人权法案是南非民主的基石。总统是国家元首和行政首长，任期 5 年，由国会议员直接选举产生，通常是多数党的领袖。立法权属于国会，实行两院制，分为国民议会和全国省级事务委员会，任期均为5年。司法权属于独立的法院。

国民议会现有13个政党。主要政党有南非非洲人国民大会（黑人民族主义政党）、人民大会党（白人政党）、民主联盟、因卡塔自由党（祖鲁族人）和南非共产党等。南非工会大会，1985年成立，包括34个以黑人为主体的工会，有会员70多万人。

奉行独立自主的全方位外交政策，主张在尊重主权和平等互利基础上同一切国家保持和发展双边友好关系。努力促进非洲一体化和非洲联盟建设，大力推动南南合作和南北对话，是联合国、非盟、英联邦、二十国集团等国际组织或多边机制成员国。2004年成为泛非议会永久所在地。2010年12月被吸纳为金砖国家成员。已同186个国家建立外交关系。

三、国民经济

新兴市场经济国家，中等收入的发展中国家，也是非洲经济最发达的国家之一。矿业、制造业、农业和服务业是经济四大支柱。世界上重要的黄金、铂族金属和铬生产国和出口国，有“黄金之国”之称。深井采矿等技术居于世界领先地位。2017年国内生产总值3497亿美元，人均国内生产总值6167美元，居非洲之首。

货币名称：兰特（Rand），1兰特=100分。汇率：1美元=13.3兰特（2017年）。

农业较发达，玉米是最重要的粮食作物，盛产花卉、水果，葡萄酒享有盛誉，渔业居非洲首位和世界前列，农业、林业、渔业就业人数约占人口的7%。制造业、建筑业、能源业和矿业是南非工业四大部门。2012年农业、工业、服务业增加值的比重为2.5∶28.4∶69.1。实行自由贸易制度，欧盟与美国等是南非传统的贸易伙伴，近年与亚洲、中东等地区的贸易也在不断增长。

有非洲最完善的交通运输系统，以铁路、公路为主，空运发展迅速。由比勒陀利亚驶往开普敦的豪华蓝色客车享有国际盛誉。南非航空公司是非洲大陆最大的航空公司之一，也是世界最大的50家航空公司之一。主要国际机场有奥立佛·坦博国际机场（原约翰内斯堡国际机场）、德班国际机场和开普敦国际机场等。

四、教育、文化与新闻媒体

1995年1月正式实施7~16岁儿童免费义务教育，废除了种族隔离时代的教科书。学制分为学前、小学、中学、大学、研究生5个阶段。现有公立高等院校23所、私立高等学院90所、继续教育学院和培训学院150所。2006年成人识字率82%，接受过高等教育的人口占总人口约9.1%。著名的大学有金山大学、比勒陀利亚大学、南非大学、开普敦大学、斯坦陵布什大学等。

1976年，著名医生克里斯蒂安·伯纳德（1922~2011）因成功地进行了世界首例心脏移植手术而享誉世界。小说家纳丹·戈地麦以《说谎岁月》获得1991

年诺贝尔文学奖。大主教图图因其在消除种族隔离方面的杰出贡献获得1984年的诺贝尔和平奖。埃伯特·卢梭里（1898—1967）曾是祖鲁族的领袖和非国大主席，毕生致力于用非暴力方式解决种族冲突，获1960年诺贝尔和平奖。曼德拉和德克勒克因成功地结束了种族隔离的历史而共享1993年的诺贝尔和平奖。

定期出版的报刊数量居非洲之首。全国性报纸报刊为《星期日时报》《报道报》和《星期日独立报》，其余有《每日太阳报》（英文）、《报道报》（阿非利卡语）、《索韦托人报》（英文）、《城市报》（英文）、《星报》（英文）、《公民报》（英文）。南非通讯社是非政府、非营利性的唯一全国性通讯社。南非广播公司（SABC）下辖广播电台和电视台。M–NET是非洲最有影响力的收费电视频道。

五、民俗风情

1. 民间节庆

喧闹艺术节：每年9—10月在约翰内斯堡举行，为南非最大的民间节日。节日期间，各部落的艺术家云集此地，展示土著音乐和舞蹈等。

兰花节：每年10月第三个星期在首都比勒陀利亚举办，到处兰花盛开，公园里有音乐会和歌舞表演。

求雨节：汶达部族人的节日，每年的11月在伯乐百都地区举行。求雨仪式极为特别，全由“雨后”莫家姬一人主持，这在父系氏族里是极为少见的。从众多少女少男中选出跳神人选，进行传统的祭神礼仪，其间伴有原始舞蹈，跳舞者全都赤身裸体，但身体和脸上涂有彩色泥巴。男女进入成年的仪式也在此时进行。“雨后”从不结婚，但生儿育女，死后由其长女继承其位。

德班市是印度人和穆斯林的主要聚居地。这里的印度教徒每年1—2月和4—5月都守“卡瓦地”节，以求神灵消灾免祸。7—8月间有为期10天的“粥节”，11月有3天的“光节”，12月有“战车节”。

2. 饮食

白人的饮食习惯与英国人相似，大块牛排、炸土豆丝和煮得很透的青菜。意大利式烤馅饼很流行。黑人主要以大米和玉米为食。开普敦的菜肴较有名气，以荷兰和马来西亚混合口味为主，可以吃到熏鳄鱼肉片和鸵鸟肉。

3. 民间习俗

南非民族成分复杂，生活习俗各异，构成一幅万花筒式的风俗画。祖鲁部族是南非最大的部落民族，牛是财富的象征。每逢节庆都要宰牛祭祖，娶亲必须用牛作聘礼，送给新娘的父亲。盛行一夫多妻制。留存有夸祖鲁帝国的首都乌伦帝城，位于夸祖鲁—纳塔尔省东北部的祖鲁部落文化村。

科萨部族文化：大多数成年人都穿染红的衣服，被称为“红人”。多信各种神灵和巫术，最常见的是“经火”，赤脚走过火烫的铁板、红砖之类毫无损伤。

男孩进入成年的头三个月，脸上必须涂满白泥，穿棕树叶做的衣服，而此时的芳龄少女要禁闭在幽暗的茅屋里，亲朋好友绕屋而行，且边走边唱。

汶达人仍保持母系社会的传统，不吃猪肉和没有放过血的动物，每年祭女祖先的仪式由女祭师主持，举行成年的仪式是跳一种有“通灵色彩”的蟒蛇舞，由刚出闺门的少女表演，充满了原始神秘色彩。

六、旅游业

1. 旅游城市与景点

行政首都：比勒陀利亚，人口约292万，白人、黑人各占一半。市内有联邦大厦、国家纪念馆、国立历史博物馆、教堂等重要建筑，设有国家动物园，有“花园城”的美名。

立法首都：开普敦，人口约374万，位于好望角北端的狭长地带，濒临大西洋特布尔湾。西方殖民主义者在南部非洲最早建立的据点，留存众多殖民时代的开普敦古城堡、大教堂。著名景点有“桌山”，可乘缆车至山顶远眺全城景色。海运方面开普敦是欧洲沿西非海岸通往远东、太平洋的必经之路。

司法首都：布隆方丹，人口约75万，“布隆方丹”的意思是“花之泉”。市内有1848年建成的女王古堡（现为军事博物馆）、原自由邦的总统府、阿非利加人文博物馆，布隆方丹动物园和植物园以及富兰克林野生动物保护地。

约翰内斯堡：意为“金城”，南非最大城市、世界最大的产金中心。市内有世界著名的露天金矿博物城“金礁石城”，有“黄金城”之称。

金伯利：世界闻名的金刚石产地。市内有金伯利矿井博物馆、美术馆、教堂等建筑。市郊有世界上最大的人造矿穴“大穴”，约800米深，是著名的黄金工业旅游地。

德班：位于东海岸，濒临印度洋纳塔尔湾，是全国第三大城市、南非最大港口之一和度假胜地。市政厅为1910年建的文艺复兴式建筑，还有自然科学博物馆、圣保罗教堂、非洲艺术中心。主麻清真寺是南半球最大的清真寺，阿雷扬印度庙是南非最古老和最大的印度教庙宇。

世界自然文化遗产8处，文化遗产有约翰内斯堡西部斯泰克方丹化石遗址“人类摇篮”遗址，古人类学家认为人类先祖最早出现于此，后迁徙至世界各地；位于约翰内斯堡以南6公里处的金矿城与开普敦南非博物馆；地处大西洋和印度洋汇合处的著名岬角好望角为葡萄牙探险家迪亚士与达·伽马经过之地，当时是沟通欧亚的唯一海上通道；罗本岛，1991年前监禁黑人政治犯（包括曼德拉）的南非最大的秘密监狱。自然遗产有世界上最大、最有名的野生动物园克鲁格国家公园，西开普省的沿海的花园大道（世界自然遗产开普植物保护区），卡拉哈里大羚羊公国、大林波波河跨国公园，大圣卢西亚湿地公园（世界自然遗产）、德拉肯斯山地公园、奥赫拉比斯瀑布公园等。

南非旅游的优势与特色是生态旅游、历史文化与民族风情三者的结合。2017年全球旅游和旅行竞争力排名第53位。

2. 旅游客源市场

1992年入境游客289万人次，旅游外汇收入15亿美元，等于南非黄金出口收入的1/4；2013年951.0万人次，92.38亿美元；2017年1028.5万人次，88.18亿美元，接待外国游客人数与本国人口的比例为10∶100。客源主要来自非洲周边国家，其次是欧洲地区。2010年南非的前15位客源国依次为：津巴布韦、莫桑比克、斯威斯兰、莱索托、博茨瓦纳、英国、美国、德国、纳米比亚、赞比亚、马拉维、印度、中国大陆、巴西、俄罗斯。

1999年出境旅游387.5万人次，旅游外汇支出20.28亿美元；2013年南非出境旅游人数达到516.77万人次，出境旅游人次与全国人口之比为10∶100。出境旅游首选目的地是欧洲，主要是英国、德国、法国和以色列；其次是非洲，主要是津巴布韦、纳米比亚及毛里求斯；再次是亚洲，主要是印度、新加坡以及中国大陆、中国香港和中国台湾地区；最后是美洲，主要是美国。出境旅游70%是观光度假，其余为商务旅游，平均停留时间为21~28天。

2007年国内旅游1300万，2008年达1400万，约占南非成年公民的46%，国内旅游花费258亿兰特（约合32.25亿美元）。2009年国内旅游3090万人次，与本国人口之比为61∶100。

3. 旅游产业

非洲旅游大国，旅游设施完善，在国民经济中起着重要作用，是南非第三大外汇收入和就业部门。2003年起旅游业取代黄金业成为国家最大创汇产业。2016年旅游业的直接贡献占国民生产总值的3%，间接贡献占国民生产总值的9.3%。国际旅游收支长期呈顺差状态，2004年外汇收入56.72亿美元，外汇支出26.8亿美元，顺差29.92亿美元。

1994年有375家酒店评定星级，其中五星级酒店13家，四星级酒店48家，三星级酒店149家。五星级和四星级的高档酒店多集中在开普敦和花园大道旅游区及约翰内斯堡周围地区。有700多家大饭店、2800多家大小宾馆和10000多家餐馆，床位约9.2万张。

有700余家旅行代理商，其中400余家为南非旅行代理商协会成员，主要旅行社有南非旅游公司、雷尼斯旅游公司、羚羊阿特拉斯公司、南非学生旅行社等。南非旅游公司在全国各主要城市有销售网点，在英、美、法、德、日等国有办事机构。雷尼斯旅游公司是英国托马斯·库克公司在南非的唯一代理商。羚羊阿特拉斯公司是南非最大的旅行批发商。南非学生旅行社在全国各高校均有办事处，为青年学生提供各种低价服务，如招待所和特价机票。

“非洲之傲”（NOMAD）是一列可以让游客“住”下来游的豪华火车，是铁轨上的五星级酒店，最多可以搭乘72位客人，进行为期2~15天的慢旅行，遍布整个南非和南部非洲。NOMAD列车配备基本的厨具和食材和帐篷，行程大约是一个星期，组织游客扎帐篷、洗菜做饭、晚上进行“主题夜话”。

4. 旅游管理

2011年单设旅游部。南非野生动植物资源丰富，保护与利用生态资源发展旅游的历史起步较早，1655年出台森林保护措施，1685年开始野生动物管理工作，1894年建立第一个国家公园，提出“国家公园是所有南非人的自豪与欢乐”。为了协调旅游发展与环境保护之间的关系，曾设环境和旅游部，下设国家公园管理委员会与旅游局。南非宪法规定建设国家公园的宗旨是：“为了南非国家自豪与利益，妥善管理野生动物、植被、景观和相关的南非文化。”

南非旅游委员会（法定法人，经费由政府出资80%，自筹20%）是全国最大的旅游组织，在很多情况下行使政府授权的职能，如饭店的分类、定级，发放营业执照，市场研究与开发，资料收集和促销活动等。其附属的旅游联络委员会由各行业协会组合而成，具有广泛的代表性和权威性。

主要行业协会有：南非旅行代理商协会（Asata）、南非接待同盟协会（Fedhasa）、南非车辆出租协会（Savrata）和非洲旅行与游猎协会（Satsa）。这些协会基本上由白人业主占主导地位，能进入协会的黑人业主极少。为了扶持黑人企业发展，旅游委员会制定了《1994—1999年旅游业重建与发展战略》，其中包括要求各行业协会重新制定会员标准。1996年2月新成立了南非旅游行业委员会，该组织为私人旅游业主的行业组织。

各省也有旅游委员会之类的机构，负责本省旅游法规的制定以及国内旅游的开发。国家旅游论坛（NTF）是政府的旅游政策咨询机构，负责对即将出台的旅游法规进行调研和提出修改意见。

在纽约、洛杉矶、多伦多、巴黎、伦敦、法兰克福、阿姆斯特丹、苏黎世、维也纳、米兰、特拉维夫、东京、悉尼和哈拉雷等地设有旅游办事处。从2005年12月起，南非免除中国、俄罗斯、印度、埃及等17个国家公民的过境签证，以方便这些国家公民到南非旅游观光，推动南非旅游业的发展。

国家旅游形象：彩虹之国（A Rainbow）。旅游宣传口号：南非，没有什么不可能（South Africa I’ts possible），该口号包含四大内涵：强烈的感观、壮丽的自然景观、融合与活力、人情味与自由。

七、中南（非）关系

1. 外交关系

1992年10月南非国大党主席曼德拉首次访华。1998年1月，中国与南非正式建立大使级外交关系。2006年两国签署《中南关于深化战略伙伴关系的合作纲要》。2008年1月，两国建立战略对话机制。2010年8月，两国签署《北京宣言》，将双边关系提升为全面战略伙伴关系。2011年南非成为“金砖国家”成员国。中国在开普敦和德班设立总领事馆，南非在上海设立总领事馆，同时保留其在香港的总领事馆。目前中国是南非最大贸易伙伴，南非是中国在非洲最大贸易伙伴。

2. 旅游关系

1998年中南建交后，旅游交流迅速发展。1998年南非来华旅游0.82万人次。2013年6.68万人次，2014年6.82万人次，2018年8.4万人次。

2001年，中国有1万人次去南非，大多是商务旅客。2003年中国公民首站赴南非旅游达2.54万人次，2011年8.4万人次。2012赴南非12万人次，2013年，中国（含香港）赴南非游客人次达到15.18万人次，2015年9.55万人次，2016年11.7万人次，成为南非第四大旅游客源国。

第四节 尼日利亚

一、地理、历史与人文

1. 自然地理

尼日利亚联邦共和国（The Federal Republic of Nigeria）位于西非东南部，南濒大西洋几内亚湾，面积923768平方公里。地势北高南低。沿海为宽约80公里的带状平原，南部低山丘陵，中部为尼日尔－贝努埃河谷地，北部豪萨兰高地平均海拔900米，东部边境为山地，西北和东北分别为索科托盆地和乍得湖西盆地。河流众多，尼日尔河及其支流贝努埃河为主要河流。属热带季风气候，高温多雨，全年分为旱季和雨季。

2. 简史

非洲文明古国。公元8世纪扎格哈瓦游牧部落在乍得湖周围建立了卡奈姆—博尔努王国，延续了一千多年。从10世纪开始，约鲁巴族在尼日尔河下游建立了伊费、奥约和贝宁等王国。11世纪前后，豪萨族在尼北部地区建立了七个城堡王国，16世纪被西部的桑海帝国所征服。1472年葡萄牙入侵，16世纪中叶英国入侵，1914年沦为英国殖民地。1960年10月1日宣布独立，为英联邦成员国。1963年10月1日成立尼日利亚联邦共和国。

3. 国旗、国徽

国旗：呈横长方形，旗面由三个平行相等的竖长方形构成，两边为绿色，中间为白色。绿色象征农业，白色象征和平与统一。

国徽：中心图案为盾徽。黑色盾面上绘有白色的“Y”型图案，黑色象征尼日利亚肥沃的土地，“Y”型图案象征流经该国的最大的河流尼日尔河及其支流贝努埃河。盾徽上端为舒展双翼的雄鹰，两侧各有一匹白色骏马，鹰和马象征尊严和力量。盾徽和白马立在鲜花点缀的草地上，下面的绶带上用英文写着“团结与信心，和平与进步”。

4. 人口、民族、语言与宗教

人口1.9亿（2018年），非洲第一人口大国，有250多个民族，其中最大的是北部的豪萨—富拉尼族（占全国人口29%）、西部的约鲁巴族（占21%）和东部的伊博族（占18%）。官方语言为英语。主要民族语言有豪萨语、约鲁巴语和伊博语。居民中50%信奉伊斯兰教，40%信奉基督教，10%信仰其他宗教。

5. 社会节日

独立日：10月1日（1960年）

国庆日：10月1日（1960年）

军队节：1月15日。

二、政治体制与对外政策

宪法规定，实行联邦制和三权分立的政治体制，总统为最高行政长官，领导内阁；国民议会分参、众两院，是国家最高立法机构；最高法院为最高司法机构；总统、国民议会均由直接选举产生，总统任期四年，连任不得超过两届。

1998年6月开放党禁。目前，共有50多个正式注册的政党，人民民主党为现执政党。

奉行广泛结好、积极参与国际事务、促进和平与合作的外交政策。以非洲为中心的外交战略，力图发挥地区大国作用。积极倡导南南合作、南北对话。重视发展与西方、发展中大国关系。积极参与联合国事务。与100多个国家建立了外交关系，共设105个驻外机构。是联合国、不结盟运动、77国集团、世界贸易组织、石油输出国组织、非洲联盟和西非国家经济共同体（西共体）等国际组织成员国。

三、国民经济

原为农业国。20世纪70年代起成为非洲最大的产油国。1992年被国际货币基金组织列为低收入国家，目前是非洲第一大经济体，2013年经济总量全球排名第26位。世界第十大石油生产国，也是石油输出国组织（欧佩克）成员国之一。2017年国内生产总值4480亿美元，人均国内生产总值2358美元。

货币名称：奈拉，汇率：1美元=357奈拉（2019年5月）。

石油工业是国民经济的支柱。尼联邦政府财政收入的85%、国内生产总值的

20%~30% 来源于石油行业。2017 年日产原油 188 万桶，居非洲第一。制造业发展水平低，多数工业制品仍依赖进口。2015 年，农业在国内生产总值中所占比重为 23% 左右。全国 70% 的人口从事农业生产。木薯年产量居世界第一。大米、面粉等粮食不能满足自产自给。

运输以公路为主，以水路、铁路运输为辅。交通运输较为薄弱。拉各斯港（包括阿帕帕港和廷坎港）是西非最大、最繁忙的港口，对外贸易的 70% 通过港口承运装卸。维京—尼日利亚航空公司尼投资者持股 51%，英国维京大西洋航空公司拥有 49% 的股权。在尼经营的外国航空公司有法航、英航、汉莎等 24 家，国际航线基本被这些公司垄断。全国有隶属联邦民航局的 22 个主要机场，其中 5 个国际机场拉各斯、阿布贾、卡诺、哈尔科特港和卡拉巴尔。

四、教育、文化和新闻媒体

学制为小学 6 年，初中 3 年，高中 3 年，大学 4 年。全国共有大学 124 所，著名大学有艾哈迈德·贝罗大学、拉各斯大学、伊巴丹大学、尼日利亚大学和伊费大学等，共有技术院校近百所。

早在 2000 多年前就有了较为发达的文化，著名的诺克、伊费和贝宁文化是非洲最古老的文化之一，享有“黑非文化摇篮”的美誉。独立后，在传统文化的基础上民间文学、音乐、舞蹈、绘画等都有较快发展。非洲鼓是富有民族特色的传统艺术与旅游纪念品。早在两千多年前就有了比较发达的文化。独立后，产生了一批著名小说家、戏剧家、诗人和表演艺术家。1986 年，著名小说家、诗人和戏剧家沃尔·索因卡获诺贝尔文学奖，是第一位获此殊荣的撒哈拉以南非洲文学家。尼日利亚电影产量超过“好莱坞”，成为全球仅次于印度的世界第二大电影生产国，被称为“尼莱坞”。

非洲体育强国，足球运动十分普及，在多次在世界足球赛事中夺冠。在田径、举重等项目上也有一定优势。

主要报纸有《今日报》《卫报》《每日信报》《新尼日利亚人报》《每日时报》《抨击报》《先锋报》等。尼日利亚通讯社（简称 NAN）为官方通讯社。尼日利亚联邦广播电台（简称 FRCN）受联邦政府新闻和通信部领导。尼日利亚之声（简称 VON）主要负责用英语、法语、斯瓦希里语、豪萨语、阿拉伯等八种语言每天对外广播。尼日利亚国家电视台（简称 NTA）由联邦政府新闻和通信部领导。总部设在阿布贾。

五、民俗风情

主要民族与旅游节庆活动有：

捕鱼节：每年 2 月，在阿尔贡古城举行，是体现尼日利亚渔猎文化与部族间友好相处的友谊节日。

伊古埃节：约鲁巴族辞旧迎新、祈求和平繁荣的节日，纪念第一代贝宁王奥巴与以奥面加为首的一帮元老之间的战争，在节日的最后一天，青年男子手举火把驱赶恶神，迎接新年到来。

世界黑人和非洲艺术文化节：1977年1月尼日利亚举办的第二届节日时，在拉各斯成立了世界黑人和非洲文化艺术中心。

六、旅游业

1. 旅游城市与景点

新首都阿布贾：国家政治中心，交通方便、气候宜人，有机场和连接各州首府的高速公路。

拉各斯：原首都，由奥贡河入海口拉各斯潟湖的6个岛屿和周围陆地组成，有“非洲威尼斯”之称。17世纪建城，曾为西非奴隶贩运港和贸易中心。1960年尼日利亚独立后定为国家首都。维多利亚岛海滨现为著名度假胜地。

卡诺：历史名城，原为加亚人村落。11世纪时为豪萨部落所建卡诺王国首府，15世纪达鼎盛时期，城内滨河的库尔米中心市场为古代横越撒哈拉的终点站。19世纪成为富拉尼人所建卡诺酋长国首府。主要古迹有15世纪古城墙、王宫和全国最大的清真寺。

卡齐纳：北部古城。始建于12世纪，原为卡齐纳王国首邑，16世纪属桑海王国。16世纪末至18世纪末，曾为穿经撒哈拉沙漠队商贸易路线要站和豪萨人重要文化中心、西非伊斯兰教研究中心。1806年属卡齐纳酋长国。城内有古城墙遗址、清真寺、宫殿和高塔等历史古迹。

贝宁城：南部古城，终年高温多雨，附近有森林保留地。10世纪建城，曾为古贝宁王国首邑，保留有古城墙和护城河遗址。15世纪后葡萄牙人来此进行胡椒、象牙、珊瑚珠、贩运奴隶等贸易。

伊巴丹：尼日利亚第二大城，也是尼日利亚西南部工商中心出产精细的传统手工艺品。

苏库尔人文景观与奥孙神树林被列入《世界文化遗产名录》。主要旅游景点有：奥逊州的奥索博神树林，阿达玛瓦州的宿库卢文化遗产，夸拉州的奥乌瀑布，博尔诺州的乍得湖寺院，十字河流州的奥布都大牧场，伊莫州的奥古都湖，翁多州的温泉和包奇州的杨卡里野生动物园。

目前开放的自然旅游景点：夸拉州和高原州的瀑布，博尔诺州的乍得湖寺院，十字河州的大牧牛场，伊莫州的奥古塔湖，翁多州的温泉和包奇州的野生动物园等；文化景点有拉各斯国家博物馆、贝宁王宫等；休闲度假地有尼日尔河上的卡因吉水库、乔斯景区等。

黑非文化体验与高原河湖生态是尼日利亚旅游的两大特色。2017 年全球旅游和旅行竞争力排名第 129 位。

2. 旅游客源市场

1999 年入境游客 142.5 万人次，旅游外汇收入 1.71 亿美元；2011 年 71.5 万人次，6.28 亿美元；2017 年 50.5 万人次，2.55 亿美元，接待外国游客人数与全国人口之比为 0.03∶100。最大的客源产出地是非洲、约占 70%，其次是欧洲。主要客源国为尼日尔、贝宁、加纳、利比里亚、喀麦隆、乍得、意大利、苏丹、法国和德国等。

2004 年旅游外汇支出 11.6 亿美元。

3. 旅游管理

尼日利亚的文化旅游资源丰富，为了把文化利用与旅游开发紧密地结合起来，国家设有旅游文化指导部。

目前全国有饭店约 400 家。

七、中尼关系

1971 年 2 月 10 日中尼建交，两国友好合作关系发展顺利。2005 年双方确定建立战略伙伴关系，2009 年中尼举行首次战略对话。

尼日利亚来华游客人数为：2007 年 4.05 万人次，2012 年 3.89 万人次，2017 年 4.62 万人次，2018 年 4.5 人次。

2002 年 7 月中尼双方签署《旅游合作协定》。

【学习提要】

中东和非洲地区是世界新兴旅游地区，是中国重要的潜在旅游客源地与目的地，进一步推进中国与中东、非洲地区的旅游合作，是中国拓展国际旅游市场的重要任务。

教学重点

埃及、以色列和南非的旅游业现状、特点及其与中国的旅游交流与合作。

思考与讨论

以色列和南非的旅游产品、旅游市场、旅游管理有什么特点，对我国有什么借鉴意义？

第七章

大洋洲

第一节　澳大利亚

一、地理、简史和人文

1. 自然地理

澳大利亚联邦（The Commonwealth of Australia）位于南半球，四周环海，与布满冰川雪海的南极洲隔海相望。面积 769.2 万平方公里，居世界第 6 位，占大洋洲面积的 85%。东部为山地、中部为平原、西部为高原，沙漠和半沙漠占全国面积的 35%。东北部沿海有世界上最大的珊瑚礁大堡礁。气候炎热干燥，雨量较小。

2. 简史

原为土著人居住地区。17 世纪初，西班牙、葡萄牙人和荷兰人先后抵此。1770 年英国的詹姆斯·库克船长率船队抵澳大利亚东南沿海，宣布为英王的属地。1788 年 1 月 26 日英国航海家菲利普率首批移民千余人抵达杰克逊湾，建立了第一个流刑殖民地——悉尼，为澳大利亚建国之年。19 世纪末英国先后建立了 6 个殖民区。1901 年 1 月 1 日，各殖民区改为州，澳大利亚联邦正式产生，成为英国的自治领地。1931 年获内政、外交独立的自由权，成为英联邦内的独立国家。

3. 国名、国旗、国徽、国花、国树、国鸟

国名：来自拉丁文，意为“南方之地”。欧洲人很早就意识到南半球应有一块陆地，便将想象中的大陆称为“未知的南方大陆”。

国旗：长方形，旗底为深蓝色，左上方是红、白“米”字，“米”字下有一颗白色七角星，旗的右边有四颗白色七角星和一颗白色五角星。“米”字为英国国旗图案，象征澳大利亚是英联邦成员。最大的一颗七角星象征组成澳联邦的 6 个州和联邦区（北部自治区和首都直辖区），其余 5 颗星代表南十字星座。

国徽：袋鼠和鸸鹋是澳特有的动物，为国家标志。盾面上 6 组图案分别象征6个州。盾面上方一枚七角星象征英联邦。背景金合欢为国花。绶带上为英文“澳大利亚”。

国花：金合欢。

国树：桉树。

国鸟：琴鸟。

4. 人口、居民、语言与宗教

人口2520.9万（2019年），其中74%为英国及爱尔兰后裔；5.6%为亚裔，其中华裔约67万人、占3.4%；土著居民约45.5万人，占2.8%；17.6%为其他民族。官方语言为英语。居民中63.9%信奉基督教，5.9%信奉佛教、伊斯兰教、印度教和犹太教等。无宗教信仰或宗教信仰不明人口占30.2%。

5. 法定节日

元旦：1月1—2日。

国庆日：各州分别为1月26日与30日，又称“澳大利亚日”。

澳新军团日：4月25日，又称“安札克日”，安札克是澳大利亚新西兰军团的英文缩写音译。第一次世界大战中，澳新军团于1915年4月1日在土耳其加利波利半岛登陆。

英女王寿辰：6月4日，庆祝英国女王伊丽莎白二世诞辰。

耶稣受难日：4月17日。

复活节：春分第一次月圆之后的第一个星期日。

圣诞节：12月25日。

节礼节：12月26日。

6. 带薪假期

澳大利亚法律规定，在同一雇主下工作1年以上者可得到至少20天的有奖金额的带薪休假，该奖金相当于平时工资的17.5%（已扣除所得税后），并须在休假前支付。如不休假，则取消奖金。在同一雇主下工作10年者至少休假6周，15年以上者有13周带薪休假。工作满10年有一次性3个月假期。

二、政治体制与对外政策

澳大利亚联邦和各州都采用英国的议会制度，实行政党政治和责任内阁制。英国女王为国家元首，派总督代行权力。澳大利亚联邦议会由代表英王的总督、参议院和众议院组成，拥有立法权。联邦行政议会是联邦最高行政机构，由总督、担任议员的各部部长和一些名誉委员组成。内阁是行政领导机构。内阁总理由众议院多数党领袖担任。

澳大利亚有大小政党几十个，主要政党有：自由党，主要代表工商业主利益；国家党势力范围主要在农村地区；工党同工会关系密切，工会会员多为其集体党员。其他小党有民主党、绿党、单一民族党、无核澳大利亚党、进步联盟党和澳大利亚共产党等。

在坚持巩固澳美同盟、发挥联合国作用以及拓展与亚洲联系三大传统外交政策的基础上，通过积极参与全球和地区热点问题提升国际影响力，着力推进“积极的有创造力的中等大国外交”。重视发展与中国、日本、韩国、印度尼西亚和印度等国的关系，积极致力于维护南太地区稳定。同 90 多个国家和地区有外交或经贸关系。

三、国民经济

工业化国家，自然资源丰富。农牧业、采矿业为澳传统产业，有“骑在羊背上的国家”“坐在矿车上的国家”之称。制造业和高科技产业发展迅速，服务业已成为国民经济主导产业。国内生产总值（2017—2018 财年）：1.74 万亿澳元，人均国内生产总值：约 7.3 万澳元。

货币名称：澳大利亚元（Australian Dollar），汇率：1 澳元≈0.71 美元（2019 年）。

工业以矿业、制造业和建筑业为主。农牧业发达，世界上最大的羊毛和牛肉出口国，同时也是世界重要的矿产品生产和出口国。服务业以批发业、零售业和科技服务业为主。2012 年农业、工业、服务业增加值的比重为 2.4∶28.1∶69.5。与 130 多个国家和地区有贸易关系，主要贸易伙伴是中国、日本、美国、英国、韩国、新西兰、印度、德国。出口总额中，商品出口约占 3/4，服务贸易出口占 1/4。

国际海运、空运业发达。悉尼是南太平洋主要交通运输枢纽。航空业务主要由“快达”（Qantas）、“维珍澳洲”（VirginAustralia）和“捷星”（Jetstar）航空公司主导。客流量排名前十的机场为：悉尼、墨尔本、布里斯班、珀斯、阿德莱德、黄金海岸、凯恩斯、堪培拉、霍巴特和达尔文。

主要上市企业有国民银行、澳大利亚联邦银行、西太银行、澳新银行、必和必拓公司（经营石油和矿产为主）、麦格里集团（多元化国际金融机构）、澳电信公司、西农集团、力拓集团（矿业公司））。

四、教育、文化和新闻媒体

澳大利亚教育事业主要由州政府负责，各州的教育部独立主管本州大、中、小学和技术教育学院。联邦政府仅负责制定、协调教育政策，并向全澳的大学和高等教育学院提供经费。学校分为公立和私立两种，实行学龄前教育、中小学 12 年义务教育和高等教育。著名高等院校有澳大利亚国立大学、堪培拉大学、墨尔本皇家理工学院、格里菲斯大学、墨尔本大学、悉尼大学、新南威尔士大学、莫那什大学、默多克大学、麦夸里大学、新州理工学院等。

墨尔本国立艺术馆是澳大利亚最宏伟的博物馆。澳大利亚芭蕾舞剧团以高水准闻名于世。著名作家帕特里克·怀特获1973年诺贝尔文学奖，主要作品有《老人树》《沃斯》《活体解剖者》《风暴眼》等。20世纪70年代以后电影业有了长足的发展，著名影片有《悬崖上的野餐》《雪河来的人》《鳄鱼邓迪》。

主要媒体有先驱报和时代周刊杂志集团、默多克新闻公司、费尔法克斯公司和帕克新闻联合控股公司为四大报业集团。其中，默多克新闻公司已成为国际性报业集团。主要报刊有《澳大利亚人报》《悉尼先驱晨报》《世纪报》。《公报》周刊（1880年创刊）是历史最悠久刊物之一。澳大利亚联合新闻社为澳最大通讯社，总部设在悉尼，自1964年起与英国路透社结为联社。

五、民俗风情

1. 节庆活动

悉尼游艺节：1月1日开始，为期1个月。

澳大利亚网球公开赛：1月，世界四大网球公开赛之一（其他为法国、英国、美国）。

墨尔本欢乐节：3月的第一个星期一开始，为期10天，又译为蒙巴节，“蒙巴”是本土语“联欢”之意。

南太平洋艺术节：每四年举行一次。

墨尔本国际喜剧节：3—4月3周，世界三大喜剧节之一（其他为英国、法国）。

墨尔本国际电影节：5—6月。

墨尔本赛马节：每年11月第一个星期二在墨尔本城西举行，全国性的赛马锦标赛，成为约定俗成的全国性假日。

堪培拉花卉节：9月。

悉尼至霍巴特风帆赛：12月26日。

2. 作息时间

澳大利亚商店的营业时间一般为上午9：00—下午5：30，周六、日休息。银行一般上午9：00—下午4：30营业，星期六、日休息。实行“一国五制”时差制，地区之间相差半小时至两小时。

3. 饮食与习俗

白种人接近英国传统的习俗，土著人仍保持着自己特有的习俗。家庭中一般早、午、晚三餐加上午早茶（10：30左右）、午茶（下午5点左右），以咖啡和茶为主，加上饼干、小点心等甜食。注重菜肴色彩，讲究新鲜、品质；口味爱甜酸味，不喜太咸。爱喝啤酒、葡萄酒，饭后饮咖啡、红茶、香片花茶。

4. 社交礼仪

性格开朗、粗犷，喜欢直截了当地表示自己的意见。待人接物较随便，喜欢与人交谈。习惯以握手表示友谊，但在亲朋好友之间通常以吻礼或贴面以示感情。请客一般提前一周左右向被邀请人发出邀请。在澳与人相见、到家做客，一般都要事先相约。应邀赴约者最好带瓶酒，或一些甜点、糖果、画册、小工艺品等，或者一束鲜花。

5. **土著习俗**

经过成人礼的男女均文身，不仅是吸引异性爱慕的身体装饰，而且具有宗教意义，可以获得避邪的魔力。文身还常常表示一个人的年龄、图腾和功绩。土著人几乎采用了世界上各种葬法，包括火葬、土葬、天葬、弃葬、木乃伊化，等等。葬礼仪式奇特，伴有歌舞和宗教仪式。土著人虽奉行一夫一妻制，但一夫多妻并不受制约，一夫有2~3妻的现象较为常见。

六、旅游业

1. 旅游城市和景点

首都堪培拉：1913年定都。纯粹的政治中心城市，没有工业、经贸和金融业。花繁树茂，四季常青，有“万花之都”之美誉。以城市建筑设计师的名字命名的人工湖格里芬湖长约8公里，湖中喷泉水柱高达137米。市域有黑山国家植物园。

悉尼：历史名城，是澳大利亚历史最久和最大的城市，也是文化、贸易、商业、金融中心和交通枢纽。有南半球最大的海港大桥和风格独特的悉尼歌剧院，以德信街为中心的悉尼唐人街是澳大利亚最大的华人社区。

墨尔本：华侨称其为“新金山”，以别于美国的旧金山。著名景点有奥林匹克体育场、墨尔本艺术中心和维多利亚州国立美术馆。菲茨罗伊公园内有一座发现和登上“南方大陆”的库克船长童年时代的古老小屋，从英国的约克郡库克的故乡拆卸、装运而来，完全按原样重建。城西、城北两个过去的淘金地，建有主题公园，再现了当年采金时期的生活与习俗。

阿德莱德：艺术之城。该市每两年举办一次为期2周的国际艺术节庆典，届时，有音乐会、戏剧和歌舞演出，有花车游行和各种展览会等。

本廸戈：百年采金地，市区内保存有金矿博览馆。

移民国家的历史决定了本土文化与外来文化并存，原始文明与现代文明交织、自然生态与人文风情兼具。正如它的旅游宣传口号所说，“集地球四角于一体，感受澳洲魅力”，“澳大利亚，与众不同”。共有18处世界自然或文化遗产。

自然观光与生态探奇之旅：主要有世界自然遗产大堡礁、大蓝山溶洞、昆士兰热带雨林、波奴鲁鲁国家公园、威兰德拉湖、豪勋爵岛生物保护区、沙克湾（鲨鱼湾）生物保护地等；“荒漠三绝”艾尔斯独石、奥加斯山（28块圆形大岩石组成）与艾丽思温泉小镇；卡卡杜国家公园以鸭嘴兽、树熊、袋鼠和琴鸟为代表的珍禽异兽；菲利普岛的小企鹅保护区。

滨海度假之旅：四面环海，海岸线绵长，拥有许多优良的海滨浴场，其中东海岸昆士兰州内长约 32 公里的沙滩“黄金海岸”是举世闻名的避暑胜地。

历史开拓寻踪之旅：墨尔本库克小屋、淘金主题公园，本廸戈采金博览馆，世界文化遗产澳大利亚监狱遗址，世界文化遗产皇家展览馆和卡尔顿园林，以及土著风情。

现代文化休闲之旅：世界文化遗产悉尼歌剧院，悉尼游艺节（1 月）、墨尔本欢乐节（3 月的第一个星期一开始）、墨尔本国际喜剧节（3—4 月）、墨尔本国际电影节（5—6 月）、墨尔本赛马节（11 月第一个星期二）、堪培拉花卉节（9 月）、南太平洋艺术节（每四年一次）、澳大利亚网球公开赛（1 月）、悉尼至霍巴特风帆赛（12 月）等节庆活动。

2017 年全球旅游和旅行竞争力世界排名第 7 位。

2. *旅游客源市场*

1998 年入境游客 401.2 万人次，旅游收入 85.75 亿美元，居世界第 10 位。2012 年 603.2 万人次，317.31 亿美元；2013 年 638.1 万人次，309.79 亿美元；2017 年 881.5 万人次，417.32 亿美元，入境游客人数与全国人口之比为 35∶100。主要客源地亚太地区占 60% 以上，欧洲占 20% 以上，美洲占 10%。2011 年主要客源国依次为，新西兰、中国大陆、英国、美国、韩国、新加坡、马来西亚、印度、中国香港、德国、加拿大。

2011 年，出境旅游 780 万人次，出境旅游人数与全国人口之比为 34∶100。2012 年出境旅游支出 280 亿美元，2013 年 2284 亿美元，旅游支出居世界第 8 位，全国国民人均支出 1223 美元，居世界第一位。据 2014 年调查，近 5 年内 70% 以上的人有出境旅游经历，近 60% 的人有 3 次以上的出境旅游经历。出境旅游中主要是商务旅游、休闲度假和探亲访友。185 个国家和地区对澳大利亚国民实行免签入境或落地签证政策。

旅游已经成为澳大利亚人生活的重要组成部分，国民旅游的宣传口号是：“没有假日，就没有生活”（no leave no life）。2016/2017 财年，国内游客消费 983.02 亿澳元，海外游客在澳消费 372.0 亿澳元。2005 年国内旅游为 2.87 亿人次，人均出游 14.2 次，国内旅游收入为 550 亿澳元。2010/2011 年度，国内游客消费支出 719.7 亿澳元，占国民旅游总消费支出的 75%；出境旅游消费支出 236.8 亿澳元、占 25%。国内旅游目的以休闲度假为主。以过夜人数计算，度假占 50%，探亲访友占 26%，公务旅游占 11%，其他占 13%。国内旅游的交通工具以私人汽车为主，约占 76%，飞机占 9%、公共旅游车占 6%、火车占 4%。1 月是澳大利亚的盛夏，圣诞节、新年刚过，学校一般放 3 个月的暑假，人们纷纷外出度假，形成了一年一度的旅游高峰期。7—8 月为冬季，除公务旅游外，度假和探亲访友活动处于淡季。

3. 旅游产业

旅游业是澳大利亚重要的产业。2016 年旅游业的直接贡献占国民生产总值的 2.9%，间接贡献占国民生产总值的 10.9%。旅游兼职就业 22.44 万人，全职就业 28.93 万人，合计 51.37 万人，占总就业人数的 4.5%。旅游外汇收入已超过羊毛、原煤、铁矿石和小麦等传统出口产品，成为澳最大的创汇渠道。旅游收支一直呈顺差状态，2017 年旅游外汇收入 417 亿美元，旅游外汇支出 342 亿美元，旅游贸易顺差 75 亿美元。

旅游基础设施和服务设施十分完善。目前有各类饭店约 1150 家、汽车旅馆约 3200 家。其中墨尔本的洛克曼摄政王饭店、墨尔本摄政饭店、悉尼的塞贝尔饭店等都是世界一流饭店。

商务旅游是澳大利亚旅游的重要组成部分。2010 年商务会展带来了 85 亿美元的收入，其中国际商务访客花费 20 亿美元。2008 年 10 月通过了一个包含 52 项建议的商务旅游战略，由来自业界和政府代表组成的商务旅游战略实现集团负责执行。

4. 旅游管理

澳大利亚政府主管旅游的是资源、能源和旅游部，下设澳大利亚旅游委员会，主管全国旅游的市场开发与促销。各州设立旅游委员会、旅游局或旅游部，统一管理本州的旅游事业。澳大利亚统计局、澳大利亚旅游调研局和旅游预测委员会分别负责旅游统计、调研和预测工作。

澳大利亚旅游部长理事会由联邦州和领地政府的旅游部长组成，是一个非常设性的协调和议事机构。由政府旅游相关机构与企业代表组成的旅游指导委员会是旅游咨询机构。

澳大利亚旅游委员会在世界各地设立了海外旅游代办处，分别为新西兰的奥克兰，德国的法兰克福，英国的伦敦，美国的洛杉矶、纽约、芝加哥，加拿大的多伦多，日本的东京和大阪，新加坡，中国香港。

澳大利亚政府及旅游部门十分重视旅游教育与培训，在大力发展旅游业的同时，重视各级旅游教育，旨在向旅游业不断提供合格的从业人员。著名的教育单位有福茨克雷理工学院、墨尔本皇家理工学院、威廉·安格利斯学院、塔斯马尼亚旅游学院、昆士兰农学院、丽晶·帕克社区学院、堪培拉职业教育学院、塔斯马尼亚农学院、戈登技术学院、阿尔班尼技术学院等院校。

七、中澳关系

1. 外交关系

1972 年 12 月 21 日，中澳两国建立外交关系。此后，两国在政治、经济、文化、科技等领域的合作关系得到迅速的发展，建立起全面合作关系。2015 年6月，中澳双方签署《自由贸易协定》，澳大利亚将向中国公民提供十年期多次往返签证。目前，澳大利亚是中国第八大贸易伙伴、第九大出口市场和第七大进口来源地。中国为澳大利亚第一大贸易伙伴、出口市场和进口来源地。中国在悉尼和墨尔本设有总领事馆。澳大利亚在广州设有总领事馆。

2. 旅游关系

1999 年，澳大利亚成为中国出境旅游目的地国家，是首个与中国签定《旅游目的地（ADS）谅解备忘录》的西方国家。2016 年 4 月，中澳签署《关于加强旅游合作的谅解备忘录》，2017 年共办“中澳旅游年”。

1979 年来华游客仅 7359 人次，2000 年 23.41 万人次，2015 年 63.73 万人次，2017 年 73.37 万人次，2018 年 75.2 万人次。旅华市场的特点是：散客、小包价团增长快；中转游客增长；商务旅游看好，商务旅游占旅华总人数的 20% 以上。

1998 年赴澳 9.28 万人次，2015 年 102.36 万人次，2016 年 121.3 万人次，2017 年 137.9 万人次，数量或超过新西兰，成为澳大利亚第一大游客群体；在澳总花费 104.39 澳元，是最大的入境旅游消费国。观光度假旅游为主，其次是探亲和教育。

第二节　新西兰

一、地理、简史与人文

1. 自然地理

新西兰（New Zealand），位于太平洋西南部，介于赤道和南极之间。由南岛、北岛及一些小岛组成，距离澳大利亚 1600 公里。海岸线长 6900 公里，面积 270534 平方公里。山地丘陵占 3/4，多火山和地震。海拔 3764 米的库克峰为全国最高峰，岛上冰川湖泊众多，北岛海岸线曲折，多半岛和良港。属温带海洋性气候，终年湿润、宜居宜游。

2. 简史

早在 14 世纪，毛利人在新西兰定居。1642 年荷兰航海家首先在此登陆。1769—1777 年，英国库克船长先后 5 次到新西兰。此后，英国向新西兰大批移民，1840 年 2 月成为英国殖民地。1907 年成为英国的自治联邦。1947 年新西兰成为主权国家，为英联邦成员。

3. 国旗、国徽、国树、国鸟、国石

国旗：旗地为深蓝色，左上角为英国国旗图案，表明新西兰同英国的传统关系；旗的右边有 4 颗镶白边的红色五角星，表示南十字星座，象征独立和希望。

国徽：中心图案为盾徽。盾面上有五组图案；四颗五角星代表南十字星座，象征新西兰；麦捆代表农业；羊代表畜牧业；交叉的斧头象征该国的工业和矿业；三只扬帆的船表示该国海上贸易的重要性。盾徽右侧为手持武器的毛利人，左侧是持有国旗的欧洲移民妇女；上方有一顶英国伊丽莎白女王二世的王冠，象征英国女王也是新西兰的国家元首；下方为新西兰蕨类植物，绶带上用英文写着“新西兰”。

国树：银蕨。

国鸟：几维鸟。

国石：绿玉。

4. 人口、民族、语言与宗教

人口 491 万（2019 年）。欧洲移民后裔占 74%，毛利人占 15%，亚裔占 12%，太平洋岛国裔占 7%（部分为多元族裔认同）。官方语言为英语、毛利语。大多信奉基督教新教和天主教。

5. 节假日

元旦：1 月 1—2 日。

国庆日：2 月 6 日，纪念 1840 年建国。

复活节：4 月 10—13 日。

澳新军团日：4 月 25 日，纪念 1915 年第一次世界大战中澳新军团在加利波利半岛登陆。

英女王寿辰：6 月 4 日，庆祝英国女王伊丽莎白二世诞辰。

劳动节：10 月 22 日。

圣诞节：12 月 25 日。

节礼日：12 月 26 日。

职工年带薪休假 20 天，社会公共假期 15 天。

二、政治体制与外交政策

新西兰君主立宪制国家。众议院是最高立法机构，总督与内阁成员组成的行政会议是最高行政机构，行政会议由总督主持。1893 年妇女获得选举权，1919 年获被选举权，是世界上第一个实施妇女选举权的国家。自 1935 年起由工党和国家党轮流执政。

注册政党 16 个，主要有国家党、工党、行动党、毛利党、联合未来党、绿党、新西兰第一党、保守党、民主党、基督教遗产党等。2014 年国家党执政，主张实行自由市场经济和私有化，反对政府过多干预经济；严格规范福利政策，削减政府开支。工党主张实行民主社会主义，重视社会福利制度，社会政策上加大政府干预。

对外政策的根本目的是维护世界、特别是太平洋地区的和平，以保障新西兰主权与安全，维护经济利益。将同澳大利亚和太平洋岛国的关系作为对外政治、防务和经济关系的立足点；将亚太地区作为对外关系优先领域；积极改善与美国关系，维护与欧洲国家传统关系，强调发展与拉美新兴国家政治、经济关系。

三、国民经济

经济发达国家，工业以农林牧产品加工为主，以农牧业为主，农牧产品出口约占出口总量的50%。羊肉和奶制品出口量居世界第一位，羊毛出口量居世界第三位。农业高度机械化，畜牧业发达，是新西兰经济的基础，农牧产品出口占出口总量的50%。羊肉和奶制品出口量居世界第一位，羊毛出口量居世界第二位。渔产丰富。主要贸易伙伴为中国、澳大利亚、美国、日本、新加坡、韩国。交通运输发达，通信网络畅通，进出口货物主要靠海运。国际机场有奥克兰机场、克赖斯特彻奇机场和惠灵顿机场。2017年度国内生产总值2830亿新元（1924亿美元），人均国内生产总值5.9万新元（4.0万美元）。2012年农业、工业、服务业增加值的比重为8.4∶25.5∶66.1。

货币名称：新西兰元（New Zealand Dollar）。汇率：1新元=0.68美元（2019年）。

四、教育、文化和新闻媒体

国立中小学实行免费教育，入学年龄为5岁；对6~15岁青少年进行义务教育。主要大学有奥克兰大学、奥克兰理工大学、怀卡托大学、维多利亚大学、坎特伯雷大学、梅西大学、奥塔哥大学、林肯大学。主要赴新西兰留学生来源国有中国（包括香港）、韩国、日本、印度等。

新西兰主流文化是欧洲文化，专业性艺术团体有国家交响乐团、芭蕾舞团、国家歌剧院等。伊丽莎白二世女王艺术院是全国性艺术机构，在中央、地区和社区都有分支机构。毛利族女性舞蹈柔美舒缓，“波依舞”是代表性舞蹈。男子舞称为“哈卡”，从表现战争勇士为特色。全民热爱体育运动，橄榄球、足球、高尔夫球、曲棍球、滑雪、滑冰、划艇、冲浪十分普及。喜爱钓鱼和狩猎，有严格的环境保护规定。

全国共有报纸100多种，主要报刊有《新西兰先驱报》《自治领邮报》《星期日明星时报》。广播电台遍及全国，共190多家，多数为商业电台。新西兰电视台为国家电视台。电视三台是唯一的一家民营电视台。新西兰毛利电视台用毛利语播放。

五、民俗风情

1. 生活习俗

欧洲后裔占主导地位，生活方式和社交礼仪基本欧化。珍爱几维鸟，视为国家象征；对狗有特殊感情，视为“牧羊的卫士”“终身的伴友”。

2. 毛利人习俗

土著居民毛利人酷爱歌舞，常用的乐器是响板、笛子和号角。雕刻是传统的技艺，社区内设有雕刻陈列馆，社区道路两侧竖有舌头伸得很长的木刻神像。文身是传统习俗，既是装饰，也是地位、兴趣的显示。服饰多用野生亚麻制成，有披肩、围胸、围腰和短裙，斗篷上插有羽毛。穿着鲜丽民族服饰，迎接远方客人时，列队欢迎，载歌载舞，以碰鼻礼为最高礼节。信奉原始的多神教，相信灵魂不灭、尊奉祖先精灵，死者的名字刻在木制的家谱上。传统民居是尖顶木结构房，梁柱上雕有人像、动物等色彩浓烈的图案。

3. 禁忌

朋友相聚多谈体育运动，不说政治话题和私人事务，不谈种族问题。忌讳“13”，不当众剔牙、咀嚼口香糖，不大声喧哗、吃东西、抓头皮。毛利人社区的聚会厅是祭祖、婚庆、送葬的场所，不经主人许可外人不能进入。

六、旅游业

1. 旅游城市和景点

首都惠灵顿：人口49.3万（2013年），1840年首批欧洲移民在此建立居民点，以英国统帅惠灵顿公爵的名字命名。1856年起成为首府，文化事业发达。

奥克兰：海陆兼具的滨海城市，曾为殖民地时期的首府。景点有嘉里道顿海底世界及南极模拟、天空之域娱乐城、奥克兰博物馆、海事博物馆、城市艺术画廊、毛利族及波利尼西亚文化中心等。市民喜爱扬帆出海，享有“帆船之都”的美誉。

罗托鲁瓦：著名的地热观光城市，城中的热泉和泥浆池多不胜数，到处弥漫着浓浓的蒸汽和硫黄气味。毛利族历史文化荟萃之地。主要游览景点有爱歌顿牧场、波利尼西亚浴池、怀芒口火山谷、峡谷内湖水沸腾奇观等。

昆斯敦：又称“皇后镇”，依山傍水，市郊有高山湖泊。原为淘金地，保存有淘金矿床、工场和石屋。

基督城：留存有19世纪的英格兰风格建筑、200余座教堂，文化艺术气息浓厚。探索南极的研究中心。

由于地理阻隔，新西兰生长有不少与其他大陆不同的动物与植物，多飞禽、无哺乳动物，如贝壳杉和不会飞的几维鸟。世界自然遗产有汤加罗里国家火公园、亚南极岛屿（热带与亚热带地域的生物多样性）和蒂瓦希波乌纳穆地区（长期冰川作用下形成的地质地貌与原生态环境）等3处，库克山国家公园和峡湾地区国家公园，罗托鲁阿·陶波湖地热，怀托莫溶洞，北岛火山与热泉，可开展多种海上运动、温泉养生和登山滑雪，塔斯曼冰川探险考察。新西兰是蹦极的发源地。

新西兰以生态旅游闻名于世，自然生态旅游与人文生态旅游协调发展，旅游宣传口号是“新西兰：百分之百的纯”（100% Pure New Zealand）。2017 年全球旅游和旅行竞争力排名第 16 位。

2. 旅游客源市场

2000 年接待外国游客 243.5 万人次，外汇收入 65.22 亿美元；2013 年入境人数为 262.9 万，74.72 亿美元；2017 年入境人数为 355.5 万，102.85 亿美元，接待入境游客人数与全国人口之比为 72∶100。主要客源地区主要是亚太地区，占 60%；欧洲占 20%；美洲占 10%。主要客源国为澳大利亚、中国、英国、美国、日本。

2011 年出境游客 208 万人次，2017 年出国旅游 270 万人次，创历史最高纪录。新西兰人海外旅行增长最快的目的地分别是澳大利亚、美国和中国。2017 出境旅游人数与全国人口之比为 55∶100。由于血缘和地缘关系，赴澳大利亚旅行的人数约占出境总人数的一半左右。181 个国家和地区对新西兰国民实行免签入境或落地签证政策。

3. 旅游产业

旅游业是新西兰的支柱产业之一。2016 年旅游业的直接贡献占国民生产总值的 5.2%，间接贡献占国民生产总值的 17.2%。旅游业是新西兰最大的出口产业之一，提供了 1/11 的就业机会，是仅次于乳制品业的第二大出口创汇产业，占全国出口创汇的 16%。国际旅游收支呈顺差状态。

4. 旅游管理

1991 年通过《新西兰旅游局法》，1998 年通过《旅游与健身度假村管理法》。

旅游部主管旅游业，首要任务是在最大限度上通过可持续性的旅游发展，为新西兰带来经济上的利益。旅游部的工作是向政府提供建议，就关键的旅游政策问题与其他部门合作，以及进行旅游研究和提供统计数字，其中包括对政府旅游投资问题提供建议和评估等。

国家旅游政策的重点是：环境渔业和海洋作为旅游资源的使用；提供旅游设施；在尊重当地人价值观的同时将毛利人的文化遗产开发为旅游景观；旅游业和经济发展规划。

旅游部不直接负责旅游宣传工作，该工作主要由新西兰旅游促进局负责。新西兰在悉尼、墨尔本、布里斯班、洛杉矶、纽约、芝加哥、温哥华、东京、大阪、伦敦、法兰克福、新加坡、曼谷、中国香港、中国台北、首尔设有办事处。

七、中新关系

1. 外交经贸

中新于 1972 年 12 月 22 日建立外交关系，中新经贸关系稳步发展，2004 年

4月，新西兰政府正式承认中国已经建立市场经济体制，2008年两国签订自由贸易区协议。2010年3月，新西兰与中国香港特别行政区签订《紧密经贸合作协定》，成为第一个与香港签署双边自贸协定的国家。2014年两国宣布将中新关系提升为全面战略伙伴关系，共建中新两国利益共同体。中国是新西兰第一大贸易伙伴、出口市场和进口来源地。中国是新西兰第二大贸易伙伴和第三大出口市场、第二大进口来源地。

2. *旅游关系*

1981年来华0.49万人次，2014年12.66万人次，2017年14.35万人次。中国已成为新西兰第五大出国旅游目的地。来华游客中观光度假的约占1/4，商务会议的约占1/5。

1995年5月，中新签署《关于旅游合作的谅解备忘录》。1997年11月，新西兰成为中国公民自费出境旅游目的地。2009年4月，两国签署《旅游事务对话与合作安排》。

赴新旅游1995年0.89万人次，2013年22.8万人次，2014年30.2万人次。自2012年起，中国稳居新西兰第二大旅游客源国，仅次于澳大利亚。2017年40.42万人次。2018年两国互访人数达60万人次。2019年即将举办“中新旅游年”。

【学习提要】

大洋洲地区是世界旅游的组成部分，是中国重要的旅游客源地与目的地，进一步推进中国与大洋洲地区的旅游交流合作，是中国拓展国际旅游市场的重要任务。

教学重点

澳大利亚和新西兰的旅游业现状、特点及其与中国的旅游交流与合作。

思考与讨论

澳大利亚的旅游产品、旅游市场、旅游管理有什么特点，对我国有什么借鉴意义？

参考书目与网站

1. 书目

［1］中国国家旅游局，中国旅游年鉴（1990—2017）. 北京：中国旅游出版社，2014.

［2］中国国家旅游局，中国旅游统计年鉴（1990—2017）. 北京：中国旅游出版社，2013.

［3］中国社会科学院旅游研究中心，旅游绿皮书（2000—2018）. 北京：社会科学文献出版社 .

［4］中国旅游研究院，中国入境旅游者发展年度报告（2018）. 北京：旅游教育出版社，2018.

［5］中国旅游研究院，中国出境旅游者发展年度报告（2018）. 北京：旅游教育出版社，2018.

［6］联合国世界旅游组织，世界旅游统计概览（2005）. 北京：中国旅游出版社，2005.

［7］张凌云，世界旅游市场分析与统计手册 . 北京：中国旅游出版社，2008.

［8］魏小安、张凌云，共同的声音——世界旅游宣言 . 北京：旅游教育出版社，2003.

［9］刘高焕，世界国家地理地图 . 北京：中国大百科全书出版社，2010.

［10］王兴斌，旅坛忧思录 . 北京：旅游教育出版社，2013.

［11］王兴斌，中国出入境旅游国家（地区）概要，北京：化学工业出版社，2014.

2. 网站

［1］联合国世界旅游组织：http：//www.world-tourism.org.

［2］世界旅行旅游理事会：http：//www.wttc.com.

［3］世界经济论坛：http：//chinese.weforum.org.

［4］亚太旅游协会：http：//www.patachina.org.

［5］中华人民共和国外交部：http：//www.fmprc.gov.cn.
［6］中华人民共和国国务院港澳事务办公室：http：//www.homo.gov.cn
［7］中华人民共和国商务部：http：//www.moftec.gov.cn.
［8］中华人民共和国国务院台湾事务办公室：http：//www.gwytb.gov.cn
［9］中华人民共和国国务院侨务办公室：http：//www. gqb.gov.cn.
［10］中国国家外汇管理局：http：//www.safe.gov.cn.
［11］中国旅游新闻网：http：//www.ctnews.com.cn.
［12］新华网港澳频道：http：//www.news.cn/gangao.
［13］新华网台湾频道：http：//www.news.cn/tw.
［14］香港特别行政区：http：//www.info.gov.hk.
［15］香港旅游发展局：http：//www.discoverhongkong.com.
［16］香港旅游业网：http：//partnernet.hktb.com/tc.
［17］澳门特别行政区：http：//www.macau.gov.mo.
［18］澳门旅游局：http：www：//macautourism.gov.mo.
［19］澳门统计与普查局：http：//www.dsec.gov.mo.
［20］中国台湾网：http：//www.chinataiwan.org.
［21］台湾观光局：http：//admin.taiwan.net.tw.
［22］台湾观光资讯网：http：//taiwan.net.tw.

第八版修订后记

本教材自1995年初版以来，几乎每年增印，总印数在20万册以上。本教材不仅为全国众多旅游院校（系）采用，而且也被用作旅游职业培训的参考用书及旅游从业者的自学用书。2008年，本教材被国家教育部评定全国“十一五”规划教材。

本版在介绍各国概况时，精简了有关历史、政体、经济与文化等的篇幅，扩充了对各国旅游业近况的介绍，增添了对各国旅游产品特点、宣传推广口号和2018年世界经济论坛发布的2017年“旅游与旅行竞争力”世界排名等内容，补充了大多数国家带薪休假的情况，引用了2018年8月世界旅游组织发布的《旅游亮点2018》中2017年世界与各国旅游的最新统计数据，增补了中国与相关国家旅游交往的新进展。

随着中国出境旅游大发展的形势，中国主要客源国（地区）与目的地国家（地区）两者呈现重合的特点。为此，本书不仅是对中国主要客源国的介绍，也是对主要旅游目的国的介绍，实际上本书是“中国旅游客源国与目的地国（地区）概况”，涵盖了中国（大陆）最重要的入境客源产出地与出境旅游目的地。

本版把世界旅游业与中国旅游业分为两章分别介绍，并把香港、澳门、台湾列入中国旅游业一章中，提出“中华旅游市场”的概念，更完整地介绍中国旅游业的全貌。马尔代夫和阿联酋的迪拜已成为快速推进的中国出国旅游客源国，本版在亚太地区一章中增加了马尔代夫和阿拉伯联合酋长国两节。近年来中国与中东欧国家“16+1”的经贸和旅游合作交流进展快速，匈牙利是“16+1”旅游合作的工作中心，中国已在布达佩斯设置旅游办事处，为此本版增加匈牙利一节。把澳大利亚和新西兰两国单列一章为大洋洲地区，更符合中国对世界政治经济和外交的区域划分。有关各国的资料大多引用中国外交部网站《国家和组织》中公布的最新数据，中国的旅游资料大多引自文化和旅游部及中国旅游研究院公布的最新数据。

竭诚欢迎使用本书的老师、学员和读者批评指正、共同切磋，使这门课程更趋成熟。在笔者的书架上收藏有十多本全国兄弟院校同人们编著的同类教材，足见这门课程备受重视，也使我深信，在全国同人的共同努力下，本课程必将成为所有旅游院校一门必修的、传统的，乃至经典的课程。因为一个合格的中国旅游人，必然是一个具有世界视野、了解世界旅游的人。

日月如梭、光阴荏苒。本书24年前初编时，撰稿人都人在中年、年富力强，如今都是两鬓斑白的人了。此书能一再重印、重版，是当初未曾料想到的。本人退休已近二十年，感谢旅游教育出版社的历任领导和多位编辑对本人的信任，使我有发挥余热的机会。也正是旅游教育出版社的鞭策，20多年中我未曾懈怠，一直关注着世界旅游与中国旅游的新进展，持续积累相关资料、捕捉有关信息，并利用退休闲暇游历了书中涉及的许多国家和港澳台地区，日积月累、集腋成裘，每次再版时能补充修正新资料，融入我对世界与中国旅游的新思考。如若可能，我愿以“老骥伏枥”之心继续探索、不断修订，使本教材常印常新，追踪世界旅游发展的新轨迹。

需要再次向读者说明的是，24年前参加本教材编写的北京第二外国语学院的李翠霞、张晔、徐堃耿、李中泽、王富德、董秀丽、杜学、冉茂瑜等老师，大多已与我一样退休。李翠霞教授不幸作古。受旅游教育出版社之约，此版修订与前几版修订一样，全部由本人执笔。为了保持全书行文风格的统一，本版对原书稿的内容与文字作了重大修改，有些章节重新写过，恳望初编诸位老师谅解。书稿中不妥之处，均由本人负责，与原编者无关。

2019年5月5日

于京郊奥林匹克花园寓所

13901362835@139.com